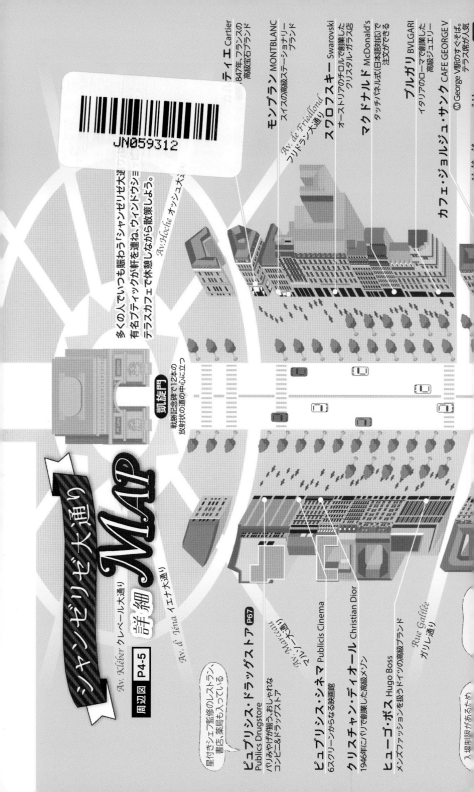

シャンゼリゼ大通り MAP

Av. Kléber クレベール大通り 周辺図 **P4-5** 詳細

多くの人でいつも賑わう「シャンゼリゼ大通り」。有名ブティックが軒を連ねる。ウィンドウショッピングやテラスカフェで休憩しながら散策しよう。

凱旋門
戦勝記念碑で12本の放射状の道の中心に立つ

Av. d' Iena イエナ大通り

Av. d' Iéna イエナ大通り

星付きシェフ監修のレストラン、書店、薬局も入っている

ピュブリシス・ドラッグストア P67
Publicis Drugstore
パリみやげが揃うおしゃれなコンビニ&ドラッグストア

ピュブリシス・シネマ Publicis Cinema
6スクリーンからなる映画館

クリスチャン・ディオール Christian Dior
1946年にパリで創業した高級メゾン

ヒューゴ・ボス Hugo Boss
メンズファッションを扱うドイツの高級ブランド

Rue Galilée
ガリレ通り

Av. de Friedland
フリドラン大通り

Av.Hoche オッシュ大通り

カルティエ Cartier
1847年、フランスの高級宝石ブランド

モンブラン MONTBLANC
スイスの高級ステーショナリーブランド

スワロフスキー Swarovski
オーストリアのチロルで創業したクリスタル・ガラス店

マクドナルド McDonald's
タッチパネル式(日本語対応)で注文ができる

ブルガリ BVLGARI
イタリアのローマで創業した高級ジュエリー

カフェ・ジョルジュ・サンク CAFE GEORGE V
George V駅のすぐそば。テラス席が人気

入場前にチェックしたか

JN059312

N
50m

メゾン キツネ
Maison Kitsuné

● カルフール・
マーケット
Carrefour
Market

フランス産牛肉にこ
だわったグルメハン
バーガーショップ

Oberkampf

---

❶ メルシー
Merci
雑貨や家具などハイセンスな商品をセレクトするコンセプトショップ。→P85

❷ アミ・アレクサンドル・マテュッシ
AMI Alexandre Mattiussi
パリ発メンズブランドの旗艦店。レディースコレクションに注目！

❸ アー・ペー・セー
A.P.C
日本でも展開する、素材とディテールにこだわるレディース&メンズのファッションブランド。

❹ ボントン
Bonton
シンプルなデザインとニュアンスカラーの色合いがパリらしい、キッズ専門セレクトショップ。

❺ ローズアンナ
Roseanna
女性デザイナー2人組が設立。こなれたモード感が人気の注目ブランド。

❻ キュイス・ドゥ・グルヌイユ
Cuisse de Grenouille
「都市のサーファー」をコンセプトに誕生したストリートウエアのブランド。

❼ ル・ラボ
Le Labo
スイス人とフランス人が立ち上げた、ニューヨーク発オーダーメイドの香水ブランドのパリ店。

❽ モナ・マーケット
Mona Market
南フランス、モンペリエに続く、センス抜群のインテリアショップの2号店。→P157

❾ フレンチ・トロッターズ
French Trotters
日常着がおしゃれになるハイセンスなカジュアル・ブランドをセレクト。→P85

❿ ガイジン
Gaijin
日本のヴィンテージブランドを扱う専門店。コムデ・ギャルソンなど掘出し物がみつかるかも！

⓫ ブティック・セント・ジェームス
Boutique SAINT JAMES
ノルマンディー地方のボーダーシャツの老舗でパリジェンヌの定番アイテムをゲット！

⓬ ポワラーヌ
Poilâne
創業当時からの製法で作るブーランジュリー。おみやげには素朴なクッキーが大人気。

⓭ ポペリーニ
Popelini
色とりどりのシュークリーム専門店。チョコやバニラなど定番から季節限定までさまざま。

⓮ ベルローズ
Bellerose
ベルギー発のカジュアルブランド。メンズとキッズも展開するが、この店舗はレディース専門。

⓯ イザベル・マラン
Isabel Marant
ファッショニスタに絶大な支持を受けるブランド。セカンドラインのエトワールも取り扱う。

⓰ マルシェ・デ・ザンファン・ルージュ
Marché des Enfants Rougs
月曜以外は毎日開催されるパリ最古のマルシェ。飲食スペースが大充実。→P149

⓱ ポントシュー・カフェ
PONTOCHOUX CAFÉ
日本カレーの店「Pontochoux」が手がけるカフェ。スイーツもあり。

⓲ メ・ドゥモアゼル…
Mes Demoiselles…
元スタイリストがスタート。スイーツとボヘミアンが融合したふんわり感のデザインが多い。

⓳ ムッシュー・パリ
Monsieur Paris
天然石にゴールド、シルバーを用いて作る、オールハンドメイドのジュエリーショップ。

⓴ ワイルド&ザ・ムーン
Wild&The Moon
100%ヴィーガン・グルテンフリーのフードとオリジナルドリンク類が人気のビオレストラン。

㉑ ヴェジャ
VEJA
環境に配慮した素材で作る、フランス生まれのサステナブルなスニーカーブランド。

㉒ アンプラント
Empreintes
工芸作家の作品を展示販売。4フロアすべて100%メイド・イン・フランス！→P85

ダウンロード
方法は
袋とじへ！

せかたび

パリ

Paris

完全Map

S ショップ	C カフェ	E エンタメ
R レストラン	F ファーストフード	H ホテル

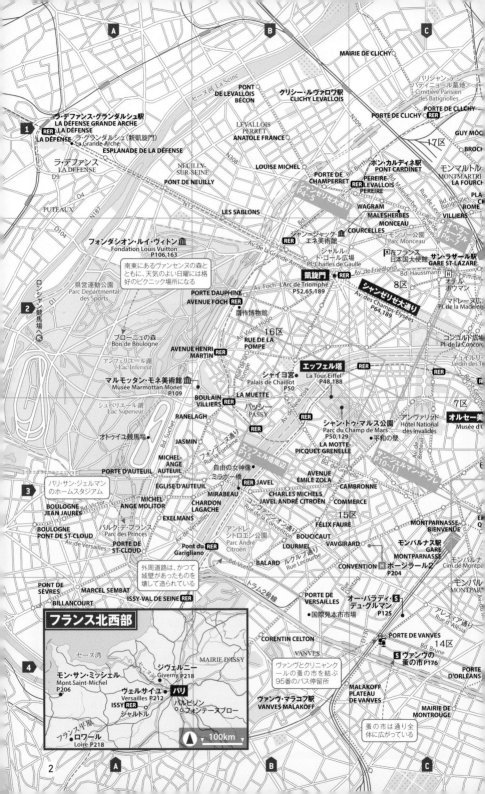

南東にあるヴァンセンヌの森とともに、天気のよい日曜には格好のピクニック場所になる

外周道路は、かつて城壁があったものを壊して造られている

パリ・サン・ジェルマンのホームスタジアム

ヴァンヴとクリニャンクールの蚤の市を結ぶ95番のバス停留所

蚤の市は通り全体に広がっている

フランス北西部

セーヌ湾

モン・サン・ミッシェル
Mont Saint-Michel
P206

ジヴェルニー
Giverny P218

ヴェルサイユ
Versailles P212

ISSY
ジャルトル

パリ
バルビゾン
フォンテーヌブロー

フランス平原

ロワール
Loire P218

◀── 100km

2

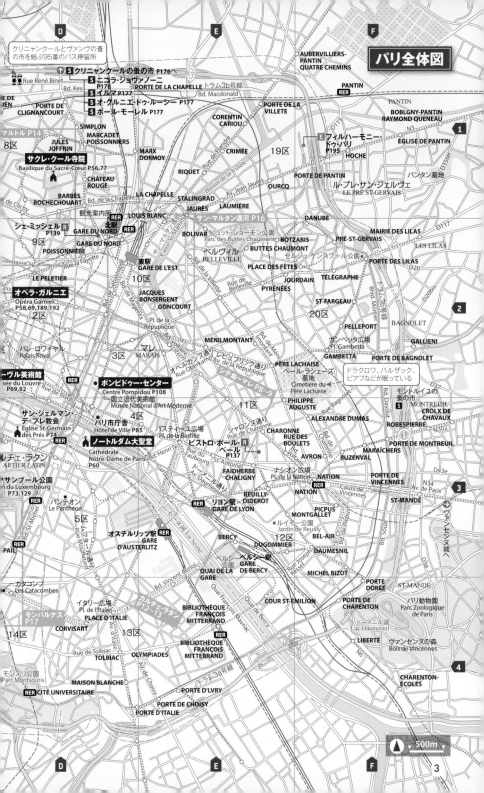

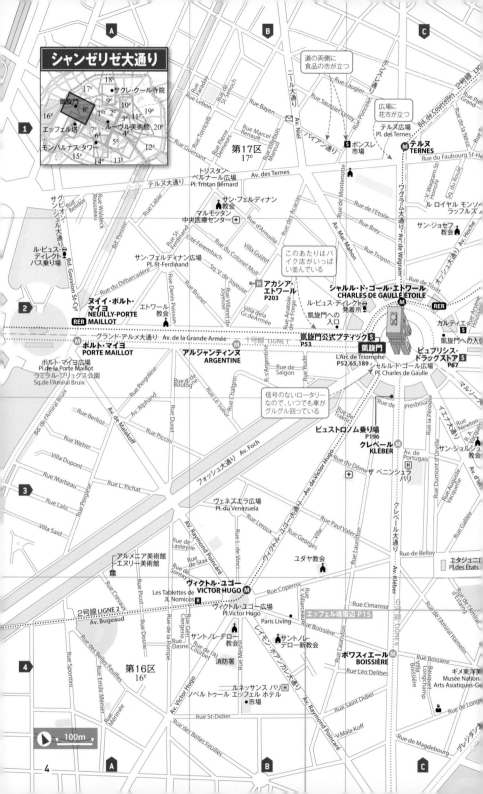

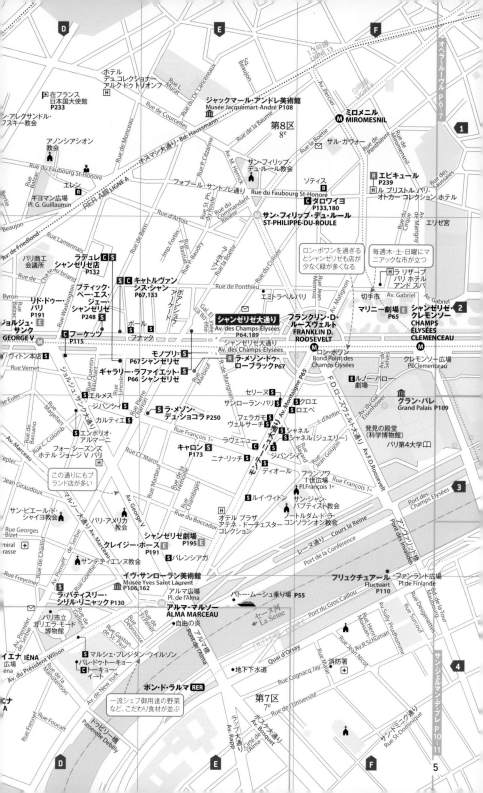

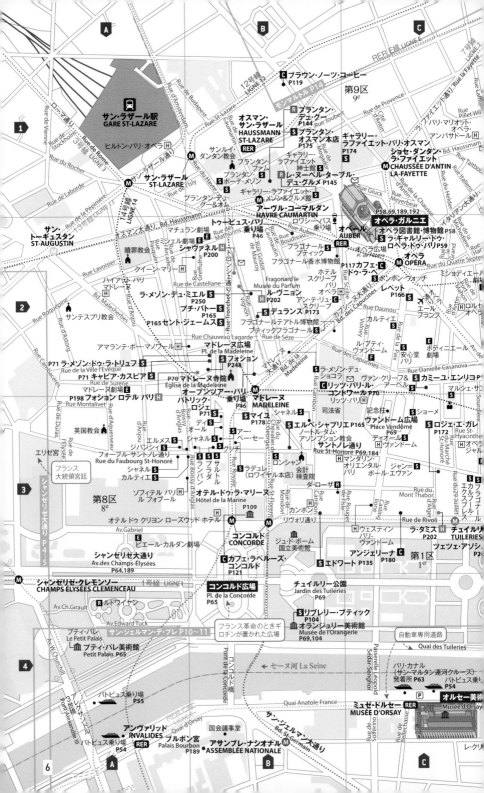

ル・ヴァロンタン・ジュフロワ P123
パン・デピス P159
パリ・エ・トゥージュー・パリ P159
パッサージュ・ジュフロワ
Passage Jouffroy P159
グラン・ブールヴァール
GRANDS BOULEVARDS
ボンヌ・ヌヴェル
BONNE NOUVELLE
ザ・オクストン・パリ P200
リシュリュー・ドゥルオー
RICHELIEU DROUOT
パッサージュ・サンカント・トロワ
シタディーヌ・オペラ・パリ P203
パッサージュ・デ・パノラマ P247
第2区 2ᵉ
オペラ・コミック座
フレンチー・バー・ア・ヴァン P141
レオミュール・セバストポール
RÉAUMUR SÉBASTOPOL
サンティエ SENTIER
リザ・パリ P150
ブルス BOURSE
アトリエ・ボーラン P169
アビス P158
シ・チュ・ヴ P158
ノートルダム・デ・ヴィクトワール教会
ア・シモン P160
エール P145
マルセル・オペラ P119
ウルトラモンド P161
国立図書館 コイン／メダル／古美術コレクション
ギャラリー・コルベール
ギャラリー・ヴィヴィエンヌ P158
Galerie Vivienne P158
エティエンヌ・マルセル
ÉTIENNE MARCEL
エビス・ランジェ P178
第2区役所
ヴィクトワール広場
エティエンヌ・マルセル通り Rue Étienne Marcel
オテル・オー
中央郵便局
パレ・ロワイヤル P204
フランス銀行
ブルス・ドゥ・コメルス・ピノー・コレクション P110
Bourse de Commerce-Pinault Collection P110
アニエス・ベー P164
ラ・ドログリ P161
レ・アール LES HALLES
ビルエット
ペシモン・ホーム・オートゥール・デュ・モンド P164
モリエールの泉
パレ・ロワイヤル庭園
Jardin du Palais Royal
メゾン・ファーブル P169
シャトレ・レ・アール
CHÂTELET-LES HALLES
ピラミッド PYRAMIDES
カフェ・ドゥ・レポック
イル・ビアンテ
フォーマン・デュ・フォーラム・デ・ザール P171
ウエスト・フィールド・フォーラム・デ・アール
マイバスフランス（日本語観光） P229
JCBプラザパリ
エミラベルパリ
サポート・アンド・ラウンジ
マルロー広場 P.l.A.Malraux
コメディ・フランセーズ
バレ・ロワイヤル P70 Palais Royal
シタディーヌ・レ・アール・パリ P203
デュ・ルーヴル P199
パレ・ロワイヤル広場 P.l.du Palais Royal
ラ・レガラード・サントノレ P138
ブーランジュリー・ジュリアン P125
ルーヴル・リヴォリ LOUVRE RIVOLI
パレ・ロワイヤル・ミュゼ・デュ・ルーヴル
PALAIS ROYAL MUSÉE DU LOUVRE
ピラミッド広場 Pyramides
パリ装飾芸術美術館 Les Arts Décoratifs
カルーゼル庭園 ルーブル入口 Jardin du Carrousel
ルーヴル美術館 Musée du Louvre P69,92
ルーヴル美術館 Musée du Louvre P69,92
サン・ジェルマン・ロクセロワ教会
ポン・ヌフ PONT NEUF
シャトレ CHÂTELET
シャトレ劇場
カルーゼル広場 Pl.du Carrousel
カルーゼル凱旋門 L'Arc de Triomphe du Carrousel
ピラミッド中央入口
園内の彫刻巡りも楽しい
映画『ポン・ヌフの恋人』の舞台になった橋
イル・ド・ラ・シテ ÎLE DE LA CITÉ
コンシェルジュリー P81
最高裁判所
ポルト・デ・リヨン入口
ルーヴル宮 Palais du Louvre
このあたりは車がビュンビュン走り閑散としている
カフェ・リシュリュー・アンジェリーナ P98
ラ・リブレリー・ブティック・デュ・ミュゼ・デュ・ルーヴル P99
カフェ・マリュリ P98
カフェ・モリアン P98
バトビュス乗り場 P55
モード＆テキスタイル博物館 装飾美術博物館 広告博物館
バトビュス乗り場 P55
ヴェール・ギャラン公園 Sq.du Vert Galant
ポン・ヌフ広場 Pl.du Pont Neuf
サント・シャペル P81
ル・ヴォルテール
国立美術学校
フランス学士院
造幣局
貨幣博物館
サン・ミッシェル ST-MICHEL
カルチエ・ラタン P12〜13
第7区 7ᵉ
第6区 6ᵉ
シテ島〜マレ P8〜9

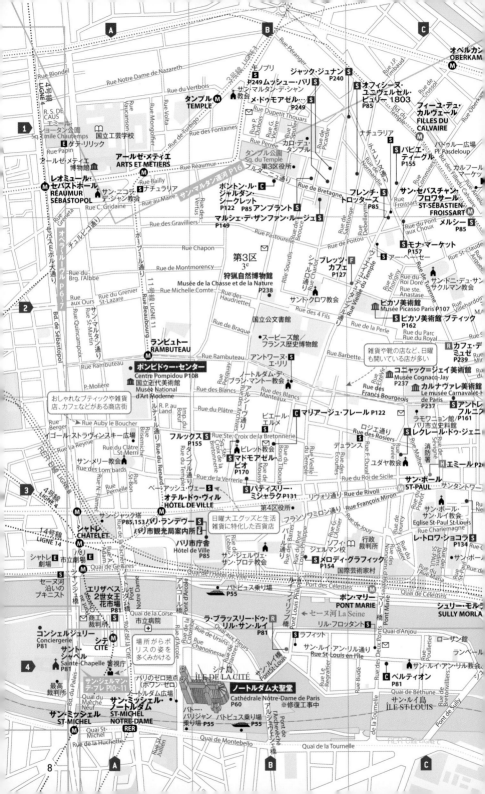

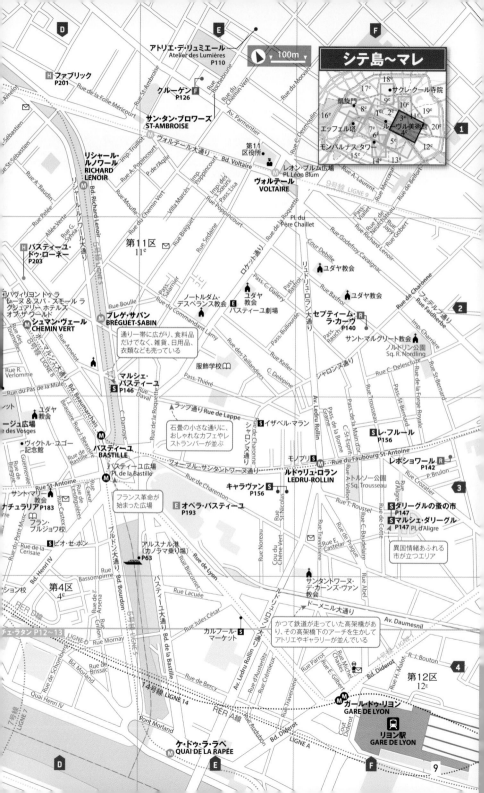

D
Rue Mornay
Boulevard Morland
Boulevard De La Bastille
Rue de Schomberg
スナル書館
Rue de Brisson
第4区
4e
Boulevard Bourdon
Quai Henri IV

E
Rue Parrot
Rue de Chalon
Rue d'Austerlitz
Rue de Cremieux
Rue Emile Gilbert
Chaussée
Rue de Lyon

F
Rue Abel
Rue Michel

14号線 LIGNE 14

ガール・ドゥ・リヨン
GARE DE LYON Ⓜ
Cout Diderot

Ⓜ リヨン駅
🚆 GARE DE LYON

シテ島〜マレ P8〜9 🅡🅔🅡

1

RER D線 LIGNE D RER A線 LIGNE A

ケ・ドゥ・ラ・ラペ
QUAI DE LA RAPÉE Ⓜ

Bd. Diderot

Rue Van Gogh

ガール・ドゥ・リヨン
GARE DE LYON

● バトビュス乗り場 P55

Quai Saint Bernard

Pont Morland

Quai de la Rapée

第12区
12e

Rue Villiot

5号線 LIGNE 5 シャルル・ド・ゴール橋 Pont Ch. de Gaulle

セーヌ河 La Seine

2

● パリ植物園
Jardin des Plantes
P55

Quai d'Austerlitz

Ⓜ オステルリッツ駅
🚆 GARE D'AUSTERLITZ

Av. Pierre Mendès France

● レ・ドック・アン・セーヌ
└ ワンダーラスト

モノップ
Rue Nicolas Houel Ⓢ

小学校
Buffon

Ⓜ ガール・ドステルリッツ
GARE D'AUSTERLITZ

Rue Paul Klee

Rue Fulton

RER C線 LIGNE C

Rue de Bellièvre

Rue Giffard

Villa d'Austerlitz

マリー・キュリー広場

ピタン通り

Bd. De L'hôpital

ケ・ドゥ・ラ・ガール Ⓜ
QUAI DE LA GARE

フール・ブレス Ⓢ

Rue Poliveau

Rue de l'Essai

Ⓜ サン・マルセル
ST-MARCEL

🏥 ラ・ビティエ・サルペトリエール

Rue Louise Weiss

3

Rue des Wallons

Bd. St-Marcel

🏥 ガルディアン・ド・ラ・ベ病院

Rue J.Breton

Rue Jeanne d'Arc

Rue Bruant

Ⓜ シュヴァルレ
CHEVALERET

Rue du Chevaleret

サン・マルセル通り

Rue du Fer à Moulin

Rue du Jura

Rue Oudiry

Rue Pirandello

Rue Dumeril

Rue Titien

Rue Jenner

第13区
13e

Bd. Vincent Auriol

6号線 LIGNE 6

Rue Gisson

Ⓢ カルフール・マーケット

化学物理生物学校

Rue du Banquier

Rue Esquirol

Rue Jeanne d'Arc

Ⓜ カンポ・フォルミオ
CAMPOFORMIO

大中華

Pinel Bis

Le Brun

Rue des Reine Blanche

Rue Nicolas

Rue de Campo Formio

メシュルール広場

ナスィオナル
NATIONALE
Pl.Pinel

Rue Pinel

LIGNE 7

▶ 100m

🅡 カルチェ・ラタン

17e
18e
サクレ・クール寺院
凱旋門
9e
8e
1er 2e 3e 10e 11e 19e
16e
エッフェル塔 7e ルーヴル美術館 20e
6e 4e
モンパルナス・タワー 5e 12e
15e 14e 13e

4

D **E** **F**

13

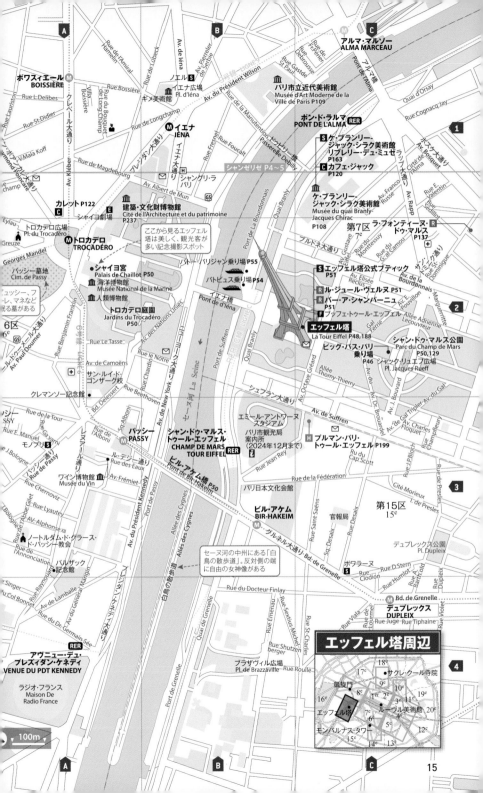

ボワスィエール
BOISSIÈRE

ノエル S
キメ美術館

イエナ広場
Pl. d'Iéna

パリ市立近代美術館
Musée d'Art Moderne de la
Ville de Paris P109

ポン・ド・ラルマ
PONT DE L'ALMA RER

イエナ
IÉNA

シャングリ・ラ H

シャンゼリゼ P4〜5

ケ・ブランリー・
ジャック・シラク美術館
リブレリー・デュ・ミュゼ S
P163

カフェ・ジャック C
P120

カレット P122

建築・文化財博物館
Cité de l'Architecture et du patrimoine
P237

シャイヨ劇場 E

GS

ケ・ブランリー・
ジャック・シラク美術館
Musée du quai Branly-
Jacques Chirac
P108

第7区

ラ・フォンティーヌ・
ドゥ・マルス R
P137

トロカデロ広場
Pl. du Trocadéro

トロカデロ
TROCADÉRO M

ここから見るエッフェル
塔は美しく、観光客が
多い記念撮影スポット

エッフェル塔公式ブティック S
P51

シャイヨ宮
Palais de Chaillot P50

海洋博物館
Musée National de la Marine

バトー・パリジャン乗り場 P55

バトビュス乗り場 P54

エッフェル塔
La Tour Eiffel P48,188

ル・ジュール・ヴェルヌ R P51

バー・ア・シャンパーニュ R
P51

ブッフェ・トゥール・エッフェル F

人類博物館

トロカデロ庭園
Jardins du Trocadéro
P50

ビッグ・バス・パリ
乗り場
P46

シャン・ドゥ・マルス公園
Parc du Champ de Mars
P50,129
ジャック・リュエフ広場
Pl. Jacques Rueff

6区

GS

サン・ルイ・ド・
ゴンザーグ校

クレマンソー記念館

パッシー
PASSY M

シャン・ドゥ・マルス・
トゥール・エッフェル
CHAMP DE MARS
TOUR EIFFEL RER

エミール・アントワーヌ
スタジアム
パリ市観光局
案内所
(2024年12月まで)

プルマン・パリ・
トゥール・エッフェル P199

ワイン博物館
Musée du Vin

ビル・アケム橋 P50

ビル・アケム
BIR-HAKEIM RER

パリ日本文化会館

第15区
15e

デュプレックス公園
Pl. Dupleix

ノートルダム・ド・グラース・
ド・パッシー教会

バルザック
記念館

セーヌ河の中州にある「白
鳥の散歩道」。反対側の端
に自由の女神像がある

ボワラーヌ S

デュプレックス
DUPLEIX M

RER
アヴニュー・デュ・
プレズィダン・ケネディ
VENUE DU PDT KENNEDY

ラジオ・フランス
Maison De
Radio France

エッフェル塔周辺

18e
17e
サクレ・クール寺院
凱旋門
9e
10e
16e
8e
1e 2e 11e 19e
エッフェル塔
7e
ルーヴル美術館 20e
6e 4e
モンパルナス・タワー
15e 14e 13e 12e

100m

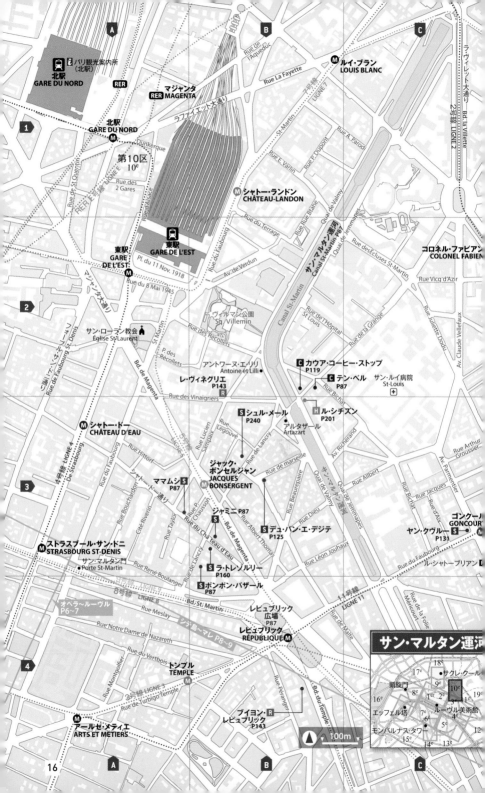

リュクサンブール公園
Jardin du Luxembourg P73,129

パティスリー・サダハル・アオキ

リセ・モンテーニュ
Lycée Montaigne

Rue Auguste Comte

サン・プラシッド
ST-PLACIDE

フナック
Fnac

ザラ
Zara

アリアンス・フランセーズ
Alliance Française

ノートルダム・デ・シャン
NORTE-DAME-DES-CHAMPS

サン・シュルピス校
École St-Sulpice

第6区
6e

モルガン

1940年6月18日広場
Pl. du 18 juin 1940

シェ・マルセル
Chez Marcel

ル・サント・ブーヴ

ジャン＝ポール・エヴァン
（ヴァヴァン店）
Jean Paul Hevin

モンテーニュ校

ブールデル美術館
usée Bourdelle
09

モンパルナス・ビヤンヴニュ
MONTPARNASSE-BIENVENÜE

ノートル・デ・シャン教会
N. D. des Champs

レ・ボンボン

R. カヴリエール・
デ・サル庭園
Jardin R. Cavelier
-de-la-Salle

パリ第5大学
Université Paris V

ザッキン美術館
Musée Zadkine

モンパルナス・タワー
Tour Montparnasse P88

ヴァヴァン
VAVIN

ル・セレクト

パリ第2大学
Université Paris2

5区
5e

モンパルナス・ビヤンヴニュ
MONTPARNASSE-BIENVENÜE

ラ・クーポール
P116

ラ・ロトンド P116

マルコ・ポーロ庭園
Jardin Marco Polo

クレープリー・ドゥ・
ジョスラン P240

ル・ドーム
P117

アルザシエンヌ校
École Alsacienne

モノプリ

エドガー・キネ
EDGAR QUINET

ポール・ベール校
Lycée Paul Bert

ラ・クローズリー・デ・リラ
La Closerie des Lilas

ニュス・ディレクト
発着所

バルナス駅
GARE
MPTPARNASSE

Bd. Edgar Quinet

入口

サンバーニュ プルミエール通り
Rue Campagne Première P88

カルチェ・ラタン
P12～13

ポール・ロワイヤル
PORT-ROYAL

ゲテ
GAITÉ

メルキュール・パリ・ガール・モンパルナス
Mercure Paris Gare Montparnasse

モンパルナス墓地
Cim. du Montparnasse

ボードロック病院
Clinique Baudelocque

ラスパイユ
RASPAIL

サン・ヴァンサン・
ド・ポール病院
Hôpital St-Vincent de Paul

レオポール・ベラン病院
Hôpital Léopold Bellan

カルティエ現代美術財団
Fondation Cartier pour l'Art
Contemporain P237

第14区
14e

シェ・パパ
Chez PaPa

パリ天文台
Observatoire
de Paris

モーロ・ジャッフェリ広場
Pl. de Moro Giaffei

ダンフェール・ロシュロー
DENFERT-ROCHEREAU

ダンフェール・ロシュロー広場
Pl. Denfert Rochereau

アラゴ大通り
Bd. Arago

カタコンブ
Les Catacombes
P88

モノプリ
Monoprix

Bd. St-Jacques

サン・ジャック
ST-JACQUES

メゾン・クルティーヌ
Maison Courtine

オルリーバス
発着所

第14区役所
Mairie du 14e Arr.

ザラ

ダンフェール・ロシュロー
DENFERT ROCHEREAU

サン・ドミニク教会
St-Dominique

マクドナルド

無印良品

ムトン・デュヴェルネ
MOUTON-DUVERNET

Rue Emile Dubois

モンパルナス

18e

サクレ・クール寺院

凱旋門

9e | 10e

8e | 2e | 3e | 19e | 20e

ルーヴル美術館

フェル塔 | 7e | 1e | 4e | 12e

バルナス・タワー | 5e | 6e

15e | 14e | 13e

100m

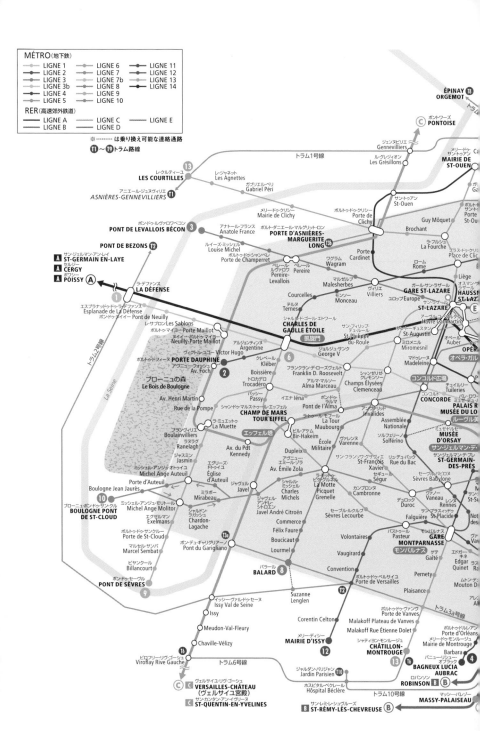

せかたび
こんな本！

はじめてパリを訪れる人も、新しい発見をしたいリピーターも
「せかたび」一冊あれば、充実した旅になること間違いなし！

01 ☐ "本当に使える"モデルコース集
➡ 王道＋テーマ別でアレンジ自在
はじめてなら王道コース（→P32）、リピーターや旅の目的が決まっている人はテーマ別コース（→P38）をチェック！

02 ☐ 観光スポットは星付きで紹介
➡ 行くべき観光スポットがすぐわかる！
限られた時間でも、見るべきものは逃したくない！ ★を参考に行き先を検討しよう！

★★★…絶対行くべき
★★…時間があれば行きたい
★…興味があれば行きたい

03 ☐ 「定番」「オススメ」をマーク化
➡ 行くべきところがひと目でわかる
レストランやショップは、人気の定番店はもちろん、特徴のある編集部オススメ店も！

定番 …パリを代表する有名店

オススメ！ …編集部のオススメ店

04 ☐ 詳細折りこみイラストマップ付
➡ 注目エリアを"見て"楽しむ
表紙裏の折りこみMAPに注目！ 街のメインストリートから、話題のおしゃれエリアまで。

05 ☐ 「まとめ」インデックスが超便利
➡ 掲載スポットを一覧・比較
巻末には掲載スポットのリスト（→P234）を収録。営業時間から地図位置までひと目で確認。

06 ☐ 電子書籍付き
➡ スマホにダウンロードでも持ち歩ける
本書の電子書籍版が無料でダウンロードできる！ スマホで持ち歩けば街歩きに便利。

ダウンロードの仕方は
袋とじをチェック！

〔マークの見方〕

🚇 …交通　駅や広場など、街歩きの基点となる場所などからのアクセス方法と所要時間の目安
📍 …所在地
☎ …電話番号
🕐 …営業・開館時間　時期により変更の可能性あり
🅚 …定休日
💴 …料金　大人1名分を表示。ホテルの場合は、1泊1室あたりの室料　時期や季節により変動あり。
客室数 …客室数　ホテル・宿泊施設の総客室数
URL …Webサイトアドレス　http://は省略
🇯 …日本語対応可のスタッフがいる
🇬 …英語対応可のスタッフがいる
🇯 …日本語メニューあり
🇬 …英語メニューあり
予 …予約が必要、または予約することが望ましい
✉ …クレジットカード利用不可　利用可の場合も、特定のカード以外は使用できない場合もある
👔 …ドレスコードあり　レストランでフォーマルな服装を義務付けていることを示す。一般に男性はネクタイ着用、女性はそれに準じた服装が望ましいとされているが、店により異なる
問合先 …日本での問合先
PASS OK …パリ・ミュージアム・パス利用可

●本誌掲載の記事やデータは、特記のない限り2024年1月現在のものです。その後の移転、閉店、料金改定などにより、記載の内容が変更になることや、臨時休業等で利用できない場合があります。
●各種データを含めた掲載内容の正確性には万全を期しておりますが、おでかけの際には電話などで事前に確認・予約されることをおすすめいたします。また、各種料金には別途サービス税などが加算される場合があります。
●本書に掲載された内容による損害等は、弊社では補償致しかねますので、あらかじめご了承くださいますようお願いいたします。
●休みは曜日ごとに決まっている定休日のみを記載しています。年末年始、クリスマス、イースターなどの国の祝祭日は原則として省略しています。

せかたび
パリ
Paris

Bon Voyage!
ボン・ボヤージュ 素敵な旅を!

せかたび パリ
Paris

パリ完全マップ…P1

早分かり

Contents

シャンゼリゼ大通りはパリで最も華やかな通り

PARIS

行くべきエリアを

花の都と称されるフランスの首都パリは、ファッションや芸術、グルメの中心。
まずはエリアの特徴を知っておこう！

★ Paris Area Map ★

N
1km

PONT DE LEVALLOIS BÉCON M LIGNE 3

LIGNE 1
RER LIGNE A
セーヌ河
La Seine

凱旋門

オペラ～ルーヴル

PORTE DE CLIGNANCOURT M
PORT DE L CHAPELL

モンマルトル

PLACE DE CLICHY
北駅
GARE DU NORD

サン・ラザール駅
GARE ST-LAZARE

シャンゼリゼ大通り

PORTE DAUPHINE M

東
GARE DE L'E

エッフェル塔

セーヌ河
RER LIGNE C
La Seine

LA MUETTE M

エッフェル塔周辺

LIGNE 6

MICHEL-ANGE AUTEUIL M

MICHEL-ANGE MOLITOR M

サン・ジェルマン・デ・プレ

オステルリッ
GARE D'AUSTE

M LIGNE 10

BALARD M
モンパルナス駅
GARE MONTPARNASSE

RER LIGNE B

カルチェ・ラタン

LIGNE 9
トラム3号線
LIGNE 12

M

MAIRIE D'ISSY
LIGNE 13
LIGNE 4

PLACE D'ITALIE

緑豊かな
ブルジョワ地域

パリ随一の
華やかな通り

観光名所が集まる
人気エリア

芸術・文化の
中心地

エッフェル塔周辺
○La Tour Eiffel

パリのシンボル、エッフェル塔を中心に美しい景観が広がる。西側の16区はパッシーとよばれるパリ有数の高級住宅街。

→P48

シャンゼリゼ大通り
○Av.des Champs-Élysées

凱旋門からコンコルド広場まで続く約2kmの目抜き通り。ハイブランドの本店や旗艦店、カフェ、レストランが並ぶ。

→P64

オペラ～ルーヴル
○Opéra～Louvre

絢爛豪華なオペラ・ガルニエ周辺には老舗デパートや高級食材店、ホテルが集まる。かつての王宮、ルーヴル宮はルーヴル美術館に。

→P68

サン・ジェルマン・デ・プレ
○St-Germain-des-Prés

セーヌ河左岸を代表するエリア。サン・ジェルマン・デ・プレ教会を中心に老舗カフェや高級ブランドショップが立ち並ぶ。

→P72

チェック！

ZOOM UP!

イギリス
ドイツ
ベルギー
ルクセンブルク
イギリス海峡
ジヴェルニー　シャンティイ
モン・サン・　　　　　　　　　ナンシー
ミッシェル　シャルトル　　パリ　　ストラスブール
ロワール　　　　　フォンテーヌブロー　スイス
フランス　　　リヨン
イタリア
ボルドー　　　　　アヴィニョン　エクス・アン・プロヴァンス
ポン・デュ・ガール　アルル
ビスケー湾　カルカッソンヌ　　　ニース　モナコ
スペイン　ルルド　　マルセイユ
アンドラ　　アヴィニョン　地中海　コルシカ島

200km

サクレ・クール寺院

RER LIGNE E

LIGNE 7
LIGNE 5

TALINGRAD
JAURÈS

JIS
ANC

LIGNE 7b
LIGNE 11

サン・マルタン運河

Ⓜ PORTE DES LILAS

Ⓜ BELLEVILLE

オペラ・ガルニエ

PÈRE
LACHAISE Ⓜ
Ⓜ GAMBETTA

マレ

ルーヴル美術館

シテ島〜サン・ルイ島

リヨン駅
GARE DE LYON
Ⓜ

BERCY Ⓜ
Ⓜ DAUMESNIL
ベルシー駅
RE DE BERCY
RER LIGNE D

ドーメニル湖
Lac Daumesnil

LIGNE 14
LIGNE 8

MPIADES

超大事なことだけまとめ

通貨とレート

€1=約162円

※2024年3月現在
※フランスの通貨はユーロ(€)

物価の目安

☐ ミネラルウォーター(500㎖) €0.50〜
☐ タクシー運賃 €7.30〜
☐ 生ビール(1パイント=568㎖) €7〜

時差

-8時間

※日本が正午ならフランスは
同日午前4時。ただし、
3月最終日曜〜10月最終日曜
まではサマータイムが実施され、
時差は-7時間

フライト

14時間35分〜
14時間50分
(東京から)

> 運河沿いを
> 散策できる

サン・マルタン運河
◉Canal St-Martin

19世紀に飲料水確保のため
に造られた運河。運河周辺
はショップやカフェ、ビス
トロが続々オープン。古さ
と新しさが交差する。

→P86

> 情緒あふれる
> 丘の街

> セーヌ河に
> 浮かぶ島々

> 活気あふれる
> 学生街

> パリ随一の
> おしゃれエリア

モンマルトル
◉Montmartre

サクレ・クール寺院が立つ
高台の街で、ピカソなど多
くの芸術家たちを魅了して
きた。今でも古きよきのど
かな風景が残る。

→P76

シテ島〜サン・ルイ島
◉Île de la Cité〜Île St-Louis

シテ島は紀元前にパリシイ
人が住み始めたパリ発祥の
地。サン・ルイ島は趣ある
街並みのなかに、カフェや
ショップが点在。

→P80

カルチェ・ラタン
◉Quartier Latin

ソルボンヌ(パリ大学)を中
心としたアカデミックな雰
囲気漂う学生街。パンテオ
ンなどの歴史的建造物や賑
やかな市場がある。

→P82

マレ
◉Marais

中世の建物が残る歴史的保
存地区。古い建物を利用し
たおしゃれなショップやカ
フェが多く、トレンド発信
地としても有名。

→P84

カフェごはんからスイーツまで

パリの おいしいもの

美食の街、パリにはおいしいものがあふれている。カフェごはんに
スイーツ、ビストロのフレンチ…。代表的なパリグルメをチェック！

☐ クロックムッシュ ●Croque-monsieur

パンにハムやホワイトソースをサンドし、チーズをのせて焼いたもの。

朝食にぴったり！

ココで！ カフェ・ドゥ・ラ・ペ→P117

☐ ステーク・フリット ●Steak Frites

ボリュームたっぷりのステーキにフライドポテトの付け合わせ。

ココで！ 老舗カフェ→P114

☐ オニオンスープ ●Soupe à l'oignon Gratinée

タマネギを香ばしく炒めたスープ。フランスパンやチーズを浮かべる。

定番人気のスープ

ココで！ 老舗カフェ→P114

☐ ナチュラルテイストカフェ

ヘルシー系にサードウェーブコーヒーなど、個性が光るおしゃれなカフェが続々。

ココで！ ブラウン・ノーツ・コーヒー→P119

☐ ミュージアムカフェ

芸術の都・パリでは美術館併設のカフェもレベルが高い！

ココで！ カフェ・カンパナ→P120

☐ ミルフィーユ ●Mille feuille

サクサクのパイ生地にクリームを挟んだ、フランス発祥のスイーツ。

「千枚の葉」を意味する

ココで！ カレット→P123

☐ タルト ●Tarte

焼き菓子のこと。タルト生地の上に季節のフルーツをのせることが多い。

ココで！ ボントン・ル・ジャルダン・シークレット→P122

☐ バゲット ●Baguette

バゲット＝棒。小麦粉と水、塩、イーストで作るフランスパンの大定番。

パリではメインのお供！

ココで！ オー・パラディ・デュ・グルマン→P125

☐ クロワッサン ●Croissant

バターをたっぷり練りこんだフランス発のパン。朝食の大定番。

ココで！ ポワラーヌ→P124

サクサク食感＆バターの香りが◎

☐ クレープ ●Crêpe

小麦粉の生地にフルーツやアイス、生クリームをのせた日本でもおなじみの料理。

ココで！ ブレッツ・カフェ→P127

☐ ガレット ●Galette

そば粉を使った塩味の生地に、卵やハム、チーズを入れたお手軽グルメ。

ココで！ オ・プティ・グレック→P126

☐ キッシュ ●Quiche

小麦粉、卵、生クリームのパイ生地に野菜やベーコンを加えて焼いたお惣菜。

カフェでも食べられる！

ココで！ ジェラール・ミュロ→P128

迷ったらコレBest3

👑 カフェ
1
朝食、ランチ、休憩と
いつでも使える！

👑 マカロン
2
カラフルで
見た目もカワイイ

👑 ビストロ
3
気軽に本場フレンチを
味わおう！

☑ マカロン ●Macaron
メレンゲにアーモンドプードル（粉）と砂糖を加えて焼いた王道スイーツ。

フレーバーもいろいろ！

ココで！
ラデュレ シャンゼリゼ店→P132

☑ ショコラ ●Chocolat
チョコレートのこと。パリにはショコラトリー（チョコレート専門店）も多い。

ココで！
レ・トロワ・ショコラ→P134

☑ 鴨肉のコンフィ ●Confit de Canard
鴨肉を脂煮（コンフィ）してフライパンで焼いた伝統料理。

ココで！
ビストロ→P136、P142

☑ タルタルステーキ ●Tartare de boeuf
みじん切りにした新鮮な生牛肉をタマネギやピクルスなどの薬味と一緒に食べる。

レアの食感を楽しめる

ココで！
ビストロ→P136、P142

☑ 生ガキのプレート ●Plateau des Huitres
レモンやエシャロット入り赤ワインビネガーと一緒に。9月上旬〜4月がシーズン。

通常は6個か12個単位で注文

ココで！
ラ・クーポール→P116

☑ ニース風サラダ ●Salade Niciuse
トマト、ピーマン、タマネギ、キュウリ、オリーブ、アンチョビなど具だくさん。

ココで！
老舗カフェ→P114 ビストロ→P136、P142

☑ マルシェ ●Marché
食品や生活雑貨を販売する市場。パンやスープなど軽食も充実。

ココで！
マルシェ・バスティーユ→P146

☑ ブーダン・ノワール ●Boudin Noir
豚肉の血が入ったフランスの伝統的なソーセージ。ワインのおつまみの定番。

バゲットにも合う！

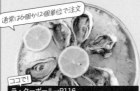

ココで！
ラ・グランド・クレムリー→P141

☑ デパートのグルメフロア
ランチもディナーもカジュアルに美食が楽しめる。2大老舗デパートへ！

ココで！
プランタン・デュ・グー→P144

☑ カーヴ・ア・マンジェ ●Cave a Manger
食事も楽しめるワインショップまたはワインバー。立ち飲みスタイルも人気。

ココで！
セプティーム・ラ・カーヴ→P140

☑ 多国籍料理
移民の多いパリでは、アジアからアフリカまで多国籍料理レストランがたくさん。

ココで！
イブリック→P150

☑ ビュストロノム ●Bustronome
バスに乗って、観光名所を巡りながらフランス料理が堪能できるバスツアー。

ココで！
ビュストロノム→P196

ひと目で確認！

とっておきのおみやげ探し！

パリの おかいもの

エスプリ香るフレンチ雑貨にBIOコスメ、アクセサリー…。
気になるものはここでチェックして、買物本番に備えて！

□ フレンチ雑貨

カラフルな色使いのキッチン雑貨やデザイン性の優れたステーショナリーも注目。

ココで！
フルックス→P155

□ インテリア雑貨

インテリアにこだわるパリジェンヌ御用達のショップをチェック！

ココで！
レ・フルール→P156

□ パッサージュ ●Passage

19世紀のレトロな雰囲気ただよう屋根付きアーケード街。買物しながら歴史散歩。

フォトジェニック！

ココで！
ギャルリー・ヴィヴィエンヌ→P158

□ 手芸小物

古い物を大切に使うパリっ子が訪れる、素敵なメルスリー（手芸店）へ。

ココで！
ウルトラモッド→P161 ラ・ドログリー→P161

□ キッチン雑貨

料理が楽しくなる、かわいいキッチン雑貨。お気に入りを見つけよう。

ココで！
ア・シモン→P160

□ ミュージアムグッズ

美術館ごとのセンスが光る個性的なグッズはおみやげに喜ばれること間違いなし。

ココで！
ピカソ美術館 ブティック→P162

□ プチ・バトー ●Petit Bateau

子どもから大人まで、着心地のいいアンダー、デイリーウエアを展開。

シンプルなデザイン

ココで！
プチ・バトー→P165

□ セント・ジェームス ●Saint James

フレンチカジュアルの定番、ボーダーシャツでおなじみのブランド。

1枚は持っていたい！

ココで！
セント・ジェームス→P165

□ レペット ●Repetto

伝統的な製法でつくるバレエシューズが人気。カラーバリエーションが豊富でかわいい。

セミオーダーもできる

ココで！
レペット→P166

□ セミオーダー体験

フランス発のファッションブランドでは、セミオーダーもできる。旅の思い出に…。

ココで！
ラ・スリーズ・シュル・ル・シャポー→P167

□ アクセサリー

パリジェンヌらしいおしゃれを演出してくれる、パリ発のブランドに注目！

ココで！
アトリエ・ポーラン→P169

□ BIOコスメ

オーガニック先進国のフランスは、BIOコスメが充実。デイリーに使える価格も◎。

ココで！
マドモアゼル・ビオ→P170

迷ったらコレBest3

👑1 ファッション

パリジェンヌは
シンプルな服が好き

👑2 フレンチ雑貨

ショップめぐりが
楽しい!

👑3 香水

ボトルのデザイン
にもうっとり♡

☐香水
フランス人の生活に浸透している香りの文化。お気に入りの香りをみつけよう。

フランスは香水大国!

ココで!
ロジェ・エ・ガレ→P172

☐ギャラリー・ラファイエット・パリ・オスマン
●Galeries Lafayette Paris Haussmann
ファッション、食品、おみやげと何でも揃う欧州最大級のデパート。

ココで!
ギャラリー・ラファイエット・パリ・オスマン→P174

☐プランタン・オスマン本店
●Printemps Haussmann
150年以上の歴史がある老舗百貨店。2022年にリブランディングした。

ココで!
プランタン・オスマン本店→P175

☐蚤の市 ●Marché aux Puces
週末に開催される古物市。どれも一点ものが多いので、掘り出し物をみつけよう。

ココで!
クリニャンクールの蚤の市→P176

☐食材専門店
コンフィチュールにマスタード…。おいしい食材は専門店で買うのが得策。

手作りジャム専門店の味

ココで!
ラ・シャンブル・オ・コンフィチュール→P179

☐モンブラン ●Mont Blanc
マロンペーストで覆われたメレンゲと生クリーム。栗の風味が楽しめる。

ココで!
アンジェリーナ→P180

☐オペラ ●Opéra
コーヒー風味のビスキュイにガナッシュやクリームを重ねた贅沢なケーキ。

ココで!
ダロワイヨ→P180

☐エクレア ●éclair
細長い形をしたシュー生地の中にクリームがたっぷり。手軽に食べられる。

日本でもおなじみ♪

ココで!
レクレール・ドゥ・ジェニ→P181

☐イスパハン ●Ispahan
ローズ風味のマカロン生地にフランボワーズとライチのクリームをはさんだもの。

ピンク色がカワイイ!

ココで!
ピエール・エルメ→P180

☐スーパーマーケット
パリの生活に根付いたスーパーマーケット。ばらまきみやげもここで。

ココで!
モノプリ→P182

☐コンセプトショップ
ブランドの世界観をひとつのコンセプトでまとめたショップ。マレ地区に多い。

ココで!
メルシー→P85

☐サントノレ通り ●St-Honore
フランスのラグジュアリーブランドが集まった、オペラ地区にある通り。

ココで!
サントノレ通り→P184

一日まるごと遊び尽くす!

パリの 名所+エンタメ

ランドマークを巡り、美術館でアートにふれる。
夜はレヴューや夜景を鑑賞! パリをとことん楽しもう。

□ エッフェル塔 ●La Tour Eiffel

高さ324m、パリのシンボル。行列必至なので、チケットは事前購入を。

パリの街を一望

ココで! エッフェル塔→P48

□ シャンゼリゼ大通り

全長約2km、パリでもっとも美しいメインストリート。お買物も楽しい。

●Avenue des Champs-Élysées

ココで! シャンゼリゼ大通り→P64

□ 凱旋門 ●L'Arc de Triomphe

シャンゼリゼ大通りの西端に威風々と立つ歴史的建造物。

ココで! 凱旋門→P52

□ セーヌ河 ●La Seine

イエナ橋からシュリー橋までセーヌ河一帯が世界遺産。水上バスで巡ろう!

乗り場は9ヵ所

ココで! セーヌ河クルーズ→P54

□ サクレ・クール寺院

●Basilique du Sacré-Cœur

芸術家が暮らしたモンマルトルの丘の上に立つ白亜の寺院。眺望も◎。

ココで! サクレ・クール寺院→P56

□ オペラ・ガルニエ ●Opéra Garnier

バロック様式の豪華絢爛なオペラの殿堂。自由見学かガイドツアーで回ろう。

ココで! オペラ・ガルニエ→P58

□ ノートルダム大聖堂

●Chathédrale Nôtre-Dame de Paris

200年の歳月をかけて完成した初期ゴシック建築の最高傑作。

修復工事中!

ココで! ノートルダム大聖堂→P60

□ パレ・ロワイヤル ●Palais Royal

ルイ14世が幼き日に遊んだ庭園。広場はインスタスポットで人気。

ココで! パレ・ロワイヤル→P70

□ リュクサンブール公園

●Jardin du Luxembourg

パリ市最大の公園で市民の憩いの場。園内には100以上の彫刻が点在。

ココで! リュクサンブール公園→P73、P129

□ サント・シャペル ●Sainte-Chapelle

「ゴシックの宝石」と称される礼拝堂。巨大なステンドグラスは必見。

ココで! サント・シャペル→P81

□ マドレーヌ寺院 ●Église de la Madeleine

52本の円柱を配したキリスト教寺院。まるでギリシア神殿のよう。

ココで! マドレーヌ寺院→P70

□ サン・ジェルマン・デ・プレ教会

●Église St-Germain des Prés

聖遺物を納めるために542年に創建。哲学者デカルトが眠るパリ最古の教会。

周辺の老舗カフェで休憩

ココで! サン・ジェルマン・デ・プレ教会→P74

迷ったらコレBest3

👑1 エッフェル塔
いろんな場所から眺めたくなる！

👑2 ルーヴル美術館
一生に一度は訪れてみたい美術館

👑3 セーヌ河クルーズ
船の上から世界遺産を眺める

☐パンテオン ●Le Panthéon
ヴィクトル・ユゴーやキュリー夫妻などフランス史の偉人が眠る神殿。

ココで！
パンテオン→P83

☐ジュテームの壁
Le Mur des je t'aime
612枚のタイルに世界各国の言葉で「ジュテーム（愛してる）」と書いてある。

ココで！
ジュテームの壁→P78

☐ルーヴル美術館 ●Musée du Louvre
『モナリザ』や『ミロのヴィーナス』など傑作揃いの世界最大級の美術館。

©Musée du Louvre

ココで！
ルーヴル美術館→P92

☐オルセー美術館 ●Musée d'Orsay
ルノワールからゴッホ、ゴーギャンなど名だたる画家の作品が一堂に会す。

大時計裏のカフェも人気

ココで！
オルセー美術館→P100

☐オランジュリー美術館
●Musée de l'Orangerie
クロード・モネによる8枚の連作『睡蓮』を展示するためにオープンした美術館。

ココで！
オランジュリー美術館→P104

☐おさんぽ
シャンゼリゼ大通りからサン・マルタン運河まで、おさんぽコースを紹介。

ココで！
おさんぽ→P62

☐ライトアップ
歴史ある建物は夜のライトアップでより美しく。夜景ツアーも催行している。

ココで！
オペラ・ガルニエ→P189

☐レヴュー
キャバレーなどで繰り広げられるダンスや歌のショーで、パリの夜を満喫。

©Moulin Rouge - S.Franzese

ココで！
ムーラン・ルージュ→P190

☐オペラ＆バレエ
せっかくパリに来たからには、本場のオペラとバレエを心ゆくまで鑑賞したい。

©Emilie Brouchon,
Opéra national de Paris,

ココで！
オペラ・バスティーユ→P193

☐ジャズ＆シャンソン
お酒を楽しみつつ、シャンソンやジャズの生演奏と歌声に酔いしれて。

ココで！
カヴォー・ドゥ・ラ・ユシェット→P194

☐モン・サン・ミッシェル ●Mont St-Michel
パリ北西部、周囲を海に囲まれた孤島。モン・サン・ミッシェル修道院が立つ。

ココで！
モン・サン・ミッシェル→P206
世界遺産

☐ヴェルサイユ宮殿
●Château de Versailles
かつてマリー・アントワネットも暮らした王宮と庭園を見学できる。

ココで！
ヴェルサイユ宮殿→P212
世界遺産

3泊5日

モデルコース

凱旋門と
シャンゼリゼ大通りは
セットで訪れたい

Day 1・2

エッフェル塔周辺 ～ シャンゼリゼ大通り ～ シテ島 ～ サン・ルイ島 ～ マレ で
パリのランドマーク巡り！

パリ着は夕方なので、宿泊先近くで軽めのディナーと夜景を観賞。2日目はエッフェル塔、凱旋門とパリのシンボルにご挨拶。シャンゼリゼ大通りを散策したら、セーヌ河を走る水上バスに乗船。シテ島とサン・ルイ島、そして歩いてトレンド発信地マレでショッピング！

パリっ子に愛される
本場ビストロで
フレンチを堪能♪

サン・ルイ島散策のお供に、
ベルティオンのアイスを
→P81

乗り降り自由の
水上バス。
移動とクルーズが
同時にできる

人気店、キャトルヴァ
ンシス・シャン
→P133

エッフェル塔周辺は
撮影スポットが満載
→P50

上って、撮って、
街を眺めよう！

Day 1

16:50 シャルル・ド・ゴール空港到着

日本からパリへの直行便は16～19時台か、
朝5時台到着。（2024年4月時点）

19:00 カーヴ・ア・マンジェで軽めのディナー

明日に備えて早めにディナーを。こだわりのワインや
料理を楽しんで。→P140

Choice!

●サン・ジェルマン・デ・プレ：
ル・コントワール・ドゥ・ラ・テール →P140
気軽につまめる左岸の立ち飲みワインバー。
●マレ：セプティーム・ラ・カーヴ →P140
人気レストランが手がける。自然派ワインも充実。
●サン・ジェルマン・デ・プレ：
ラ・グランド・クレムリー →P141
ブルゴーニュを中心に約130種のワインを用意。

20:30 ランドマークの夜景観賞

帰宅ついでに近くにあるランドマークの
ライトアップされた姿を眺めよう。→P188

Day 2

09:30 エッフェル塔展望台へ

混雑必至なのでオープン前に訪れて並ぼう。
チケットは事前購入を。→P48

↓ メトロと徒歩で約20分

11:30 凱旋門&シャンゼリゼ大通りを散策

凱旋門に上ったら、シャンゼリゼ大通りをおさんぽ。→P52,64

↓ 徒歩5分

14:30 バトビュスでプチセーヌ河クルーズ

コンコルド広場から乗船し、
ノートルダム大聖堂で降りる。→P54

↓ 水上バスで1時間

15:30 シテ島～サン・ルイ島へ

セーヌ河中洲にあるふたつの島を散策。→P80

↓ 徒歩10分

Choice!

●マレ：メルシー →P85
パリで最も有名なコンセプトショップ。
●マレ：オフィシーヌ・ユニヴェルセル・
ビュリー1803 →P85
老舗総合美容薬局。
自然派スキンケアや香水などを扱う。
●マレ：フルックス →P155
パリらしいカラフルな雑貨が揃う。

17:00 マレのおしゃれショップへ

パリ随一のショッピングエリア。北マレに注目。
→P84,折りこみ地図裏

↓ タクシーで5～10分

19:00 ビストロでディナー

人気店は事前予約がおすすめ。→P136,138

Choice!

●オペラ～ルーヴル：ラ・レガラード・
サントノレ →P138
モダンな内装の名ビストロの3号店。
●オペラ～ルーヴル：ピルエット →P138
リーズナブルに提供する美食フレンチ。
●サン・マルタン運河：シェ・ミッシェル →P139
ブルターニュ産の魚介を使った料理。

パリモチーフの
アイテムを
おみやげに

マレのおしゃれショップの代表
といえばメルシー
→P85

モデルコース

3泊5日

ルーヴル美術館
の必見絵画といえば
『モナリザ』→P96

©Musée du Louvre

一生に一度は
観ておきたい
名作が目の前に！

Day 3

オペラ ～ ルーヴル ～ モンマルトル で
芸術と文化にふれる

午前中は世界的な名作が集まる
ルーヴル美術館、午後は印象派
絵画が有名なオルセー美術館で
アート三昧。メトロで移動して、
サクレ・クール寺院や石畳の小
路が続く丘の街、モンマルトルを
散策。夜は老舗キャバレーのム
ーラン・ルージュでディナー付き
のダンスショーを堪能。

©Musée du Louvre

世界最大級のコレクションを誇るルーヴル美術館 →P92

オルセー美術館の名画、
『ムーラン・ドゥ・ラ・
ギャレット』→P102

オルセー美術館の
大時計裏で
おしゃれな一枚

パリの夜はムーラン・ルージュでレヴュー観賞 →P190

©Moulin Rouge - D.Duguet

07:30 ブーランジュリーで朝食

チュイルリー公園やセーヌ河沿いで
朝食タイム。**→P124**

Choice!

●オペラ〜ルーヴル：
ブーランジュリー・ジュリアン **→P125**
ケーキやサンドイッチなども揃う。
●サン・マルタン運河周辺
デュ・パン・エ・デジデ **→P125**
外にテーブル席あり。

↓ 徒歩6〜11分

09:00 ルーヴル美術館を午前中で制覇！

必見の名作だけチョイスして効率よく回ろう。
ランチは併設のカフェ・マリーへ。**→P92**

↓ 徒歩15分

13:00 印象派の殿堂、オルセー美術館へ

かつての駅舎を利用した開放感ある建物。
ミュージアムショップもチェック。**→P100**

↓ メトロで11分

16:00 ノスタルジックなモンマルトルさんぽ

サクレ・クール寺院やジュテームの壁
などフォトジェニックなスポットが点在。**→P76**

↓ 徒歩6〜12分

18:00 物語の舞台になった店で休憩

映画や絵画に登場したモンマルトルの
雰囲気にぴったりなカフェへ。**→P79**

Choice!

●モンマルトル：**カフェ・デ・ドゥ・
ムーラン** **→P79**
映画のロケ地として有名に。
クレーム・ブリュレが定番。
●モンマルトル：**ラ・メゾン・ローズ** **→P79**
インスタ映えスポットとしても人気がある。

↓ 徒歩3〜15分

19:00 ムーラン・ルージュでレビュー観賞

フレンチ・カンカン発祥の老舗キャバレー。
華やかなコスチュームにも注目。**→P190**

石畳の道にテラス
カフェが並ぶ
モンマルトル **→P76**

ブーランジュリーで
焼きたてパンを
召し上がれ！

モンマルトルにあ
る白亜の寺院、
ナクレ・クール
寺院 **→P56**

ブルータイルを前に
いろんなポーズで
撮影しちゃおう！

モデルコース

3泊5日

Day 4

サン・ジェルマン・デ・プレ 〜
オペラ 〜 ルーヴル

旅の最後はお買物三昧！

最終日は、サン・ジェルマン・デ・プレを象徴する老舗カフェで朝食からスタート。周辺の名所を巡ったらオペラ地区に移動。オペラ・ガルニエの内部見学、その後はなんでも揃うデパートやパッサージュでラストショッピング！

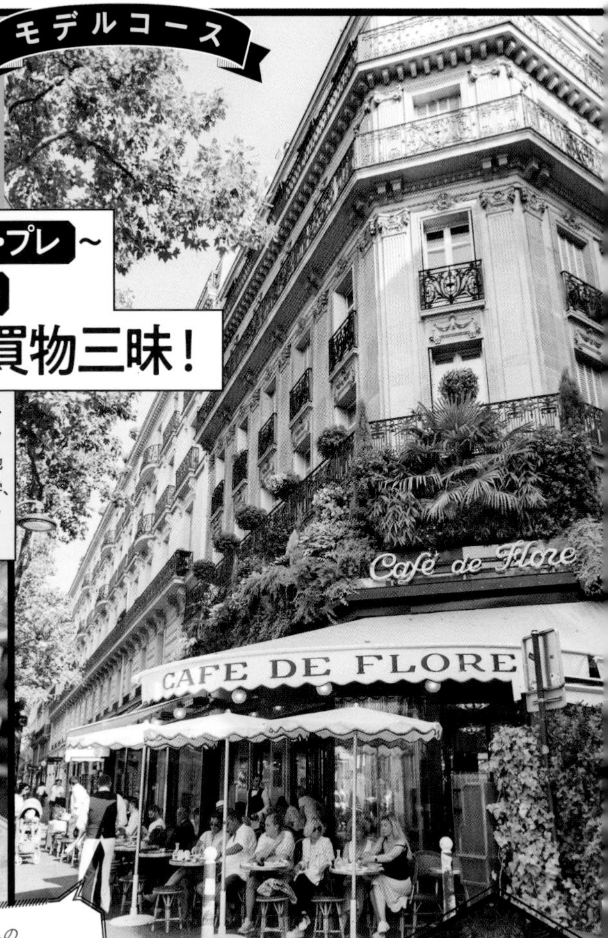

Café de Flore

CAFE DE FLORE

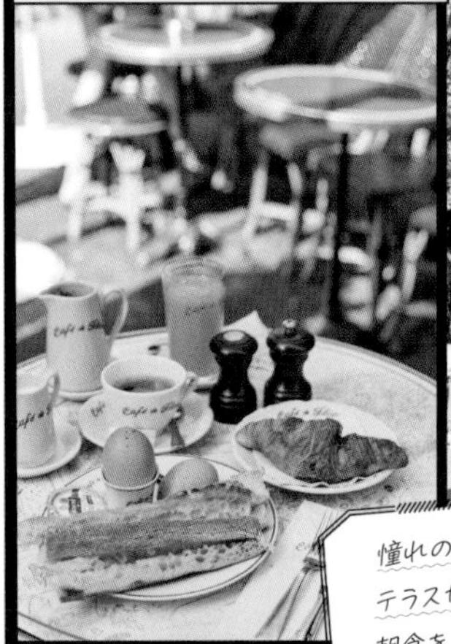

憧れの
テラスカフェで
朝食を♪

カフェ・ドゥ・フロールの
朝食セット →P115

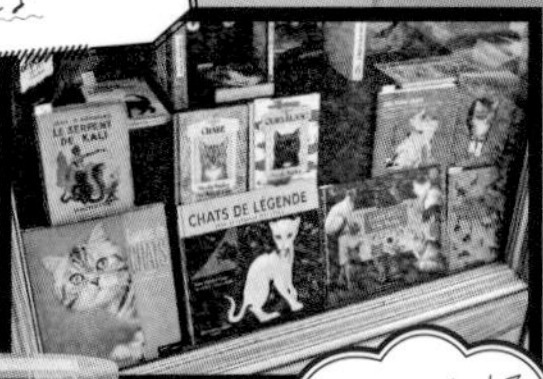

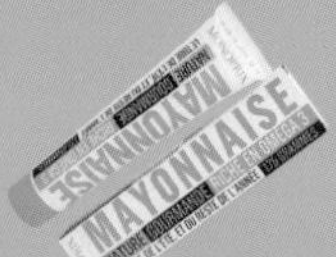

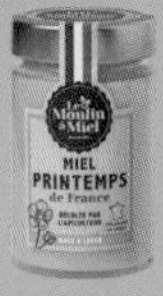

MAYONNAISE

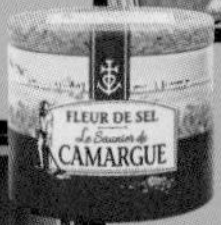

CHATS DE LEGENDE

FLEUR DE SEL
de Camargue
CAMARGUE

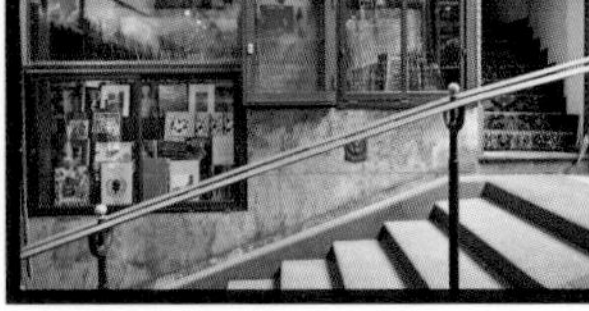

LIBRAIRIE DU PASSAGE

MIEL
PRINTEMPS

スーパーマーケットで
パリらしいお菓子や
食材を見つけた！

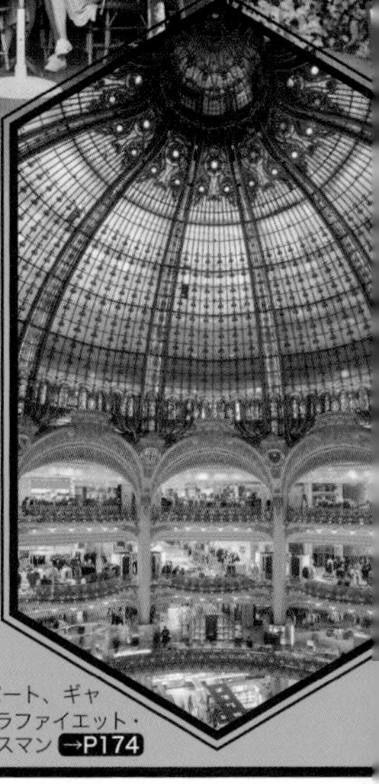

老舗デパート、ギャ
ラリー・ラファイエット・
パリ・オスマン →P174

Day 4

07:30 老舗カフェでモーニング

カフェのモーニングはプチ・デジュネ（朝食セット）が定番。 →P114

Choice!
- ●サン・ジェルマン・デ・プレ：レ・ドゥ・マゴ →P114
  1855年創業、多くの文豪が集った老舗。
- ●サン・ジェルマン・デ・プレ：カフェ・ドゥ・フロール →P115
  緑あふれるテラス席が人気。

↓ 徒歩すぐ

09:00 サン・ジェルマン・デ・プレさんぽ

歴史あるふたつの教会を巡ろう →P74

↓ タクシーで13分

10:00 オペラ・ガルニエ見学

観劇しなくても内部見学ができる。建築美に釘付け！ →P58

↓ 徒歩9〜12分

11:30 モダンなカフェ＆レストランでランチ

今どきのカフェや、おしゃれな多国籍料理でランチタイム。 →P118,150

Choice!
- ●オペラ〜ルーヴル：ブラウン・ノーツ・コーヒー →P119
  ファラフェルサラダなどヘルシー系。コーヒーも評判。
- ●オペラ〜ルーヴル：ハノイ・コーナー →P150
  ベトナム出身のオーナーによるリーズナブルなベトナム料理。

↓ 徒歩5〜7分

13:00 老舗デパートでお買物

オペラ界隈を彩るふたつのデパート。洋服、雑貨、食材なんでも揃う。 →P174

Choice!
- ●オペラ〜ルーヴル：ギャラリー・ラファイエット・パリ・オスマン →P174
  ヨーロッパ最大級の広さを誇る。
- ●オペラ〜ルーヴル：プランタン・オスマン本店 →P175
  1865年から続く老舗百貨店。

↓ 徒歩9〜15分

14:00 歴史あるパッサージュでお買物

クラシカルなアーケードの商店街。写真映えも◎。 →P158

Choice!
- ●オペラ〜ルーヴル：ギャラリー・ヴィヴィエンヌ →P158
  1823年創業。約30店舗が並ぶ。
- ●オペラ〜ルーヴル：パッサージュ・ジュフロワ →P159
  インテリア雑貨、アート専門店など。

↓ 徒歩6〜13分

15:00 モノプリでプチプラ食材探し

オペラ地区にある品揃え豊富なスーパーマーケット。 →P182

↓ バスで約1時間

17:00 シャルル・ド・ゴール空港へ

空港は混雑することが多いので、早めに行動を。空港内でもおみやげは買える。日本に到着するのは翌日18時30分ごろ。

まるで宮殿の中にいるような贅沢な空間！

歴史あるサン・ジェルマン・デ・プレ教会 →P74

老舗カフェ レ・ドゥ・マゴの正面に立つ

Short Short

モデルコース

パリをもっと満喫したいなら
テーマに沿って回ってみよう。
グルメ、カルチャー、ショッピング、
やりたいことをとことん楽しもう。

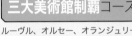
→旧駅を再利用したオルセー美術館

←リニューアルしたラデュレ シャンゼリゼ店

→ミレーの名作『落穂拾い』も展示する

美食の都を堪能コース

美食の街、パリにはおいしいものがたくさん。カフェの朝食、ビストロでランチ、そして夜のワインバーまでグルメ三昧。お腹も心も大満足。

TIME 9時間

8:55 Ⓜ④St-Germain-des-Prés駅

Start

▼ 徒歩1分

9:00 ❶ カフェ・ドゥ・フロール

サン・ジェルマン・デ・プレを象徴する名門カフェで朝食を。（→P115）

▼ メトロ+徒歩 20分

10:30 ❷ ラデュレ シャンゼリゼ店

1862年創業のマカロンの老舗。フレーバーもたくさん。（→P132）

▼ メトロ+徒歩 30分

12:00 ❸ レボショワール

昔ながらの料理と雰囲気が人気。これぞビストロ！（→P142）

▼ メトロ+徒歩 20分

15:00 ❹ マリアージュ・フレール

老舗紅茶専門店。看板スイーツのキャレ・ドールを食べたい。（→P122）

▼ 徒歩20分

18:15 ❺ フレンチー・バー・ア・ヴァン

予約不可の人気カーヴ・ア・マンジェ。少し早めに訪れて並ぼう。（→P141）

Goal

→サヴォワやローヌ地方など種類豊富なワインを用意

→カフェ・ドゥ・フロールで左岸の雰囲気を楽しもう

→ラデュレはギフトBOXもかわいい

三大美術館制覇コース

ルーヴル、オルセー、オランジュリーの三大美術館で名画だけを一気見するコース。パリ・ミュージアム・パス（→P90）を用意して、回ろう！

TIME 8時間

8:50 Ⓜ①⑦Palais Royal Musée du Louvre駅

Start

▼ 徒歩1分

9:00 ❶ ルーヴル美術館

『モナリザ』、『ミロのヴィーナス』など見たい作品はあらかじめ確認。（→P92）

▼ 館内

12:00 ❷ カフェ・マルリー

ルーヴル美術館のリシュリュー翼にあるカフェレストランでランチ。（→P98）

▼ 徒歩13分

13:30 ❸ オランジュリー美術館

モネが描いた8枚の連作『睡蓮』は必（→P104）

▼ 徒歩9分

15:00 ❹ オルセー美術館

モネやルノワール、シスレーといった印象派絵画が一堂に会す。（→P100）

▼ 館内

17:00 ❺ カフェ・カンパナ

オルセー美術館5階、大時計裏のカフェ。サラダ、パスタなどフードメニューも。（→P120）

Goal

→ミュージアムグッズも欲しい

モネの作品を展示するオランジュリー美術館

←ボワシエの
キャラメル

→ナッツやドラ
イフルーツは
チョコとの相性◎

↑ヴェルサイユ宮殿の美し過ぎる鏡の回廊

魅惑のスイーツ尽くしコース

マカロン、ショコラ、クレープ…。パリ
には絶対食べたいスイーツもたくさん。
今日は甘いものの誘惑に負けて、スイー
ツ尽くしの一日を！

TIME 5時間

ヴェルサイユ宮殿じっくりコース

パリから電車で約40分のヴェルサイユ
宮殿は、日帰りで気軽に行ける世界遺産。
宮殿内はもちろん、庭園や離宮などゆ
っくり時間をかけて見学しよう。

TIME 7時間

9:50 Ⓜ④St-Germain-des-Prés駅

Start

徒歩2分
▼

10:30 ❶ル・ショコラ・アラン・デュカス・
マニュファクチュール・ア・パリ

フレンチの巨匠によるショコラトリー
でショコラ探し。(→P135)

徒歩5分
▼

11:30 ❷ラ・クレープリー・デ・カネット

人気クレープリー。ランチならそば粉の
ガレットを。(→P127)

徒歩13分
▼

13:30 ❸ボワシエ

マロングラッセやキャラメルなど、
クラシックなお菓子の宝庫。(→P181)

メトロ＋徒歩 23分
▼

14:30 ❹ダロワイヨ

日本でもお馴染みのパティスリーで、
人気のマカロンを。(→P133)

メトロ＋徒歩 9分
▼

15:00 ❺カレット

老舗サロン・ド・テのトロカデロにある
本店でスイーツ三昧！(→P123)

Goal

→マカロンやシャン
ティー付きのショコ
ラショーもぜひ

↓ラ・クレープリー・
デ・カネットの
イチゴアイスの
クレープ

9:00 ⓇⒺⓇⒸSt-Michel Notre-Dame駅

Start

ⓇⒺⓇⒸVersailles Chateau行きで約30分
終点下車
▼

9:30 ⓇⒺⓇⒸVersailles Chateau駅

徒歩10分
▼

10:00 ❶ヴェルサイユ宮殿

日本語オーディオガイドもある。
鏡の回廊の美しさに圧倒！(→P212)

徒歩10分
▼

13:00 ❷ラ・プティット・ヴニーズ

庭園にあるイタリア風の
軽食レストランでランチ休憩。(→P215)

徒歩15分
▼

14:30 ❸グラン・トリアノン

バラ色の大理石を用いた
王族たちの離宮。(→P217)

徒歩5分
▼

15:30 ❹マリー・アントワネットの離宮

マリー・アントワネットが
田園生活を楽しんだ場所。(→P217)

徒歩20分
▼

16:30 ❺庭園

左右対称の散歩道や彫刻群、
大運河など庭園美を満喫。(→P216)

↑広大な庭園は、巡
回バスを利用するの
も効率的

Goal

テーマ別

Short Short
モデルコース

→オルセー美術館の大時計で印象的な1枚を

→ローズマカロン生地のイスパハン

→各国の料理が揃うマルシェ

←フルックスでお気に入りの雑貨をゲット

フォトジェニックパリ！コース

パリの街並みはどこを歩いても素敵で、写真を撮る手が止まらない！その中でも、編集部オススメのフォトジェニックなスポットを巡る5時間。

TIME
5時間

9:20 RER©Musée d'Orsay

Start

↓ 徒歩1分

9:30 ❶ オルセー美術館

最上階にある時計台の裏は、行列ができるほどの人気スポット。（→P100）

↓ RER＋徒歩 19分

10:30 ❷ トロカデロ庭園

イエナ橋手前にあるメリーゴーランドとエッフェル塔がベストショット！（→P50）

↓ 徒歩3分

11:00 ❸ シャイヨ宮

幾何学模様の床越しに見るエッフェル塔がおしゃれ！（→P50）

↓ メトロ＋徒歩 14分

12:00 ❹ ラデュレ シャンゼリゼ

ピンク色のマカロンケーキ、イスパハンがかわいい。（→P132）

↓ 徒歩10分

13:30 ❺ ジュテームの壁

あえて目線を外して端っこに佇む感じで。ブルータイルを広く撮ろう。（→P78）

↓ 徒歩10分

14:00 ❻ ラ・メゾン・ローズ

モンマルトルの撮影スポットとして人気急上昇のカフェ。（→P79）

→ピンクと緑色の建物がかわいいラ・メゾン・ローズ

Goal

カラフルなメリーゴーランドが写真映え！

マレのコンセプトショップ巡りコース

パリ随一のおしゃれエリアのマレに点在する、ショップ独自の感性をひとつのテーマにまとめた注目の「コンセプトショップ」でお買物。

TIME
5時間

10:50 Ⓜ⑧St-Sébastien-Froissart駅

Start

↓ 徒歩1分

11:00 ❶ メルシー

モード、インテリア、文房具までナチュラルテイストのセレクト。（→P85）

↓ 徒歩7分

12:00 ❷ マルシェ・デ・ザンファン・ルージュ

イートインコーナーが充実している北マレのマルシェ。

↓ 徒歩4分

13:30 ❸ フレンチ・トロッターズ

パリらしいハイセンスなブランドを揃える。ライフスタイルグッズも。（→P85）

↓ 徒歩3分

14:30 ❹ オフィシーヌ・ユニヴェルセル・ビュリー1803

自然由来のナチュラルなスキンケアや香水が並ぶ。（→P85）

↓ 徒歩15分

15:00 ❺ フルックス

キッチン雑貨にインテリア小物などカラフルな雑貨がたくさん。（→P155）

→水ベースのフレグランス

Goal

→メルシーの旬のクリエーターズブランドも素敵！

→ビュリーは箱のデザインもおしゃれ！

← ガラス窓の丸天井が華やかな老舗デパート

↑乙女な雰囲気漂うロジェ・エ・ガレ

↑室内と屋外からなるマルシェ・ダリーグル

パリジェンヌなショッピングコース

コスメに香水、シューズなど、おしゃれ好きな女子は全部欲しくなる！左岸から右岸へ、魅惑のショッピングで、パリらしいアイテムを見つけよう。

TIME 5時間

Start

10:50 Ⓜ③⑨Havre Caumartin駅
▼ 徒歩1分

11:00 ❶ プランタン・オスマン本店
1865年創業の老舗デパートで、ファッションチェック。（➡P175）
▼ 徒歩15分

13:00 ❷ ロジェ・エ・ガレ
香水はもちろん、石けんやハンドクリームも欲しい！（➡P172）

▼ メトロ＋徒歩 15分

14:00 ❸ マドモアゼル・ビオ
オーガニックコスメの専門店で、BIOコスメを探そう。（➡P170）

▼ 徒歩11分

15:00 ❹ レペット
フレンチスタイルの大本命！オーダーメイドもできる。（➡P166）
▼ メトロ＋徒歩 15分

16:00 ❺ ラ・スリーズ・シュル・ル・シャポー
エスプリあふれるセミオーダーの帽子を作ろう。完成まで早くて1日。（➡P167）

Goal

帽子の形は6種類、素材は2種類から選べる

↓色とりどりのバレエシューズ

パリの素敵な食材探しコース

マルシェにスーパー、高級店まで、パリらしいこだわり食材を旅の思い出に持ち帰ろう。検疫や検査が必要な食材もあるので要注意（→P223）。

TIME 5時間

Start

8:50 Ⓜ⑧Ledru-Rollin駅
▼ 徒歩4分

9:00 ❶ マルシェ・ダリーグル
月曜以外は毎日開催する便利なマルシェ。（➡P147）
▼ メトロ＋徒歩 25分

11:00 ❷ モノプリ
調味料からお菓子までリーズナブルな品揃え。（➡P182）

▼ 徒歩10分

12:00 ❸ マイユ
マスタード専門店。その場で瓶詰めしてくれるのが嬉しい。（➡P178）
▼ 徒歩5分

12:30 ❹ ラ・メゾン・ドゥ・ラ・トリュフ
トリュフ入りのオリーブオイルや塩はおみやげのテッパン！（➡P71）
▼ メトロ＋徒歩 15分

13:15 ❺ ラ・シャンブル・オ・コンフィチュール
自然派コンフィチュール（ジャム）の専門店。100種類以上揃うので、味見して決めて。（➡P179）

Goal

→果物の自然な甘さが口の中に広がるコンフィチュール

↑マイユはブルゴーニュ地方発の専門店

★荷物のすべて★

せっかくのパリ旅行。
存分に楽しむためのパッキング術をご紹介！
持参したほうがいい靴や衣類、
あると便利なあれこれ、
機内持ち込みの手荷物、おみやげ情報も。

スーツケースサイズ

3泊5日〜5泊7日が基本のパリ旅行。スーツケースは60〜70ℓくらいの中型がおすすめ。航空会社ごとの個数・重量制限など詳細はP220参照。

行きのパッキング

ホテルに着いてから使うものはスーツケースへ。荷物の仕分けにはジッパー付きの袋を活用しよう。帰りのおみやげ用に空間に余裕を持たせて。

洗濯グッズや折りたたみハンガーなどもあると便利！

シューズやバスグッズなど重いものは下に入れよう

★衣類

春 3〜5月
3月は寒い日も多く、春らしくなるのは4月中旬ごろから。しかし、一日の寒暖の差が激しいので上着の用意を。

夏 6〜8月
7・8月は気温が30℃を超えることもあるが、湿度は低い。朝晩は冷え込むこともあるので薄手の上着を。

秋 9〜11月
9月以降は雨の日が多くなり、気温もぐっと低くなる。セーターやコートはもちろん、雨具の用意も忘れずに。

冬 12〜2月
どんよりとした底冷えする日が続き、晴れ間が見えることは少ない。コートや帽子、手袋など防寒対策を万全に。

＋

オールシーズンあると便利

パーカー
夏でも朝晩は冷えるので、羽織物は一枚あると安心。飛行機内でも重宝する。

サングラス
夏場は日本と同じく日差しが強いときがあるので、手荷物で持っておきたい。

帽子
夏は紫外線と熱中症防止に、冬は防寒として季節に合わせた帽子を用意したい。

★コスメ
旅行中は外にいることが多いので、紫外線を浴びる量も増えがち。特に夏は日照時間も長いので注意。

夏場はSPF値の高い日焼け止めをこまめに塗り直したい。冬は乾燥対策を万全に。

スティックタイプ(固形)の口紅やリップクリームは液体物持ち込みの対象外。

★シューズ
メトロ移動が基本のパリ。エスカレーターの設置が少ないので歩く量も増える。高級レストラン用の靴も用意を。

履き慣れたスニーカーが重宝する。ビストロやサロン・ド・テは入店可。

ドレスコードのある高級レストランで食事するなら、必ずパンプスを用意して。

意外と気づかない！あると便利なもの

□ ウエットティッシュ	汗拭き、トイレ、レストランなどで重宝する
□ エコバッグ	スーパーのレジ袋は有料。マルシェでも役立つ
□ 延長コード	ホテルのコンセントの数が少ない場合に
□ 携帯スリッパ	ホテルでは用意がないことも多い。機内でも役立つ
□ ジッパー付き袋	液体物のおみやげなどを持ち帰るときに
□ マスキングテープ	食べかけのおやつに封をしたり、雑貨類をまとめたり
□ 付箋	ガイドブックの行きたい店をチェックするのに便利
□ 使い捨てカトラリー&マイはし	デリやスーパーで食材を調達予定の人はぜひ

帰りのパッキング

スペース確保も兼ねて、おみやげに買ったビン類は衣類で包むと緩衝材になって◎。自分用のコスメなど箱入り商品は開封して隙間へ入れるのも手。

おみやげをいっぱい入れたいなら、半分空けておくと便利！

荷物の仕分けにはナイロンポーチや保存用の小袋、風呂敷が便利！

★スーツケースに入れる食品

食品はアルコールなどの液体類はもちろん、ジャムやはちみつなども機内へ手荷物で持ち込めない。

ワインやシャンパーニュは気泡緩衝材があると安心。本数が多いときは宅急便を利用する手も。免税範囲に注意(→P223)。

瓶詰め食料品は衣類で包み、スーツケース内で動かないように梱包。心配な人は気泡緩衝材やジッパー付き袋を持参しよう。

★香水やコスメグッズもスーツケースへ

コスメ類も、固形のリップは機内へ持ち込めるが、化粧水やクリームはNG。香水は免税範囲に注意(→P223)。

ハンドクリームは液体物に分類。固形石けんは基本的には液体物ではない。

★おみやげには種類豊富なスイーツを

チョコレート、マカロンは溶けると液状化する食べ物として扱われるが、空港の保安検査後に購入した物は機内持ち込み可能。

シャルル・ド・ゴール空港にはラデュレがあるターミナルも。ここで購入するのもおすすめ。

ホテルにたいていあるもの・ないもの

ある
- □ バスタオル
- □ 石けん
- □ シャンプー
- □ ドライヤー

ない ✕
- □ 寝巻き
- □ スリッパ
- □ 歯ブラシ、歯磨き粉
- □ 変圧器、アダプター

※ホテルのランクにより異なる

★手荷物のこと

手荷物で機内に持ち込めるもの一覧。機内で快適に過ごすために必ずチェック！

◎マスト　○あると便利　△必要ならば

◎	パスポート
◎	航空券(または引換券)
◎	旅行関連書類(日程表、予約関連書類など)
◎	お金(日本円・ユーロ)
◎	クレジットカード
◎	海外旅行保険の控え
◎	スマートフォン(スマートフォン充電器)
○	カメラ(予備バッテリー、SDカード)
○	筆記用具
○	ガイドブック
○	上着
○	マスク
○	安眠グッズ
○	ポケットWi-Fi(またはSIMカード)
○	歯ブラシ、歯磨き粉
○	モバイルバッテリー(預け入れNG)
△	化粧水
△	コンタクトケース、保存液
△	ハンドクリーム

※液体物は100mℓ以下の個々の容器に入れて1ℓ以下の透明ジッパー付き袋に入れること

★シーズンカレンダー★

日本と同様、パリもシーズンによって四季折々の顔を見せる。
気になるイベントなどをここでチェックしよう。

旅の目的となるBIGイベント

全仏オープンテニス…5/20〜6/9(2024年)

全豪、全米、ウィンブルドン選手権を含むテニス4大大会のひとつ。パリ西部のブローニュの森に隣接するスタッド・ローラン・ギャロスで開催。この期間はエッフェル塔にテニスボールのモニュメントが飾られる。

革命記念日(パリ祭)…7/14

シャンゼリゼ大通りで軍によるパレードなどを開催。夜にはエッフェル塔付近から花火が打ち上げられ、パリ市内は大賑わい。

ツール・ド・フランス…6/29〜7/21(2024年)

1903年から開催されているフランスおよび周辺国を舞台とした、自転車のプロ・ロードレース。ゴールはシャンゼリゼ大通り。

パリ2024オリンピック…7/26〜8/11(2024年)
パリ2024パラリンピック…8/28〜9/8(2024年)

4年に一度のスポーツの祭典がフランスで行われる。パリでの開催は1924年以来100年ぶりで、開会式はセーヌ河周辺で行われる予定。パリは国際オリンピック委員会(IOC)が創設された五輪発祥の地でもある。

パリ・イリュミネ・パリ…11月下旬〜1月上旬

シャンゼリゼ大通りやモンテーニュ通りをはじめ、大きなデパートや広場など市内各地でイルミネーションが灯り、クリスマスを盛り上げる。

観光のベストシーズンは5月中旬〜10月

5月中旬ごろから気候が過ごしやすくなる。7〜8月は日照時間も長く夜は22時ごろまで明るいが、長期休暇の店もあるので注意。また夏場は猛暑になることもあるので、体調管理には注意しよう。水分補給や休憩もこまめにすること。

観光地なら英語でOK

観光地であればたいてい英語は通じる。タクシーは、行き先が書いてある紙などを見せよう。

パリならではのイベント時期を確認

年2回開催するパリコレクション。この時期は世界中からファッション関係者が訪れるので、ホテルは満室になることも。

カキのシーズンをチェック

ヨーロッパでは「Rのつかない月(5〜8月)にはカキは食べるな」と言われ、9月上旬から魚介専門店やブラッスリーの店頭にカキのスタンドが登場する。

月	祝日・イベント	平均気温(℃)	日の出 日の入り
1月	●1月1日 元旦 クリスマスのイルミネーションも続行。美術館などは休業	パリ 4.6℃ 東京 5.4℃ 44.8mm 59.7mm	8:38 17:22
2月	●2月14日 バレンタインデー フランスでは恋人同士で過ごす特別な日	5.0℃ 6.1℃ 43.4mm 56.5mm	7:58 18:12
3月		8.2℃ 9.4℃ 44.0mm 116.0mm	7:04 18:56
4月	●4月20日 復活祭★ イースター。キリストの復活を祝う祝日 ●4月21日 復活祭の翌日曜★ 復活祭前の金曜から連休のところも多い	11.2℃ 14.3℃ 41.4mm 133.7mm	6:59 20:43
5月	●5月1日 メーデー 労働者の祝日。有名な観光名所以外は休業 ●5月8日 1945年5月8日戦勝記念日 各国の要人が参列する式典 ●5月9日 キリスト昇天祭★ キリストの復活祭後40日目の木曜日 ●5月20日 聖霊降臨祭の翌月曜★ 聖霊降臨祭から連休になる	14.9℃ 18.8℃ 62.2mm 139.7mm	6:08 21:26
6月	●6月21日 音楽の日 路上、公園など街中がステージになる	18.2℃ 21.9℃ 58.4mm 167.8mm	5:46 21:56
7月	●7月14日 革命記念日 フランス革命を記念した建国記念日	20.4℃ 25.7℃ 53.1mm 156.2mm	6:04 21:49
8月	●8月15日 聖母被昇天祭 聖母マリアが天にあげられた日	20.1℃ 26.9℃ 62.3mm	6:44 21:05
9月	●9月21・22日 ヨーロッパ文化遺産の日★ 一般公開されていない建造物を基本的に無料で見学できる	16.3℃ 23.3℃ 42.2mm 224.9mm	7:28 20:03
10月	●10月9〜13日 モンマルトルのブドウ収穫祭★ モンマルトル産ワインが味わえるほか、パレードなども行われる	12.3℃ 18.0℃ 54.2mm 234.8mm	8:11 19:00
11月	●11月1日 諸聖人の日 全ての聖人を祝福する日。万聖節ともいう ●11月11日 1918年休戦記念日 各国の要人が参列する	7.8℃ 12.5℃ 54.6mm 96.3mm	8:00 17:10
12月	●12月25日 クリスマス キリストの誕生日。街がイルミネーションで彩られ、多くの店も休業する	5.1℃ 7.7℃ 62.2mm 57.9mm	8:37 16:54

平均降水量(mm)

上記の祝祭日、イベントの日程は2024年5月〜2025年4月のものです。
★印の祝祭日、イベントは年によって日にちが変動します。
※平均気温・降水量は理科年表を参考、日の出・日の入は毎月15日を記載しています。

♪♪

Sightseeing

ぜったい観たい！

Contents

知っておきたいこと13

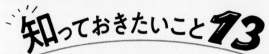

#ぜったい観たい！

はじめてでもリピーターでも、知っておくとパリ観光が
もっと楽しくなるお役立ち情報をピックアップ！

01 乗り降り自由な観光バス

観光客用に運行されているオープンデッキの2階建てバス。市内の主要名所をバスに乗って巡ることができる。スポット（停留所）で自由に乗り降りができ、移動に至便。晴天の日に上階のオープンエア席から眺めるパリの街は、感動的な美しさ。

美しいパリの
みどころを風
を切りながら
見学しよう

トゥービュス・パリ
●TOOTBUS PARIS

100％クリーンエネルギーで走るオープンデッキの2階建てバス。パリ・ディスカバリーは、エッフェル塔や凱旋門など主要観光スポット10カ所を巡回する乗り降り自由なコース。日本語オーディオガイドあり。ほか、ノンストップのナイトツアーも。
[乗り場]オペラ・ガルニエ（MAP：P6B2）のほか、ルーヴル美術館、コンコルド広場、オルセー美術館など
☎なし 9時30分〜18時30分（冬期は〜17時）、10〜15分間隔、所要1〜2時間 ㊡なし ㊟フリーパス1日券€44、2日券€52、3日券€57
URL www.tootbus.com/en/paris/home

ビッグバス・パリ
●BIGBUS PARIS

市内の主要観光スポット8カ所を巡回するコースで、乗り降り自由チケットは1日有効のフリーパスで、運転手から直接買うことも可能。英語など8カ国のオーディオガイド付き。Wi-Fiの接続も可能。
[乗り場]エッフェル塔（MAP：P15C2）のほかシャン・ドゥ・マルス公園、ルーヴル美術館、ノートルダム大聖堂、オルセー美術館、オペラ・ガルニエ、シャンゼリゼ大通りなど8カ所。
☎なし 9時45分〜18時40分（7〜15分間隔）※コースを一周するための最終乗車時間は16時20分〜18時40分（バス停により異なる）、所要約2時間15分 ㊡なし ㊟フリーパス1日券€45 URL www.bigbustours.com/en/paris/paris-bus-tours/

乗り方ガイド

Step1 停留所を探す
チケットは各観光バスの案内所か、乗車時に運転手から購入。停留所はトゥービュス・パリならトリコロール色の「TOOTBUS」を、ビッグバス・パリならワインレッドに黄色の「BIGBUS」の看板をバス停に表示。

Step2 乗車する
乗車時にチケットを買う場合はフリーパス（トゥービュス・パリなら1〜3日、ビッグバス・パリなら1日）を購入。日本語オーディオガイド用イヤホンを受け取り、晴天なら2階席へ。

02 エッフェル塔に スムーズに入場する方法

セキュリティチェック、チケット購入でも行列ができる大人気のエッフェル塔。オンライン事前購入（→P48）のほか、裏技はコチラ。

・レストランを利用する
エッフェル塔にあるレストラン（→P51）を予約すれば、予約者専用のエレベーターを利用できるので並ばずに入れる。食事の後は第1・2展望台の利用も可能。

・現地ツアーを利用する
現地ツアー会社の中には、優先入場付きのツアーを催行しているので、スムーズに入場できる。ただし、ガイドは英語の場合がほとんど。また、公式サイト以外にもチケット販売を行う予約サイトがたくさんあるので利用するのも手。ただし、それぞれ手数料がかかる。
・Get Your Guide ゲット・ユア・ガイド
URL www.getyourguide.jp

03 まだある！エッフェル塔撮影スポット

エッフェル塔のベストスポットといえば、シャイヨ宮やシャン・ドゥ・マルス公園（→P50）のほかにもまだある！

イエナ橋 ●Pont d'Iéna
MAP：P15B2
トロカデロ庭園とエッフェル塔をつなぐ橋。右岸のセーヌ河沿いから撮ればエッフェル塔と橋、セーヌ河のコラボ写真が撮れる。

アンヴァリッド付近
MAP：P10A2
サン・ドミニク通りとラ・トゥール・モーブル通りの交差点から。正面にカフェ、その先にエッフェル塔という、パリらしい景色。

知っておきたいこと

13

覚えておこう！観光名所でのトラブル回避

観光地周辺に出没する数人の若い女性による署名活動や寄付金のお願い。これは対応している隙にカバンから財布やスマートフォンを抜き出す、グループ犯によるスリ行為の可能性が。声をかけられても、むやみに応じないこと。

観光案内所を利用しよう

観光に関する質問やチケットの購入はパリ市観光局案内所へ。北駅とルーヴル宮、エッフェル塔近くのSPOT24とよばれるウェルカム・センターへ（2024年12月まで。以降、パリ市庁舎へ移動予定）。そのほか、パリ市内には観光案内所の機能も果たすキオスクがいくつも点在している。

©Stephane Laure

パリ市観光局案内所(SPOT24)
エッフェル塔周辺　MAP: 15B3
Ⓜ⑥Bir-Akeim駅から徒歩3分
🏠101 Quai Jacques Chirac 15e ☎9
時〜18時45分 ㊡なし

写真撮影で影にならない時間を確認

地図を見て、撮影したい名所の正面がどっち向きかをチェックしよう。東に向いている名所なら午前中、西に向いているなら午後に撮影。そうすれば影にならず撮影ができる。これを元に撮影ルートを組むのもおすすめ。

パリっ子に混じって芝生エリアでひと休み

エッフェル塔やサクレ・クール寺院周辺の芝生エリアは読書をしたり、友人とおしゃべりしたり、パリっ子たちの休憩スポット。街歩きに疲れたら芝生に腰を下ろしてのんびりしてみよう。季節によっては芝生が養生中なので入れないことも。

いつもと違う!? ランドマークの意味

凱旋門とシャンゼリゼ大通りに国旗が掲揚されている！これは、フランスの祝日や式典行事のため。エッフェル塔にテニスボールが！これは全仏オープンテニス（→P44）開催に合わせて取り付けられたもの。期間限定の風景はレア感あり。

ベストポジションは事前に確認しておく！

パリにあふれる素敵な景色。とっておきの一枚を撮影したいなら、Instagramや Pinterest、GoogleマップのストリートビューなどSNSやWebサービスを使って、ベストポジションを探しておこう。そうすれば移動もスムーズ。

パリ市内には「自由の女神像」がある！

アメリカのニューヨークを象徴する「自由の女神像」、実はパリ市内にもある。場所はセーヌ河に架かる、グルネル橋近く（MAP: P2B3）とリュクサンブール公園（→P129）。フランス革命100周年を記念して、アメリカから送られてきた。

11 展望スポットは元気なうちに！

凱旋門とサクレ・クール寺院は、どちらも眺望抜群の観光名所。しかし、展望台までのエレベーターがなく、狭いらせん階段を地道に上っていくしかない。その数200段以上。午前中など元気なうちに訪れた方が賢明だ。

【編集MEMO】

コレだけはいいたい！

サクレ・クール寺院は裏からの姿も素敵です。石畳の道や階段がいい雰囲気で、どこを撮っても絵になる！

メトロなど人が多く集まる所では、カメラやスマホはスリに狙われやすい。必要なときだけバッグから出すように。

オペラ・ガルニエの全体を撮るには、メトロの南側出入口から。根気よく赤信号を待てば車を避けられる。

12 クリスマス・イルミネーションが輝く期間

11月下旬〜1月上旬まで、プランタンやギャラリー・ラファイエットなど大きなデパートや通り、広場などパリ市内各地でイルミネーションが灯り、クリスマスを盛り上げる。各地でマルシェ・ド・ノエル（クリスマス・マーケット）も登場。

エッフェル塔の夜景写真、SNSアップはNG!?

キラキラ輝くエッフェル塔の夜景。写真や動画をSNSでアップしたい人も多いはず。しかし、ライトアップされたエッフェル塔は著作権法で守られていて、勝手に投稿するのは違反行為。罰金が科される恐れもあるので気を付けて。

パリのシンボルにご挨拶!

エッフェル塔を楽しみ尽くす♪

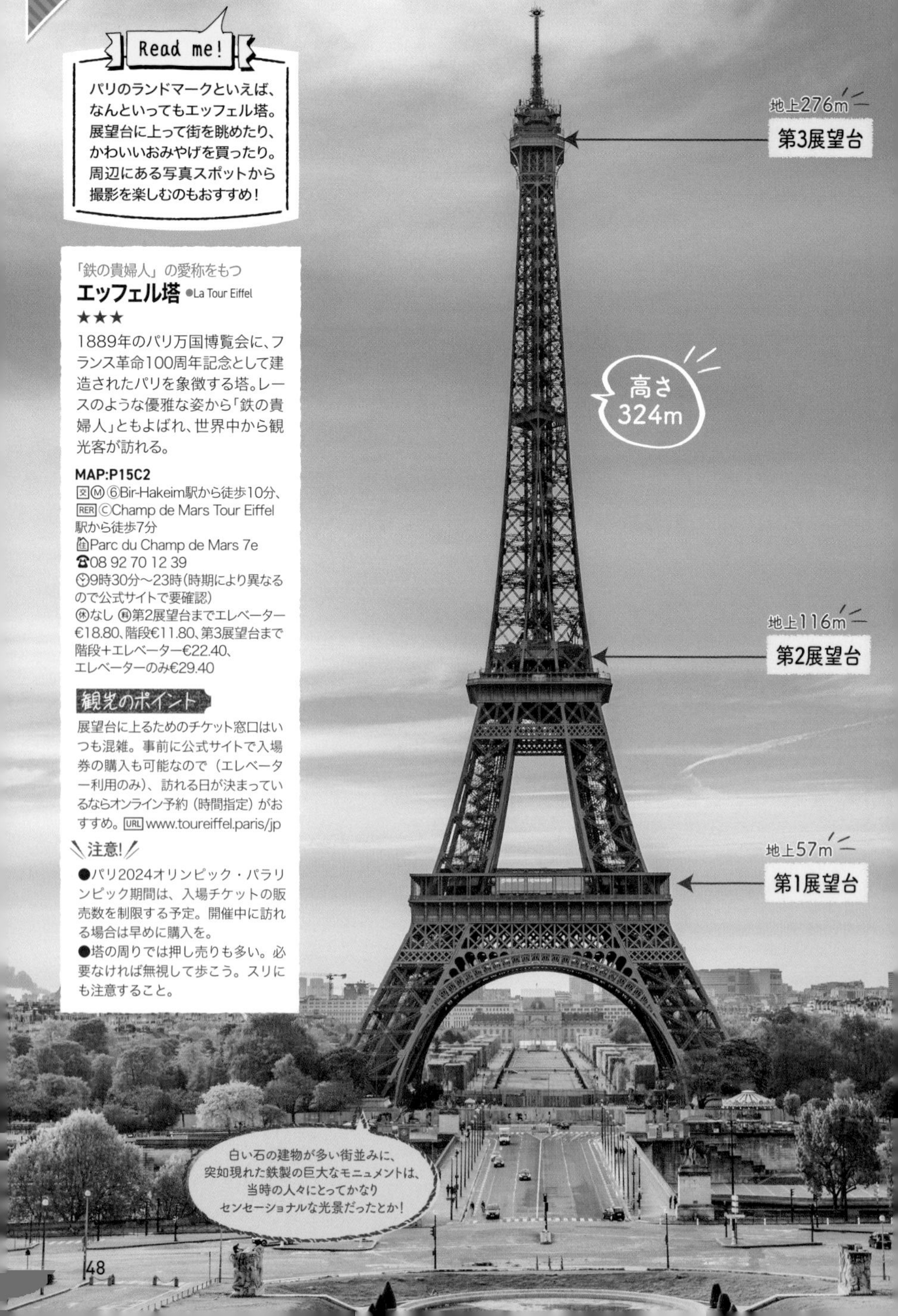
地上276m
第3展望台
高さ 324m
地上116m
第2展望台
地上57m
第1展望台
白い石の建物が多い街並みに、
突如現れた鉄製の巨大なモニュメントは、
当時の人々にとってかなり
センセーショナルな光景だったとか!

Read me!

パリのランドマークといえば、なんといってもエッフェル塔。展望台に上って街を眺めたり、かわいいおみやげを買ったり。周辺にある写真スポットから撮影を楽しむのもおすすめ!

「鉄の貴婦人」の愛称をもつ

エッフェル塔 ●La Tour Eiffel

★★★

1889年のパリ万国博覧会に、フランス革命100周年記念として建造されたパリを象徴する塔。レースのような優雅な姿から「鉄の貴婦人」ともよばれ、世界中から観光客が訪れる。

MAP:P15C2
[交]Ⓜ⑥Bir-Hakeim駅から徒歩10分、[RER]ⒸChamp de Mars Tour Eiffel駅から徒歩7分
[住]Parc du Champ de Mars 7e
☎08 92 70 12 39
⏰9時30分～23時(時期により異なるので公式サイトで要確認)
[休]なし [料]第2展望台までエレベーター€18.80、階段€11.80、第3展望台まで階段+エレベーター€22.40、エレベーターのみ€29.40

観光のポイント

展望台に上るためのチケット窓口はいつも混雑。事前に公式サイトで入場券の購入も可能なので（エレベーター利用のみ）、訪れる日が決まっているならオンライン予約（時間指定）がおすすめ。[URL] www.toureiffel.paris/jp

注意!

●パリ2024オリンピック・パラリンピック期間は、入場チケットの販売数を制限する予定。開催中に訪れる場合は早めに購入を。
●塔の周りでは押し売りも多い。必要なければ無視して歩こう。スリにも注意すること。

展望台に上ってみよう

3つの展望台から360度の大パノラマを楽しめる。時間があればショップやレストランにも！

❶ 敷地内に入場する

東と南側にセキュリティーゲートがある。このとき、チケットあり／なしどちらかの列に並ぶ。

➡公式サイトでのチケット購入は2カ月前から

❷ チケットを購入

当日券購入（エレベーター利用）は、西柱か東柱にある「Ticket office elevator」（黄色のエレベーターマークが目印）、階段利用者は南柱へ。オンライン予約をしている場合は、緑色ゲートへ。

❸ 塔に上る

エレベーターは、東・西柱にある。階段は南柱のみ。各入口でチケット提示と再度セキュリティチェックがある。

エレベーターで 大人数で押し込まれるのでスリに注意。荷物は前に抱えて、ファスナーの上にも手をかけて警戒して。

階段で 第1・2展望台までは階段で上ることができる。第1展望台まで360段、第2展望台まで700段。比較的空いているので、脚に自信があれば階段でGO！

❹ 第1展望台

3つの展望台のうち一番広いフロア。足元が透明の板ガラスになっていて地上が見える場所があり、スリル満点。

足元の透明なガラスに絶叫!?

View Point
北西はセーヌ河に架かるイエナ橋、その先にはトロカデロ庭園、シャイヨ宮が見える。

❺ 第2展望台

最上階行きのエレベーターへは、ここで乗り換え。この階まではエレベーターでも階段でも上がることができる。南東側には左右対称に整備されたシャン・ドゥ・マルス公園と旧陸軍士官学校が見える。

モンパルナス・タワー発見！

➡第2展望台は、展望エリアが2階層になっている

⬆望遠鏡も設置。€1で1分30秒眺望を楽しめる

View Point
南東は高さ210m、59階建てのモンパルナス・タワーが見える。夜はライトアップされる。

❻ 第3展望台

眼下に360度広がるパリの全景は感極まる美しさ。北側にはモンマルトルのサクレ・クール寺院も見える。シャンパーニュバーもあり、最高の眺めを前に乾杯するのもおすすめ。

⬆通年で風が強く、少々寒いので上着持参がおすすめ

View Point
北は白亜のサクレ・クール寺院が！ 色や高さが統一された街並みも美しい。

いろんな場所から撮影しよう！

エッフェル塔を撮影するなら
どこがベストスポット？
オリジナリティあふれる一枚を撮ろう。

シャン・ドゥ・マルス公園
●Parc du Champ de Mars

元は陸軍士官学校の練兵場だった場所。芝生入りで撮影可能。手乗りや手掴みなど遠近法を用いて撮影するのが定番。

エッフェル塔周辺 MAP:P15C2

🚇Ⓜ⑧École Militaire 駅から徒歩3分、ⓇⒺⓇ ⓒ Champ de Mars Tour Eiffel駅から徒歩13分
🏠Champ de Mars 7e

シャイヨ宮 ●Palais de Chaillot

1937年に宮殿として建てられ、現在は海洋博物館や建築・文化財博物館などが入る。幾何学模様の床越しに撮影してみよう。

エッフェル塔周辺 MAP:P15A2

🚇Ⓜ⑥⑨Trocadéro駅から徒歩すぐ
🏠Pl. du Trocadéro 16e

Photo Point
街並みと塔をバックにはいポーズ！後ろ向きで座ってみたり、目線を外して撮影するのも◎！

ケ・ブランリー・ジック
シラク美術館P108
カフェ・ジャック P120
シャイヨ宮
ニューヨーク大通り
トロカデロ
ブルドネ大通り
イエナ橋
セーヌ河
エコール・ミリテール École Militaire
モットピケ大通り
シャン・ドゥ・マルス公園
トロカデロ庭園
エッフェル塔
シュフラン大通り
─ル・ジュール・ヴェルヌ
─バー・ア・シャンパン
─エッフェル塔公式ブティック
ⓇⒺⓇ Ⓜ
ビル・アケム橋
ビル・アケム Bir-Hakeim

Photo Point
塔の近くまで寄って、手前に美しい草花をいれると、迫力ある写真が撮影できる。

トロカデロ庭園
●Jardins du Trocadéro

1937年に造られた、約10万㎡の庭園。遊歩道や小川、季節の花々を手前に入れてエッフェル塔と撮影するのがおすすめ。

エッフェル塔周辺 MAP:P15A2

🚇Ⓜ⑥⑨Trocadéro駅から徒歩1分
🏠Av. du New York 16e

Photo Point
イエナ橋手前にあるメリーゴーラウンドと、メルヘンチックなパリらしい景色が素敵。

ビル・アケム橋
● Pont de Bir-Hakeim

橋の上をメトロが、下を車と人が渡れる二重構造。車通りが激しいので撮影するときは注意して。

エッフェル塔周辺 MAP:P15B3

🚇Ⓜ⑥Bir-Hakeim駅から徒歩3分
🏠2 Quai de Grenelle 15e

Photo Point
橋の中央から外灯をフレームに入れて撮るとおしゃれな一枚に。

ショップやレストランを楽しもう！

エッフェル塔にある
おみやげ探しにぴったりのショップと
美食を堪能できるレストランをチェック！

Shop

[第1展望台]

エッフェル塔公式ブティック

●Tour Eiffel Boutique Officielle

エッフェル塔の公式ブティック。約900点のグッズを揃え、おしゃれなデザインも人気。

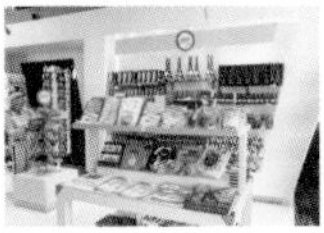

⏲9時30分～23時30分(6月中旬～9月中旬は9～24時)
[休]なし [英]

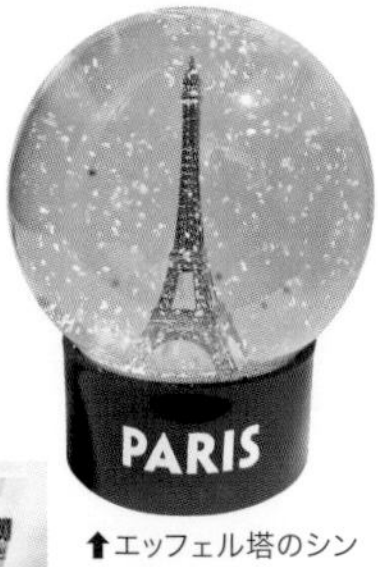

⬆エッフェル塔のシンプルなスノードーム€12.90

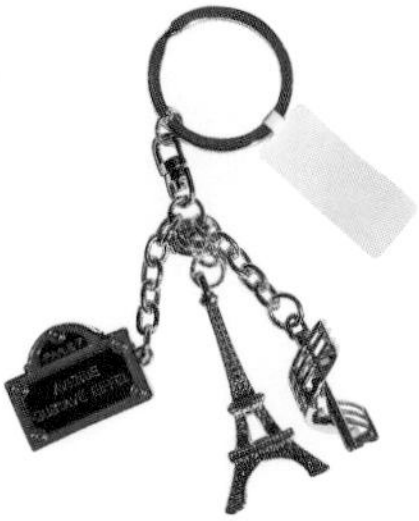

⬆エッフェル塔にパリの道路看板が付いたキーホルダー€7.99

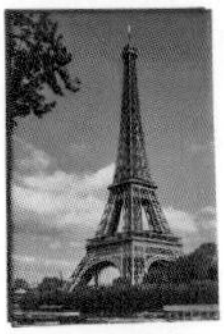

⬆超定番のマグネット€6.50

Restaurant

[第2展望台]

ル・ジュール・ヴェルヌ

●Le Jules Verne

ブローニュの森にある星付きレストラン「プレ・カトラン」のシェフ、フレデリック・アントン氏が監修するフレンチレストランが2019年にオープン。昼コース3品€160～、夜コース€255。

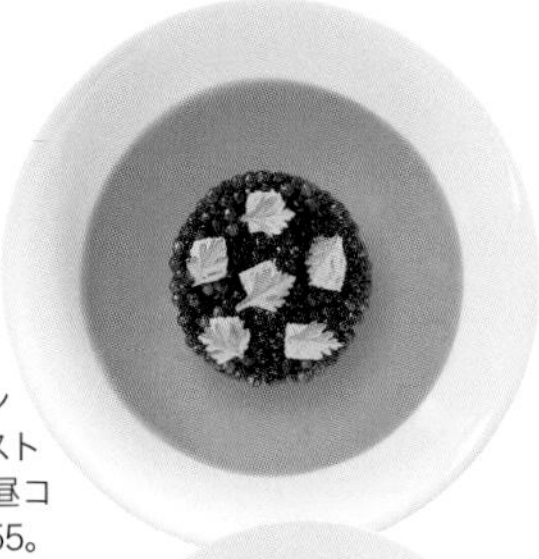

☎01 83 77 34 34
⏲12時～13時30分、19～21時
[休]なし [英][英]👔
[予]Webサイトで受付
[URL]www.restaurants-toureiffel.com

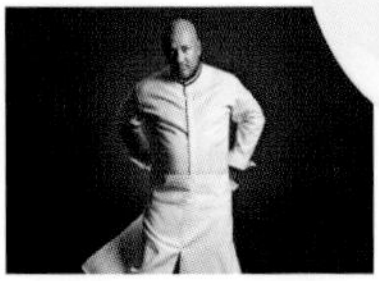

➡星付きシェフ、フレデリック・アントン氏
©Clement Design

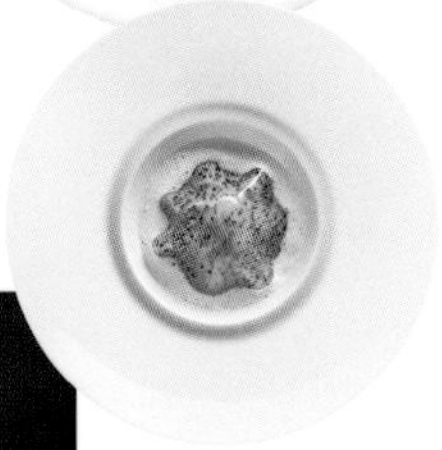

⬆ロブスターなど食材にこだわった目にも鮮やかな料理の数々
©RichardHaughton

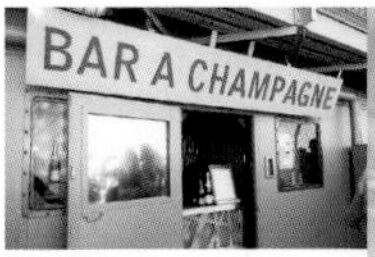

[第3展望台]

バー・ア・シャンパーニュ

●Bar a Champagne

最上階にある眺望抜群のシャンパーニュバー。パリの絶景を楽しみながら、グラスシャンパーニュをいただける。

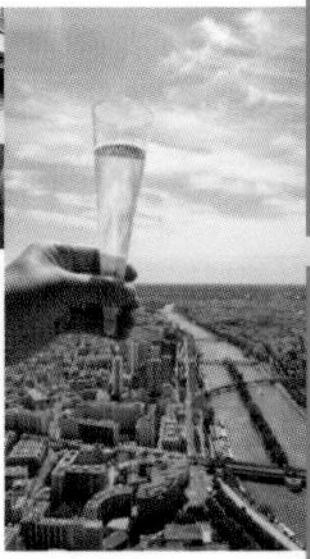

⬆グラス€22～

☎なし ⏲12時30分～22時30分(時期により異なる)
[休]なし [英][英]

CHECK

第1展望台にはスターシェフ、ティエール・マルクス氏監修のブラッスリー「マダム・ブラッセリー」が2022年にオープンした。

Plus! **エッフェル塔トリビア**

設計者は？ 正面はどこ？ 知って得する、エッフェル塔にまつわるあれこれをお伝えします。

塔は誰が建てた？

設計者はフランス人技師のギュスターヴ・エッフェル。塔の名前は彼の名前から。パリのメトロ・リヨン駅の設計にも関わった。

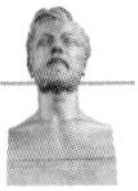

⬆エッフェルの像が北柱の下にある

どこが正面？

設計当初から正面は考えておらず、どこから見ても美しくなるようにデザインされたと言われている。

1階バルコニー下に刻まれた文字は？

1789年のフランス革命から塔建設の1889年までに、フランスの科学に功績があった72名の学者の名前で、エッフェルが厳選。1面につき18名刻まれている。

メンテナンスは？

塔は茶一色のように見えるが、太陽の光や季節によってさまざまな色に姿を変える。7年に一度塗り替えていて、一度に60tものペンキが必要だとか。

塔から大砲を打っていた!?

1889年のパリ万博では、開場・閉場時間に1回ずつ、1階部分から大砲が打たれたそう。1900年のパリ万博では正午に大砲が打たれ、人々は時間を確認したとか。

夜のイルミネーションも必見

日没後、毎正時に5分間キラキラと宝石のように輝くイルミネーションの演出が。日本では「シャンパン・フラッシュ」とよばれている(正式名称ではない)。

♪ シャンゼリゼ大通りに立つ壮麗な門

凱旋門からパリを一望

高さ
50m

Read me!

「戦勝のアーチ」を意味する凱旋門は、コンコルド広場から北西に2km続くシャンゼリゼ大通りに位置する。皇帝ナポレオンの命によって着工され、今ではパリのシンボルのひとつに。

アッティカの間

展望台に行く途中には凱旋門の歴史や彫刻の模型が展示されている。

←彫刻「ラ・マルセイエーズ」のレプリカ

フランス栄光の美しき門

凱旋門 ●L'Arc de Triomph

★★★

シャンゼリゼ大通りの西端に威風堂々と立つ凱旋門は、1806年にナポレオン1世率いるフランス軍が、オーステルリッツの戦いに勝利した記念に建設された。完成はナポレンの死後1836年。

シャンゼリゼ大通り **MAP:P4C2**

🚇Ⓜ①②⑥ⓇⒺⓇ Ⓐ Charles de Gaulle Étoile駅から徒歩1分
🏠Pl. Charles de Gaulle 8e
☎01 55 37 73 77
🕐10～23時（10～3月は～22時30分）
※チケット販売は閉館の45分前まで
⑯なし⑯€13 ※展望台へは約300段の階段で。お年寄りや身体障害者の方専用エレベーターはあるが、展望台までは通じていない **PASS OK**

レリーフ

門の4面にある10の彫刻はナポレオンの偉業をテーマにしている。正面右の彫刻『義勇兵の出陣』はロマン派の巨匠リュード作。

←左はコクトー作『1810年勝利』

無名兵士の墓

第一次世界大戦で戦死した無数の無名兵士を代表し、ひとりの兵士をここに埋葬。毎日18時30分から30分間セレモニーがあり、追悼の火が灯る。

展望台に上ってみよう

284の階段を上る展望台から、12本の並木道が放射線状に延びるパリらしい街並みを眺めよう！

展望台

19世紀の都市計画で整備されたパリの街並みを一望。広場から放射線状に走る12本の大通りが星のようで美しい。

❶ 地下通路から入場

シャンゼリゼ大通りとグランド・アルメ大通りに凱旋門に続く地下通路がある。ここで入場券を購入。

❸ 展望台に到着

アッティカの間から、引き続き階段を上ると展望台に到着。

❷ らせん階段を上る

入場券売り場の先にある階段を上ると、凱旋門の足元に着く。ここからセキュリティチェックを通過して、らせん階段を上るとアッティカの間。

アーチ内の彫刻

偉大な革命家の名とナポレオンが勝利した戦い、共和制と帝政時代の将軍の名前558名分が彫られている。

（南）高所から見るエッフェル塔の雄大な姿は格別

（東）モンマルトルの丘にたたずむ真っ白なサクレ・クール寺院の姿が

（西）グランド・アルメ大通りの先にラ・グランダルシュ（新凱旋門）が

（北）ロレアル、アシェット社など大企業の本社が集まるルヴァロワ・ペレ地区が見える

+ Plus!

凱旋門のおみやげが欲しい！

凱旋門グッズが欲しいなら公式ショップへ！地下へ降りる前にチェックして。

アッティカの間に併設

凱旋門公式ブティック

●Espace de vente de l'Arc de Triomphe

展望台に上がる途中にあるアッティカの間に併設された公式ショップ。文房具から大きなオブジェまで、凱旋門オリジナルグッズが多数集まる。

☎01 55 37 73 75 🕙10時〜22時30分 ㊡なし

↓記念メダルは自動販売機で購入できる。各€3

←放射線状に広がる通りが描かれたプラスチック製の皿€10.90

La Seine Cruise

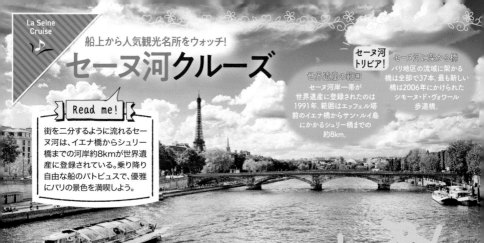

船上から人気観光名所をウォッチ!

セーヌ河クルーズ

Read me!

街を二分するように流れるセーヌ河は、イエナ橋からシュリー橋までの河岸約8kmが世界遺産に登録されている。乗り降り自由な船のバトビュスで、優雅にパリの景色を満喫しよう。

セーヌ河トリビア!

世界遺産の範囲
セーヌ河岸一帯が世界遺産に登録されたのは1991年。範囲はエッフェル塔前のイエナ橋からサン・ルイ島にかかるシュリー橋までの約8km。

セーヌ河に架かる橋
パリ地区の流域に架かる橋は全部で37本。最も新しい橋は2006年にかけられたシモーヌ・ド・ヴォワール歩道橋。

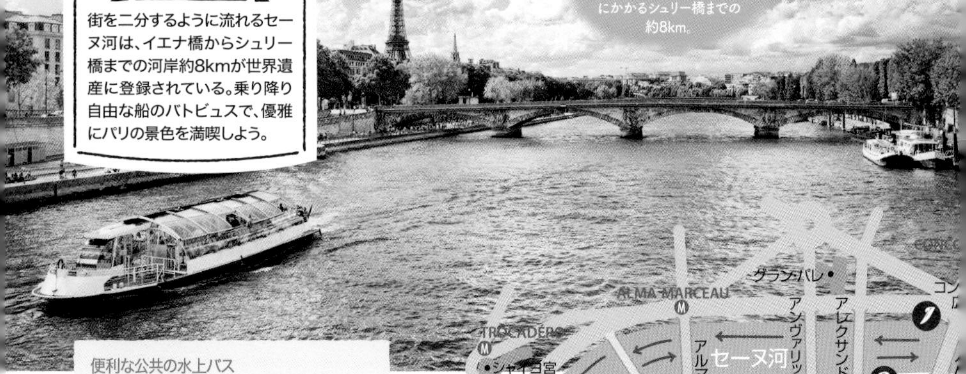

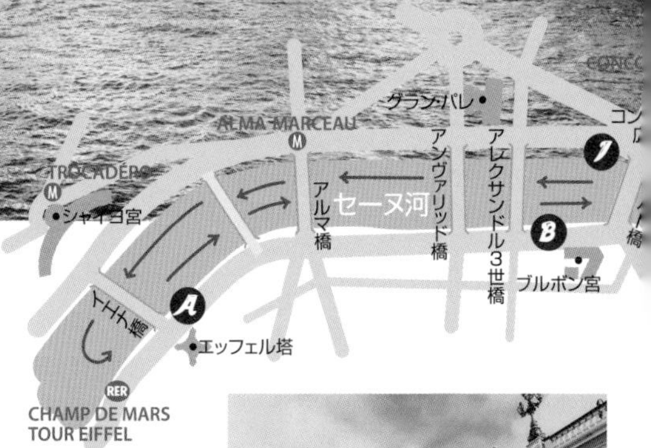

便利な公共の水上バス

バトビュス ●Batobus ★★★

Bato(船の略)+Bus(バス)の名前どおり、移動手段としても利用できる船。エッフェル塔やルーヴル美術館などパリ観光に便利な地区9カ所に発着場があり、一方向なら乗り降り自由。

☎01 76 64 79 12
🕙10～19時(季節や曜日により～17時)、季節によって20～25分ごとに運航 [休]なし
[料]1日券€23、2日券(2日連続券)€27

バトビュスの乗り方

1 チケットを買う
各発着所にチケットブースがある。船内にトイレはないのですませておこう。

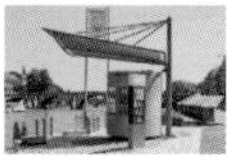

⬆チケット売り場と乗船場が一緒になっている

2 乗船する
船が到着するとスタッフが誘導してくれる。チケットを見せて順番に乗船。

3 船内
自由席なので好きなところに座ろう。景色を撮影したいときは後方のデッキへ。

4 下船
発着所に到着したらアナウンスがある。指示に従ってゆっくり降りよう。

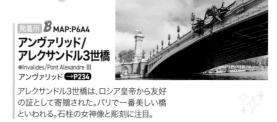

[発着所] B MAP:P6A4

アンヴァリッド/アレクサンドル3世橋

●Invalides/Pont Alexandre III
アンヴァリッド →P234

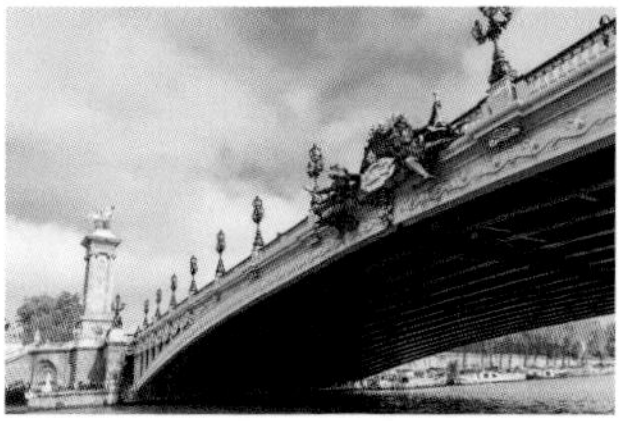

アレクサンドル3世橋は、ロシア皇帝から友好の証として寄贈された。パリで一番美しい橋といわれる。石柱の女神像と彫刻に注目。

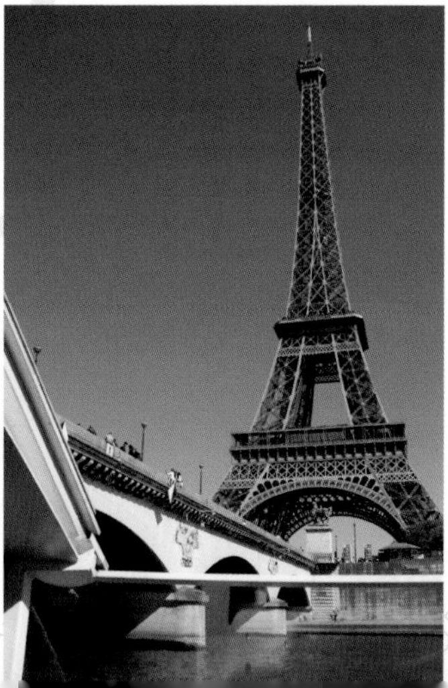

[発着所] A MAP:P15C2

エッフェル塔 →P48

セーヌ河の背後にそびえ立つ壮麗なエッフェル塔で折り返しとなるので、ゆっくり眺められる。キラキラ輝く夜のイルミネーションもおすすめ。
●エッフェル塔まで徒歩約7分

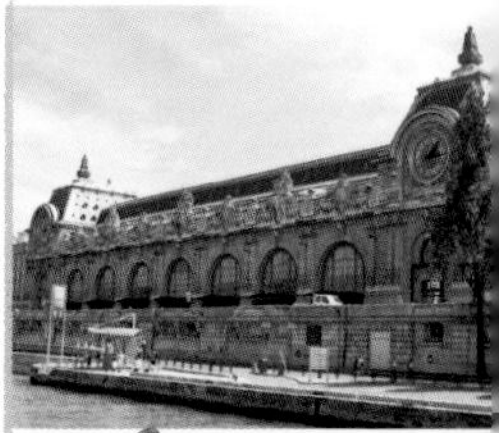

[発着所] C MAP:P6C4

オルセー美術館 →P100

セーヌ河をはさんでルーヴル美術館の対岸に位置。建物上部にある2つの大時計が目印。外壁の最上部には女神の彫刻が配されている。
●オルセー美術館まで徒歩約2分

ぜったい観たい！

エッフェル塔

凱旋門

セーヌ河クルーズ

サクレ・クール寺院

オペラ・ガルニエ

発着所 I MAP:P6B4
コンコルド広場 →P65

もとは18世紀に造られたルイ15世広場。フランス革命の最中にはギロチンが設置されていた。
●コンコルド広場まで徒歩すぐ

発着所 H MAP:P7E4
ルーヴル美術館 →P92

ポン・デザール橋からロワイヤル橋にかけて約1km続く巨大な美術館。
●ルーヴル美術館まで徒歩約5分

発着所 G MAP:P8B4
パリ市庁舎 →P85

ネオ・ルネッサンス様式の重厚な建物。側面を鑑賞できるのはクルーズならでは。
●パリ市庁舎まで徒歩約2分

発着所 F MAP:P13D2
パリ植物園 ●Jardin des Plantes

1635年に王立薬草園として開園。現在では公園として市民の憩いの場に。敷地内に進化大陳列館（→P238）がある。
●パリ植物園まで徒歩すぐ

カルチェ・ラタン MAP:P13D2
交M⑤⑩Gare D'Austerlitz駅から徒歩2分 住57 Rue Cuvier 5e
☎01 40 79 56 01 ①8時～17時30分（時期により異なる）
休なし ⑭植物園は入場無料。施設により異なる

発着所 D MAP:P7E4
サン・ジェルマン・デ・プレ →P72

ショッピング帰りに便利な発着所。乗客も多く賑わっている。
●サン・ジェルマン・デ・プレ教会まで徒歩約8分

発着所 E MAP:P8B4
ノートルダム大聖堂 →P60

船上からは正面、横、後方と大聖堂のさまざまな表情が鑑賞できる。2019年4月の火災により現在修復工事中。
●サント・シャペル（→P81）まで徒歩約5分

（地図内）
レリー公園
ルーヴル美術館

PONT NEUF M
ボンヌフ
ロワイヤル橋
セーヌ河
カルゼール橋
ポン・デザール
コンコルド・フェリー
シテ島
パリ市庁舎
ノートルダム大聖堂
サン・ルイ島

＋Plus！ セーヌ河の観光船

観光遊覧船でも、セーヌ河をクルーズできる。眺望をより楽しみたいなら2階建て船がおすすめ。

バトー・ムーシュ

●Bateaux Mouches
乗り場 MAP:P5E4

ガラス張りの明るい2階建て観光船。アルマ橋のたもとから発着し、サン・ルイ島と自由の女神像で折り返す。
交M⑨Alma Marceau駅から徒歩2分
☎01 42 25 96 10
①10時～22時30分（季節により異なる）、30～45分おきに運航 休なし
⑭€15 食
URL www.bateaux-mouches.fr/ja
※ランチ、ディナークルーズあり

バトー・パリジャン

●Bateaux Parisiens
乗り場 MAP:P15B2

どの席からでも景色が楽しめる。エッフェル塔前から発着し、サン・ルイ島とイエナ橋で折り返す。ノートルダム大聖堂前（MAP:P8A4）発もある。
交M⑥⑨Trocadéro駅から徒歩8分
☎01 76 64 14 45
① 10時～22時30分（季節、曜日により異なる）、30～60分おきに運航 休なし
⑭€16 食
URL www.bateauxparisiens.com
※ランチ、ディナークルーズあり

ヴデット・デュ・ポン・ヌフ
●Vedettes du Pont-Neuf
乗り場 MAP:P7F4

ポン・ヌフの下から発着。サン・ルイ島、エッフェル塔で折り返す。シテ島観光途中に便利。
交M⑦Pont Neuf駅から徒歩2分
☎01 76 64 14 45
①10時30分～22時30分（冬期は10時45分～20時15分、30～45分おきに運航）、季節、曜日により異なる 休なし
⑭€14（Web予約は€13）食
URL www.vedettesdupontneuf.com/
※ランチ、ディナークルーズあり

Basilique du Sacré-Cœur

パリ市街を見下ろす白亜の寺院!

高台のサクレ・クール寺院へ

Read me!

パリの北側、小高い丘に立つサクレ・クール寺院は、モンマルトルのシンボル的存在。寺院前の広場や階段、寺院のドーム頂上の展望台から、パリの街を見渡そう。

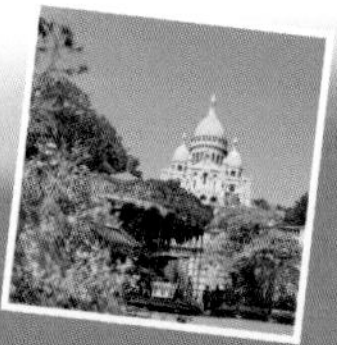

階段の下のメリーゴーラウンドも一緒に撮影!

パリを見守る丘の上の寺院

サクレ・クール寺院

●Basilique du Sacré-Cœur

★★★

普仏戦争の慰霊のために1875年から建設が計画され、40年の年月を経て完成。パリでは珍しいビザンチン様式を踏襲した3つのドームが特徴。「聖なる心」という意味をもつ。

モンマルトル **MAP:P14C2**

[交]Ⓜ②Anvers駅から徒歩9分、⑫Abbesses駅から徒歩8分
[住]35 Rue du Chevalier de la Barre 18e
☎01 53 41 89 00
🕘9時30分～19時30分(冬期は10時～17時30分) [休]なし
[料]無料
※ドーム展望台は 🕘10～19時(6～9月は10時30分～20時、11～3月は～17時)
[休]なし [料]€7

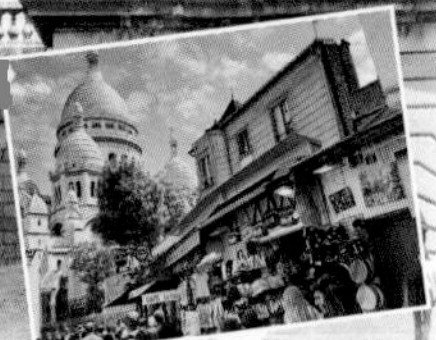

周辺はショップやレストランが立ち並び常に賑わっている

観光のポイント

Ⓜ②Anvers駅からスタインケルク通りを進めば、寺院の麓、サン・ピエール広場に着く。そこからは階段を上るか、ケーブルカーのフニキュレールでアクセス。坂が多いエリアなので、歩きやすい靴で訪れて。

麓から寺院までのアクセス

階段を上る

ルイーズ・ミシェル広場内の階段を上れば目の前に。寺院の大きさや、眺望を楽しめる。

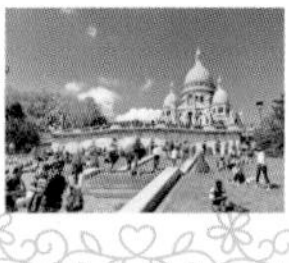

ケーブルカーを利用

麓と寺院が立つモンマルトルの丘の頂上を繋ぐ。急な階段を上らずに済むので利用価値大。

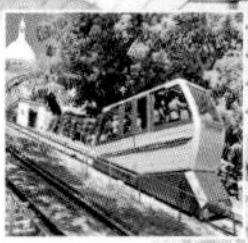

フニキュレール

●Funiculaire de Montmartre

MAP:P14C2

🕘6時～24時45分 [休]なし [料]€2.15
(メトロの1回券や回数券、ナヴィゴ・イージーも利用できる。P226、229参照)

寺院の見どころをチェック

内部のモザイク画と展望台がハイライト。
寺院前の広場も街を見渡すビュースポット！

❶ 寺院内部

丸天井のモザイク
は世界最大級。キ
リストと聖母マリア
を題材にしたモザ
イク画が描かれて
いる。※撮影禁止

❷ 寺院前

麓から寺院まで続く階段も
眺望抜群。いろんな角度か
らパリの街を眺めよう。

エッフェル塔
見つけた！

❸ ドーム頂上の展望台

寺院西側に展望台への入口がある。
300段のらせん階段を上ると、高さ
約55mの展望台があり、晴天時は
50kmほど先の景色まで楽しめる。

石柱の間から
景色を
眺められる

❹ 聖堂の扉

聖堂の扉にはキリ
ストの奇跡の数々
が描かれている。

❺ 騎馬像

入口両脇の騎馬像
は向かって左にル
イ9世像、右はジ
ャンヌ・ダルク。

ジャンヌ・ダルク

ルイ9世

ぜったい観たい！

エッフェル塔

凱旋門

セーヌ河クルーズ

サクレ・クール寺院

オペラ・ガルニエ

優美な時代を物語るオペラハウス

オペラ・ガルニエで優雅な時代に浸る

Read me!

世界屈指の劇場として知られるオペラ・ガルニエ。舞台鑑賞はできなくても、内部は自由見学またはガイドツアーで見て回れる。絢爛豪華な建築美に酔いしれよう。

みどころ豊富な美しきオペラハウス
オペラ・ガルニエ ●Opéra Garnier
★★★

ナポレオン3世の命で建設がはじまり、1875年に落成した大劇場。ターコイズ色のドーム、天井にアポロン像を配したバロック様式と古典様式が特徴で、天井画や大理石階段など豪華な装飾の内部もみどころ。

オペラ〜ルーヴル **MAP:P6C2**
図Ⓜ③⑦⑧Opéra駅から徒歩1分
🏠Pl. del'Opéra 9e
☎08 92 89 90 90
●劇場見学:自由見学は⏰10〜17時 ⑪€15。英語のガイドツアーは3コースあり⏰11時30分、15時30分(所要1時間)⑪€23 ⑯自由見学、ガイドツアーともに昼公演日と休演日。ほか、見学不可の日もあるので要確認

ライトアップされた夜のオペラ・ガルニエも素敵(→P189)

みどころ①
彫刻
建物頂上にはミレー作の『アポロン、詩と音楽』のブロンズ像、両サイドにはギュメリー作の『ハーモニー』『詩』の金の彫像が。

『アポロン、詩と音楽』のブロンズ像

『ハーモニー』の彫像

『詩』の彫像

みどころ②
オペラ図書館・博物館
3世紀にわたるオペラ座コレクションを公開。上演演目の楽譜、絵画、舞台装飾の模型など常設展のほか、期間限定の特別展も開催。劇場内部見学者は無料で入場可能。

↑→オペラ歌手の肖像画やオペラ、バレエの衣装が見られる

ぜったい観たい！

エッフェル塔

凱旋門

セーヌ河クルーズ

サクレ・クール寺院

オペラ・ガルニエ

みどころ③ 大注目
劇場ホール

イタリア式の馬蹄形をした劇場ホール。中央には重さ7tもの巨大なクリスタルのシャンデリアが煌めき、その上には20世紀を代表する画家マルク・シャガールの大作『夢の花束』が描かれている。凱旋門やエッフェル塔をはじめ、『白鳥の湖』など、14の作曲家とそのオペラ作品を題材に描かれている。

舞台中央には太陽王ルイ14世の紋章と前身となる「王立音楽アカデミー」創立年"1669"が見られる

舞台向かって左側にはナポレオン3世のために作られたボックス席がある

1950席を用意する。現在は主にバレエが上演されている。シャガールの天井画を細部まで見たいならオペラグラスを持参しよう

みどころ④
中央階段 ♪♪♪

吹き抜けの高さ30mの中央広間にある大理石の大階段。中央から左右に分かれ観客席へ。階段下では光のブーケを持つ2体の彫刻がある。

みどころ⑤
グラン・フォアイエ

古典様式の豪華なロビー。鏡と窓の効果で空間の広がりを演出する。一面に描かれた画はポール・ボードリーが音楽史の寓話をモチーフに創作。

＋Plus!　オペラ・ガルニエをもっと知りたい！

オペラ・ガルニエのトリビアを紹介。鑑賞後は館内ショップでおみやげも忘れずに。

劇場で身につけてはいけない色がある？

フランス舞台人の間で緑はタブー色。演劇の天才、モリエールが緑の衣装を纏い、病人役を熱演中、吐血して死亡。また、昔は緑の舞台用化粧が亜鉛入りだったため、病人が続出したことも理由なのだとか。

『オペラ座の怪人』の指定席がある？

『オペラ座の怪人』の舞台として知られ、舞台向かって左横「5番ボックス席」が指定席。劇中で怪人は、マネージャーに毎月の給料と、上記の席を常に空けておくことを要求。

おみやげが欲しい！
ラ・ギャルリー・ドゥ・ロペラ・ドゥ・パリ

●La Galerie de l'Opéra de Paris
正面入口のショップでは、おみやげにぴったりなオリジナル商品を販売している。
☎01 53 43 03 97
🕙10時30分〜18時　休なし

➡キーホルダー €14.95

⬅オペラ・ガルニエが描かれたクラシックなお皿€29.95

悲劇に見舞われた"白い貴婦人"

❧[ノートルダム大聖堂のいま]❧

セーヌ河の中洲に浮かぶシテ島に立つノートルダム大聖堂は、約200年の歳月をかけて完成した、初期ゴシック建築の最高傑作。2019年の大規模な火災により一部焼失したが、再建に向けて修復工事が進んでいる。

"中央門石のファサードは、パリで殉職した聖人サン・ドニ"

聖母マリアを称える目的で1163年に着工、200年の歳月をかけて完成したノートルダム大聖堂。"白い貴婦人"とよばれ、パリ市民に愛される世界遺産だ。悲劇が起こったのは2019年4月15日。突然の火災で尖塔や屋根が崩落。バラ窓と呼ばれるステンドグラスは奇跡的に大破は逃れた。この大惨事に国内外から多数の寄付が集まり、2021年秋ごろから本格的な再建工事が開始。フランス全土から500名以上の職人が集まり修復作業が行われている。

"火災前の大聖堂。塔（展望台）に上ることもできた"

"花びら形のステンドグラスは「バラ窓」と呼ばれていた"

keyword ① ゼロ基点

大聖堂前に「ポイントゼロ」地点があり、地図や高速道路標識で「パリまで○km」というときの基点となっている。

keyword ② 映画の舞台

15世紀のパリを舞台にしたディズニー映画、『ノートルダムの鐘』。ノートルダム大聖堂の鐘つきで、生まれつき醜い様相をしたカジモドと美しいロマ族の踊り子エスメラルダの悲恋の物語だ。

keyword ③ ノートルダムの鐘

教会にあった4つの鐘楼のうち、17世紀に製造された南塔の鐘（名前はエマニュエル）は重さ13tで最大。上記の映画『ノートルダムの鐘』の主人公がついた鐘としても知られる。

→大規模な足場が組まれ、修復工事が進んでいる様子がわかる（2019年7月）

↑大聖堂前の広場には木製の観覧席が備わり、修復中の姿を座って見ることができる（2023年11月）

ノートルダム大聖堂

●Cathédrale Nôtre-Dame de Paris

シテ島

MAP：P8B4

Ⓜ④Cité駅から徒歩2分
🏠6 Parvis Notre-Dame – Place Jean-Paul Ⅱ 4e
※一般公開は2024年12月予定

PARIS

Town Walk

おさんぽ

Contents

知っておきたいこと14

#おさんぽ

街の成り立ちにメトロ情報、さらに観光地で注意したいことまで、パリの街歩きに知っておきたい情報をまとめました。

---

01 耳より

パリは1〜20区まで
エスカルゴのような
区画分け

パリ市は中心から渦を巻くように1〜20区まで区分けされている。1〜4、8、9区はビジネス街、5〜7区は学生街、10〜15区は下町エリアなど、区によって雰囲気が異なる。また、パリの中央を貫くセーヌ河が東から西に向かって流れていて、北側を右岸、南側を左岸とよぶ。

```
        18   19
    17
      9    10
  8     2
16   7  1  3   20
      5  4
    6      11   12
   15
      14  13
```

---

02 耳より

住所表記や道路名を知れば
街歩きがラクラク

パリの住所は番地、通り名、区画の順で表記。住所の最後の5桁の数字が郵便番号で、下2桁が区を示す。街なかの看板では区を「e」「er」と表示している。

住所の例

226 Rue du Rivoli 1er

番地　　　　通り名　　　　区画

通りの種類

Avenue(Av.)=並木のある大通り
Boulevard(Bd.)=城壁があった大通り
Rue=小道
Place(Pl.)=広場

---

03 ⚠

メトロで注意したいこと

パリ市内を網羅するメトロは、一番使う乗り物。日本とは異なる点もあるので、ここで確認しよう。

・階段が基本
日本に比べてパリの地下鉄はエレベーターやエスカレーターの設置がとにかく少ない。パリ散歩は予想以上に歩くと想定しておこう。

・工事中も多い
改装工事などで閉鎖されている駅がよくあるので、駅構内や車内、パリ交通公団の公式サイトで確認を。

パリ交通公団のアプリ「Bonjour RATP」でチェック！

---

04 ⚠

ストライキやデモが
当たり前に起こる

交通機関をはじめ、観光施設でもストライキが頻繁に行われる。交通機関の場合はパリ交通公団の公式サイトでチェックを。URL www.ratp.fr/en/infos-trafic デモ情報は在フランス日本国大使館(→P233)で確認。外務省海外安全ホームページも要チェック。

---

05 ⚠

写真撮影NGの場所もある

美術館や博物館では撮影禁止のところが多い。また撮影が可能なところでもフラッシュや三脚、自撮り棒を使うのは禁止されているところもあるので注意。ほかの観光客がやっているから大丈夫と思ってルールを破るのはご法度。

---

06 耳より

観光に便利なメトロとバスの路線

メトロの最寄り駅が遠いスポットの場合は、バスを上手く活用したい。車窓から景色も見られて、ちょっとした観光にもなる。

・メトロ

1号線 パリ右岸を東西に貫く路線。シャンゼリゼ大通り、ルーヴル美術館など必見スポットの最寄り駅が多く、観光の足として利用価値が高い。スリやひったくりには特に注意。

4号線 パリ中心部を南北に貫く。ノートルダム大聖堂やサント・シャペルが立つシテ島唯一の駅をもつ路線。

7号線 オペラ・ガルニエ、ルーヴル美術館の観光に便利な路線。

・バス

27番 サン・ラザール駅、オペラ・ガルニエ、ルーヴル美術館、リュクサンブール公園などに停車。ほぼ並行して走る21番も便利。

42番 サン・ラザール駅、マドレーヌ寺院、シャンゼリゼ大通り、シャン・ド・マルス公園に停車する。

95番 北はモンマルトル、南は蚤の市が開かれるヴァンヴまでを結ぶ。オペラ・ガルニエ、ルーヴル美術館を経由する。

※外務省安全ホームページ…最新の海外安全情報をメールで配信する「たびレジ」に登録しておけば、緊急時の現地大使館・領事館からの安否確認、必要な支援を日本語で受信することができる。URL www.anzen.mofa.go.jp

07
シャンゼリゼ大通りは歩行者天国になる！

地球温暖化の主要因といわれる、二酸化炭素の排出を軽減する目的で行われる歩行者天国。シャンゼリゼ大通りは毎月第一日曜の10〜17時（4〜9月は11〜18時）まで開催。交通量の多い大通りを自由に歩けるのは、貴重な体験！

08
教会でのマナーを覚えよう

教会は観光スポットである前に、ミサや冠婚葬祭が行われる厳粛な場所。ノースリーブなど肌を露出した服装で入場するのは禁止。入る前に帽子はとるように。また、内部の写真撮影が可能かも確認しよう。日曜の朝などミサが行われているときは見学を控えること。

09
乗り放題の交通カード、どれがお得？

公共交通機関が乗り放題になる便利なパスがある。3日以上滞在するならナヴィゴ・スメーヌがお得。パリ・ヴィジットはいくつかの観光施設の入場料が割引になる。行きたい場所があれば購入してもいいが、そうでなければ1日券のナヴィゴ・ジュールでも充分。詳細は→P229。

パリ・ヴィジット。割引きが効く観光施設は限られている

ナヴィゴ・スメーヌは証明写真が必要

短期滞在で公共交通を頻繁に利用するならナヴィゴ・ジュール

10
パリは映画のロケ地がたくさん！

美しい街並みのパリはたびたび映画の舞台となっている。おもな作品はこちら。

・『アメリ』
内気で空想癖のあるアメリが青年ニノに恋をしたことで、彼女の世界観が変わる。
ロケ地：モンマルトル（→P76）、サン・マルタン運河（→P86）など

・『プラダを着た悪魔』
ジャーナリスト志望の新人アシスタントがファッション業界で奮闘。
ロケ地：コンコルド広場（→P65）

・『ダ・ヴィンチ・コード』
トム・ハンクス演じる大学教授が怪奇殺人事件を解決するサスペンス。
ロケ地：ルーヴル美術館（→P92）、サン・シュルピス教会（→P74）

・『ミッド・ナイト・イン・パリ』
脚本家のギルが婚約者とパリ旅行へ。ある日1920年代のパリへタイムスリップ。
ロケ地：ロダン美術館（→P107）など

11
夏の猛暑は要注意！

近年、パリでも夏の暑さが厳しい。古い建物を使用しているため、冷房がない家が普通。高級ホテルは完備しているが、中級以下はないところも。帽子、サングラス必携。水道水が飲めるパリでは、街中に飲水機もあり、ごく一部だが、炭酸水飲水機も設置している。

12
クルーズ船はサン・マルタン運河にもあり

セーヌ河の観光船とは違い、陸地の近くを走るので、目の前に広がるパリの街並みや、運河周辺でくつろぐ人々などパリの日常を身近に感じられる。

カノラマ
●Canauxrama
🕐14時30分（曜日により異なる）、所要約2時間30分 €23
乗り場 MAP：P9E3
URL www.canauxrama.com

パリ・カナル
●Paris Canal
🕐10時、15時（オルセー美術館前発。曜日により異なる）、所要約2時間30分 €23
乗り場 MAP：6C4
URL www.pariscanal.com

13
メトロもアートで素敵！

エッフェル塔と同時期、パリ万博に合わせて開通したメトロ。アール・ヌーヴォー様式の入口にタイル壁やポップアートが描かれたホームなど、個性的なデザインが光るさすがは芸術の都。利用するメトロ駅に注目してみよう。

建築家のエクトール・ギマールがデザインしたメトロ入口

Ⓜ12 Abbesses駅のホーム

14
パッサージュもいろいろ

19世紀に建てられたアーケード商店街、パッサージュ（→P158）。P158掲載のもの以外にも1776年建築の屋根のないパッサージュ・デュ・グラン・セール（MAP：P7F2）、2018年にオープンした星付きシェフのレストランやBIOスーパーが集まるボーパッサージュ（MAP：P11D2）などがある。

ギャルリー・ヴィヴィエンヌ（→P158）

【編集MEMO】

コレだけはいいたい！

ステンドグラスがきれいなシテ島にあるサント・シャペル。手荷物検査があるので、入場に時間がかかります。要注意。

Ⓜ6は地下鉄ながら地上を走る区間も。特にビル・アケム橋はエッフェル塔が眺められる最高のロケーション。

マルティール通り（MAP：P14B4）はカフェやスイーツ店などが多く、グルメストリートとよばれています！

シャンゼリゼ大通り

Avenue des Champs-Élysées

街グラフ

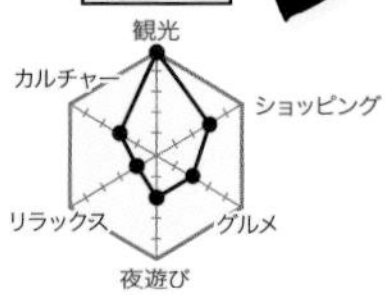

観光
カルチャー ショッピング
リラックス グルメ
夜遊び

凱旋門からコンコルド広場まで、幅100mほどの道が
約2kmにわたって続くパリ随一の目抜き通り。
有名ブランド店やカフェ、レストランが軒を連ね、
観光客で賑わうパリのメインストリートだ。

⬇ シャンゼリゼ
大通りを象徴す
る老舗カフェの
フーケッツ

休憩するなら
カフェのテラス席で
のんびり

CAFE GEORGE V

⬅ Wチャーチル
通りの先には美
しいアレクサン
ドル3世橋が

1.

ウインドー
ショッピングが
楽しい！

1.シャンゼリゼ大通りのカフェは大抵
テラス席を設けている　**2.**マロニエの
並木道。道幅が広くて歩きやすい
3.西側にはフランスの栄光の象徴、凱
旋門が立つ　**4.**戦勝のアーチ、凱旋門
は彫刻もすばらしい

ACCESS

Ⓜ①George V駅、①⑨Franklin D.
Roosevelt駅、① ⑬Champs Élysées
Clemenceau 駅はシャンゼリゼ大通り沿いに
あって便利。

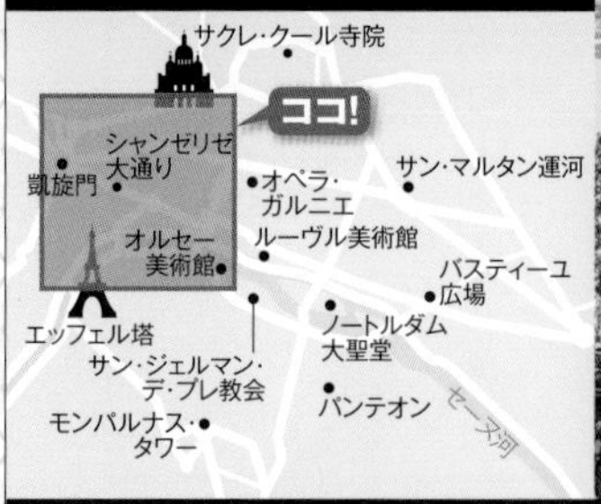

サクレ・クール寺院

ココ！

シャンゼリゼ
大通り
凱旋門
オルセー
美術館
エッフェル塔
サン・ジェルマン・
デ・プレ教会
モンパルナス・
タワー

オペラ・
ガルニエ
ルーヴル美術館
ノートルダム
大聖堂
パンテオン

サン・マルタン運河

バスティーユ
広場

2.

3.  **4.**

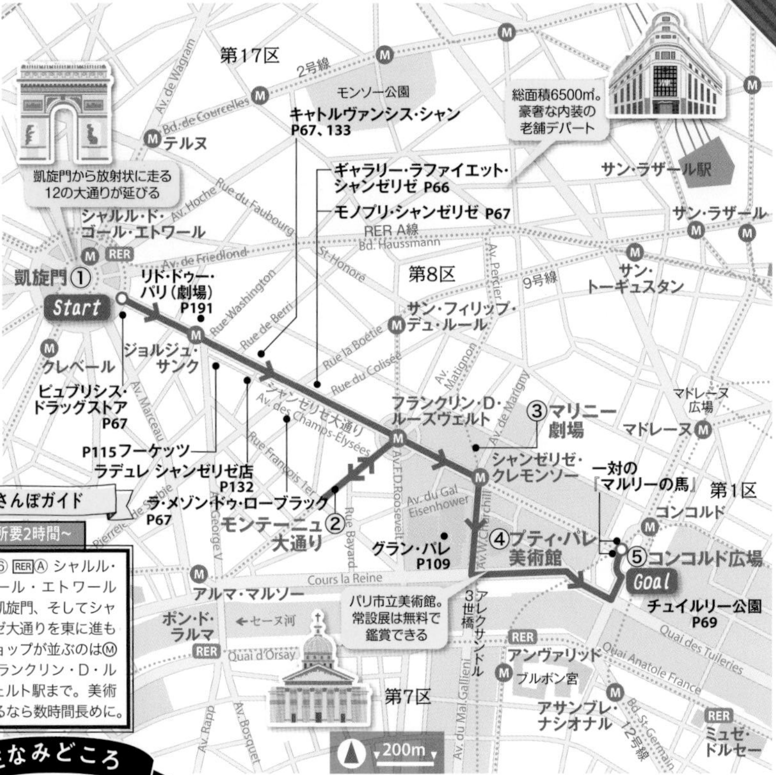
第17区
2号線
モンソー公園
キャトルヴァンシス・シャン
P67、133
総面積6500㎡。
豪奢な内装の
老舗デパート
Av. de Wagram
Bd. de Courcelles
テルヌ
凱旋門から放射状に走る
12の大通りが延びる
ギャラリー・ラファイエット・
シャンゼリゼ P66
モノプリ・シャンゼリゼ P67
サン・ラザール駅
サン・ラザール
Av. Hoche
Rue du Faubourg St-Honoré
シャルル・ド・
ゴール・エトワール
RER A線
Bd. Haussmann
RER
Av. de Friedland
凱旋門①
リド・ドゥー・
パリ（劇場）
P191
第8区
Av. Percier
9号線
サン・
トーギュスタン
Start
Rue Washington
Rue de Berri
サン・フィリップ・
デュ・ルール
Rue la Boétie
クレベール
ジョルジュ・
サンク
Rue du Colisée
Av. Matignon
Av. de Marigny
ピュブリシス・
ドラッグストア
P67
Av. Marceau
シャンゼリゼ大通り
Av. des Champs-Élysées
フランクリン・D・
ルーズヴェルト
③マリニー
劇場
マドレーヌ
広場
マドレーヌ
P115フーケッツ
ラデュレ シャンゼリゼ店
P132
Rue François 1er
Av. F.D. Roosevelt
シャンゼリゼ・
クレモンソー
一対の
『マルリーの馬』
第1区
おさんぽガイド
ラ・メゾン・ドゥ・ローブラック
P67
Rue Pierre Charron
Av. du Gal Eisenhower
Av. W. Churchill
コンコルド
所要2時間～
モンテーニュ②
大通り
Rue Bayard
George V
グラン・パレ
P109
④プティ・パレ
美術館
⑤コンコルド広場
Goal
アルマ・マルソー
Cours la Reine
パリ市立美術館。
常設展は無料で
鑑賞できる
アレクサンドル3世橋
チュイルリー公園
P69
ポン・ド・
ラルマ
←セーヌ河
Quai des Tuileries
RER
Quai d'Orsay
RER
アンヴァリッド
Quai Anatole France
ブルボン宮
第7区
アサンブレ・
ナシオナル
Bd. St-Germain
12号線
RER
ミュゼ・
ドルセー
Av. Rapp
Av. Bosquet
Av. du Mal. Gallieni
200m

おさんぽガイド

所要2時間～

[M]①②⑥ [RER]Ⓐ シャルル・ド・ゴール・エトワール駅から凱旋門、そしてシャンゼリゼ大通りを東に進もう。ショップが並ぶのは[M]①⑨ フランクリン・D・ルーズヴェルト駅まで。美術館に入るなら数時間長めに。

主なみどころ

①凱旋門
●L'Arc de Triomphe

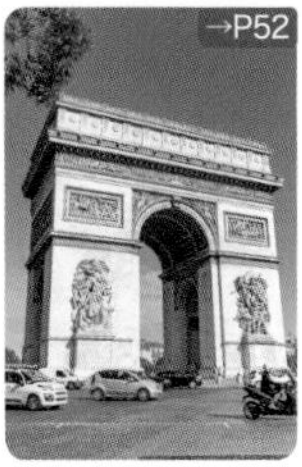
→P52

古代ローマの凱旋門がモデル。284段の階段を上る展望台からシャンゼリゼ周辺を一望できる。

②モンテーニュ大通り
●Avenue Montaigne

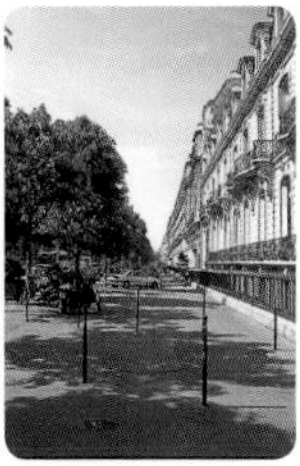

ハイブランドが並ぶ大通り。近年ではクリエイター系やカジュアル系のブランドも多い。

[シャンゼリゼ大通り] **MAP：P5E3**

[交][M]①⑨Franklin D. Roosevelt駅から徒歩すぐ

③マリニー劇場
●Théâtre Marigny

美しい公園の中にある、1848年建設の小さな円形劇場。ミュージカルやコメディを上演。観劇のみ。

[シャンゼリゼ大通り] **MAP：P5F2**

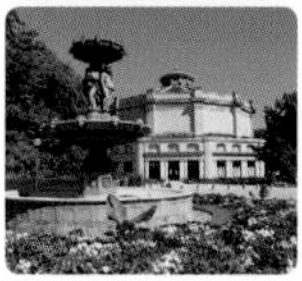

[交][M]①⑬ Champs-Élysées-Clemenceau駅から徒歩3分 [住]Carré Marigny 8e ☎01 86 47 72 77 [時][休][料]演目により異なる

④プティ・パレ美術館
●Petit Palais

パリ万国博覧会の際に建設。常設展ではモネなどの作品を無料鑑賞できる。

[シャンゼリゼ大通り] **MAP：P6A4**

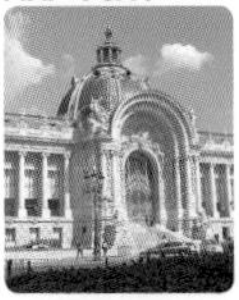

[交][M]①⑬ Champs Élysées Clemenceau駅から徒歩2分 [住]Av. Winston Churchill 8e ☎ 01 53 43 40 00 [時]10～18時（金・土曜の企画展は～20時） [休]月曜、祝日 [料]無料（企画展は€12～15）

⑤コンコルド広場
●Place de la Concorde

18世紀に造られた広場。マリー・アントワネットが処刑された場所。

[シャンゼリゼ大通り] **MAP：P6B4**

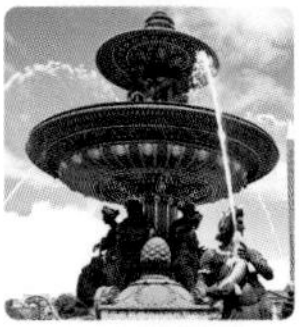

[交][M]①⑧⑫ Concorde駅から徒歩1分 [住]Pl. de la Concorde 8e

冬はイルミネーションが美しい

毎年11月下旬～1月上旬はクリスマス・イルミネーションでシャンゼリゼ大通りが光輝く！

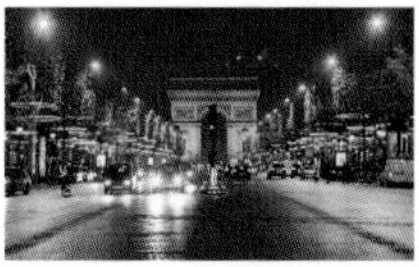

シャンゼリゼ大通りの必訪アドレス

ブランド店やカフェが軒を連ねるシャンゼリゼ大通りはここ最近
ニューオープンやリニューアルオープンのショップが増加中。
散策しながら買物を楽しもう！

老舗百貨店の最新型コンセプトストア

ギャラリー・ラファイエット・シャンゼリゼ
●Galeries Lafayette Champs Elysées

ラファイエットのコンセプチュアルな店舗。地下にフードコートも擁する4フロア構成で、総面積6500㎡の豪奢な内装とスタイリッシュなセレクトは必見！

シャンゼリゼ大通り MAP：P5E2

交M①⑨Franklin D. Roosevelt
駅から徒歩1分 60 Av. des
Champs-Elysées 8e ☎01 83
65 61 00 ⊙10〜21時 ㊡なし

↑エントランスは近未来のトンネルのような斬新なデザイン

↓エントランスを抜けると吹き抜けのアトリウム空間が広がる。取り扱うブランドは400以上で、ポップアップも開催される

←モノプリ特製エコバッグ€3はパリ市内随一の種類を揃える

モード、ビューティ、雑貨のフラッグシップストア

モノプリ・シャンゼリゼ
●Monoprix Champs Elysées

シャンゼリゼ大通りのモノプリがリニューアル。2000m²の広大な店内はモードに雑貨、コスメが一堂に会し、おみやげ探しにもぴったり。食品はすぐ裏手のラ・ポエシ通りに移転。

シャンゼリゼ大通り **MAP:P5E2**

図Ｍ①⑨Franklin D. Roosevelt駅から徒歩1分 ☆52 Av. des Champs-Elysées 8e ☎01 53 77 65 65 ◉9〜22時（日曜は10〜21時）ⓗなし 婊

↑ギャラリー・ラファイエット・シャンゼリゼと同じ建物

←凱旋門がプリントされたモノプリ・シャンゼリゼ限定のトートバッグ各€9.90

夢のコラボショップ！

キャトルヴァンシス・シャン
●86 Champs

マカロンのピエール・エルメとコスメのロクシタン、2つのメゾンがコラボしたフラッグシップストア。フレグランスやハンドクリーム、石けんなど、ブランドをイメージしたコスメを販売している。（→P133）

→お試しができるアイテムも。香りや付け心地を試して

→ジャスミンとヘリクリサム、ネロリの香りのハンドクリーム€8.50

→ハンドクリームと同じフレグランスのボディミルク€29（250㎖）

←イチジクとローズのフレグランス。FIGUIER & ROSE€120

〉CHECK〈

凱旋門前のおしゃれコンビニ

超便利！パリみやげが何でも揃う

ピュブリシス・ドラッグストア
●Publics Drugstore

広告代理店ピュブリシスに併設された複合施設に、おみやげが揃うドラッグストアやレストラン、カフェなどが入る。映画館も併設。

シャンゼリゼ大通り **MAP:P4C2**

図Ｍ①②⑥ RER Ⓐ Charles de Gaulle Étoile駅から徒歩1分 ☆133 Av. des Champs Élysées 8e ☎01 44 43 75 07 ◉8時〜翌2時（土・日曜は10時〜）ⓗなし 婊

←雑貨やコスメ、ファッションアイテム、食品など種類豊富な商品展開

↓パッケージもかわいい、カカオ72%のチョコレート各€6.50

＋ Plus! **周辺のレストランもチェック！**

シャンゼリゼ大通り周辺にもお店はたくさん。ランチ、ディナーにぴったりなステーキレストランをチェック！

フランス産、上質な牛肉を味わう

ラ・メゾン・ドゥ・ローブラック
●La Maison de l'Aubrac

自社農場で育てる最高品質のローブラック牛専門のレストラン。熟成させたステーキが人気。

シャンゼリゼ大通り **MAP:P5E2**

図Ｍ①⑨Franklin D. Roosevelt駅から徒歩3分 ☆37 Rue Marbeuf 8e ☎01 43 59 05 14 ◉12時〜翌7時（日〜火曜は〜翌1時）ⓗなし 婊

↑席の間隔が広く、ゆったりできる。写真は2階席

↑店内のガラスショーケースに熟成肉がずらりと並ぶ

←牛フィレ肉600g€69はシェアして食べたい。オニオンスープ€12もぜひ

おさんぽ

シャンゼリゼ大通り

オペラ〜ルーヴル

サン・ジェルマン・デ・プレ

モンマルトル

シテ島〜サン・ルイ島

カルチェ・ラタン

マレ

サン・マルタン運河

オペラ～ルーヴル

Opéra~Louvre

パリ20区の中心、1区はかつて国王の宮殿があった。
その宮殿を使ったルーヴル美術館に老舗デパート、
ハイブランドが集まる通りなど、
まさに華の都を代表するエリア。

[街グラフ]
観光
カルチャー
ショッピング
リラックス
グルメ
夜遊び

↓オペラ大通りからオペ
ラ・ガルニエを望む

↑パリの街はメトロの看板
もレトロでおしゃれ

1. カルーゼル凱旋門。ナポレオン遠征の
勝利を祝い、1806～07年にかけて造ら
れた　2. ギャルリー・ヴィヴィエンヌで
おみやげを探そう　3. 老舗ジュエリーシ
ョップが集まるヴァンドーム広場　4. パ
レ・ロワイヤル付近は散歩にぴったり
5. パッサージュで歴史散策

ACCESS
起点はⓂ③⑦⑧Opéra駅。エリア内にはほかに、
マドレーヌ寺院のすぐ近くに出るⓂ⑧⑫⑬
Madeleine駅、ルーヴル美術館に繋がるⓂ①
⑦Palais Royal Musée du Louvre駅などが
ある。

サクレ・クール寺院
ココ!
シャンゼリゼ
大通り
サン・マルタン運河
凱旋門
オペラ・
ガルニエ
ルーヴル美術館
バスティーユ
広場
エッフェル塔
オルセー
美術館
ノートルダム
大聖堂
モンパルナス・
タワー
パンテオン
サン・ジェルマン・
デ・プレ教会

おさんぽ

シャンゼリゼ大通り

オペラ〜ルーヴル

サン・ジェルマン・デ・プレ

モンマルトル

シテ島〜サン・ルイ島

カルチェ・ラタン

マレ

サン・マルタン運河

キャビア・カスピア **P71**

アーヴル・コーマルダン

ショセ・ダンタン・ラ・ファイエット

建物全体を撮影するなら M オペラ駅の南側出口から

ラ・メゾン・ドゥ・ラ・トリュフ **P71**

オベール **RER** **Start**

① オペラ・ガルニエ

オペラ広場

M オペラ

リシュリュー・ドゥルオー

グラン・ブルヴァール

パッサージュ・デ・パノラマ

8号線 Bd. des Italiens

マドレーヌ広場

マドレーヌ寺院 **P70**

第8区

寺院周辺はグルメなどショップがたくさん

リッツ・パリ・ル・コントワール **P70**

3号線 Rue de la Paix

キャトル・セプタンブル

第9区

ブルス **Goal**

パトリック・ロジェ **P71**

マドレーヌ

リッツ・パリ・ル・コントワール **P70**

ノートル・ダム・アソンプション教会

② ヴァンドーム広場

ギャルリー・ヴィヴィエンヌ **P158**

第2区

RER A線

オテル・ドゥ・ラ・マリーン

サントノレ通り

コンコルド

カフェ・ラペルーズ・コンコルド **P121**

⑤

ピラミッド

アンドレ・マルロー広場

第1区

コンコルド広場 **P65**

オランジュリー美術館 ④

チュイルリー公園

③

チュイルリー

パレ・ロワイヤル **P70**

パレ・ロワイヤル・ミュゼ・デュ・ルーヴル

7号線

ルーヴル美術館の間にはカルーゼル凱旋門が

パリ装飾芸術美術館

ミュゼ・ドルセー **RER** RER C線

オルセー美術館 **P100**

第7区

カルーゼル広場・凱旋門

ルーヴル宮

ルーヴル美術館 ⑥

ルーヴル・リヴォリ M

100m

おさんぽガイド

所要1時間〜

オペラ・ガルニエを見学後、広場、公園、美術館を見て歩く。サントノレ通りではウインドーショッピングを。美術館に入るなら数時間長めにとろう。

主なみどころ

マドレーヌ寺院、パレ・ロワイヤルはP70をcheck！

①オペラ・ガルニエ
●Opéra Garnier

1875年に落成した舞台芸術の殿堂。観劇しなくても内部見学ができる。劇場の天井画は特に注目。

→P58

②ヴァンドーム広場
●Place Vendôme

1720年にルイ14世の騎馬像が置かれたが、フランス革命で騎馬像が破壊されナポレオンが記念柱を建てた。

オペラ〜ルーヴル **MAP：P6C3**

図M③⑦⑧Opéra駅、①Tuilerie駅から徒歩7分
🏠Pl. Vendome 1er

③チュイルリー公園
●Jardin des Tuileries

コンコルド広場とルーヴル美術館の間に位置する広大な公園。美術館や夏は移動遊園地も登場する。

オペラ〜ルーヴル **MAP：P6B4**

図M①Tuilerie駅から徒歩すぐ
🏠Pl. de la Concorde 1er

④オランジュリー美術館
●Musée de l'Orangerie

印象派やパリ派の名作が揃う、小規模な美術館。モネの『睡蓮』で囲まれた1階は必見！

→P104

⑤サントノレ通り
●Rue Saint-Honoré

12世紀終わりに造られた、パリ中心を東西に延びる通り。高級ブティックが集まり、華やかな雰囲気。

→P184

⑥ルーヴル美術館
●Musée du Louvre

常時3万3000点以上を展示する、世界最大級の美術館。『モナリザ』、『ミロのヴィーナス』など名作揃い。

→P92

歴史を感じる名所散策

パリを代表する観光エリアの必見スポットをチェック！
オペラ・ガルニエ(→P58)とあわせて訪れるのもおすすめ。

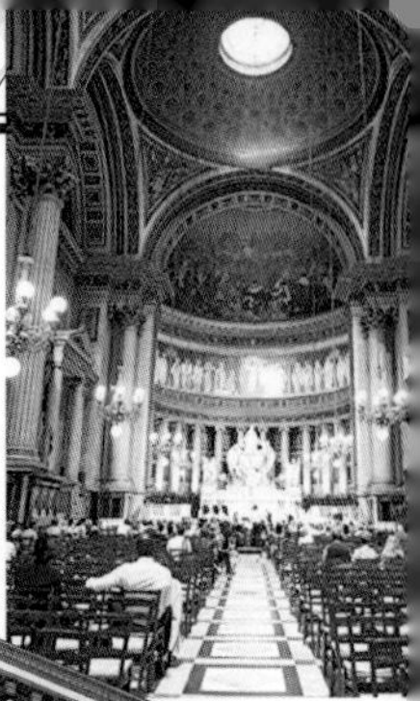

➡内部にはリュード作『キリストの洗礼の像』などを展示

古代ギリシア神殿のような寺院

マドレーヌ寺院 ●Église de la Madeleine

1842年完成。高さ30m、円柱52本を配した壮大なキリスト寺院。正面を飾るルメール作『最後の審判』の彫刻やコリント様式の円柱など、キリスト寺院には珍しい造り。

[オペラ〜ルーヴル] MAP：P6B2

[交]Ⓜ⑧⑫⑭Madelaine駅から徒歩1分 [住]1 Pl. de la Madelaine 8e ☎01 44 51 69 00 🕘9時30分〜19時(ミサの時間は見学不可) [休]なし [料]無料

⬇52本の円柱が建物を囲む造り

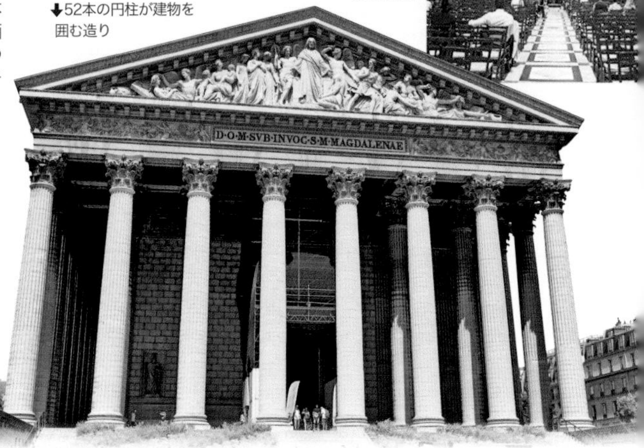

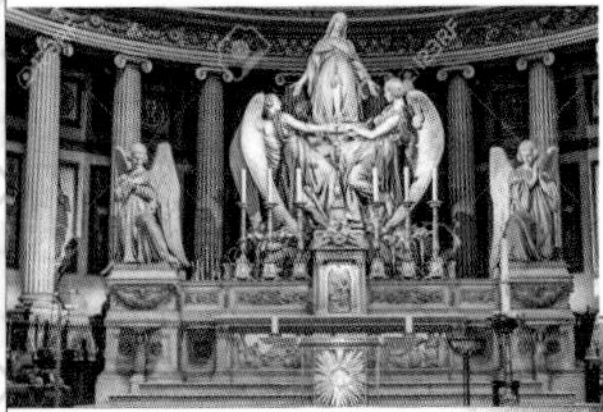

⬆祭壇にはキリスト、聖母マリア、聖女マドレーヌの像が

お茶するなら こちら！

名門ホテルでスイーツを

リッツ・パリ・ル・コントワール ●Ritz Paris Le Comptoir

国家最優秀職人章の称号をもつ、フランソワ・ペレ氏がシェフパティシエ。スペシャリテのマーブルケーキなど、併設するサロン・ド・テでゆっくり味わいたい。

[オペラ〜ルーヴル] MAP：P6B2

[交]Ⓜ⑧⑫⑭Madeleine駅から徒歩4分 [住]38 Rue Cambon 1er ☎01 43 16 30 26 🕘8〜19時 [休]日曜 [英][英]

➡ペストリーがシェイクに。キャラメルマーブルケーキ€15

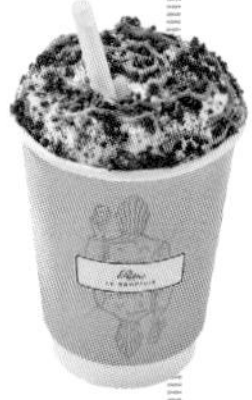

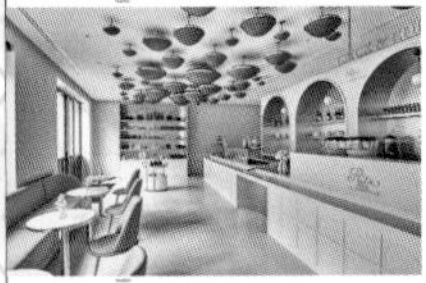

⬆入口はホテル正面裏、カンボン通り

@Bernhard Winkelmann

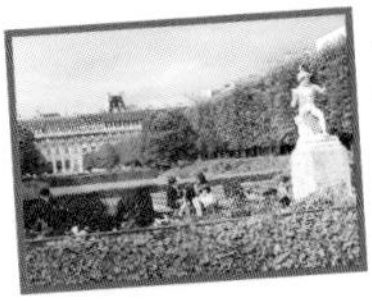

⬅季節の花々が咲く庭園。フランス革命が起こった歴史的な場所でもある

美しい回廊を歩こう

パレ・ロワイヤル ●Palais Royal

宰相リシュリューが建て、没後に王家へ寄贈。ルイ14世が幼少時代を過ごしパレ・ロワイヤル(王宮)と命名。その後オルレアン公が住み、庭園の周囲に回廊を建設して商店を誘致した。

[オペラ〜ルーヴル] MAP：P7D3

[交]Ⓜ①⑦Palais Royal Musée du Louvre 駅から徒歩3分 [住]8 Rue Montpensier 1er 🕘8時30分〜20時30分(4〜9月は〜22時30分) [休]なし [料]無料

⬇庭園を囲む回廊。現在はアートギャラリーなどの店舗が入っている

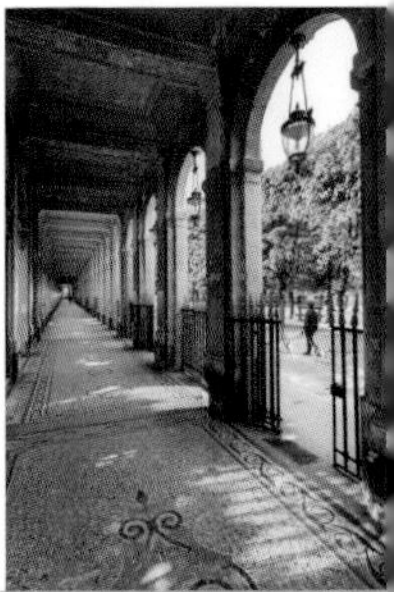

⬇手入れの行き届いた緑と歴史ある重厚な建築を味わおう

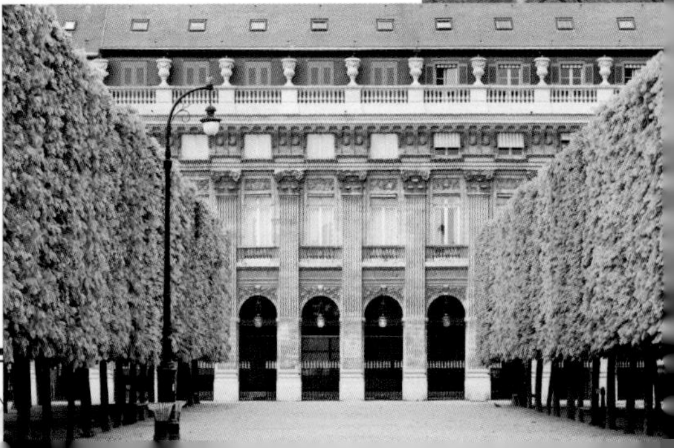

パリらしいとっておきの食材探し

文化、歴史、芸術、グルメなど魅力満載のオペラ地区。
ここではマドレーヌ寺院を囲む広場周辺の高級食材店を紹介。

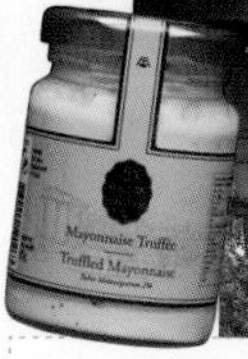

↓1932年創業の老舗。店内はトリュフの香りが漂う

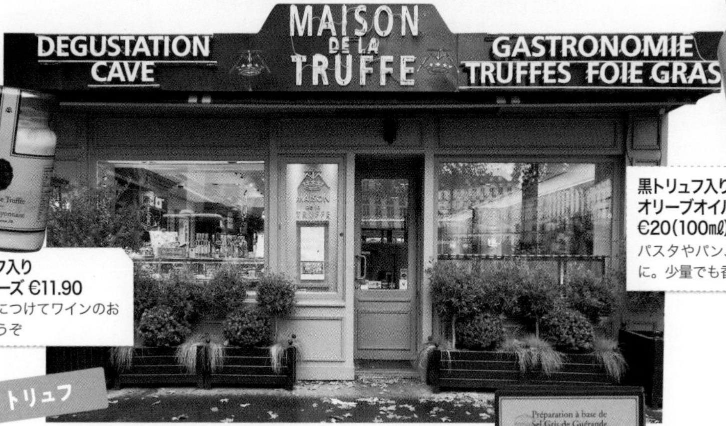

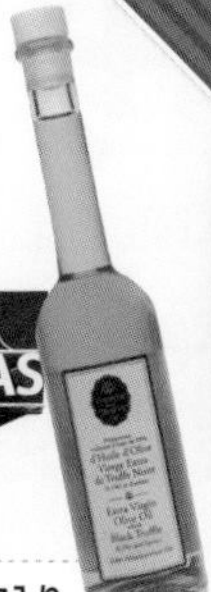

黒トリュフ入りオリーブオイル €20(100㎖)
パスタやパン、サラダに。少量でも香り豊か

トリュフ入りマヨネーズ €11.90
生野菜につけてワインのお供にどうぞ

トリュフ

ラ・メゾン・ドゥ・ラ・トリュフ ●La Maison de la Truffe

世界三大珍味のトリュフを

高級食材トリュフの店。トリュフ入りのオリーブオイルやバター、塩など、手軽に楽しめるものも揃うので、おみやげにおすすめ。ショップと併設してレストランもある。

オペラ～ルーヴル **MAP:P6B2**

[交]Ⓜ⑧⑫⑭号線Madeleine駅から徒歩1分 🏠19 Pl. de la Madeleine 8e ☎01 42 65 53 22 ⏰10～23時(レストランは11時30分～22時30分) [休]日曜 [英]

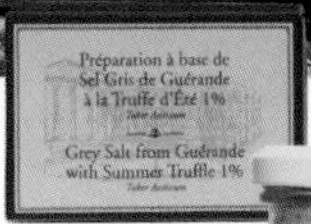

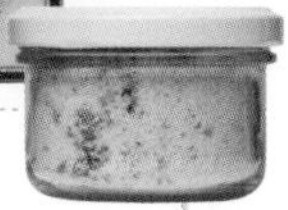

トリュフ入り塩 €11.90(30g)
パスタやオムレツ、天ぷらなどいろいろな料理に使える

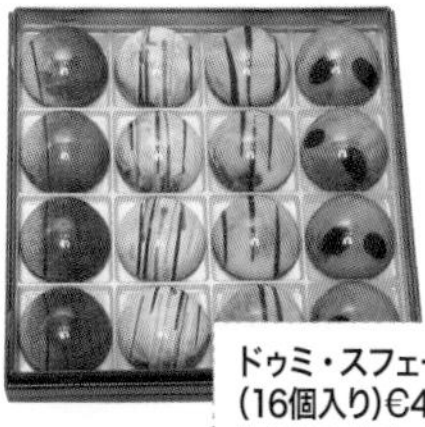

ドゥミ・スフェール(16個入り)€48
独創的な素材の組合せ。外はパリッ、中はトロリとした食感。見た目も華やか!

ショコラ

五感を刺激する独創的なショコラ

パトリック・ロジェ

●Patrick Roger

30歳の若さでMOF(国家最優秀職人章)の称号を獲得したチョコレートの奇才ロジェ氏の店。1997年パリ郊外のソーでスタートした店は、現在パリを中心に9店舗ある。

オペラ～ルーヴル **MAP:P6B3**

[交]Ⓜ⑧⑫⑭Madeleine駅から徒歩2分 🏠3 Pl. de la Madeleine 8e ☎01 42 65 24 47 ⏰11～19時 [休]なし [英]

↓パイプを使ったコンテンポラリーな空間

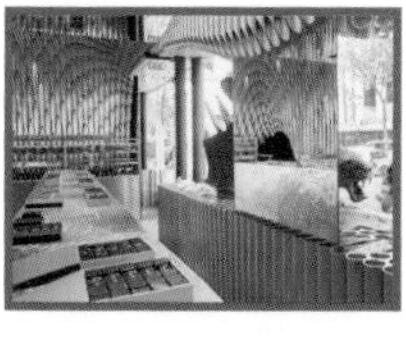

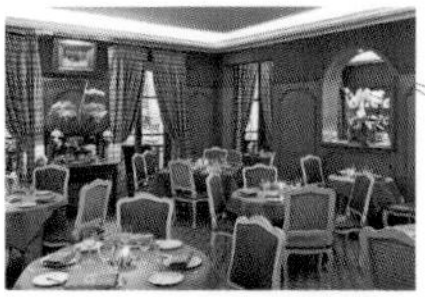

↑キャビアの老舗として多くのセレブリティに愛されている

キャビア

セレブご用達のキャビア専門店

キャビア・カスピア

●Caviar Kaspia

1927年に創業したキャビアの店で、モナコやニューヨークにも店舗をもつ。1階はブティック、2階がレストラン。キャビアのほか、サーモン、フォアグラなども楽しめる。

オペラ～ルーヴル **MAP:P6B2**

[交]Ⓜ⑧⑫⑭号線Madeleine駅から徒歩1分 🏠17 Pl. de la Madeleine 8e ☎01 42 65 33 32 ⏰10～23時(レストランは12時～翌1時) [休]日曜 [英]

↓バエリ・アンペリアル・キャビア ジャガイモとともに€106

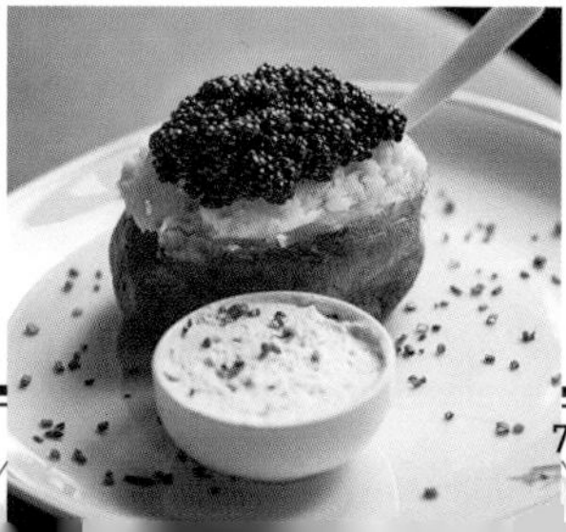

サン・ジェルマン・デ・プレ

St-Germain-des-Prés

パリ最古の教会、サン・ジェルマン・デ・プレ教会を中心に、
文学者や芸術家を魅了してきたエリア。
老舗カフェやハイブランドショップが立ち並び、
洗練された雰囲気。

街グラフ

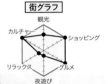

観光
カルチャー／ショッピング
リラックス／グルメ
夜遊び

ノートルダム大聖
堂に次ぐ規模の
サン・シュルピス
教会

1.

1.パリ市民の憩いの場、リュクサン
ブール公園　**2.**街歩きの起点になる
サン・ジェルマン・デ・プレ教会
3.注目のおしゃれショップが集まる
ボナパルト通り　**4.**カフェ・ドゥ・
フロールはテラス席が特等席

ACCESS

起点は Ⓜ④ St-Germain-des-Prés駅。ほか
に Ⓜ④⑩ Odéon駅、Ⓜ④ St-Sulpice、Ⓜ⑩
Mabillon駅もあるので、Ⓜ④で目的地に合わせて使
い分けしたい。

サクレ・クール寺院
シャンゼリゼ
大通り
凱旋門　オペラ・　サン・マルタン運河
　　　　ガルニエ
オルセー
美術館　ルーヴル美術館
　　　　　　　バスティーユ
　　　　　　　広場
　　　　ノートルダム
　　　　大聖堂
エッフェル塔　　・パンテオン
ココ!
モンパルナス・　サン・ジェルマン・
タワー　　　　デ・プレ教会

CAFE DE F

おさんぽガイド

所要2時間〜

まずは主要な美術館や教会を見学。そのまま南東へ向かえばリュクサンブール公園。このエリアのショップや有名カフェも訪れたい。美術館や教会に入るなら数時間長めにとろう。

オルセー美術館 P100
RER C線
Quai Voltaire
第4区
カルーゼル橋
ポン・デ・ザール
セーヌ河
Rue Saint Dominique
ソルフェリーノ
Rue de Lille
サント・クロティルド教会
Bd. St-Germain
Rue de Grenelle
レ・ドゥ・マゴ⑥
カフェ・ドゥ・フロール⑤
国立美術学校
Rue Bonaparte
Start
リュ・デュ・バック
②ロダン美術館
イギリス式庭園にあるロダン作『考える人』
Rue de Varenne
PHARMACIE
大人気の激安ドラッグストア!
ゴシックとロマネスク様式が混在
Goal
Rue St-Benoit
サン・ジェルマン・デ・プレ教会 P74
サン・ジェルマン・デ・プレ
Bd. St-Germain
13号線
Rue de Chanaleilles
マイヨール美術館①
第7区
シティファルマ P170
デ・プティ・オー P75
マビヨン
オデオン
サン・フランソワ・グザヴィエ
Rue de Babylone
Rue du Bac
セーヴル・バビロヌ
ブシコー公園
サン・シュルピス
マジェスティック・フィラチュール P75
奇跡のメダイ教会③
ボナパルト通り
サン・シュルピス広場
サン・シュルピス教会 P74
Bd. des Invalides
奇跡のメダイ教会の幸運を呼ぶメダルは10枚入りで€2.50〜
Rue de Sèvres
Rue St-Placide
Rue de l'Abbé Grégoire
Bd. Raspail
12号線
Rue Chevalier
映画『ダ・ヴィンチ・コード』の重要な場面で登場
Rue Masseran
ヴァノー
スール P75
4号線
レンヌ
Rue St-Romain
Rue du Cherche Midi
Rue Mayet
サン・プラシッド
リュクサンブール④公園
Rue du Fleurus
10号線
第6区
Rue de Vaugirard
Rue Littré
Bd. de Rennes
Rue Huysmans
Rue Guynemer
オノラ広場
ノートルダム・デ・シャン
12号線
200m

主なみどころ

サン・ジェルマン・デ・プレ教会、サン・シュルピス教会はP74をcheck!

①マイヨール美術館

●Musée Maillol

ロダンに続くフランスの有名彫刻家マイヨールの作品が集まる。ピカソ、藤田嗣治の作品も展示。

サン・ジェルマン・デ・プレ MAP:P10C2

[交]ⓂRue de Bac駅から徒歩1分 🏠61 Rue de Grenelle 7e ☎01 42 22 59 58 🕐10時30分〜18時30分(水曜は〜22時)※チケット販売は閉館の1時間30分前まで [休]なし [料]€16.50

©Culturespaces - S.Llyod

②ロダン美術館

●Musée Rodin

1908年からロダンが暮らした広大なイギリス式庭園を伴う邸宅。1919年から美術館として開放。

→P107

③奇跡のメダイ教会

●La Chapelle Notre Dame de la Médaille Miraculeuse

聖母マリアのお告げを受けてメダルを配ったところ、伝染病が収束したというエピソードをもつ教会。

サン・ジェルマン・デ・プレ MAP:P11D3

[交]Ⓜ⑩⑫ Sèvres-Babylone駅から徒歩2分 🏠140 Rue du Bac 7e ☎01 49 54 78 88 🕐7時45分〜13時、14時30分〜19時(火曜は7時45分〜19時) [休]なし [料]無料 [英]

④リュクサンブール公園

●Jardin du Luxembourg

かつて宮殿の庭園だった、市内最大の公園。園内には100以上もの彫刻が点在している。

→P129

⑤カフェ・ドゥ・フロール

●Café de Flore

20世紀初めから詩人のアポリネールなど、多くの文学者が集った、このエリアを象徴するカフェ。

CAFE DE FLORE
→P115

⑥レ・ドゥ・マゴ

●Les Deux Magots

20世紀の有名作家が通った文学カフェ。サン・ジェルマン・デ・プレ教会の向かいに面したテラスが目印。

AUX DEUX MAGOTS
→P114

建築が見事な2つの教会巡り

↓入口向かって左の公園には詩人アポリエールの像が

かつて文化と芸術の中心として栄えたサン・ジェルマン・デ・プレ。
街を象徴する2つの教会を訪れて、歴史を体感しよう!

色鮮やかで、建築美が感じられる教会内部

パリ最古の歴史深い教会

サン・ジェルマン・デ・プレ教会
●Eglise St-Germain des Prés

542年に修道院の一部として造られたパリ最古の教会。576年にパリ司教の聖ジェルマンを埋葬し、現在の名称に。6世紀の円柱やゴシック様式の丸天井などを鑑賞できる。

サン・ジェルマン・デ・プレ MAP:P11E2

🚇Ⓜ④St-Germain-des-Prés駅から徒歩1分 🏠3 Pl. St-Germaindes Prés 6e ☎01 55 42 81 10 ⏰9時30分～20時(火曜は7時30分～、土曜は8時30分～)※ミサ中は見学場所の制限あり ⊛なし ⊛無料

↑哲学者デカルトもここに眠る

あの有名映画の舞台となった

サン・シュルピス教会
●Eglise St-Sulpice

創建は6世紀だが、現存する建物は18世紀に再建されたもの。左右非対称の2基の塔が美しい。ドラクロワの壁画や、グノモンの日時計、世界最大級のパイプオルガンが見もの。

サン・ジェルマン・デ・プレ MAP:P11E2

🚇Ⓜ④St-Sulpice駅から徒歩4分 🏠Pl. Saint Suplice 6e ☎01 46 33 21 78 ⏰8時～19時45分 ⊛なし ⊛無料

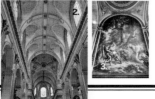

1.高さ33m、幅57m、奥行き119mの規模を誇る新古典主義建築 **2.**映画『ダ・ヴィンチ・コード』の舞台としても注目された **3.**身廊右手にあるドラクロワが描いたフレスコ壁画

ボナパルト通りでショップクルーズ

おさんぽ

シャンゼリゼ大通り

オペラ〜ルーヴル

サン・ジェルマン・デ・プレ

モンマルトル

シテ島〜サン・ルイ島

カルチェ・ラタン

マレ

サン・マルタン運河

セーヌ河岸からリュクサンブール公園まで南北に延びるボナパルト通りは、最旬のおしゃれショップが集まる。歴史名所を巡りながらお買物を。

$55
VネックTシャツ Ⓐ
→Vネックの空き具合が絶妙なコットンTシャツ

$80
マフラー Ⓐ
→コットン70%、カシミア30%で肌ざわりも最高なマフラー

$195
ロングスリーブシャツ Ⓐ
→おしゃれに着こなしたい青のレオパード柄シャツ

$179
ワンピース Ⓑ
→大人女子も着こなせる白地に黒の花柄がステキ

$185
シルク製シャツ Ⓒ
→シルクのブラウスは鮮やかなカラーリングとバルーン袖がポイント

$195
モヘアのニット Ⓑ
→デニムに合わせたいマルチボーダーのモヘアセーター

$190
ショルダーバッグ Ⓒ
↓レザー×コットンキャンバスのコンビが◎

$189
モカシン Ⓑ
↑黒とシルバーのバイカラーで足元からおしゃれに

SOEUR

インドの生地で作る服は最高！

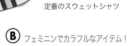

$160
ワンピース Ⓒ
↑インドのテキスタイルは着心地抜群！

$115
ロゴ入りスウェット Ⓒ
↑レトロなロゴがかわいい定番のスウェットシャツ

$95
キュロット Ⓑ
←マルチドット柄のキュロットは大人コーデにピッタリ

Ⓐ リュクスなTシャツでおしゃれ度UP！

マジェスティック・フィラチュール
●Majestic Filatures

糸から特注した高品質の素材で、こだわりのベーシックアイテムを提案する1989年創業のブランド。着心地抜群のカットソーは、一枚着るだけでおしゃれオーラが倍増しそう！

サン・ジェルマン・デ・プレ **MAP：P11E2**

Ⓜ④St-Sulpice駅から徒歩2分 🏠59 Rue Bonaparte 6e ☎09 71 00 33 48 ⏰10時30分〜19時30分 ㊡日曜 🚇

Ⓑ フェミニンでカラフルなアイテム！

デ・プティ・オー
●Des Petits Hauts

ブランド名は「小さなかわいいトップス」の意味で、2000年にカティアとヴァネッサの2人の姉妹がスタート。軽やかで、モダンなフェミニンスタイルの服はパリジェンヌに大人気。

サン・ジェルマン・デ・プレ **MAP：P11E2**

Ⓜ④St-Sulpice駅から徒歩3分 🏠70 Rue Bonaparte 6e ☎09 71 00 33 48 ⏰10〜19時 ㊡日曜 🚇

Ⓒ パリ流ハイブリッド・モード

スール
●Soeur

あらゆる世代の女性にフィットする、パリ発のブランド。インドのテキスタイルとパリ流のシックスを融合させたアイテムは、着心地もいい。小物類もかわいい。

サン・ジェルマン・デ・プレ **MAP：P11E3**

Ⓜ④St-Sulpice駅から徒歩5分 🏠88 Rue Bonaparte 6e ☎01 46 34 19 33 ⏰10時30分〜19時㊡日曜 🚇

芸術家が暮らした丘の街

モンマルトル
Montmartre

街グラフ

```
        観光
カルチャー      ショッピング

リラックス      グルメ
        夜遊び
```

パリの北側、小高い丘に広がるモンマルトルは、
19〜20世紀にかけて多くの芸術家が暮らしたエリア。
のどかな風景が残る小径を歩きながら名所巡りを楽しもう。

みやげ店にはモンマ
ルトルにゆかりのあ
るポストカードが

←芸術の丘らしい
風景が広がる、
テルトル広場

1. サクレ・クール寺院の麓、サン・
ピエール広場からの眺め　**2.** 電動の
周回列車が走る　**3.** 石畳の道に立つ
テラスカフェ。パリらしい風景　**4.** ベ
ル・エポック時代を象徴する老舗キャ
バレー、ムーラン・ルージュ(→P190)

ACCESS

起点はサクレ・クール寺院に近いⓂ②Anvers
駅かジュテームの壁すぐのⓂ⑫Abbesses駅。

サクレ・クール寺院
ココ!

シャンゼリゼ
大通り
凱旋門
サン・マルタン運河
オペラ・
ガルニエ
ルーヴル美術館
バスティーユ
広場
オルセー
美術館
エッフェル塔
ノートルダム
大聖堂
サン・ジェルマン・
デ・プレ教会
モンパルナス・
タワー
パンテオン

おさんぽガイド

所要1時間〜

Ⓜ②アンヴェール駅からスタインケルク通りを進めば、寺院の麓、サン・ピエール広場に着く。石畳の坂が多いので、慣れた靴で。観光用の周回列車(→P79)も走る。みどころに留まるなら数時間長めに。

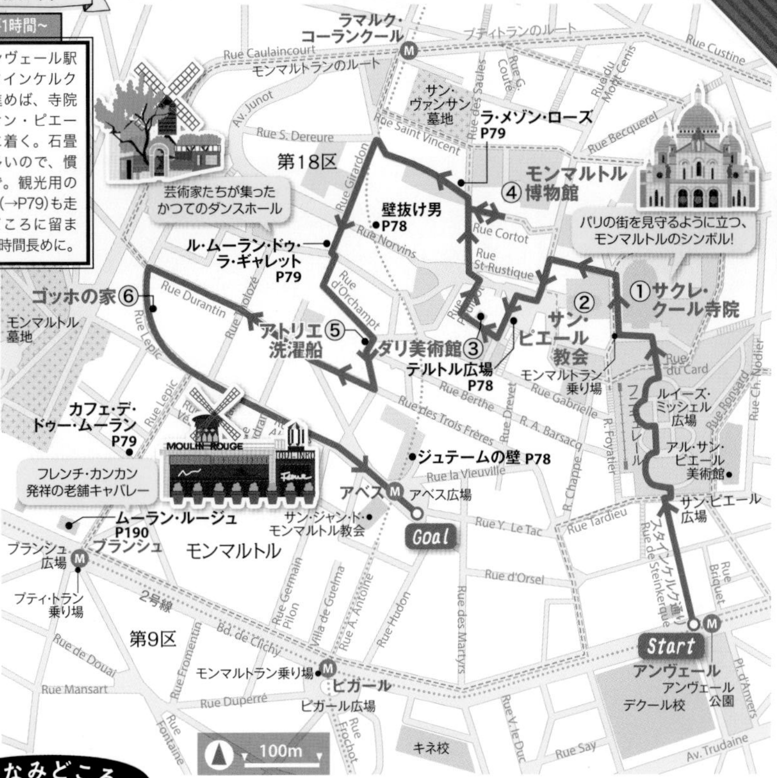
ラマルク・コーランクール
プティトランのルート
Rue Caulaincourt
モンマルトランのルート
Rue Custine
サン・ヴァンサン墓地
ラ・メゾン・ローズ P79
Av. Junot
Rue S. Dereure
Rue Saint Vincent
Rue Becquerel
第18区
芸術家たちが集ったかつてのダンスホール
モンマルトル ④博物館
パリの街を見守るように立つ、モンマルトルのシンボル!
壁抜け男 P78
Rue Cortot
Rue Norvins
ル・ムーラン・ドゥ・ラ・ギャレット P79
Rue St-Rustique
①サクレ・クール寺院
ゴッホの家⑥
Rue Durantin
②サン・ピエール教会
モンマルトル墓地
アトリエ⑤洗濯船
ダリ美術館③
テルトル広場 P78
モンマルトラン乗り場
ルイーズ・ミッシェル広場
カフェ・デ・ドゥー・ムーラン P79
Rue Berthe
Rue des Trois Frères
Rue Gabrielle
R. A. Barsacq
アル・サン・ピエール美術館
ジュテームの壁 P78
MOULIN ROUGE
フレンチ・カンカン発祥の老舗キャバレー
Rue la Vieuville
アベス
アベス広場
サン・ピエール広場
ムーラン・ルージュ P190
サン・ジャン・ド・モンマルトル教会
Goal
Rue Y. Le Tac
Rue Tardieu
スタインケルク通り
ブランシュ広場
ブランシュ
モンマルトル
Rue d'Orsel
プティ・トラン乗り場
2号線
第9区
Bd. de Clichy
Start
アンヴェール
アンヴェール公園
モンマルトラン乗り場
ピガール
ピガール広場
デクール校
Rue Mansart
Rue Duperré
キネ校
100m
Rue Say
Av. Trudaine

主なみどころ

ジュテームの壁、テルトル広場、壁抜け男はP78をcheck!

①サクレ・クール寺院
●Basilique du Sacré-Cœur

"聖なる心"という意味をもつ、モンマルトルのランドマーク。展望台からの眺めも素晴らしい。

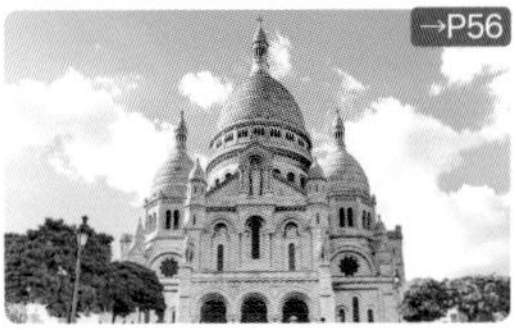

→P56

②サン・ピエール教会
●Église St-Pierre

12世紀建造のモンマルトル女子大修道院の一部。画家のユトリロは好んでこの教会を描いたという。

[モンマルトル] MAP:P14B2

[交]Ⓜ⑫Abbesses駅から徒歩8分 [住]2 Rue du Mont Cenis 18e ☎01 46 06 57 63 🕒10〜18時(土曜は〜19時) [休]月曜 [料]無料

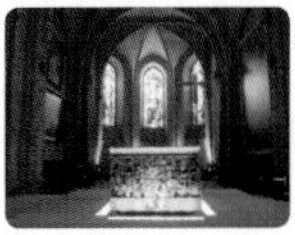

③ダリ美術館
●Dali Paris

シュールレアリスムの巨匠、ダリの作品を250点以上展示。直筆の書簡なども見られる。

[モンマルトル] MAP:P14B2

[交]Ⓜ⑫Abbesses駅から徒歩5分 [住]11 Rue Poulbot 18e ☎01 42 64 40 10 🕒10〜18時 [休]なし [料]€14

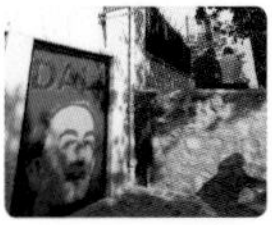

④モンマルトル博物館
●Musée de Montmartre

17世紀に活躍した画家ユトリロの母の住宅を改装。モンマルトルにまつわる作品を展示。

[モンマルトル] MAP:P14B2

[交]Ⓜ⑫Lamarck Caulaincourt駅から徒歩5分 [住]12 Rue Cortot 18e ☎01 49 25 89 39 🕒10〜19時(10〜3月は〜18時) [休]なし [料]€15

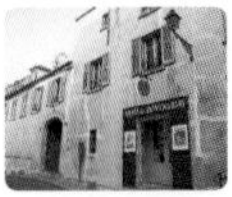

⑤アトリエ洗濯船
●Le Bateau-Lavoir

20世紀初頭、スペインからやって来たピカソやマティスらの芸術家が住んだ集合アトリエ。

[モンマルトル] MAP:P14B2

[交]Ⓜ⑫Abbesses駅から徒歩3分 [住]13 Pl. Emile Goudeau 18e ※内部見学不可

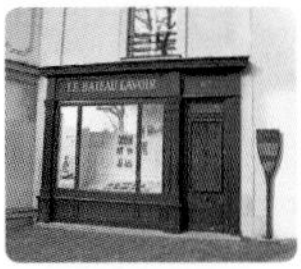
LE BATEAU LAVOIR

⑥ゴッホの家
●Maison de Vincent et Théo van Gogh

ゴッホが弟テオを頼りオランダからやって来た1886年から、2年間共同生活を送ったアパルトマン。

[モンマルトル] MAP:P14A2

[交]Ⓜ⑫Blanche駅から徒歩6分 [住]54 Rue Lepic 18e ※内部見学不可

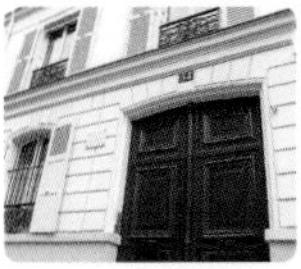

小径を歩いてフォトスポット探し

古きよき時代の雰囲気を残すモンマルトルは、どこもフォトジェニック！
お気に入りのスポットを探して撮影しよう。

←自国の言語を見つけて写真撮影

壁一面に愛の言葉が！

ジュテームの壁
●Le Mur des je t'aime

小さな公園の一角にある壁で、612枚のブルータイルに、世界各国の言葉で「ジュテーム（愛してる）」と書かれている。フォトジェニックなアート作品として人気。

モンマルトル MAP：P14B2

図Ⓜ⑫Abbesses 駅から徒歩1分 Square Jehan-Rictus 18e 見学自由

日本語も発見！
愛する人に
送ってみては！

↑311の言語が集まる壁はいつも大賑わい。ブルーのタイルと公園の緑がきれい

←ストリートアーティストが描いた絵も素敵

↑風景画や静物画など多彩な絵画を販売。似顔絵を描いてもらう場合は、値段交渉を

画家たちが一堂に会する名物広場

テルトル広場
●Place du Tertre

19世紀半ばまでは静かなモンマルトル村の中心だった。現在は小さな広場の中心で画家たちが自作や似顔絵を描いて売る、古きよき雰囲気を感じる場所に。

モンマルトル MAP：P14B2

図Ⓜ⑫Abbesses 駅から徒歩5分 Pl. du Tertre 18e 見学自由

画家によってテイストはさまざま！好きな絵描きさんを見つけて

小説のシーンを表現

壁抜け男
●Le Passe-muraille

作家マルセル・エイメの名前をとった広場にある、小説に登場する主人公の彫像。透明術を使って壁抜けする途中で術が解けてしまったシーンを表現している。

モンマルトル MAP：P14B2

図Ⓜ⑫Lamarck Caulaincourt駅から徒歩5分 Pl. Marcel Aymé 18e 見学自由

ミュージカルでも
上演された
有名な物語

物語の舞台になった店

映画の舞台に、伝説のダンスホールなど、モンマルトルの雰囲気にぴったりな
カフェとレストランをご紹介。散策の途中に立ち寄ってみて。

映画のロケ地として有名

カフェ・デ・ドゥ・ムーラン 〔カフェ〕

●Café des Deux Moulins

映画『アメリ』で主人公が働いていたカフェ。たばこ売り場はないものの、内装は映画とほぼ同様。劇中にも登場するアメリの好物クレーム・ブリュレは€11。

映画『アメリ』の舞台になったカフェ。店内には映画のポスターが飾られている

`モンマルトル` MAP：P14A2

図M②Blanche駅から徒歩3分
🏠15 Rue Lepic 18e ☎01 42 54 90 50 ⏰7時～翌2時（土・日曜は9時～）⦿なし

↑アメリになった気分でカフェタイム♪ →必食スイーツのクレーム・ブリュレ

ピンク色のロマンチックな建物

ラ・メゾン・ローズ 〔カフェ〕

●La Maison Rose

「バラ色の家」という名のカフェレストランで、かつてユトリロが描いた家としても有名。晴れた日にはテラス席で、カプチーノ€5やデザート€8～10を楽しみたい。

`モンマルトル` MAP：P14B2

図M⑫Lamarck-Caulaincourt駅から徒歩5分
🏠2 Rue del'Abreuvoir 18e ☎01 42 64 49 62 ⏰ランチ12時～14時30分、ティータイム15時～17時30分、ディナー18時～21時45分、週末ブランチ11時30分～14時 ※予約はランチ、ディナー、ブランチのみ ⦿月・火曜

←フォトスポットとしても注目

←ランチ、ディナーとも2皿€33、3皿€42

多くの名画の題材になったダンスホール。入口の風車はモンマルトルの名物

風車が残る
伝説の元ダンスホール

ル・ムーラン・ドゥ・ラ・ギャレット 〔レストラン〕

●Le Moulin de la Galette

多くの芸術家に描かれたダンスホール。1980年代にレストランとなり、現在は、星付き店で経験を積んだシェフ、グレゴリー・ミヨ氏が腕を振るう。

`モンマルトル` MAP：P14B2

図M⑫Abbesses駅から徒歩7分 🏠83 Rue Lepic 18e ☎01 46 06 84 77 ⏰8時～翌2時（食事は12時～22時30分）⦿なし ※季節によっては要予約

←ルノワールの名作『ムーラン・ドゥ・ラ・ギャレット』（→P102）の舞台

✛ Plus! 〔移動に便利な周回列車〕

坂の多いモンマルトル。電動列車を活用して楽に散策するのもおすすめ。

白い車体が目印！

プティ・トラン ●Petit Train

モンマルトルのみどころを一周約40分で巡る電動の列車。

`モンマルトル` MAP：P14B2

☎01 42 62 24 00 ⏰10～18時（季節により異なる）、30～45分間隔で運行 ⦿一周€10。乗り場：テルトル広場、ブランシュ駅前

↑料金は先払い方式で、乗車時に運転手に

サクレ・クール寺院前から乗れる

モンマルトラン ●Montmartrain

走行ルートや所要時間、支払方法はプティ・トランとほぼ同様。ガイドはフランス語、英語など。

`モンマルトル` MAP：P14C2

☎06 85 21 95 23 ⏰10～18時（冬期～17時）⦿なし ⦿往復€10。乗り場：ピガール駅前、サクレ・クール寺院

→運行間隔は約30分（冬期は60分間隔）

歴史の面影が残るパリ発祥の地
シテ島〜サン・ルイ島
Île de la Cité 〜Île St-Louis

街グラフ

観光
カルチャー
ショッピング
リラックス
グルメ
夜遊び

シテ島は紀元前にパリシイ人が住み始めたパリ発祥の地。
サント・シャペルが立つサン・ルイ島は、貴族の建物が
立ち並ぶ高級住宅街。橋を渡って2つの島を散策しよう。

⬇新しい橋を意味するポン・ヌフ橋。実際はパリ最古

手前にシテ島、
奥にサン・ルイ島が
浮かぶ

1.2つの島にはポン・ヌフからシュリー橋まで9つの橋が架かる　**2.**サント・シャペルのステンドグラスは圧倒的な美しさ　**3.**趣のあるカフェ、ラ・ブラッスリー・ドゥ・リル・サン・ルイ　**4.**サン・ルイ島散策中に猫を発見！

サント・シャペルの
ステンドグラスは聖
書の物語を表現！

⬅セーヌ河沿いのブキニストでパリらしい古書が見つかる

ACCESS

シテ島の中心にある◍④Cité駅が起点となる。
セーヌ河左岸側の◍④St-Michel駅や、右岸側
の◍③①⑪Hôtel de Ville駅からサンジュ橋を
渡ってアクセスすることも可能。サン・ルイ島に
はメトロの駅はない。

サクレ・クール寺院
シャンゼリゼ大通り
凱旋門
サン・マルタン運河
オペラ・ガルニエ
ルーヴル美術館
オルセー美術館
エッフェル塔
バスティーユ広場
サン・ジェルマン・デ・プレ教会
ノートルダム大聖堂
ココ！
モンパルナス・タワー
バンテオン

1.

2.

3.

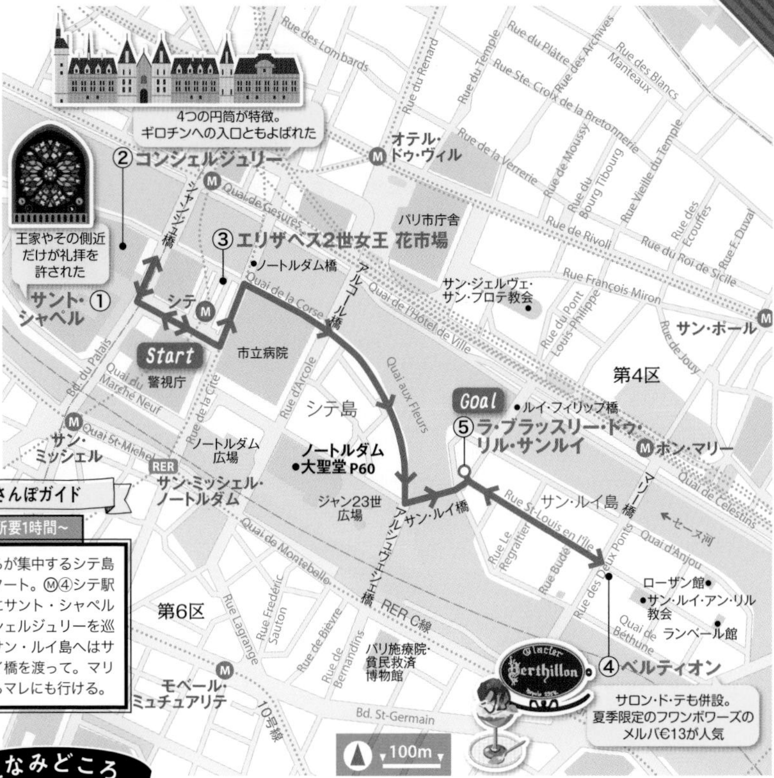
4つの円筒が特徴。
ギロチンへの入口ともよばれた
②コンシェルジュリー
王家やその側近だけが礼拝を許された
サント・①シャペル
③エリザベス2世女王 花市場
ノートルダム橋
シテ
Start
市立病院
警視庁
オテル・ドゥ・ヴィル
パリ市庁舎
アルコール橋
サン・ジェルヴェ・サン・プロテ教会
サン・ポール
第4区
シテ島
ノートルダム広場
ノートルダム大聖堂 P60
ジャン23世広場
Goal
ルイ・フィリップ橋
⑤ラ・ブラッスリー・ドゥ・リル・サンルイ
ポン・マリー
マリー橋
サン・ルイ島
サン・ルイ橋
アルシュヴェシェ橋
サン・ミッシェル
サン・ミッシェル・ノートルダム
RER
第6区
セーヌ河
ローザン館
サン・ルイ・アン・リル教会
ランベール館
パリ施療院・貧民救済博物館
モベール・ミュチュアリテ
10号線
RER C線
④ベルティオン
Glacier Berthillon
サロン・ド・テも併設。
夏季限定のフワンボワーズのメルバ€13が人気
100m
Rue des Lombards
Rue du Renard
Rue du Temple
Rue du Plâtre
Rue des Archives
Rue des Blancs Manteaux
Rue Ste. Croix de la Bretonnerie
Rue de la Verrerie
Rue de Moussy
Rue du Bourg Tibourg
Rue Vieille du Temple
Rue de Rivoli
Rue des Écouffes
Rue du Roi de Sicile
Rue F. Duval
Rue François Miron
Rue du Pont Louis Philippe
Rue de Jouy
Quai de Gesvres
Quai de la Corse
Quai de l'Hôtel de Ville
Quai aux Fleurs
Quai des Célestins
Quai d'Anjou
Quai de Béthune
Quai de Montebello
Quai St-Michel
Quai du Marché Neuf
Bd. du Palais
Rue de la Cité
Rue d'Arcole
Rue St-Louis en l'Île
Rue Le Regrattier
Rue Budé
Rue des Deux Ponts
Rue Frédéric Sauton
Rue Lagrange
Rue de Bièvre
Rue de Bernardins
Bd. St-Germain

おさんぽガイド

所要1時間～

みどころが集中するシテ島からスタート。Ⓜ④シテ駅を起点にサント・シャペルやコンシェルジュリーを巡ろう。サン・ルイ島へはサン・ルイ橋を渡って。マリー橋からマレにも行ける。

主なみどころ

①サント・シャペル

●Sainte-Chapelle

キリストの聖遺物を安置する教会として1248年に完成した後期ゴシック建築の傑作。巨大なステンドグラスの礼拝堂は必見。

[シテ島] MAP：P8A4

[図]Ⓜ④Cité駅から徒歩2分 [住]10 Bd. du Palais 1er ☎01 53 40 60 80 🕘9～19時(10～3月は～17時) [休]なし [料]€13 [英] [PASS OK]

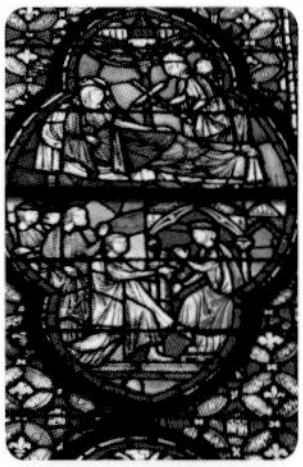

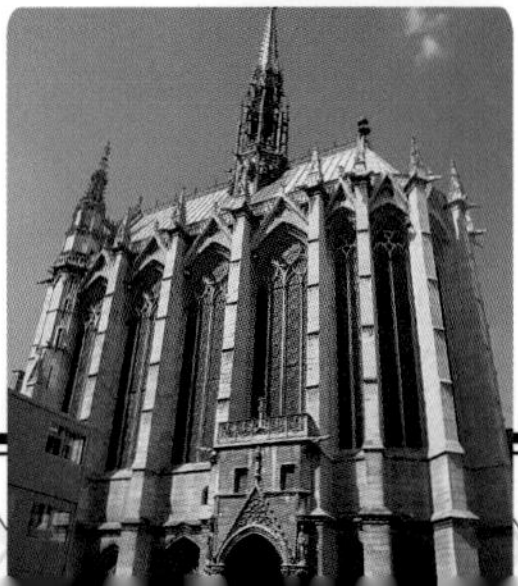

②コンシェルジュリー

●Conciergerie

14世紀にフィリップ4世が建てた宮殿。フランス革命時には牢獄となり、マリー・アントワネットが収容された。

[シテ島] MAP：P8A4

[図]Ⓜ④Cité駅から徒歩2分 [住]2 Bd. du Palais 1er ☎01 53 40 60 80 🕘9時30分～18時 [休]なし [料]€13 [英] [PASS OK]

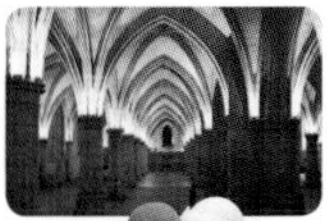

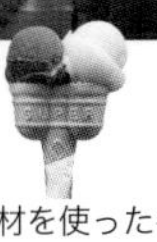

④ベルティオン

●Berthillon

1954年創業。新鮮素材を使った手作りアイスクリームが大人気。

[サン・ルイ島] MAP：P8C4

[図]Ⓜ⑦Pont Marie駅から徒歩3分 [住]29-31 Rue St. Louis en l'île 4e ☎01 43 54 31 61 🕘10～20時 [休]月・火曜、8月 [英]

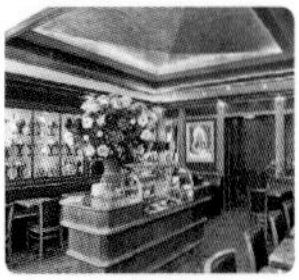

③エリザベス2世女王 花市場

●Marché aux fleurs Reine Elizabeth Ⅱ

1900年代建造の緑の建物で開催。季節の植物を販売している。

[シテ島] MAP：P8A4

[図]Ⓜ④Cité駅から徒歩1分 [住]Pl. Louis Lépine et Quai de la Corse 4e 🕘9時30分～19時 [休]日曜

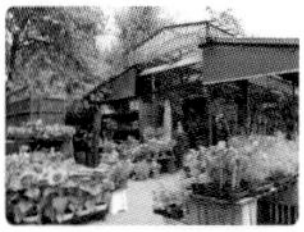

⑤ラ・ブラッスリー・ドゥ・リル・サン・ルイ

●La Brasserie de l'Isle Saint-Louis

サン・ルイ島のセーヌ河沿いにある1953年創業のブラッスリー。カフェのみの利用も可能。

[サン・ルイ島] MAP：P8B4

[図]Ⓜ⑦Pont Marie駅から徒歩3分 [住]55 Quai de Bourbon 4e ☎01 43 54 02 59 🕘12時～22時30分 [休]水曜 [英] [英]

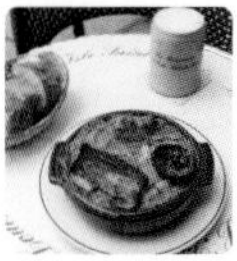

歴史あるエネルギッシュな学生街

カルチェ・ラタン

Quartier Latin

13世紀建造のソルボンヌ（パリ大学）を中心に広がる、
学問と文化の香り漂うアカデミック・タウン。パンテオンなど
歴史ある建造物や、学生向きの食堂、ショップがある。

街グラフ

観光・ショッピング・グルメ・夜遊び・リラックス・カルチャー

↑ムフタール通りの
常設市場には花屋も

1.歴史的建造物が並ぶ名門、ソルボンヌ（パリ大学）　2.大学の校舎が見えるタバ・ドゥ・ラ・ソルボンヌ　3.5.パリ植物園（→P55）の裏にあるパリ最大規模のモスク、ラ・モスケもこのエリアに　4.パリの胃袋とよばれるムフタール通り（→P149）

ACCESS

起点となる駅は M⑩Cluny-La Sorbonne駅、RER ⑧Luxembourg駅。エリア内にはM⑦Place Monge駅、Cardinal Lemoine駅もある。

サクレ・クール寺院

シャンゼリゼ大通り　オペラ・ガルニエ　サン・マルタン運河

凱旋門　ルーヴル美術館　ノートルダム大聖堂　バスティーユ広場

エッフェル塔　オルセー美術館

サン・ジェルマン・デ・プレ教会

モンパルナス・タワー　パンテオン

ココ！

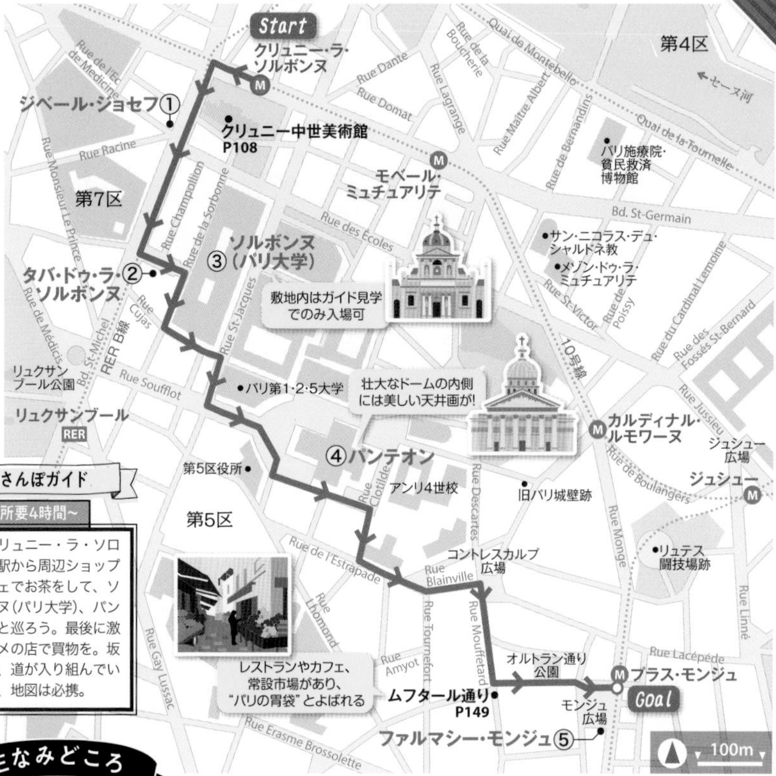
Start
クリュニー・ラ・ソルボンヌ
ジベール・ジョセフ①
クリュニー中世美術館
P108
モベール・ミュチュアリテ
第4区
セーヌ河
Quai de Montebello
Quai de la Tournelle
Rue Dante
Rue Domat
Rue de la Bûcherie
Rue Lagrange
Rue Maître Albert
Rue de Bernardins
パリ施療院・貧民救済博物館
Bd. St-Germain
Rue de l'Ec. de Médecine
Rue Racine
Rue Monsieur Le Prince
第7区
Rue Champollion
Rue de la Sorbonne
Rue des Écoles
③ソルボンヌ(パリ大学)
サン・ニコラス・デュ・シャルドネ教
メゾン・ドゥ・ラ・ミュチュアリテ
Rue St-Victor
Rue de Poissy
Rue du Cardinal Lemoine
Rue des Fossés St-Bernard
タバ・ドゥ・ラ・ソルボンヌ②
Rue Cujas
Rue de Médicis
Bd. St-Michel
RER B線
Rue St-Jacques
敷地内はガイド見学でのみ入場可
10号線
リュクサンブール公園
Rue Soufflot
パリ第1・2・5大学
壮大なドームの内側には美しい天井画が!
リュクサンブール
RER
カルディナル・ルモワーヌ
Rue Jussieu
ジュシュー広場
④パンテオン
第5区役所
Rue Clotilde
アンリ4世校
旧パリ城壁跡
Rue de Boulangers
ジュシュー
第5区
Rue de l'Estrapade
Rue Descartes
Rue Monge
コントレスカルプ広場
リュテス闘技場跡
Rue Blainville
Rue Lhomond
Rue Tournefort
Rue Mouffetard
Rue Linné
Rue Gay Lussac
Rue Amyot
オルトラン通り公園
Rue Lacépède
レストランやカフェ、常設市場があり、"パリの胃袋"とよばれる
ムフタール通り
P149
プラス・モンジュ
Goal
モンジュ広場
Rue Erasme Brossolette
ファルマシー・モンジュ⑤
100m

おさんぽガイド

所要4時間〜

Ⓜ⑩クリュニー・ラ・ソルボンヌ駅から周辺ショップやカフェでお茶をして、ソルボンヌ(パリ大学)、パンテオンと巡ろう。最後に激安コスメの店で買物を。坂が多く、道が入り組んでいるので、地図は必携。

主なみどころ

①ジベール・ジョゼフ

●Gibert Joseph

学生御用達の文具と書籍を扱う老舗。地下と1階にはおしゃれなノートやボールペンがところ狭しと並ぶ。

[カルチェ・ラタン] MAP:P12A2

[交]Ⓜ⑩Cluny-La Sorbonne駅から徒歩1分🏠30 Bd. Saint Michel 6e ☎01 44 41 88 88 ⏰10〜20時[休]日曜[英]

②タバ・ドゥ・ラ・ソルボンヌ

●Tabac de la Sorbonne

ソルボンヌのすぐ脇にある活気あふれるカフェレストラン。テラスで定番のフレンチを手頃な価格で楽しめる。

[カルチェ・ラタン] MAP:P12A2

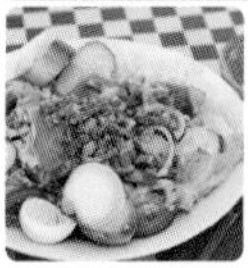

[交]Ⓜ⑩Cluny-La Sorbonne駅から徒歩5分🏠7 Pl. de la Sorbonne 5e ☎01 43 54 52 04 ⏰9時〜23時30分(冬期は〜22時30分)[休]日曜、8月に3週間[英]

③ソルボンヌ(パリ大学)

●L'Université Paris-Sorbonne

神学者ソルボンヌが貧しい神学生のために開いたソルボンヌ寮が始まり。

[カルチェ・ラタン] MAP:P12A2

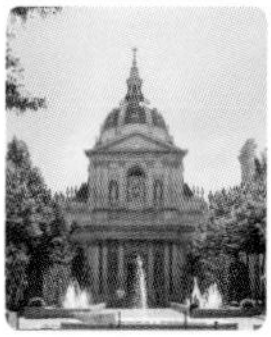

[交]Ⓜ⑩Cluny-La Sorbonne駅から徒歩3分🏠47 Rue des Écoles 5e ☎01 40 46 22 11(ガイド予約)⏰[料]ガイド見学(有料)で入場可能だが2023年4月から休止中。再開未定。

④パンテオン

●Le Panthéon

ギリシア神殿を模した新古典主義建築で、18世紀に教会として建造。1885年、ヴィクトル・ユーゴーの葬儀を機にキュリー夫妻など偉人が眠る。

[カルチェ・ラタン] MAP:P12B2

[交]Ⓜ⑩Cardinal Lemoine駅から徒歩4分🏠Pl. du Panthéon 5e ☎01 44 32 18 00 ⏰10時〜18時30分(10〜3月は〜18時)[休]なし[料]€13 [PASS OK]

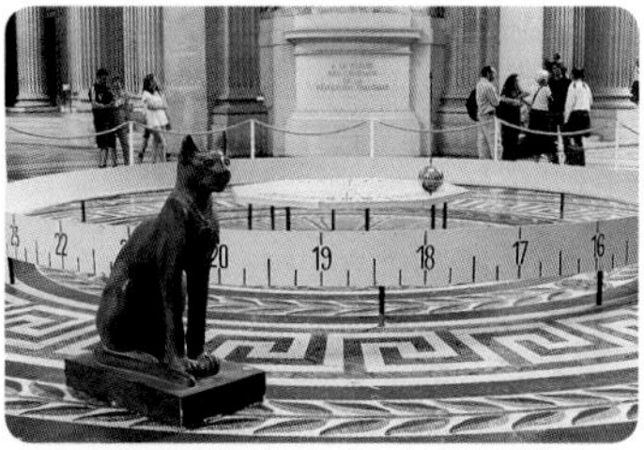

⑤ファルマシー・モンジュ

●Pharmachie Monge

薬用品からラグジュアリー化粧品まで品揃え豊富。パリで最も安いファーマシーのひとつで、常に混んでいる。

[カルチェ・ラタン] MAP:P12C3

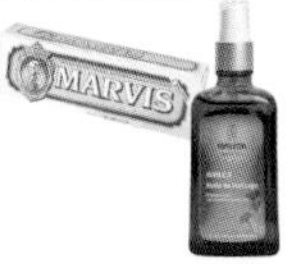

[交]Ⓜ⑦Place Monge駅から徒歩すぐ🏠1 Pl. Monge 5e ☎01 43 31 39 44 ⏰8〜20時[休]日曜[英]

マレ
Marais

18世紀に貴族たちが住んでいたマレ地区は、古い建物を利用した
ショップや美術館が集まる、パリ随一のおしゃれエリア。
歴史的建造物と最新トレンドをチェックしよう。

街グラフ

観光
カルチャー ショッピング
リラックス グルメ
夜遊び

↑ボントン・ル・
ジャルダン・シー
クレット(→P122)
のプチサブレ

1.2.緑でいっぱいのヴォージュ広場。
四方は豪奢な館に囲まれている **3.**
多国籍料理が気軽に楽しめるマルシ
ェ・デ・ザンファン・ルージュ(→P149)
4.ビストロやカフェも充実したエリ
ア **5.**1830年の7月革命の時は革命
自治体の本拠地だったパリ市庁舎

→マルシェでラン
チもおすすめ

1.

ACCESS

北マレのブティック街を中心に散策するなら Ⓜ⑧St-
Sébastien-Froissart 駅が便利。セーヌ河寄りからスタ
ートするなら Ⓜ① St-Paul 駅や Ⓜ①Hôtel de Ville駅。

サクレ・クール寺院
シャンゼリゼ サン・マルタン
大通り 運河
凱旋門 オペラ・
ガルニエ
ルーヴル美術館 **ココ!**
オルセー バスティーユ
美術館 広場
エッフェル塔 ノートルダム大聖堂
モンパルナス・ パンテオン
タワー サン・ジェルマン・
デ・プレ教会

2.
3.
4.
5.

おさんぽガイド

所要3時間〜

[M]① サン・ポール駅からスタート。美しく格式高いヴォージュ広場やパリ市庁舎、その中のショップを見て歩いたのち、北マレへ。小道にも隠れ家的なショップがたくさん。

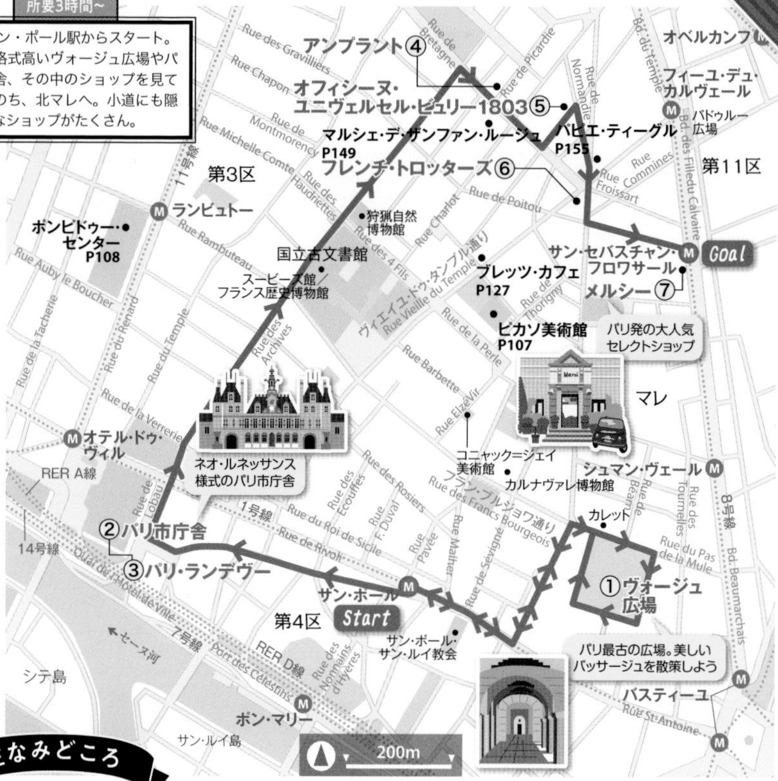
アンプラント④
オフィシーヌ・ユニヴェルセル・ビュリー1803⑤
マルシェ・デ・ザンファン・ルージュ
P149
フレンチ・トロッターズ⑥
パピエ・ティーグル
P155
オベルカンフ
フィーユ・デュ・カルヴェール
パドゥルー広場
第11区
第3区
ランビュトー
ポンピドゥー・センター
P108
狩猟自然博物館
国立古文書館
スービーズ館／フランス歴史博物館
ブレッツ・カフェ
P127
サン・セバスチャン・フロワサール
Goal
メルシー⑦
ピカソ美術館
P107
パリ発の大人気セレクトショップ
マレ
オテル・ドゥ・ヴィル
RER A線
ネオ・ルネッサンス様式のパリ市庁舎
コニャック＝ジェイ美術館
カルナヴァレ博物館
シュマン・ヴェール
フラン・ブルジョワ通り
ヴィエイユ・ドゥ・タンプル通り
カレット
②パリ市庁舎
③パリ・ランデヴー
1号線
14号線
11号線
8号線
7号線
①ヴォージュ広場
サン・ポール
Start
第4区
サン・ポール・サン・ルイ教会
パリ最古の広場。美しいパッサージュを散策しよう
セーヌ河
シテ島
RER D線
バスティーユ
ポン・マリー
サン・ルイ島
200m
Rue des Gravilliers
Rue Chapon
Rue de Montmorency
Rue Michelle Comte
Rue des Haudriettes
Rue Rambuteau
Rue Aubry le Boucher
Rue de la Verrerie
Rue du Temple
Rue du Renard
Rue de Bretagne
Rue de Picardie
Rue de Normandie
Bd. du Temple
Bd. des Filles du Calvaire
Rue Commines
Rue Froissart
Rue de Poitou
Rue Charlot
Rue des 4 Fils
Rue Vieille du Temple
Rue de Thorigny
Rue de la Perle
Rue Barbette
Rue Elzévir
Rue des Archives
Rue des Rosiers
Rue des Écouffes
Rue F. Duval
Rue Pavée
Rue Malher
Rue de Sévigné
Rue des Francs Bourgeois
Rue du Roi de Sicile
Rue de Rivoli
Rue de Béarn
Rue des Tournelles
Rue du Pas de la Mule
Bd. Beaumarchais
Quai de l'Hôtel de Ville
Port des Célestins
Rue des Nonnains d'Hyères
Rue St-Antoine
Rue de Lobau

主なみどころ

①ヴォージュ広場
●Place des Vosges

フランス革命以前は「ロワイヤル広場」とよばれた。

[マレ] MAP：P9D3

[交][M]⑧ Chemin Vert 駅、① St-Paul 駅から徒歩5分 [住]Pl. des Vosges 4e [時][休]見学自由

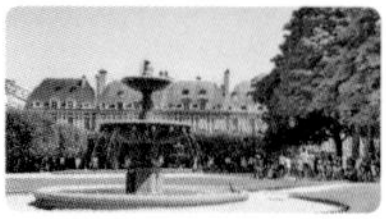

②パリ市庁舎
●Hôtel de Ville

17世紀に建造されたネオ・ルネッサンス様式の建物。

[マレ] MAP：P8B3

[交][M]Hôtel de Ville 駅から徒歩1分 [住]Pl. de l'Hôtel de Ville 4e ※内部は休止中

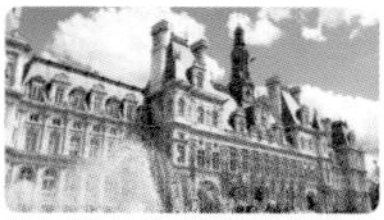

③パリ・ランデヴー
●Paris Rendez-Vous

市庁舎にあるパリ市のオフィシャルショップ。入口はリヴォル通り。セキュリティチェックあり。

→P153

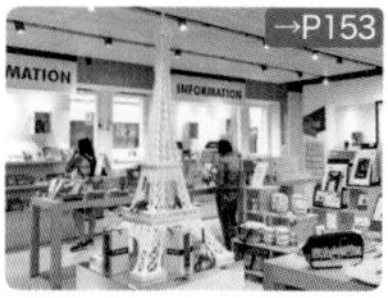
MATION
INFORMATION

④アンプラント
●Empreintes

4フロアすべてフランス製の工芸品が並ぶ。

[マレ] MAP：P8B1

[交][M]⑧St-Sébastien-Froissart駅から徒歩5分 [住]5 Rue de Picardie 3e ☎01 40 09 53 80 [時]11〜13時、14〜19時 [休]月・日曜 [英]

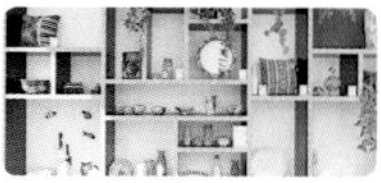

⑤オフィシーヌ・ユニヴェルセル・ビュリー1803
●Officine Universelle Buly 1803

1803年創設の老舗総合美容薬局が時を経て復活。

[マレ] MAP：P8C1

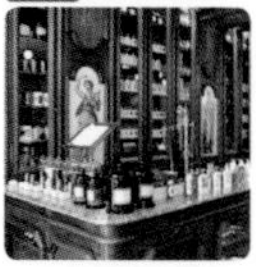

[交][M]⑧St-Sébastien-Froissart駅から徒歩5分 [住]45 Rue Saintonge 3e ☎01 42 72 28 92 [時]11〜19時 [休]月曜 [英]

⑥フレンチ・トロッターズ
●French Trotters

パリらしいシンプルで仕立てのよい日常着やハイセンスなブランドが見つかる。自社ブランドやコラボ商品も。

[マレ] MAP：P8C2

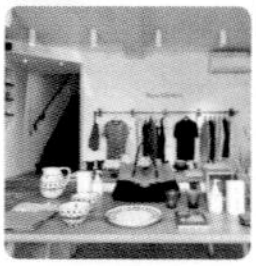

[交][M]⑧St-Sébastien-Froissart駅から徒歩4分 [住]128 Rue Vieille du Temples 3e ☎01 44 61 00 14 [時]11時30分〜19時30分（日曜は14〜19時）[休]月曜 [英]

⑦メルシー
●Merci

おしゃれ好きのマストスポットとなっているハイセンスなコンセプトストア。売上げの一部は、基金に還元される。

[マレ] MAP：P8C2

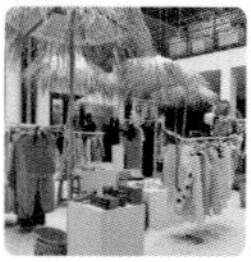

[交][M] ⑧ St-Sébastien-Froissart駅から徒歩1分 [住]111 Bd. Beaumarchais 3e ☎ 01 42 77 00 33 [時]10時30分〜19時30分（金・土曜は〜20時、日曜は11時〜）[休]なし [英]

ハイセンスな店が続々オープン！

サン・マルタン運河

Canal St-Martin

映画『アメリ』の水切りシーンに登場した
サン・マルタン運河。運河沿いではピクニックや散策が楽しめる。
周辺にはおしゃれなショップやカフェが続々オープン。

↑カラフルな建物は雑貨店のアントワーヌ・エ・リリ（MAP：P16B2）

街グラフ

観光 / ショッピング / グルメ / 夜遊び / リラックス / カルチャー

運河沿いの遊歩道を散策しよう！

運河を望むおしゃれなホテルにステイ！

←観光クルーズ船で街並みを見学するのも◎！

1. 運河の両脇は遊歩道になっている。ベンチもあるので休憩にぴったり　2. スタイリッシュなル・シチズン（→P201）　3. シャトー・ドー通りで最旬ショッピングクルーズ　4. ストリートアート探しも楽しい

ACCESS

Ⓜ③⑤⑧⑨⑪のメトロ路線が停車する便利なⓂRépublique駅が起点。Ⓜ⑪Goncourt駅やⓂ⑤Jacques Bonsergent駅もある。

サクレ・クール寺院
シャンゼリゼ大通り
凱旋門
オペラ・ガルニエ
ルーヴル美術館
オルセー美術館
エッフェル塔
バスティーユ広場
ノートルダム大聖堂
パンテオン
モンパルナス・タワー
サン・ジェルマン・デ・プレ教会

ココ！ サン・マルタン運河

1. 2. 3. 4.

おさんぽガイド

所要2時間～

Ⓜレビュブリック駅を出てレビュブリック広場の北側に延びるシャトー・ド通りへ。ここでパリの最新トレンドをチェック。そこから徒歩6分ほどでサン・マルタン運河に着くので、運河沿いを散策しよう。

⑤ テン・ベル

サン・ルイ病院

第10区

ハイセンスなパリジャンが暮らすエリア

ママムシ④

Ⓜ ジャック・ボンセルジャン P125

⑥ サン・マルタン運河

ゴンクール Ⓜ

行列ができるブーランジュリー

③ ジャミニ

11号線

② ポンポン・バザール

9号線
8号線

レビュブリック広場 ①

Start
Goal
レビュブリック Ⓜ

広場の中心には自由の象徴、マリアンヌ像が立つ

3号線

トンブル Ⓜ

100m

主なみどころ

①レピュブリック広場
●Place de la République

フランス共和国と自由の象徴である女神、マリアンヌのブロンズ像が立つ。かつては革命家が集まる場所であった。周辺にはホテルやカフェが点在。

サン・マルタン運河 MAP：P16B4

交Ⓜ③⑤⑧⑨⑪République駅から徒歩すぐ

②ポンポン・バザール
●Pompon Bazar

元ジャーナリストのコリンヌさんが、自然素材のアイテムをセレクト。

サン・マルタン運河 MAP：P16B3

交Ⓜ⑤Jacques Bonsergent駅から徒歩2分 住10 Rue de Lancry 10e ☎01 83 89 35 33 時12～19時 休日～火曜

③ジャミニ
●Jamini

インド北東部出身のパリジェンヌ、ウシャさんがオーナー。ポーチやカゴバッグなどインド製のオリジナルを販売。

サン・マルタン運河 MAP：P16B3

交Ⓜ⑤Jacques Bonsergent駅から徒歩2分 住10 Rue du Château d'eau 10e ☎09 82 34 78 53 時11時30分～19時30分 休日曜 英

④ママムシ
●Mamamushi

姉妹によるコンセプトストア。ファッションからコスメ、紙製品までクリエイターのアイテムをセレクト。

サン・マルタン運河 MAP：P16A3

交Ⓜ⑤Jacques Bonsergent駅から徒歩2分 住28 Rue du Château d'eau 10e ☎01 40 34 36 07 時10時30分～19時（月曜は11～14時、15時～）休日曜 英

⑤テン・ベル
●Ten Belles

バリスタが丁寧にコーヒーを淹れる人気カフェ。カプチーノ€4.50。

サン・マルタン運河 MAP：P16B2

交Ⓜ⑤Jacques Bonsergent駅から徒歩6分 住10 Rue de la Grange aux Belles 10e ☎09 83 08 86 69 時8時30分～17時30分（土・日曜は9～18時）休なし 英

⑥サン・マルタン運河
●Canal St-Martin

1825年に開通したセーヌ河とヴィレット貯水池を結ぶ全長約4.5kmの運河。シスレーの名画の風景として、また『アメリ』など数々の映画の舞台としても知られる。

サン・マルタン運河 MAP：P16B2

交Ⓜ⑤Jacques Bonsergent駅から徒歩5分

おさんぽ

シャンゼリゼ大通り

オペラ～ルーヴル

サン・ジェルマン・デ・プレ

モンマルトル

シテ島～サン・ルイ島

カルチェ・ラタン

マレ

サン・マルタン運河

\芸術家ゆかりの街/

モンパルナスを歩く

モンパルナス・タワーを中心に、ビジネスと商業の中心地であるモンパルナスは、
20世紀初頭、モンマルトルを離れた芸術家たちが移り住んだ街。
彼らが通った当時の面影が残るカフェも多く健在している。

> エコール・ド・パリ（パリ派）を代表する藤田嗣治

セーヌ河左岸、14区に位置するモンパルナスは、20世紀初頭にピカソや藤田嗣治、モディリアーニなどの外国人画家、のちにフランス人画家も第二次世界大戦前まで創作活動の拠点をかまえた場所。その景色は、当時の画家やダンサー、音楽家の出会いの場であった老舗カフェのラ・ロトンド（→P116）や、芸術家がアトリエを構えたカンパーニュ・プルミエール通りで見ることができる。1973年には高さ210mのモンパルナス・タワーが完成。景観を損ねるなど議論されたが今では街のランドマークに。オフィスビルが立ち並ぶ商業地区でありつつ、今でも多くの芸術家が暮らす街だ。

> アール・デコの豪華な内装の店内も素敵！

> モンパルナス大通りにはクレープリーがたくさん

主な見どころはこちら

カンパーニュ・プルミエール通り
●Rue Campagne Première

藤田嗣治など芸術家がアトリエを構えた通り。今も多くのアーティストが暮らす。

`モンパルナス` **MAP：P17C2**

Ⓜ④⑥Raspail駅から徒歩1分 Rue CampagnePremière 14e

カタコンブ
●Les Catacombes

18世紀末に造られた地下墓地。数百万人の遺骨を収納する。

`モンパルナス` **MAP：P17C4**

Ⓜ④⑥Denfert Rochereau 駅から徒歩1分 1 Av. duColonel Henri Rol-Tanguy 14e ☎ 01 43 22 47 63 ⏰9時45分〜20時30分(最終入場は19時30分) 月曜 €29 (フランス語オーディオガイド付き)

モンパルナス・タワー
●Tour Montparnasse

高さ210m、59階建ての高層ビル。最上階には展望台がある。

`モンパルナス` **MAP：P17A2**

Ⓜ④⑥⑫⑬ Montparnasse-Bienvenüe 駅から徒歩1分 33 Av. du Maine 15e ⏰9時30分〜22時30分(曜日、季節により異なる) なし 展望台€19(土・日曜は€20)

Museum

美術館

Contents

知っておきたいこと11

#美術館

プチテクニックを知っておけば、より上手に・よりお得に美術館を堪能できる。
11のアドバイスで賢くアート鑑賞しよう!

01 アート好きは必携！パリ・ミュージアム・パスを使いこなそう

パリ市内と近郊の美術館や博物館、観光施設など50カ所以上で利用できるパス。チケット売り場で並ぶことなく、施設によってはパス専用入口もあるのが魅力。最初の入場から連続した時間内有効。2日券の場合、3〜4カ所以上回るならお得になる。購入は観光案内所やパリ・ミュージアム・パスが利用できる施設で。

パスの種類と料金

2日券	€62
4日券	€77
6日券	€92

利用できる主な施設

ルーヴル美術館▶P92
オルセー美術館▶P100
オランジュリー美術館▶P104
ロダン美術館▶P107
ケ・ブランリー - ジャック・シラク美術館
▶P108
ドラクロワ美術館▶P238
ポンピドゥー・センター▶P108
ピカソ美術館▶P107
サント・シャペル教会▶P81
ヴェルサイユ宮殿▶P212

使い方のコツ

・月曜や火曜が休館の美術館が多いので、水曜から使い始めよう。
・有効期間中は各施設1回のみ入場できるので、プランニングは慎重に。
・ヴェルサイユ宮殿もカバーしているので、1日はヴェルサイユに充てるのもいい。

購入先

パリで購入する場合
●パリ・ミュージアム・パスを利用できる美術館や建造物
●空港やパリ市内のパリ市観光局案内所（→P47）
※パリ市内のキオスク（売店）やおみやげ店で購入できる場合もある。

日本で購入する場合
●パリミュージアムパスジャパン（コンビネゾン合同会社）
パリミュージアムパスジャパンの公式サイト内でeチケットを購入できる。支払いはクレジットカード決済、銀行振込（来社購入は現金払いも可）。購入後、メールにてeチケットが届く。2日券1万3190円、4日券1万6390円、6日券1万9610円。印刷したeチケットの配送も可能（送料別途）。旅行の相談も行う。
🏠東京都港区芝5-29-22 LMフェリス三田207
☎03-6435-1113（電話受付は月〜金曜12〜16時）⑭土・日曜、祝日
URL parismuseumpass-japon.com

※本書ではパリ・ミュージアム・パスが利用できる施設のデータ欄に PASS OK が入っています。
※上記の日本円は、2024年1月時点の料金です。

02 夜間延長日を狙おう！

ルーヴル美術館の金曜の開館時間延長のように、夜間延長日を設けている美術館もあるので、公式サイトでチェック。限られた滞在時間を上手に使おう。ただし、日本と違い閉館準備のため閉館時間より30分前など早めに展示室を閉じてしまう美術館も。時間に余裕を持って到着し、ゆったりと見学しよう。

おもな美術館の夜間延長日

木曜	オルセー美術館→P100 イヴ・サンローラン美術館→P106 ポンピドゥー・センター→P108 ケ・ブランリー-ジャック・シラク美術館→P108 パリ市立近代美術館→P109 マルモッタン・モネ美術館→P109
金曜	ルーヴル美術館→P92 ブルス・ドゥ・コメルス-ピノー・コレクション→P110 オテル・ドゥ・ラ・マリーヌ→P109 アトリエ・デ・リュミエール→P110
土曜	アトリエ・デ・リュミエール→P110

03 時間や曜日による割引も要チェック！

時間や曜日で入館料がお得になる美術館も。例えばオルセー美術館では毎週木曜18時以降は、€14が€10に（オンライン購入も適用）。そのほかの美術館も割引が設定されているので、公式サイトをチェックしよう。

04 第1日曜日の無料デーを狙うor避ける

オルセー美術館やオランジュリー美術館などほとんどの国立美術館が、毎月第1日曜が無料になる。パリ市民も無料デーに美術館に行く人が増えるので、第1日曜を狙うか？あえて避けるか？検討してみよう（予約は必須）。

05 耳より

オンラインでチケットを事前購入しよう!

多くの美術館が、公式サイトからチケットのオンライン購入が可能。パリに到着してからでもいいのでオンライン上で購入するほうが、スムーズに入場できる。オンライン購入の場合、自宅でチケットをプリントアウトするか、スマホにダウンロードするかを選べることが多い。念のため、プリントアウトもしておこう。

08 耳より

節約派にうれしい!入館無料の美術館

マレ地区にある「カルナヴァレ美術館」www.carnavalet.paris.fr は、パリの歴史遺産となる約62万点のコレクションを収蔵。入館無料なのでこれは必訪!中世パリの街にあった貴重な看板を展示。
© Antoine Mercusot

09 耳より

ミュージアムカフェやレストランが素敵

ルーヴル美術館やケ・ブランリー-ジャック・シラク美術館の眺望がよいカフェ、ロマン派美術館の緑に囲まれたカフェなど、美術館ごとに特徴あるカフェも狙い目。世界各国からの観光客の対応に慣れているので、街なかの飲食店よりハードルが低い。ランチやディナーを兼ねてアート鑑賞の予定を組むのも◎。詳しくは→P120。

10 ⚠

見たい名画が他国へ出張していないか要確認!

あの絵が見たくて美術館に行ったのに、日本の美術館に出張していた…なんてことが起こらないとも限らない。絶対見たい作品があれば、公式サイトで確認を。作品名は、英文でも検索してみよう。

06 耳より

西洋美術の理解度を深める覚えておきたいキーワード

パリの美術館説明でよく目にする下記のキーワード。事前に知っておくと名画鑑賞がより楽しくなるはず!

・ルネサンス
14世紀にイタリアにはじまり、16世紀まで西欧を中心に広がりをみせた文化運動のこと。ルネサンスとは「再生」「復活」を意味する言葉で、古代ギリシャ・ローマを手本に自由な人間性の表現を復興させる動きを示す。代表的な作家は、レオナルド・ダ・ヴィンチ、ミケランジェロ、ラファエロ、ボッティチェリなど。

・ロマン主義
18世紀末から19世紀前半にヨーロッパを中心に起こった精神運動のひとつ。17～18世紀に展開された古代ギリシャやローマの作品を規範とする古典主義と対をなす。ストーリー性が重要視され、見る者の感動を誘うシーンを描くのが特徴。代表的な作家は、ドラクロワやゴヤなど。

・印象派
19世紀後半のフランスを中心とした芸術運動のこと。モネの絵画作品『印象・日の出』からその名が付いたともいわれる。実際に目にしたものを忠実に描こうとし、光や空気感の表現に特徴がある。また、農民や市民の日常を描いた作品が多い。代表的な作家は、マネ、モネ、ルノワール、ドガ。オルセー美術館で鑑賞可能。

ロマン派のドラクロワ作『民衆を導く女神』(ルーヴル美術館)

11 耳より

アート好き・レアもの好きの友人にはミュージアムショップみやげが◎

こだわりのおみやげを探したいなら、ミュージアムショップも検討の余地あり。パリならルイ・ヴィトン、イヴ・サンローランなど有名ブランドのミュージアムショップから、ロダンやピカソ美術館まで幅広い。詳しくは→P162。

→『モナリザ』のマグカップ

07 耳より

絵画や彫刻じゃない美術館・博物館もおすすめ

西洋美術は得意じゃない…。そんな人におすすめなのが、通好みの美術館や博物館だ。アール・ヌーヴォー時代のアパルトマンを体感できる有名レストランの「マキシム・ド・パリ美術館」maxims-de-paris.com/fr/le-museeや、香水や石けんブランドの「フラゴナール香水博物館」musee-parfum-paris.fragonard.com/ などもチェックしてみよう。

↑フラゴナール香水博物館では、香水の歴史も学ぶことができる

↑フラゴナールの商品も購入可能

【編集MEMO】

コレだけはいいたい!

ルーヴル美術館のガラスのピラミッドは、夜景も美しい。敷地内で美しい夜景を楽しめるのでおすすめ。

オテル・ドゥ・ラ・マリーヌのサロンは、ヴェルサイユ宮殿の鏡の間を彷彿とさせる美しさ。これは必見!

ケ・ブランリー-ジャック・シラク美術館のカフェ(→P120)は、エッフェル塔を眺めながらお茶ができる穴場スポット!

ルーヴル美術館

芸術の都を代表する、世界最大級の美術館へ

←2階フロア。
巨大な絵画が
たくさん！
©Musée du
Lovre

Read me!

芸術の都パリには世界に誇る
芸術作品を展示する美術館
（ミュゼ）がたくさんある。な
かでも世界的名画、名作を数
多く所蔵するルーヴル美術館
はマストチェック！

©Musée du Louvre

↑かつては財務省だった
北棟のリシュリュー翼

名画が一堂に会する
世界屈指の美術館

ルーヴル美術館
●Musée du Louvre ★★★

1793年に開館した国立美術館。中
世に宮殿として使われていた壮麗な
建物に、『モナリザ』や『ミロのヴ
ィーナス』など名だたる絵画や彫刻
を所蔵。リシュリュー翼、シュリー
翼、ドゥノン翼の3つの棟がガラス
のピラミッドを中心にコの字型に立
ち、展示フロアは各半地階から3階
まで約7万2000㎡にも及ぶ。古代
から19世紀まで、世界最大級の50
万点を超えるコレクションのなか
から、随時3万3000点以上を展示。
特にイタリア・フランス絵画が人気。

毎週金曜クロー
ズ。ロッカーな
し

チケット持参者
のみ

Rue St-Honoré

カルーゼル・デュ・
ルーヴル

パッサージュ・リシュリュー

会員カード
保持者・
団体のみ

Rue des Pyramides

チケット売り場

リシュリュー翼

Rue de Rivoli

パッサージュ・リシュリュー

クール・カレ

ピラミッド
中央入口

チケット売り場
インフォメーション

シュリー翼

ポルト・デ・リオン入口

ドゥノン翼

チケット売り場
インフォメーション

モナリザはドゥ
ノン翼2Fにある

ロワイヤル橋
Pont Royal

セーヌ河

カルーゼル橋
Pont du Carrousel

ポン・デ・ザール
Pont des Arts

一番混んでいる
入口はここ

オペラ〜ルーヴル　MAP:P7E3

図 Ⓜ①⑦ Palais Royal Musée du Louvre 駅 から徒歩1分 🏛
Musée du Louvre 1er ☎ 01 40 20 53 17 🕐 9〜18時（金曜は
〜21時45分）※チケット販売は閉館の45分前まで 🅷 火曜 🅿 €22
（オンライン購入も同額。）※18歳未満は無料 ※日本語オーディ
オガイド€6 URL www.louvre.fr/fr PASS OK ※チケットは常設展・特

別展共通で、当日に限り1日有効 ※年々当日券の列が長くなる傾
向にあるので、オンラインで購入し、オンラインチケット保有者の
列から入場しよう ※パリ・ミュージアム・パス保有者もオンライン
予約が可能。忘れずに予約しよう

展示場所をチェック！
フロアマップ

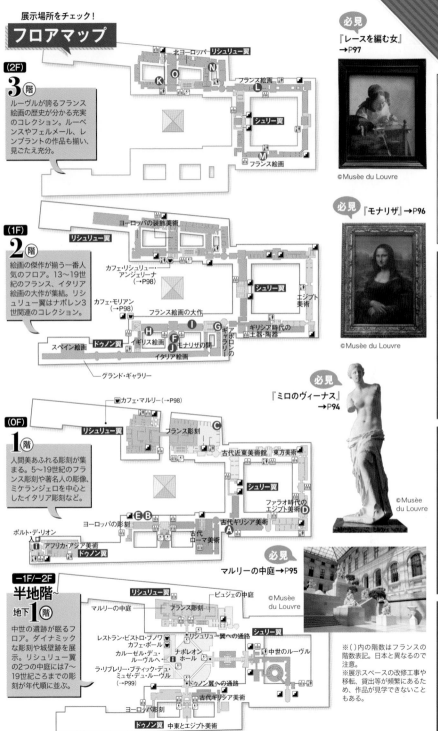

(2F)
3階
ルーヴルが誇るフランス絵画の歴史が分かる充実のコレクション。ルーベンスやフェルメール、レンブラントの作品も揃い、見ごたえ充分。

北ヨーロッパ　リシュリュー翼
フランス絵画
シュリー翼
フランス絵画

(1F)
2階
絵画の傑作が揃う一番人気のフロア。13〜19世紀のフランス、イタリア絵画の傑作が集結。リシュリュー翼はナポレオン3世関連のコレクション。

ヨーロッパの装飾美術
リシュリュー翼
カフェ・リシュリュー・アンジェリーナ（→P98）
カフェ・モリアン（→P98）
フランス絵画の大作
シュリー翼
エジプト美術
スペイン絵画　ドゥノン翼
イギリス絵画
モナリザの間
アポロンのギャラリー
ギリシア時代の土器・陶器
イタリア絵画
グランド・ギャラリー

(0F)
1階
人間美あふれる彫刻が集まる。5〜19世紀のフランス彫刻や著名人の彫像、ミケランジェロを中心としたイタリア彫刻など。

カフェ・マルリー（→P98）
リシュリュー翼
フランス彫刻
古代近東美術館　東方美術
シュリー翼
ファラオ時代のエジプト美術
ヨーロッパの彫刻
ポルト・デ・リオン入口
アフリカ・アジア美術
ドゥノン翼
古代ギリシア美術
古代ローマ美術

-1F/-2F
半地階〜
地下1階
中世の遺跡が眠るフロア。ダイナミックな彫刻や城壁跡を展示。リシュリュー翼の2つの中庭には7〜19世紀ごろまでの彫刻が年代順に並ぶ。

リシュリュー翼
マルリーの中庭
ピュジェの中庭
フランス彫刻
レストラン・ビストロ・ブノワ
カフェ・ポール
カルーゼル・デュ・ルーヴルへ
ラ・リブレリー・ブティック・デュ・ミュゼ・デュ・ルーヴル（→P99）
リシュリュー翼への通路
ナポレオンホール
シュリー翼
中世のルーヴル
ドゥノン翼への通路
ヨーロッパ彫刻
古代ギリシア美術
ドゥノン翼　中東とエジプト美術

必見
『レースを編む女』→P97
©Musèe du Louvre

必見
『モナリザ』→P96
©Musèe du Louvre

必見
『ミロのヴィーナス』→P94
©Musèe du Louvre

必見
マルリーの中庭→P95
©Musèe du Louvre

※（ ）内の階数はフランスの階数表記。日本と異なるので注意。
※展示スペースの改修工事や移転、貸出等が頻繁にあるため、作品が見学できないこともある。

©Musée du
Louvre

ミロのヴィーナスは必見作品のひとつ！

見るべき作品をチェック！

ルーヴル美術館で見るべき作品をご紹介。
限られた時間のなかで、効率よく巡って感動を味わおう！

おすすめ
半日コース

所要 約4時間

迷子になるほど広大なので、あらかじめ見たい作品を決めて展示位置を把握しておこう。また、入場するだけでも時間がかかるので、比較的人の少ない朝一番、開館と同時に訪れよう。歴史の流れを踏まえて鑑賞するなら1階→3階の順に見学を。

3階 →P97　14～19世紀のヨーロッパ絵画

● レースを編む女 **K**
● マリー・ドゥ・メディシスのマルセイユ上陸 **O**
● ガブリエル・デストレとその姉妹ビヤール公爵夫人とみなされる肖像 **N**
● ダイヤのエースを持ついかさま師 **L**
● トルコ風呂 **M**

↓

2階 →P96　13～18世紀のヨーロッパ絵画

● サモトラケのニケ **G**
● ナポレオン1世の戴冠式 **I**
● 民衆を導く自由の女神 **H**
● カナの婚礼 **J**
● モナリザ **F**

↓

1階 →P94　古代ギリシア、オリエントほか

● アモルの接吻で蘇るプシュケ **B**
● 瀕死の奴隷、抵抗する奴隷 **E**
● ミロのヴィーナス **A**
● ラムセス2世の巨像 **D**
● ハムラビ法典 **C**

※ **A** **B** **C** のアルファベットはP93のフロアマップ上の位置を表しています

1階
(0F)

イタリアやフランスの人間美あふれる彫刻たち

リシュリュー翼には5～19世紀のフランス彫刻があり、18世紀の展示室には著名人の胸像がずらり。シュリー翼には古代ギリシア美術とファラオ時代のエジプト、古代オリエンタル美術が。ドゥノン翼にはミケランジェロに代表される16～19世紀のイタリア彫刻がある。

ミロのヴィーナス 〔必見〕

Vénus de Milo

作者不明 **A**

ヘレニズム美術の傑作といわれる作品で、1820年にエーゲ海のミロス島で発見された。一般的に美の女神アフロディテの彫刻といわれているが、腕や付属装飾品は未だ見つかっておらず、本来どういう姿だったか、他の女神像の可能性はないかなど、考古学者の想像をかき立て続けている作品。

〔鑑賞*Advice*〕 上体の傾きと布が落ちていく瞬間の脚を閉じる動作が絶妙なバランスを作り出している。肌のなめらかさやボディライン、布が織り成す深い陰影も美しい対比。

アモルの接吻で蘇るプシュケ

Psyché ranimée par le baiser de l'Amour

アントニオ・カノーヴァ **B**

1787～93年にかけてローマで作られたカノーヴァの代表作。神話のワンシーンを再現（瀕死の状態に陥ったヴィーナスの末娘プシュケを、恋人で愛の神のアモル＝キューピッドがやさしく抱き上げる）。作家は古都ヘルクラネウムの遺跡を訪れ、古代ローマの壁画を参考に構図を練り、感動的な抱擁像を完成させた。

〔鑑賞*Advice*〕 円を描くような腕のフォルムに注目。アモルの片脚を曲げ、翼を立たせ、プシュケの体を持ち上げることで、上昇する躍動感を与えた。

©Musée du
Louvre

ハムラビ法典
Code de Hammurabi

作者不明 Ⓒ

ハムラビはバビロン第1王朝の6代目の王で、それまであまり振るわなかった都市に初めて支配的な地位を与えた人物。石碑の下部には「目には目を、歯には歯を」で有名な法典が、上部には王と神が向かい合う場面が刻まれている。

鑑賞 Advice 支配者を象徴する帽子をかぶり、顔の前に手を挙げ、祈りの姿勢をしているのが王。両肩から炎を出しているのが正義の守護神でもある太陽神シャマシュ。
©Musèe du Louvre

©Musèe du Louvre

ラムセス2世の巨像
Le roi Ramsès Ⅱ

作者不明 Ⓓ

古代エジプトにおける史上最大の専制君主であり、カルナック神殿、ルクソール神殿を建設したファラオの座像で、紀元前13世紀ごろのものとされる。このエリアには5000点にも及ぶ美術展示が並ぶ。

鑑賞 Advice 即位前の青年時代に作られた丸顔が特徴。王座や頭部、上半身など即位後に修正を加えた跡が残る。

©Musèe du Louvre

※2024年3月現在、ルーヴル・アブダビに長期貸出中。返却日は未定

瀕死の奴隷
l'Esclave mourant

抵抗する奴隷
l'Esclave rebelle

ミケランジェロ Ⓔ

1513〜15年の作品。これら2体の『奴隷像』は、彫刻部門で最も有名な作品のひとつ。もとは教皇ユリウス2世の巨大な墓碑のために構想されたものだが、教皇の死後に経済的理由から制作中止となった未完の作品。

鑑賞 Advice 台の薄さや、抵抗する奴隷の顔に残る大理石の筋が未完である証と考えられている。

©Musèe du Louvre

半地下
(-1F)

彫刻や城壁跡から中世のダイナミズムを体感

シュリー翼には、中世の城砦遺跡に囲まれた空間が広がる。リシュリュー翼には2つの中庭があり、7世紀から19世紀中ごろまでの彫刻が年代順に並ぶ。ドゥノン翼は古代ギリシア、エジプト美術、7〜19世紀のイスラム美術、イタリア・スペイン・北ヨーロッパの中世盛期〜終期の彫刻展示室がある。

12〜13世紀建築の城砦跡

1190年、国王フィリップ2世の命で建設された要塞時代の建築。現在は、30mの高さがあった主塔跡や、周囲の塔、城壁をとりまく壕、跳ね橋の橋脚跡を見ることができる。

©Musèe du Louvre

マルリーの中庭 必見

パリの西、約15kmにあるマルリー城の庭園を飾るために造られた彫刻を収める。多くはルイ14世が治世の末期に注文した作品。必見はルイ15世時代の『マルリーの馬』。

©Musèe du Louvre

2階 (1F)

教科書で見たことのある傑作が集結するフロア

美術館で一番人気のフロア。ドゥノン翼は、13～18世紀のイタリア絵画とフランス絵画の秀作が勢揃い。リシュリュー翼の西側一帯は、ナポレオン3世にまつわるコレクション。シュリー翼にはファラオ時代のエジプト美術と古代ギリシアの土器や陶器の展示がある。

©Musée du Louvre

モナリザ 必見
La Joconde
レオナルド・ダ・ヴィンチ F

1503～06年制作。フランス語では「ラ・ジョコンドゥ」とよばれ、神秘的な微笑を浮かべた表情は完璧と評されている。モデルの女性については作者ダ・ヴィンチの女装説など諸説あったが、2008年にフィレンツェの富豪ジョコンドゥの妻であるとして決着した。

鑑賞Advice やや右向きの上半身で、風景が後ろに広がっているのは当時の肖像画の特徴。背景の大気、モナリザの目元・口元など、精巧な油絵の技術に注目。

©Musée du Louvre

サモトラケのニケ
La Victoire de Samothrace
作者不明 G

エーゲ海のサモトラケ島で発見されたヘレニズム彫刻の傑作。ニケはギリシア神話に登場する勝利を表す女神で、軍船の先頭で翼を羽ばたかせて飛び立つ瞬間をとらえたもの。船の舳先に付けられていたとも、海戦の勝利を祝い神殿に飾られていたともいわれる。

鑑賞Advice 後方に張り出した翼と右足によって斜めの動きが強調されている。身体に張り付き、両脚の間にはためく布の表現がすばらしい。

民衆を導く自由の女神
Le 28 Juillet : La Liberté guidant le peuple
ウジェーヌ・ドラクロワ H

ブルボン朝の最後の王シャルル10世が失脚した1830年の7月革命が題材で、1831年のサロンで発表された。フランス国旗を掲げ群衆を先導するのは自由の女神。頭を男たちの方に向け、勝利に向けて彼らを鼓舞する。同胞の遺体を乗り越え、自由のために戦う民衆の壮絶な姿を力強く表現。

鑑賞Advice 屍の上に勝者(＝女神)がそびえ立つピラミッド型の構図は、勝利に達する高揚感を表す。左手の1816年モデルの銃剣が女神を現実的な存在にしている。

©Musée du Louvre

ナポレオン一世の戴冠式
Sacre de l'empereur Napoléon 1er
ジャック＝ルイ・ダヴィッド I

1804年にノートルダム大聖堂で行われた戴冠式の一場面を描く。ナポレオンが妻ジョゼフィーヌに冠を授けている、威厳ある歴史画。191人もの人物のなかですぐにナポレオンに目が行くのは、人々の視線や顔の向き、ジョゼフィーヌの体が描く斜線など、すべてが彼の顔に焦点が合うよう構成されているため。

鑑賞Advice ナポレオンの母親は息子の結婚に反対し実際には戴冠式に参加しなかったが、皇帝の要望により絵の中に描き込まれている(中央で正面を向いて座る女性)。

©Musée du Louvre

©Musée du Louvre

カナの婚礼
Les Noces de Cana
パオロ・ヴェロネーゼ J

ルーヴルで最大サイズの絵画。カナという村の婚礼で起きた、水がブドウ酒に変わる聖書の奇跡の話を、王侯貴族の登場する華やかなヴェネツィアの婚姻場面に移し変えて描いている。

鑑賞Advice 白い服を着て楽器を演奏している手前の人物はヴェロネーゼの自画像といわれる。

※(1F)などはフランス式の階数表記です。

3階 (2F)

ハイライトはルーヴル自慢のフランス絵画コレクション

フランス絵画が半分以上を占める3階。14〜19世紀の巨匠の作品がシュリー翼とリシュリュー翼の一部に展示され、年代を追うことでそれぞれの時代背景、衣装や風俗の変化、流行のタッチなどを見ることができる。リシュリュー翼にはオランダ、ドイツ、フランドル派の作品を展示。

©Musèe du Louvre

ダイヤのエースを持ついかさま師

Le Tricheur à l'as de carreau

ジョルジュ・ド・ラ・トゥール L

1635年の作品。中央は遊女で、視線と身振りで鑑賞者の目を画面左側へ導く。左の男性は、背後からダイヤのエースを引き出す。2人の間の侍女はワインを用意。3人は共謀者。右の青年はやがてすべてを剥ぎ取られる。

©Musèe du Louvre

鑑賞 Advice 若い男性が、17世紀の道徳における3つの誘惑「賭博、ワイン、邪淫」に身を委ねる滑稽さを表現。同構図の絵を米キンベル美術館が所蔵。

必見

レースを編む女 ヨハネス・フェルメール K

La Dentellière

縦24cm×横21cmの小さな絵。「偉大な絵は芸術家が暗示するだけで、目に見えない大きな力を感じとることができる。（中略）この娘のもつ目に見えない針を中心に、宇宙全体が回っていることを私は知っている」と、かのサルバドール・ダリも絶賛。

鑑賞 Advice 正確な遠近法と緻密な構図を用いて、鑑賞者の視線を女性の手に導いている。

トルコ風呂

Le bain turc

ジャン＝オーギュスト＝ドミニク・アングル M

トルコ宮室の女性たちが浴場で過ごす様子を描く。異国情緒と女性の体の官能美が表現された、アングル82歳の集大成。もとは四角のキャンバスに描かれたが、「のぞき穴から見たように」と丸い画面に仕立て直したという逸話も残っている。

©Musèe du Louvre

鑑賞 Advice 正面に背を向けている女性は、1808年の自作『ヴァルパンソンの浴女』（ルーヴル蔵）の変形。

©Musèe du Louvre

ガブリエル・デストレとその姉妹ビヤール公爵夫人とみなされる肖像

Portrait présumé de Gabrielle d'Estrées et de sa sœur la duchesse de Villars

作者不明 N

アンリ4世の寵妃ガブリエルと、姉妹の一人であるビヤール公爵夫人またはバラニー元帥夫人の肖像画。ガブリエルの乳房をつまむ一風変わった仕草は、彼女がアンリ4世の私生児を懐妊したことを象徴し、後ろの女性は子どもの産着を縫っていると解釈される。

鑑賞 Advice 1594年ごろの作品。宮廷美術を作ったフォンテーヌブロー派の特徴が強いが、作者は不詳。女性の肉体美にイタリアルネサンス、背景の親密さにフランドル派の影響も見られる。

隅々までじっくり見たくなる！

©Musèe du Louvre

マリー・ドゥ・メディシスのマルセイユ上陸

Le Débarquement de la reine à Marseille

ピーテル・パウル・ルーベンス O

1622年の作で、連作『マリー・ドゥ・メディシスの生涯』の1枚。フィレンツェの大貴族メディチ家からフランス王家に嫁いだ女性の一生を描いたもの。これはマルセイユに到着した彼女を、擬人化されたフランスとマルセイユが歓迎する場面。

鑑賞 Advice 青地に金ユリのマントを着けているのはフランスの象徴。ピンクの服を着ている女性はマルセイユの象徴。

ミュージアムカフェ＆ショップへ

広大なルーヴル美術館は、複数のカフェとショップを併設している。
それぞれ雰囲気の異なるカフェでの休憩やショッピングを楽しもう。

↑かつての宮殿の華麗な雰囲気が残る ©Benjamin Loisea

Cafe

壮麗な回廊からピラミッドを眺める
カフェ・マルリー
●Café Marly

リシュリュー翼の1階にあるカフェ。多くのパリのカフェをデザインしてきたコスト兄弟による内装は、エレガントで豪華絢爛。美しい回廊にはテラス席が備わり、ピラミッドを眺められる。

©Benjamin Loisea

←白身魚のトム・ヤム・チリソース€38。料理は創作フレンチから軽食、スイーツを用意 ©Philippe Vaures

`オペラ〜ルーヴル` **MAP：P7E3**
☎01 49 26 06 60 🕐8時〜翌2時（L.O.24時）㊡なし 🐟💳

↑クラシカルななかにモダン要素を取り入れた店内 ©Benjamin Loiseau

オススメ！

モナリザ鑑賞後におすすめのカフェ
カフェ・モリアン
●Café Mollien

ドゥノン翼の2階、モナリザの展示室近くにある。軽食メニューが充実していて見学途中の休憩やランチにぴったり。5〜8月まではピラミッドを一望できるテラス席も開放される。

`オペラ〜ルーヴル` **MAP：P7E3**
☎なし 🕐9時45分〜16時45分（金曜は〜18時30分）㊡火曜 🐟💳

↑屋内の席では、シャルル＝ルイ・ミュラーの天井画も必見
←パティスリーとドリンクのセット€8.50。ピラミッド形のチョコが人気

アンジェリーナの美味を提供するカフェ
カフェ・リシュリュー・アンジェリーナ
●Café Richelieu Angelina

リシュリュー翼2階、ナポレオン3世の居室のそばにある。1988年まで大蔵大臣室だった歴史ある部屋を改装。モンブランで有名な老舗カフェ、アンジェリーナのメニューを味わえる。

`オペラ〜ルーヴル`
MAP：P7E3
☎01 49 27 93 31
🕐10時〜16時45分（金曜は〜18時30分）㊡火曜 🐟💳

定番

↑ピラミッドを眺めながらカフェタイム。夏季はテラス席もおすすめ
→ケーキは€10前後。定番のモンブランもあり

2フロアの巨大な
ミュージアムショップ

ラ・リブレリー・ブティック・デュ・ミュゼ・デュ・ルーヴル

●La Librarie-Boutique
du Musée du Louvre

ピラミッド下のショッ
ピングモール「カルー
ゼル・デュ・ルーヴル」
内。1階はミュージア
ムグッズ、2階は美術
書やアート作品を販売。

オペラ〜ルーヴル
MAP：P7E3
☎ 01 58 65 14 00 ⊙ 10
時〜18時30分 ⑪火曜

➡『モナリザ』など人気
作品をモチーフにした商
品が多数並ぶ

€12.95
『モナリザ』のマ
グカップ

各€3.20
ボールペンはバラマキみやげにおすすめ

€12.95
人気作品がエコバッグに

€99〜
フィギュアは本物のような精巧な作り

€14.95
定規やえんぴつ
がセットに

€5.90
『モナリザ』の
小サイズノート

↑期間限定デザインもあるので探
してみよう

↑ルーヴル美術館に入らずとも関
連グッズを購入できるので便利！

Musée d'Orsay

駅舎を改装した印象派絵画の宝庫

オルセー美術館

Read me!

宮殿をイメージして造られた駅をそのまま改装したオルセー美術館は、建物自体も一見の価値がある。モネやルノワール、ゴッホといった印象派の傑作を一気に鑑賞しよう！

↑随所に駅舎時代の面影が見られる建物

20世紀初頭の
印象派の殿堂

オルセー美術館
●Musée d'Orsay ★★★

1986年に開業した、かつての駅舎を再利用した美術館。地上階、中階、上階の3層構造に展示スペースが広がる。特に日本人の間で人気が高いモネやルノワール、シスレーといった印象派絵画を中心に、1848〜1914年までのヨーロッパ絵画や彫刻を約2万点所蔵。約4000点の作品を展示している。

サン・ジェルマン・デ・プレ MAP：P10C1

🚇M⑫Solférino駅から徒歩3分、RER Ⓒ Musée d'Orsay駅から徒歩1分 🏛 Esplanade Valéry Giscard d'Estaing 7e ☎ 01 40 49 48 06 ⏰9時30分〜18時30分（木曜は〜21時45分）※チケット販売は閉館の1時間前（木曜は〜21時）、見学は閉館の30分前まで 休月曜 💶€14（オンライン購入は€16。毎月第1日曜と18歳未満は無料）URL www.musee-orsay.fr/fr

PASS OK

展示場所をチェック！

フロアマップ

↑中央部分は天井まで吹抜けで、自然光を取り入れた開放感のある造り

(5F)

上階

白やベージュなど明るい色味を使用していた以前の展示室から一転し、グレーの壁と深い色味の板張りの床を採用。

大時計
パステル画　カフェ・カンパナ（→P120）　屋外テラス
印象派・新印象派ギャラリー
大時計

(2F)

中階

改装された際に、ギャラリーの壁の色は、展示作品の特徴を引き立てる深く鮮やかなブルーが選ばれた。

祝祭の間　自然主義　アールヌーヴォー
ルレストラン
1880-1900彫刻テラス
1880-1900彫刻テラス
ナビ派・アンリ・ルソーなど

(OF)

地上階

駅舎であったことがわかるドーム型の天窓から自然光が差し込む、明るく開放的な空間になっている。

個人用入口
特別展　特別展
オルセー地上階
中央階段
Ⓐバルビゾン派　印象派初期
中央通路（彫刻）
Ⓑ　ドガなど
アングルなど
象徴主義
レ・ユニオン・デ・ミュゼ・ナショノー（→P103）　特別展スペース
オペラの間
チケット売り場
団体用入口

おすすめ
半日コース
所要 約3時間

長方形のシンプルなフロア構造なので、迷うことなく鑑賞できるはず。下から上へと見ていき、上階（5F）にある屋外テラスからパリの街を眺めたり、カフェで休憩するのがおすすめ。

地上階 →P101	第2帝政時代の作品がずらり

- 退廃期のローマ人たち
- 落穂拾い

↓

中階	アールヌーヴォー、ナビ派など

↓

上階 →P102	美術館のハイライト 印象派ギャラリー

- 踊るジャンヌ・アヴリル C
- タヒチの女たち D
- 自画像 E
- オヴェールの教会 F
- 草上の昼食 G
- ムーラン・ドゥ・ラ・ギャレット H
- アブサント／カフェにて I
- リンゴとオレンジ J

※ A B C のアルファベットはP100のフロアマップ上の位置を表しています。

地上階 (0F)

第2帝政時代の作品がずらり

中央通路に彫刻、それを挟んだ左右には絵画の展示室が並び、19世紀後半の新古典主義やバルビゾン派から、初期印象派までの美術作品が集められている。入口左手前に特別展示室、突き当たりにはオペラ・ガルニエの模型が置かれた「オペラの間」がある。

落穂拾い ミレー A
Des glaneuses

郷愁に満ちた農作業風景が、当時急速に工業化していた近代都市社会に対する反動を表現している。こちらに顔を向けずうつむいて作業をする女性達は、作者の描く農民像に一貫した特徴だ。

鑑賞 Advice 手前に描かれた3人の人物が、画面左奥の遠景に並ぶ3つの積み藁に呼応して、安定した構図が形作られている。

↓毎週木曜は21時45分まで開館。昼間とは異なる落ち着いた雰囲気でアート鑑賞を楽しめる

退廃期のローマ人たち Romains de la décadence クチュール B

19世紀の新古典主義作家クチュールの代表作。贅沢な食事と酒と女に溺れるローマ貴族の姿を描くことにより、当時精神的に堕落したと評されたフランスの現状を表現している。

鑑賞 Advice
画面の中心に退廃的な饗宴の風景を展開。左に1人、右に2人の着衣の人物を配置し、傍観する様子を描く。

退廃的なムードが伝わってくる！

※2024年2月現在、展示を休止中。再開は未定

上階 (5F)

必見! 印象派・ポスト印象派ギャラリー

初代館長「フランソワーズ・カシャン」の名が付けられ、ゴーギャンなどポスト印象派を展示。さらにゴッホやルノワールなど印象派を展示するギャラリーも。天窓から自然光とともに日中の光を再現できるスポットライトを導入し、暗い背景のなかで印象派特有の明るい色調が強調される。

タヒチの女たち
Femmes de Tahiti, ou Sur la plage

ゴーギャン D

作者が南洋の孤島タヒチに理想郷を求め渡航した1891年に制作された。左右の女性の身体の向きやしぐさ、表情、衣服の対比的な位置関係と、色鮮やかな楽園の描写が印象的。

> 鑑賞 *Advice* 色彩は暖色を多用し、平面的な筆使いで画面内の遠近感、2人の女性の圧倒的な量感を表現。明るさと力強さ、楽園の神秘性が感じられる。

自画像 **ゴッホ** E
Portrait de l'artiste

ゴッホがゴーギャンと共同生活をしていた時期に、自身の耳を切断した「耳切り」事件後、南仏サン・レミの精神病院に入院していた1889年に描かれた。画家自身の、厳しくある種の確信に満ちた表情から、その狂気的な内面が如実に感じられる。

> 鑑賞 *Advice* 青い渦巻き模様の背景は、作者の不安定で苦悩に満ちた感情が、あたかも蒼白い炎となってうねりながら燃え立つかのように描かれている。

踊るジャンヌ・アヴリル
Jane Avril dansant

ロートレック C

作者が入り浸ったモンマルトルのキャバレー、ムーラン・ルージュ(→P190)の人気ダンサーがモデルの名画。縦長の紙を用い主役を左にずらした構図は、日本の浮世絵の影響といわれる。

> 鑑賞 *Advice* 紙本来の色を活かし、あえて背景を描き込まず、人物と一部の内装のみ着色されている。

草上の昼食 **マネ** G
Le déjeuner sur L'herb

1863年の作品。神話を題材にしながらも、同時代のパリのブルジョワ階級の男性2人とともに裸体の女性を描いたことが当時の倫理観において「不道徳」とされ、論争を巻き起こした問題作。

> 鑑賞 *Advice* サロンに出品し酷評されるも、落選展にはこの作品目当てに多くの市民が殺到。画家マネの名を一躍有名にするきっかけになった。

ムーラン・ドゥ・ラ・ギャレット
Bal du Moulin de la Galette

ルノワール H

モンマルトルのダンスホールを舞台にし、1877年の第3回印象派展に出品された。ダイナミックな筆使いに豊かな色彩で、光の描写が瑞々しく、人生の喜びにあふれた作品。

> 鑑賞 *Advice* 手前右で背を向けて椅子に座る男性の黒い背広に注目。斑点のように光を落とす木漏れ日が、生き生きとした筆致で表現されている。

アプサント/カフェにて
L'absinthe (Dans un café)

ドガ I

友人の女優エレン・アンドレと彫刻家マルスラン・デブータンをモデルに朝のカフェの気だるい風景を描き、蒸留酒アプサントのグラスを据えることで作者の鋭敏な社会観察を示している。1875～76年の作。

> 鑑賞 *Advice* 写真のように切り取られた構図は作者の大きな特徴のひとつで、退廃的で静寂感漂う憂鬱なパリの朝の雰囲気を強調している。

オヴェールの教会
L'église d'Auvers-sur-Oise, vue de Chevet

ゴッホ **F**

晩年に住んだオヴェール・シュル・オワーズの教会を描いた。「深いコバルト色の空をバックに教会は紫がかり、日に当たった砂はバラ色に見えた」と語り、死の2カ月前に完成。

鑑賞 Advice 暗い空と屋根の赤、地面の黄緑のコントラストが不安に満ちた強烈な印象を残す。教会の屋根が歪んでいるのも、作者の狂気のせいか。

- - - - - - - - - - - - - -

静物画の傑作のひとつ！

リンゴとオレンジ
Pommes et oranges

セザンヌ **J**

果物やタピスリー、織物などを上から横からと自在な視点から捉え、自然を色面という造形の単位で描いている。作者は「リンゴでパリを驚かせたい」と語ったといわれている。1899年の作。

鑑賞 Advice 一見、斜め上からのアングルのようだが、一枚の絵に複数の視線の角度が入り交じっている。人間の瞬間的な視覚ではなく、物を把握する知覚を分析しようとしている。

※2024年2月現在、展示を中止中。再開は未定

名作アートをお持ち帰り！

名画を鑑賞したあとは、ミュージアムショップをチェック！
だれもが知る傑作絵画をモチーフにしたアイテムがたくさん。

€13.95
アート好きに贈りたい
24色入りの色えんぴつ

€9.95
『シロクマ』(下記)は
キーホルダーにも

€24.95
ゴッホ作『ローヌ川の星
降る夜』のエコバッグ

€7.95
『ひなげし』の
扇子

€12.95
モネ作
『ひなげし』の
マグカップ

€14.95
オルセー美術館の人気者、ポンポン作『シロクマ』のフィギュア

オススメ！
グッズから書籍まで幅広い品揃え

レユニオン・デ・ミュゼ・ナショノー
●Réunion des Musées Nationaux

入口の両脇にあるミュージアムショップ。常設展はもちろん、企画展のグッズなど幅広く販売している。人気はゴッホやモネ、ポンポンのグッズ。

サン・ジェルマン・デ・プレ **MAP：P10C1**
☎01 40 49 48 06 ⊕9時30分～18時30分(木曜は～21時15分) ㊡月曜

上階にある人気の
フォトスポットへ！

5階のギャラリーをはさんでカフェと反対側にも時計台がある。逆光を生かしてきれいなシルエットの写真を撮ってみよう。英国のウイリアム王子とキャサリン妃もここで撮影し、美しい写真が話題に！

103

Musée de l'Orangerie

モネの名画『睡蓮』を堪能！

オランジュリー美術館

↑建築家ブルジョワの設計。チュイルリー公園内にある

Read me!

全作品を見て回っても1〜2時間程度の小規模な美術館。世界的名画を見たいけど、アート鑑賞に多くの時間を割けないという人は、ぜひオランジュリー美術館へGO！

↑中央の椅子から絵画を鑑賞できる1階の展示室

印象派やパリ派の名作が勢揃い

オランジュリー美術館
●Musée de l'Orangerie ★★★

オレンジなどの果樹を冬の間保護する温室として、ナポレオン3世の命で1852年に落成。モネが描いた8枚の連作『睡蓮』を展示する目的で1927年に国立美術館としてオープン。20世紀初頭の美術商だったポール・ギヨームがコレクションしていた地下2階の作品を中心に、ルノワールやセザンヌなどの印象派、ピカソやアンリ・ルソーといったパリ派の作品が並ぶ。

オペラ〜ルーヴル MAP：P6B4

図M①⑧⑫Concorde駅から徒歩3分 ⦿Jardin des Tuileries 1er ☎01 44 50 43 00（テープ案内）⦿9〜18時 ※入館は閉館の45分前まで、見学は閉館の15分前まで ⦿火曜 ⦿€12.50（第1日曜と18歳未満は無料）※日本語オーディオガイド€5 https://www.musee-orangerie.fr/en

PASS OK

展示場所をチェック！
フロアマップ

【OF】
1階

展示室には必ず外光を入れること、と条件をつけたモネは「花の咲き乱れるアクアリウムの中、穏やかに思索に耽られる場となるでしょう」と述べている。

クローク
インフォメーション | チケット窓口 | イヤホン貸出 | E 第1展示室 F | C 第2展示室 D

【-2F】
地下2階

3100㎡のスペース。芸術と文学界の重要なパトロンであり、近代美術館の創設を夢見ながら1934年に亡くなったポール・ギヨームの資料を集めた部屋もある。

特別展室 | パリの芸術 ユトリロ | マティス/ローランサン ルノワール セザンヌ | ルソー ドラン/モディリアーニ | 企画展示 | コンテンポラリー | オーディトリアム

モネグッズが充実
オススメ！
リブレリー・ブティック
●Librairie Boutique

地下1階にあるミュージアムショップ。美術館のコレクションに合わせたグッズを展開するほか、アーティストによるグッズを期間限定で販売。ミュージアムカフェを併設する。

オペラ〜ルーヴル MAP：P6B4
☎01 42 96 67 71 ⦿9時45分〜17時30分 ⦿火曜

€12.95
巨大な傑作名画の一部がポーチになった！

各€4.90
ルノワールとルソーの名画を描いたマグネット

€17.95
印象派の名画が完成するルービックキューブ

地下2階 (-2F)

ポール・ギヨームのコレクションが秀逸

正式にはポール・ギヨームの妻の再婚相手の名前を足して「ジャン・ヴァルテールとポール・ギヨームコレクション」とよばれる。印象派から1930年までのフランス画家、フランスで活躍した外国人画家の主要作品144点で、1959年から1963年にかけて国に寄贈された。

ポール・ギヨームの肖像

Paul Guillaume, Novo Pilota

モディリアーニ Ⓐ

健康上の理由で彫刻を断念したモディリアーニに画家の道を薦め、その才能を認めたのが画商ポール・ギヨームで、左は23歳時のポートレート。画家はこの絵を皮切りに計4点の画商の肖像画を続けて描いた。

鑑賞 Advice 新時代を率いる人物として描かれ、左下に「Novo Pilota(新しき水先案内人)」、右上に「Stella Maris(船を導く星)」とイタリア語で記されている。

※2023年3月現在、展示を休止中。再開は未定

ピアノを弾く少女たち

Jeunes Filles au piano

ルノワール Ⓑ

画家が得意としたブルジョワの子どもたちをテーマにしている。未完だが、オルセー美術館やNYのメトロポリタン美術館にある同テーマの絵に比べ、少女たちがピアノに集中する姿がよく描かれている。

鑑賞 Advice 少女のドレスは対照的な赤と白を用いる。手前の少女の青いリボンベルトやカーテンの緑など、豊かな色彩描写がみどころのひとつ。

※2023年3月現在、展示を休止中。再開は未定

1階 (0F)

自然光の中に展示される『睡蓮』は必見

モネの連作『睡蓮』を収める。楕円形の2つの部屋に4枚ずつ絵を配し、第1展示室に『朝』『雲』『緑の反映』『日没』、第2展示室には『明るい朝、柳』『朝の柳』『二本の柳』『木々の反映』がある。大キャンバスに描かれた作品が、天井から降り注ぐ自然光と白い壁の効果で浮き上がり感動的。

第2展示室『木々の反映』 Ⓒ
水面に映る緑、睡蓮の対比が美しい

第2展示室『明るい朝、柳』 Ⓓ
しだれ柳の一部をアクセントに添える

睡蓮 Les Nymphéas

モネ

モネが後半生を過ごしたノルマンディ地方、ジヴェルニーのアトリエで描かれた連作。異なる色調で描かれたこの連作には美しい睡蓮のほか、水面に映る空や柳の影といった細部の印象までも見事に表現されている。モネ自らが設計した睡蓮の咲く「水の庭」から着想し、夜明けの暗さから日没の夕日の美しさまで、同じ対象が時間により変化する光の表現に力を注いだ。

鑑賞 Advice 高低や遠近法を排除するため水平線や岸辺は描かず、波の幻想を表現。水、空気、空、土の要素を混ぜ、池に浮かぶ睡蓮をリズミカルに描いた。

第1展示室『日没』 Ⓔ
池に反射し輝く夕陽を感動的に表現している

第1展示室『雲』 Ⓕ
全長約13mの大作。隅々までじっくり鑑賞してみよう

※ⒶⒷⒸのアルファベットはP104のフロアマップ上の位置を表しています。

Unique Museum

アート好きはこちらもチェック！
まだある個性派ミュージアム

Read me!

昔から芸術家が集まるパリには、三大美術館以外にもたくさんの特徴的な美術館がある。絵画だけでなく、彫刻やファッションまで、アート巡りは尽きることがない！

自然と調和する
現代アートの発信地

[建築に注目]
フォンダシオン・ルイ・ヴィトン
●Fondation Louis Vuitton ★★

パリ西部、ブローニュの森の敷地内。ヨットの帆に着想を得た独創的な建物は、建築家のフランク・ゲーリー氏によるもの。現代アートを中心に、さまざまなジャンルの作品を紹介している。パリの街並みが見渡せる屋外テラスや、星付きシェフがプロデュースするレストランにも注目だ。

[パリ郊外] **MAP：P2A2**

[図][M]①Les Sablons駅から徒歩10分 [住]8 Av. du Mahatma Gandhi Bois de Boulogne 16e ☎01 40 69 96 00 🕐10〜20時(展示内容により異なる) [休]火曜 [料]€16

注目！
ルイ・ヴィトンの大きなロゴを冠した建物自体も必見！ アート、グルメ、グッズのすべてにブランドの世界観を感じられる。

↑サンローランのアトリエをそのまま展示 →オートクチュールコレクションは5000点以上収蔵する

かつてのアトリエで
巨匠の功績を辿る

注目！
今にもサンローランが現れそうなアトリエを見られることが貴重。ファッション好きなら、パリで行くべきスポットのひとつ！

[ファッション]
イヴ・サンローラン美術館
●Musée Yves Saint Laurent ★★

イヴ・サンローランの足跡や作品を紹介する美術館が、かつてのアトリエにオープン。オートクチュールやアクセサリー、デザインスケッチなど貴重なアートワークを鑑賞。

[シャンゼリゼ大通り] **MAP：P5D4**

[図][M]⑨Alma Marceau駅から徒歩2分 [住]5 Av. Marceau 16e ☎01 44 31 64 00 🕐11〜18時(木曜は〜21時)※最終入場は閉館45分前まで [休]月曜 [料]€10 [URL]museeyslparis.com [英]

→公式サイトからチケット購入が可能

ブローニュの森の中に現れる白い巨大な建物

© Iwan Baan / Fondation Louis Vuitton

有名な『考える人』の像を展示

↑地上階にはレストラン「ル・フランク」やミュージアムショップも
© Fondation Louis Vuitton / Félix Cornu

←企画展では屋外に作品が展示されることも
© Mark Leckey © Fondation Louis Vuitton / Mark Domage

彫刻 美術

ロダン美術館
●Musée Rodin ★★

近代彫刻の父オーギュスト・ロダンが晩年を過ごした館を利用。彫刻『考える人』など巨大彫刻は美しい庭園にあり、庭園だけでも見る価値がある。ロダンのほか、ゴッホやムンクなどの作品も収蔵している。

サン・ジェルマン・デ・プレ MAP：P10B3

図M⑬Varenne駅から徒歩1分 🏠77 Rue de Varenne 7e ☎01 44 18 61 10 ⏰10時〜18時30分※チケット販売は17時30分まで 休月曜 料14（オンライン購入は€15。10〜3月の第1日曜は無料）PASS OK

↑代表作のひとつ『3つの影』

↑イタリアの詩人ダンテの『神曲』を題材にした『地獄の門』←イギリス式庭園内にある『考える人』

注目！
ロダンと一緒に歩いているような気持ちになる美しい庭園の中で、すばらしい彫刻作品を見られるのがうれしい！

20世紀を代表する巨匠の生涯

近・現代 アート

ピカソ美術館
●Musée Picasso Paris ★★

© Musée national Picasso-Paris, Voyez-Vous, Chloé Vollmer-Lo

初期から晩年までピカソが手元に留めた絵画や彫刻、デッサンなどを所蔵。常設展ではなく、3カ月ほどの企画展でほぼすべての作品が変わるため、いつ訪れても楽しめる。

マレ MAP：P8C2

図M⑧St-Sébastien-Froissart駅から徒歩7分 🏠5 Rue de Thorigny 3e ☎01 85 56 00 36 ⏰10時30分〜18時（土・日曜、7〜8月の一部は9時30分〜）休月曜 料14 PASS OK

↓17世紀の貴族の館を利用

注目！
広すぎず狭すぎない邸宅スタイルの美術館。おうち訪問気分でピカソの名画を鑑賞できるのが楽しい。

Pablo Picasso Tête de femme 1931 Bronze

Pablo Picasso Portrait de Marie-Thérèse 6 janvier 1937

←↑絵画、彫刻、陶芸などさまざまな美術分野で作品を世に送り出した。ここでは約5000点もの作品を収蔵する

↓工場のような外観で異彩を放つ建物

現代アートの
複合施設

近・現代 アート ポンピドゥー・センター
●Centre Pompidou ★

透明なチューブ型のエスカレーターで4〜6階にある国立近代美術館へ。シャガールやマティスなど20世紀を代表する芸術家たちの作品1400点あまりを展示。建物前の広場にあるアートな噴水にも注目。

マレ **MAP：P8A2**

図M⑪Rambuteau駅から徒歩1分 🏠Pl. Georges Pompidou 4e ☎01 44 78 12 33 🕙11〜21時（木曜は〜23時。施設により異なる） 休火曜 料€15（施設展示により異なる）、毎月第1日曜は無料 PASS OK

←最上階6階
は眺望抜群
のフレンチ
レストラン

↓個人所有の邸宅だったとは思えないほどの豪邸
© Culturespaces / C.Recoura

パリ屈指の
豪邸が美術館に

建築に 注目 ジャックマール・アンドレ美術館
●Musée Jacquemart-André ★

19世紀の資産家夫妻、アンドレとジャックマールの邸宅を利用した美術館。夫妻が収集したイタリア・ルネサンスや18世紀のフランスの絵画を展示している。

シャンゼリゼ大通り **MAP：P5E1**

図M⑨⑬Miromesnil駅から徒歩5分 🏠158 Bd. Haussmann 8e ☎01 45 62 11 59 ※改修のため2024年9月まで閉館予定

↑目的ごとに意匠を凝らした
空間造りが特徴
© Culturespaces / C.Recoura

建築に 注目 クリュニー中世美術館
●Musée de Cluny ★

紀元前3世紀ごろのローマ浴場跡に立つ、15世紀ゴシック建築の大修道院を利用。『貴婦人と一角獣』のタペストリーは必見。彫刻やレリーフ、調度品など中世美術に酔いしれよう。

カルチェ・ラタン **MAP：P12A2**

図M⑩Cluny La Sorbonne駅から徒歩1分 🏠28 Rue du Sommerard 5e ☎01 53 73 78 00 🕙9時30分〜18時15分 ※チケット販売は17時30分まで 休火曜 料€12（オンライン購入は€13） PASS OK

ローマ遺跡で
中世美術を鑑賞

↑緻密な柄に驚かされるタペストリー『貴婦人と一角獣』 ←これまで断続的に改装工事が行われていたが、2022年に完了した
©M. Denancé

建築に 注目 ケ・ブランリー − ジャック・シラク美術館
●Musée du quai Branly - Jacques Chirac ★

アフリカなど欧州以外の民族文化を紹介。景観建築家ジル・クレモンによる庭園や、「生きた壁」とよばれる外壁にも注目。ミュージアムショップ（→P163）でおみやげも探してみよう。

エッフェル塔周辺 **MAP：P15C1**

図M⑨Alma Marceau駅から徒歩8分 🏠37 Quai Branly 7e ☎01 56 61 70 00 🕙10時30分〜19時（木曜は〜22時） 休月曜 料€14 PASS OK

↑壁一面に植栽された「生きた壁」も必見
© musée du quai Branly - Jacques Chirac, photo Luc Boegly
↓アフリカの美術品を見られるのは貴重
© musée du quai Branly - Jacques Chirac, photo Patrick Tourneboeuf

世界のアートを
収集する美術館

近代彫刻の
巨匠のアトリエ跡

↑『ベートーヴェンの頭像』など多くの胸像も制作
Atelier de sculptures d'Antoine Bourdelle, Musée Bourdelle, Paris photo = B. Fougeirol/Terra Luna.

彫刻・美術

ブールデル美術館
●Musée Bourdelle ★

ロダンと並ぶ20世紀を代表する近代彫刻家、アントワーヌ・ブールデルの美術館。代表作である『弓を射るヘラクレス』など、神話や伝説をモチーフにした作品が見られる。

モンパルナス MAP：P17A2

図Ｍ④⑥⑫⑬Montparnasse-Bienvenüe駅から徒歩6分 ⌂18 Rue Antoine Bourdelle 15e ☎01 49 54 73 73 ⏰10〜18時 ㊡月曜、一部の祝日 ㊎無料（特別展は有料）

印象派の名画を
多く所蔵

↑エッフェル塔観光と合わせて立ち寄ってみたい ➡印象派という名称の語源となったモネの『印象 - 日の出』
©Christian Baraja

近・現代アート

パリ市立近代美術館
●Musée d'Art Moderne de la Ville de Paris ★

20世紀を代表する芸術家の作品が約1万点揃う。必見はマティス『ダンス』、デュフィ『電気の妖精』、ドローネ『リズムNo.1』などで、常設展は無料。有名アーティストの特別展もたびたび行われている。

エッフェル塔周辺 MAP：P15B1

図Ｍ⑨Iéna駅から徒歩5分 ⌂11 Av. du Président Wilson 16e ☎01 53 67 40 00 ⏰10〜18時（特別展、木曜は〜21時30分） ㊡月曜 ㊎無料（特別展は有料）

20世紀の
モダンアートが充実

➡パレ・ド・トーキョーの東翼に位置する
©ADAGP, Paris, 2014
Photographe：Kleinefenn

←デュフィの壁画『電気の妖精』は幻想的な大作

近・現代アート

マルモッタン・モネ美術館
●Musée Marmottan Monet ★

モネの『印象 - 日の出』のほか、ドガやマネ、ルノワールの絵画、女流画家ベルト・モリゾの作品などのコレクションが並ぶ。

パリ郊外 MAP：P2B2

図Ｍ⑨La Muette駅から徒歩10分 ⌂2 Rue Louis-Boilly 16e ☎01 44 96 50 33 ⏰10〜18時（木曜は〜21時） ㊡月曜 €14（オンライン購入は€14.50）

建築に注目

グラン・パレ
●Grand Palais ★

1900年のパリ万国博覧会のメイン会場として建てられた。西側は美術館、科学技術博物館になっている。鉄とガラスで覆われた天井や、外壁の美しいモザイク装飾は必見。

シャンゼリゼ大通り MAP：P5F2

図Ｍ①⑬Champs-Élysées Clemenceau駅から徒歩2分 ⌂3 Av. du Général Eisenho wer 8e ☎01 44 13 17 17 ※改修のため休館中。再オープンは2024年後半〜2025年予定

ガラスドームのギャラリー

↑セーヌ河から見ると全景が一望できる

建築に注目

オテル・ドゥ・ラ・マリーヌ
●Hôtel de la Marine ★★

王室家具保管所、海軍省本部として使われていた18世紀末建造の豪華絢爛な館。食堂やサロンなど、豪華絢爛な装飾美を間近で見学できる。

オペラ〜ルーヴル MAP：P6B3

図Ｍ①⑧⑫Concorde駅からすぐ ⌂2 Pl. de la Concorde 8e ☎なし ⏰10時30分〜19時（金曜は〜21時45分） ㊡なし €13〜 PASS OK

コンコルド広場の豪奢な館

↑保管所長夫人の寝室。サロンなどもみどころ

109

世界がひろがる！
Column

＼美術館がアツい！／
パリで新時代のアートに出合う

芸術の都パリでは、斬新なコンセプトの美術館も見逃せない。
おさえておきたい、アートスポットへ足を運ぼう！

セーヌ川に浮かぶアートセンター
フリュクチュアール
●Fluctuart

アーバン・アートの船上ギャラリー。ストリートアートの常設・企画展のほか、船内には書店やバー、ルーフトップバーもあり、セーヌ河から街を眺めながらアートに浸ることができる。

館内にはストリートアーティストの作品が飾られている

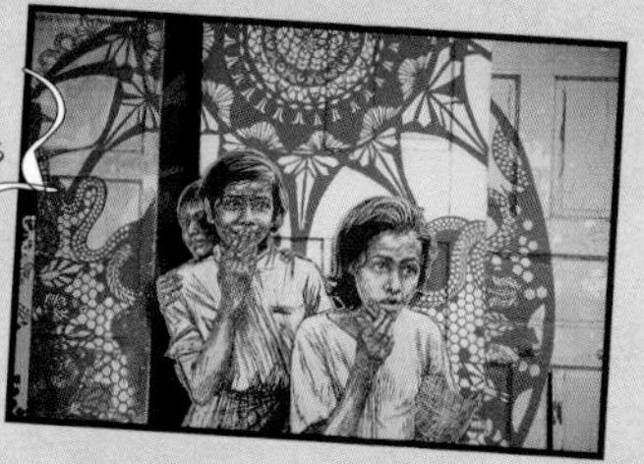
©fluctuart

[シャンゼリゼ大通り] MAP：P5F3

[交][M]⑧⑬Invalides駅から徒歩3分 [住]2 port du Gros Caillou 7e ☎07 67 02 44 37 🕒12～24時(土・日曜は11時～) [休]なし(冬期は月・火曜休み) [料]無料 [英]

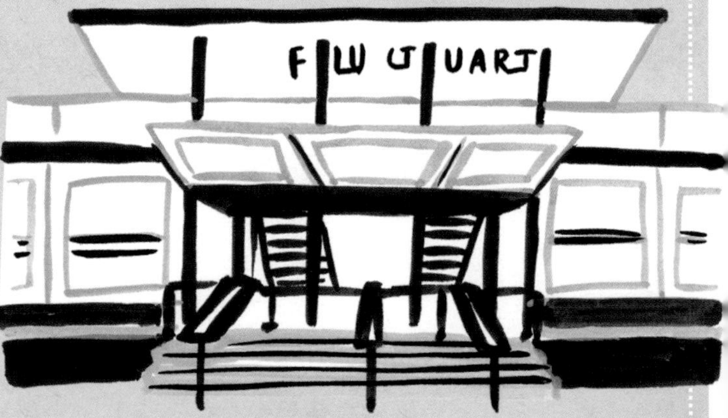

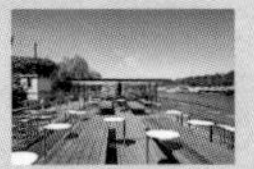
⬆鑑賞後は、ルーフトップバーでセーヌ河を眺めながらひと休み
© fluctuart

安藤忠雄設計の新美術館が誕生
ブルス・ドゥ・コメルス－ピノー・コレクション
●Bourse de Commerce – Pinault Collection

建築家・安藤忠雄氏が設計・改修。16世紀に建てられた歴史的建築物に現代アートの収集家のピノー氏の所蔵品を展示。

[オペラ～ルーヴル] MAP：P7E3

[交][M]④Les Halles駅、[RER]Ⓐ Ⓑ ⒹChâtelet - Les Halles駅から徒歩3分 [住]2 Rue de Viarmes 1er ☎01 55 04 60 60 🕒11～19時(金曜、第1土曜は～21時) [休]火曜 [料]€14(毎月第1土曜の17～21時は無料) [英]

レ・アル駅直結のショッピングセンターにも近い

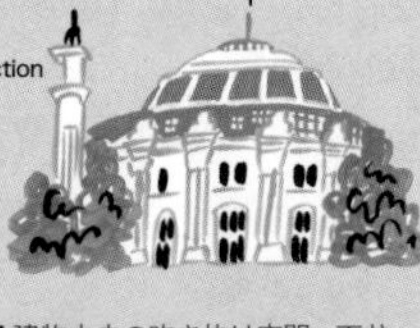

⬇建物中央の吹き抜け空間。天井をフレスコ画が囲む
© Tadao Ando Architect & Associates, Niney et Marca Architectes, Agence Pierre-Antoine Gatier Photo Marc Domage

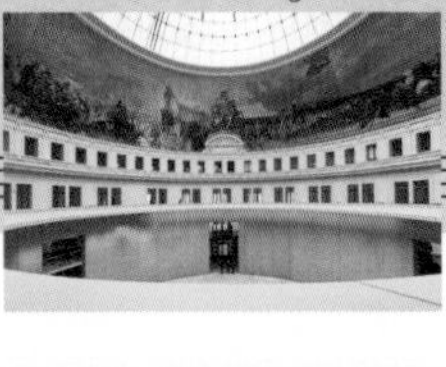

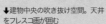

パリ東部にできたアートの名所
アトリエ・デ・リュミエール
●Atelier des Lumières

パリ初の没入型デジタルアートセンター。著名な芸術家の作品を巨大な会場全体に音楽とともに投影し、まるで自分が絵画の世界に入り込んだかのような感覚に。

[サン・マルタン運河] MAP：P9E1

[交][M]⑨St-Ambroise駅から徒歩5分 [住]38 Rue Saint-Maur 11e ☎01 80 98 46 00 🕒10～18時(金・土曜は～22時、日曜は～19時) [休]なし [料]€16 [英]

ゴッホの肖像画が壁に大きく映し出される

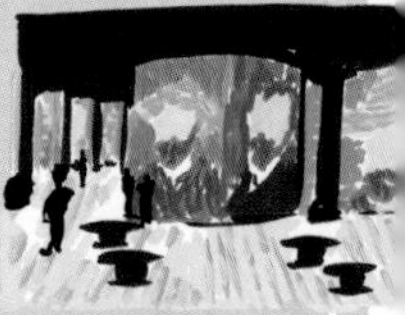

⬇プロジェクションマッピングで見る巨大な名画は、ひと味違う
© Culturespaces / E. Spiller

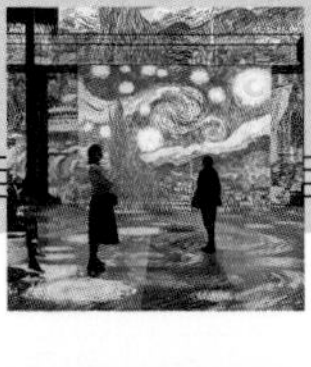

Gourmet

おいしいもの

Contents

知っておきたいこと10

#おいしいもの

基本マナーや飲食店の種類など覚えておくと便利な情報をチェック。
魅力あふれるパリのグルメを堪能しよう！

01 飲食店の種類を確認

フランスの飲食店は料理のカテゴリーや格式、雰囲気によって細分化されている。目的や予算に合わせて上手に使い分けよう。

レストラン Restaurant	コース料理が中心の格式高い店。ドレスコードがある店も。
ブラッスリー Brasserie	ビールをメインに提供し、食事もできるフランス版の居酒屋。遅くまで営業している店が多く、なかには24時間営業も。
ビストロ Bistro	フランス版大衆食堂。一流店で修業したシェフのネオ・ビストロが定番化。人気店は予約が必要。
カフェ Café	食事にも利用できる。パリではカフェは文化のひとつ。
サロン・ド・テ Salon de thé	フランス語で「ティーサロン」の意味。自家製パティスリーや軽食も充実。パリならではのクラシックな空間も居心地がいい。
カーヴ・ア・マンジェ Cave à manger	食事もできるワインバー。ハムやチーズなどおつまみ的な軽食から本格的な食事まで幅広い。
クレープリー Crêperie	ブルターニュ地方の伝統料理、クレープ（小麦粉使用。デザート）とガレット（そば粉を使用。食事用）の専門店がある。
ブーランジェリー Boulangerie	併設の工房で、パンやヴィエノワズリー（菓子パン）を製造している店のこと。早朝から営業している。
トレトゥール Traiteur	フランス料理の惣菜店。イートインができる店もある。

02 カフェの使い方

・オーダー＆支払い方法
各テーブルに担当スタッフ（ギャルソン）がいるので、その人にオーダーをしよう。支払いはテーブルで。持ってきたレシートの上にお金を置く。チップは義務ではないが、格式の高いお店なら食事代の5〜10％を目安に。カード払いの際もキリのよい金額を現金で置くのがおすすめ。

・席の違い
フランスのカフェは席によって料金が異なり、テラス席と店内テーブル席はカウンター席より高くなるところが多い。

・ギャルソンとは
プロのサービススタッフのこと。ギャルソンの終業時間が迫ると会計に来るが、支払い後も残っていてOK。

03 メニューの読み方

メニューはフランス語で「カルト」。レストランの分厚いカルトやビストロの黒板メニューを読み解いて上手にオーダーしよう。

❶前菜 Entrées
前菜（アントレ）には冷菜と温菜があり、オードヴル（horsd'oeuvre）という場合も。

❷魚料理 Poissons
メイン（プラplat）のうち、魚介類（ポワソン）を使った料理。高級店のフルコースでは肉料理の前に供される。

❸肉料理 Viandes
メインの肉料理（ヴィアンド）。魚料理のあとに出る場合と、前菜の後に直接メインの肉料理を選ぶ場合も。

❹チーズ Fromages
メインの後で出されるチーズ（フロマージュ）。盛り合わせや種類が選べる場合もあるが、コースによっては省略する店も。

❶ ENTRÉES	❻ MENU DÉGUSTATION

❺デザート Desserts
食事の最後を締めくくる甘いデセール（＝デザート）。季節の果物やチョコレートなどを使ったスイーツが定番。

❻セットメニュー Menu
前菜、メイン、デザートのリストの中から1〜3品ずつ選ぶプリフィックス形式。おまかせコースのことをムニュ・デギュスタシオン（Menu Dégustation）という。

04 人気店は予約をしよう

1カ月以上前から予約でいっぱいの人気店も。ネット予約ができる店も増えたので、早めに席を確保しよう。ただ、フランス人は遅い時間からの食事が普通なので、2回転営業の店であれば開店すぐの時間帯は直前予約ができる可能性もある。

05 フランス料理のコースの流れ

フランス料理のコースは、アペリティフ（食前酒）→アミューズ・ブッシュ（付き出し）→アントレ（前菜）→ポワソン／ヴィアンド（魚／肉）→フロマージュ（チーズ）→デセール（デザート）→ディジェスティフ（食後酒）という流れで進む。ビストロは「前菜＋メイン＋デザート」や「前菜＋メイン」など品数が少ないことも。

06

高級レストランの基本マナー

服装から振る舞い方など、正しく身につけてスマートに食事を楽しみたい。基本マナーを覚えておこう。

・レストランにふさわしい服装を
男性はジャケット、女性はワンピースやスーツなら間違いない。特に星付き店では、ジャケットやシャツ、革靴など品のよい服装を心がけたい。

・静かに食事を楽しむこと
音を立ててスープを飲む、麺をすするのはマナー違反。また、高級レストランでは大声はタブー。周囲から白い目で見られるので注意。

・リクエストはテーブル担当へ
一流店では水やワインも担当のギャルソンがサーブする。カトラリーやナプキンを床に落としても自分で拾わず、担当のギャルソンへお願いしよう。

・レディファーストは基本
店に到着したら案内係に従い男性が先導、女性が先に着席。女性を壁側の席に座らせるのがスマート。ワインのテイスティングも男性の役割だ。

08

チーズの種類

チーズ大国のフランス。種類も豊富で400種もあるとか。代表的なチーズを覚えておこう。

白カビタイプ
pâte molle à croûte fleurie
凝乳酵素で固め表皮に白カビを吹き付けて熟成。ノルマンディ地方原産のカマンベール、12世紀にブルゴーニュで作られたシャウスなどが代表的。

ワインのお供にぴったり

ハードタイプ
pâte pressée cuite
凝乳を加熱してからカットし、強く圧搾。サヴォワ地方原産のボーフォールのほか、ミモレット、コンテが有名。

熟成期間が長く、濃厚な味わい

青カビタイプ
pâte persillée
青カビを増殖させ、熟成。イギリスのスティルトン、イタリアのゴルゴンゾーラ、フランスのロックフォールは世界3大ブルーチーズ。

サラダに混ぜたり、ソースにも合う

09

料理と食材用語を知ろう

食材と調理法のフランス語名を覚えておけば料理のイメージが明確になるはず。

・調理法
グリエ grille…網で焼くこと
グラッセ glace…砂糖水などで煮詰めてツヤを出したもの
コンフィ confit…塩をすり込み、油脂の中で低温でゆっくり煮たもの
コンポート compote…コンソメやシロップなどで煮込んだもの
パテ pate…素材をすり潰しペースト状にしたもの
ポワレ poele…油やバターで焼くこと
ラグー ragout…煮込みのこと

・食材
牛 Boeuf…ブッフ　仔牛 Veau…ヴォー
鶏 Poulet…プーレ
鴨 Canard…カナール
豚 Porc…ポルクまたはCochon…コション
舌ビラメ Sole…ソル
オマールエビ Homard…オマール
カキ Hu.tre…ユイットル
ジャガイモ Pomme de terrre
…ポム ド テール
アスパラガス Asperge…アスペルジュ
ホウレンソウ Épinard…エピナール

07

ビストロの代表メニュー

何を注文しようか迷った時は定番料理を頼んでみては。昔ながらのビストロで出合える料理はこちら。

ソール・ムニエール
Sole Meunière
白身の淡白さを生かした舌ビラメのムニエル

ブフ・ブルギニヨン
Boeuf Bourguignon
ブルゴーニュ風牛肉の赤ワイン煮込み

ウフ・デュール・マヨネーズ
OEuf dur Mayonnaise
ゆで卵と手作りのマヨネーズのシンプルな前菜

10

朝食の楽しみ方

パリらしい朝食を楽しむならカフェやサロン・ド・テへ。早朝から営業している店も多く、カフェまたは紅茶とジュース、クロワッサン、ジャムがセットになったプチ・デジュネ(Petit déjeuner)が食べられる。

【編集MEMO】

コレだけはいいたい!

ラデュレ シャンゼリゼ店(→P132)は改装工事を経て2023年12月に再オープン。洗練された美空間に注目です!

カレット(→P123)はマレのヴォーシュ広場に支店もあり。散策の休憩にぜひ!

ポワラーヌ(→P124)のクッキーは45gから900gまで7種類もあり。

長い歴史を刻んできた憩いの空間でひと休み

パリを代表する老舗カフェ

Read me!

パリの人たちにとって、生活の一部でもあるカフェ。19世紀の終わりから続く老舗カフェのテラス席は、パリジャン、パリジェンヌはもちろん、世界中の人が訪れる特等席。

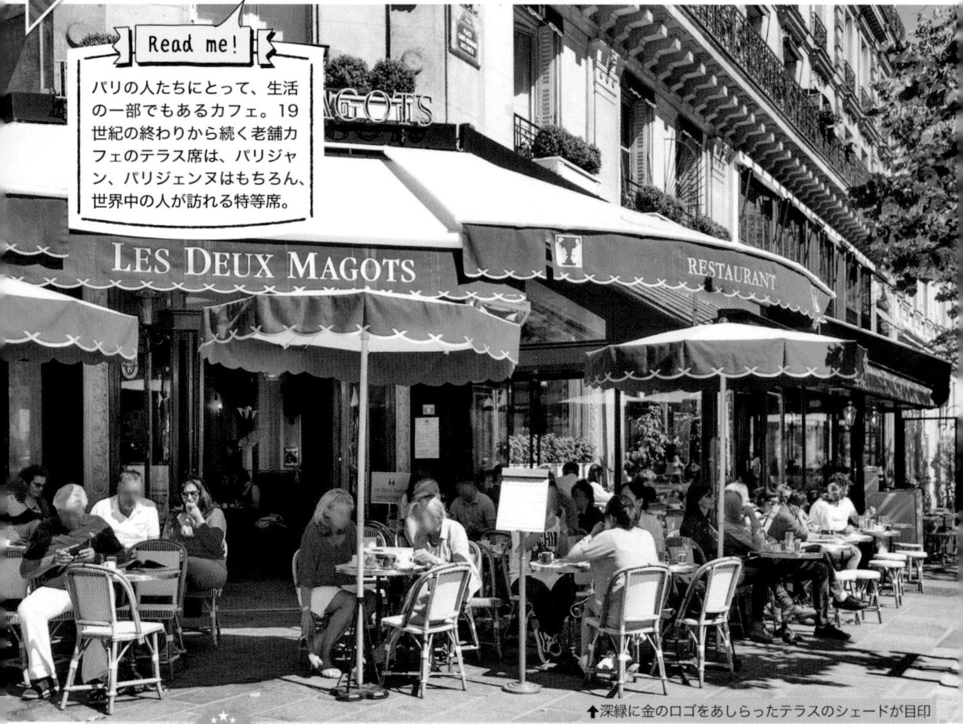

↑深緑に金のロゴをあしらったテラスのシェードが目印

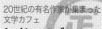

憧れポイント!

実存主義やジャズブームの拠点となるなど、20世紀の重要な文化運動の舞台として賑わった場所。店内にはヘミングウェイゆかりの席(右写真)が残る。

20世紀の有名作家が集まった文学カフェ

レ・ドゥ・マゴ

●Les Deux Magots

定番

サン・ジェルマン・デ・プレ教会の向かいに面した広いテラスが目印。19世紀末から20世紀にかけて文学者が集い、シュールレアリスムや実存主義などの文学運動が花開いた。

サン・ジェルマン・デ・プレ

MAP:P11E2

[交]Ⓜ④St-Germain-des-Prés駅から徒歩1分 [住]6 Pl. St-Germain-des-Prés 6e ☎ 01 45 48 55 25 [時]7時30分～翌1時 [休]なし [英]

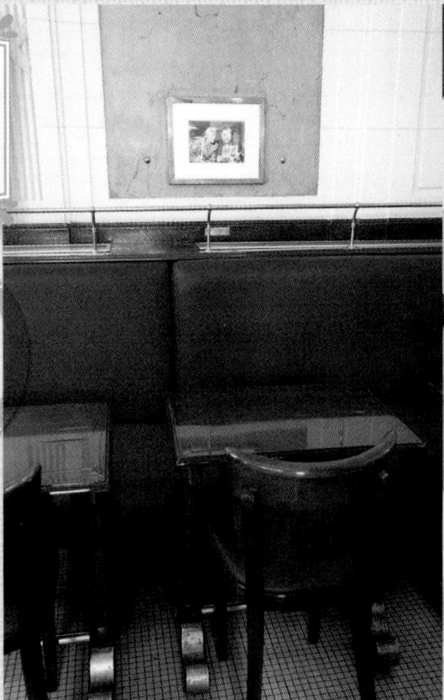

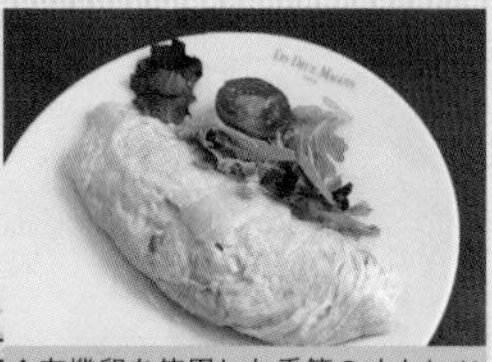

↑有機卵を使用した季節のオムレツ€23 ↓焼き立てデニッシュと一緒にカフェ・クレーム€6.50を

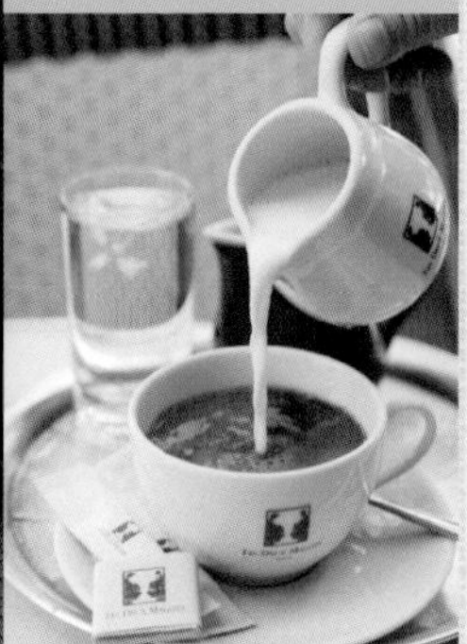

↑賑やかなテラス席の左奥のテーブルは常連客たちの特等席

文化の街、サン・ジェルマンを
象徴する名門

カフェ・ドゥ・フロール
●Café de Flore

1887年創業。20世紀初めから
詩人のアポリネールを皮切り
に数々の文学者が集い、2階席
は文学者達の書斎兼サロンと
して知られる。現在はモード
関係者や映画人が通うという。

憧れ
ポイント!

哲学者サルトルとボーヴォワー
ルが2階席で著作を執筆した。故
カール・ラガー・フェルド、カト
リーヌ・ドヌーヴなども常連だ。

サン・ジェルマン・デ・プレ
MAP：P11E2
Ⓜ④St-Germain-des-Prés駅か
ら徒歩1分 🏠172 Bd. St-Germain
6e ☎01 45 48 55 26 🕐7時30
分〜翌1時30分 ㊡なし 📧📱

↑朝食にはオレンジジュース€9、ゆで卵と
パンOeufs Coque€13.50などを食べたい

↓朝食にもおすすめ
のフレッシュフルー
ツのサラダ€8

憧れ
ポイント!

入口にはリュック・ベッソンほか、
訪れた映画スターなどのネームプ
レートがある。映画ファン必見。

↑赤を基調としたテラス席。

シャンゼリゼ大通りを眺めるカフェ

フーケッツ
●Fouquet's

1889年創業、歴史的建造物にも指定
されている。1930年代からゴダール
などヌーヴェルバーグの巨匠たちに愛
されてきた。フランスのオスカーであ
るセザール賞のパーティも毎年開催。

シャンゼリゼ大通り **MAP：P5D2**
Ⓜ①George V駅から徒歩1分 🏠99 Av.
des Champs-Elysées 8e ☎01 40 69 60
50 🕐7時30分〜翌1時（レストランは12時
〜22時30分）㊡なし 📱

寒い日には
ショコラ・ショー
€12がおすすめ

↑創業当時から続くレシピで作るミルフ
ィーユ€18とカフェ・オレ€12

Historical Cafe

歴史の舞台でゆかりのアーティストに思いを馳せる

芸術家に愛された憧れカフェ

Read me!

世界にその名を知られる著名な芸術家たちが足しげく通ったカフェが、街のあちこちに実在するパリ。それぞれの店で長く親しまれている代表メニューもチェックして。

↑日光浴に最適なテラスはパリっ子のお気に入り

visited artist

アメデオ・モディリアーニ

1884～1920年。ユダヤ系イタリア人画家。モダニズム形式の肖像画で知られる。

↑かつては料金を払えない画家たちの絵が壁中に貼られていた

伝説の芸術家が交差したモンパルナスの名所

ラ・ロトンド

●La Rotonde

1903年創業、モンパルナスの老舗カフェを代表する存在。1910年ごろにピカソをはじめとする画家たちがモンマルトルから左岸のモンパルナスへ拠点を移し隆盛を極めた。

[モンパルナス] **MAP：P17B2**

[図] Ⓜ ④ Vavin 駅から徒歩1分 [住] 105 Bd. du Montparnasse 6e ☎ 01 43 26 48 26 🕐 7時30分～24時 [休] なし [英][英]

→厚切りフランス産牛フィレ肉のステーキ、コショウまたはベアルネーズソース€40

パリの黄金時代を生き抜いたカフェ

ラ・クーポール

●La Coupole

1927年創業時のアール・デコ装飾を残し、華やかだったベル・エポック（黄金時代）のパリを彷彿とさせる由緒あるカフェ&ブラッスリー。バーカウンターに座り往時の華やぎを感じてみよう。

[モンパルナス] **MAP：P17B2**

[図] Ⓜ ④ Vavin 駅から徒歩1分 [住] 102 Bd. de Montparnasse 14e ☎ 01 43 20 14 20 🕐 8～24時 [休] なし [英][英]

←ここまで広くて天井の高いカフェはパリでは珍しい。柱の装飾画や写真、絵画が歴史を物語る

←壁にはピカソやマン・レイなど、かつての常連たちのポートレートが飾られている

visited artist

藤田嗣治

（レオナール・フジタ）

1886～1968年。日本生まれ、フランスに帰化。日本画と西洋絵画を融合させた前衛画家。

➡羊のカレー€27.50。ミッテラン元大統領も好物だったという

↑歴史的文化財である天井の
壮麗なフレスコ画

→パンカ産マスの
オランデーズソー
ス€45（メニュー
の一例）

第二帝政時代の豪華な装飾を残す

カフェ・ドゥ・ラ・ペ
●Café de la Paix

1862年にホテルのレストランとして開店。
創業の第二帝政時代からそのまま残っている
店内の装飾は、歴史的文化財に指定されてい
る。メニューは定期的に変わる。

オペラ〜ルーヴル MAP：P6C2

🚇Ⓜ③⑦⑧ Opéra 駅から徒歩1分🏠5 Pl. de l'
Opéra 9e☎01 40 07 36 36🕐朝食8〜11時、ラ
ンチ12〜15時、ディナー18時〜23時30分㉔なし

> **visited artist**
> **オスカー・ワイルド**
> 1854〜1900年。アイル
> ランド出身、世紀末文学
> を代表する詩
> 人・作家・劇
> 作家。

→オペラ・ガル
ニエ横という好
立地で、各界の
有名人が立ち寄
る場所

> **visited artist**
> **アルベルト・
> ジャコメッティ**
> 1901〜1966年。スイス
> 人芸術家。彫刻の評価
> が高いが、
> 絵画や版画
> も制作。

↑白身魚のポワレ€36〜。魚料理の
名店なのでシーフードメニューを頼もう

パリ派の画家が一堂に会したカフェ

ル・ドーム
●Le Dôme

オススメ！

シャガールらパリ派画家のたまり場として有
名になり、ヘンリー・ミラーやヘミングウェ
イなどアメリカ文学者たちも通ったとか。魚
介料理のレストランとしても評価が高い。

モンパルナス MAP：P17B2

🚇Ⓜ④Vavin駅から徒歩1分🏠108 Bd. du Montparna
sse 14e☎01 43 35 25 81🕐8時〜22時30分（ラ
ンチ12時〜14時45分、ディナー19時〜）㉔なし

↑アール・デコの壮麗な店内は、一見の価値あり
←ジャコメッティは毎日この店から通りを眺め、
名作『歩く男』の着想を得た

＋Plus! **カフェの定番ドリンク** カフェに入って、とりあえずコーヒーを一杯という時に、定番メニュー
を知っていればオーダーがスムースにできる。

カフェ・クレーム
Café Crème

別名カフェオレ。Un Crème
と頼んでもOK

カフェ/ドゥブル・カフェ
Café / Double Café

エスプレッソのこと。ドゥブ
ルは量も値段も倍

ショコラ・ショー
Chocolat Chaud

濃厚な甘みのホットチョコレ
ート、ココア

テ
Thé

紅茶＝ティーのこと。サロン
・ド・テなどで楽しめる

おいしいもの

カフェ

パン

スイーツ

夜ごはん

マルシェ

Natural Cafe

こだわりのコーヒーとスイーツが揃う
ナチュラルテイストなおしゃれカフェ

TRAM . CAFÉ

Read me!

カフェ文化が根付くパリでは最旬カフェも気になるところ。シンプルでナチュラルな雰囲気が心地いい、時代をリードするおしゃれカフェでコーヒーブレイクはいかが。

ほっと落ち着く
空間ですよ♪

⬆オーナーマダムのマリオンさん

⬆アカデミックな地区、カルチェ・ラタンならでは

⬆パンテオンに通じる、石畳の小径にたたずむ。天気がいい日はテラスでのんびりしたい

⬆カウンターには自家製スイーツが並ぶ

⬅書店の奥にはカフェスペースが。自由に行き来できる造り

書店と合体した
シンプルなモダンカフェ
トラム・リブレール・カフェ
●TRAM Libraire Café

マリオンとポール夫妻が2021年にオープンした、書店と一緒になったカフェ。お気に入りの本を探しながら自家製スイーツやコーヒーでくつろげる。

[カルチェ・ラタン] **MAP：P12B2**

[交][M]⑩Cardinal Lemoine駅から徒歩5分 [住]47 Rue de la Montagne Ste Geneviève 5e ☎01 71 18 36 64 🕐9時～19時30分 [休]日・月曜 [英][英]

➡フランスの郷土菓子、チェリーのクラフティ€8とカフェラテ€5

↑カフェ・アロンジェ€2.50、フルーツと塩バターキャラメルソースを添えたパン・ペルデュ€7

運河沿いの特等席でコーヒーブレイク！
カウア・コーヒー・ストップ
●Caoua Coffee Stop

サン・マルタン運河の一等地にたたずむカフェ。運河を見下ろすガラス張りの2階席で、ヘルシーな軽食メニューと挽きたて豆の特製コーヒーを堪能したい。

サン・マルタン運河 MAP：P16B2

図Ⓜ⑤Jacques Bonsergent駅から徒歩5分 98 Quai de Jemmapes 10e なし ⏱9時～18時45分 休なし

↑運河前の好立地も人気の秘訣 →木を基調にした居心地のよい店内は2フロア構成

↑3フロアからなる店内。写真はナチュラルウッドのテーブルを配した最上階

ホームメイドのナチュラルカフェ
マルセル
●Marcelle

子供服ブランド、ボントンの創設者を含む女性3人が始めたカフェ。料理はすべて自家製で、キヌアやアーモンドなど健康食材を使った朝食とランチメニューが揃う。

↑ケーキは€5.50～でヴィーガン、グルテンフリーもある

オペラ～ルーヴル MAP：P7F2

図Ⓜ④Étienne Marcel駅から徒歩4分 22 Reu Montmartre 1er 01 40 13 04 04 ⏱9～17時（土・日曜は～19時）休なし

↑カウンターにスイーツやパンが並ぶ、パリらしい雰囲気が素敵

↑バリスタが丁寧に淹れるコーヒーはカプチーノなど7種

本格コーヒーとヘルシーフード
ブラウン・ノーツ・コーヒー
●Braun Notes Coffee

オープン当時からおいしいコーヒーが味わえると評判のカフェ。豆は18区にあるパリのコーヒー文化を牽引するROMYのブレンドで、フードはグラノーラやファラフェルなどヘルシー系。

オペラ～ルーヴル MAP：P6B1

図Ⓜ⑫Trinité d'Estienne d'Orves駅から徒歩2分 31-33 Rue de Mogador 9e なし ⏱9～18時 休なし

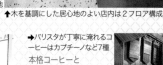

→スタッフは国際色豊かで気軽に立ち寄れる雰囲気

↓ファラフェルサラダ€12.50。たっぷり野菜とよこ豆のコロッケが入り、ランチに人気

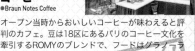

↑酸味と苦みが少ない、まろやかな味わいのカフェラテ€5.50

Museum Cafe

芸術の余韻に浸りつつコーヒーを一杯

アート鑑賞のあとはミュージアムカフェへ

Read me!

人気の美術館には、その世界観を感じられるカフェが併設されている。メニューにもこだわりあり。カフェのみの利用ができるところもあるので、気軽に訪れてみよう。

↑かぼちゃと栗のスープ€14(右上)とグワカモレ€21(左下)(参考料理)

テラスからはエッフェル塔が望める。ランチタイムは混雑必至なのでお早めに

←鶏肉のロティ(ニンジンを添えて)€23 ↑のんびりと充実したランチが楽しめそう ©jmiart (Jean Michel Demée)

ケ・ブランリー - ジャック・シラク美術館

ロケーション抜群! テラス席が特等席!

カフェ・ジャック

●Café Jacques

アフリカなどの民族文化を紹介する美術館(→P108)。カフェでは景観デザイナー、ジル・クレモンがデザインした庭園とエッフェル塔を眺めながらのんびり過ごせる。美術館の入館者以外でも利用可。

[エッフェル塔周辺] MAP:P15C1

[交][M]⑨Alma Marceau駅から徒歩8分 [住]27 Quai Jacqueas Chirac 7e ☎01 47 53 68 01 [時]10〜17時(土・日曜は〜18時30分) [休]月曜(美術館が開いているときは営業) [英][英]

[オルセー美術館]

旧駅舎の大きな時計裏に広がる空間

カフェ・カンパナ

●Café Campana

1900年に建造された駅舎を再利用したオルセー美術館(→P100)の5階。モダンなオブジェなどを施した個性的な内装は、ブラジル人デザイナー・カンパナ兄弟によるもの。

[サン・ジェルマン・デ・プレ] MAP:P10C1

[交][M]⑫Solférino駅から徒歩3分、[RER]ⒸMusée d'Orsay駅から徒歩1分 [住]1 Rue de la Légion d'Honneur 7e ☎01 45 49 47 03 [時]10時30分〜16時45分(木曜は〜20時45分) [休]月曜 [英][英]

外光が差し込む大きな時計がフォトジェニック。SNSでも大人気!

↑カフェがあるのは写真右側に位置する大時計の裏

←大時計をモチーフにしたバニラと赤いフルーツのケーキ€12 ©Elements Groupe

→フルーツとローストしたココナッツ入りのチキンカレー€19 ©Elements Groupe

ロマン派美術館

小さな中庭の隠れ家サロン・ド・テ

オススメ！

ローズ・ベーカリー
●Rose Bakery

ロマン派美術館（→P239）にあるテラス席がメインのサロン・ド・テ。緑に囲まれた中庭にテーブルが配置され、木漏れ日が気持ちいい。キッシュやスコーンを食べながらひと休みしよう。

ロマン派の雰囲気が漂う敷地内の小さな中庭は隠れ家そのもの。時間を忘れてくつろげる

モンマルトル MAP：P14A3

↓中庭に溶け込む温室のようなデザインの店

🚇 M ②⑫Pigalle駅から徒歩3分 🏠16 Rue Chaptal 9e
☎ 01 55 31 95 67 🕙10時〜17時30分 🈺月曜 🍴🈂

↑午後には売り切れるというスコーン€4.50とキッシュ（サラダ付き）€11 ⬅入口正面の建物右手にサロンスペースがある

オテル・ドゥ・ラ・マリーヌ

歴史的建造物の一部がカフェに

カフェ・ラペルーズ・コンコルド
●Café Lapérouse Concorde

左岸にある老舗レストラン「ラペルーズ」のカフェがオテル・ドゥ・ラ・マリーヌ（→P109）に。18世紀建造の豪奢な建築が美しい。メニューは朝食から軽食、しっかりめの食事からスイーツまで幅広く揃える。

コンコルド広場に面した回廊のテラス席。エッフェル塔を眺められる絶好のロケーション。

↓選べるパンにグラノーラやゆで卵などがセットになった豪華な朝食、ル・プティ・デジュネ・ラペルーズ€28

オペラ〜ルーヴル MAP：P6B3

🚇 M ①⑧⑬Concorde駅から徒歩すぐ 🏠2 Pl. de la Concorde 1er ☎ 01 53 93 65 53 🕙朝食8〜11時、ランチ12〜15時、カフェ15〜18時、ディナー19〜23時 🈺なし 🍴🈂

↑18世紀の建築にさまざまな様式をミックス

スペシャリテのケーキと一緒に楽しむ
午後のひとときはサロン・ド・テでお茶

Read me!

お店自慢のスイーツと一緒に紅茶をメインとした飲み物を楽しむサロン・ド・テ。カフェとはまた違った優美な雰囲気に包まれ、とっておきの甘い時間を過ごしてみては。

↑オレンジの花の香りが広がる中国煎茶「Premier Amour」€8

Spécialité!
季節のミニサブレ
L'assortiment surprise de 4 Bontemps de saison
€12
サクサクしっとりのミニサブレ。ヘーゼルナッツなどトッピングは季節ごとに4種類

↓パティスリーはブルターニュ通り沿いに面している

↑パティスリーの隣、中庭の奥にある

必食はプチサイズのサブレ！
ボントン・ル・ジャルダン・シークレット
●Bontemps Le Jardin Secret

北マレの人気パティスリー「ボントン」のレストラン＆サロン・ド・テ。緑に囲まれた中庭のテラス席、アートフラワーであふれる店内で、ミニサブレやタルトをいただける。

[マレ] **MAP：P8B1**

[交]Ⓜ③⑪Arts et Métiers駅から徒歩5分 [住]57 Rue de Bretagne 3e ☎01 42 74 10 68 🕒12時〜18時30分（日曜は11時45分〜）[休]月・火曜 [英]

↑スタッフが優雅に紅茶をサービスしてくれる

Spécialité!
キャレ・ドール
Carré d'or
€22
抹茶風味のチョコムースを24Kの金箔で包んだ贅沢なスイーツ

→デザートは10種類ほど揃う（写真はイメージ）

定番

香り高い紅茶でくつろぎのひととき
マリアージュ・フレール
●Mariage Frères

1854年創業の紅茶専門店。世界各国から集められた紅茶約700種類が並ぶ。カカオとマンダリンの香りが豊かなパリ限定フレーバー「パリ・ブレックファストティー」€13(100g)をおみやげに。

[マレ] **MAP：P8B3**

[交]Ⓜ①⑪Hôtel De Ville駅から徒歩8分 [住]30 Rue du Bourg Tibourg 4e ☎ 01 42 72 28 11 🕒12〜19時（入店は18時30分までに）、ブティックは10時30分〜19時30分 [休]なし [英]

Spécialité!
ミルフィーユ
Mille feuille
€9.30
キャラメルパイ生地とクリーム・パティシエールだけで構成される魅惑の味

オススメ！

エッフェル塔観光と合わせて訪れたい

カレット
●Carette

トロカデロ広場にある老舗サロン・ド・テ。クラシカルなケーキ類にヴィエノワズリーなど、味はどれも高品質。早朝から夜遅くまで開いているのもうれしい。

↓1927年に創業。トロカデロ広場という立地のよさも魅力。2号店はマレのヴォージュ広場

エッフェル塔周辺 **MAP：P15A1**

図M⑥⑨Trocadéro駅から徒歩すぐ 値4 Pl. du Trocadéro et du 11 Novembre 16e ☎01 47 27 98 85 ⏰7時〜23時30分（土・日曜は7時30分〜）⑭なし ◎

↑サントノレ€9.50とオリジナルブレンドの紅茶デ・カレット€9.50

↑ゆっくりできる2階席がおすすめ

Spécialité!
モンブラン
Mont-Blanc
€10
ホイップとマロンクリームに砕いたマロングラッセがたっぷり。

↑発酵バターで作るクロワッサン€2.80

パッサージュで楽しむティータイム

ル・ヴァロンタン・ジュフロワ
●Le Valentin Jouffroy

パッサージュ・ジュフロワ（→P159）にある。店内で手作りするケーキは定番のモンブランから季節のものまで豊富。鉄急須で提供される紅茶は老舗メゾンのダマンフレール。

ルーヴル〜オペラ **MAP：P7D1**

図M⑧⑨Grands Boulevards駅から徒歩1分 値30 Pass. Jouffroy 9e ☎01 47 70 88 50 ⏰8時30分〜18時30分（日曜は9時〜）⑭なし

↑パッサージュの雰囲気にぴったりなレトロな店舗

バゲットからヴィエノワズリーまでさまざま

焼きたてが香る！ブーランジュリー

Read me!

外はカリッ、中はモチモチのバゲットは本場の焼きたてを味わってみて。デニッシュやブリオッシュ生地を使った菓子パン類のヴィエノワズリーは、食事にもおやつにも◎。

€1.40
クロワッサン—[A]
Croissant
両端を曲げた昔ながらの形で甘さ控えめ、かすかな酸味もある

€6.40/kg
パン・ド・カンパーニュ—[A]
Pain de campagne
丸い形の酸味がある田舎パン。皮が厚く硬くて日持ちする

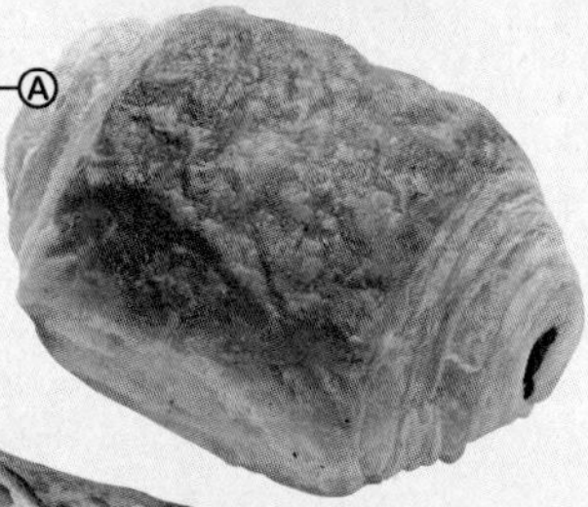

€1.80
パン・オ・ショコラ—[A]
Pain au chocolat
クロワッサン生地にチョコレートをはさんで焼いたパン

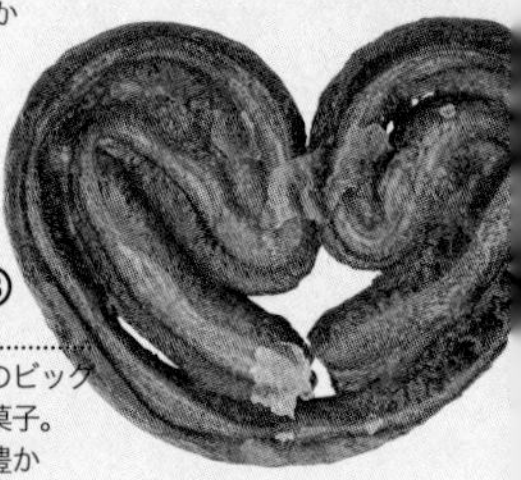

€4.30
パルミエ—[B]
Palmier
手のひら以上のビッグサイズのパイ菓子。バターの風味豊か

€1.30
トラディション—[B]
Tradition
2種の小麦を独自配合した伝統的なバゲット。噛みごたえあり

€2.40
パン・オ・ショコラ・オ・ザマンド—[B]
Pain au Chocolat aux amandes
パン・オ・ショコラにクッキー生地を載せて焼いた菓子パン

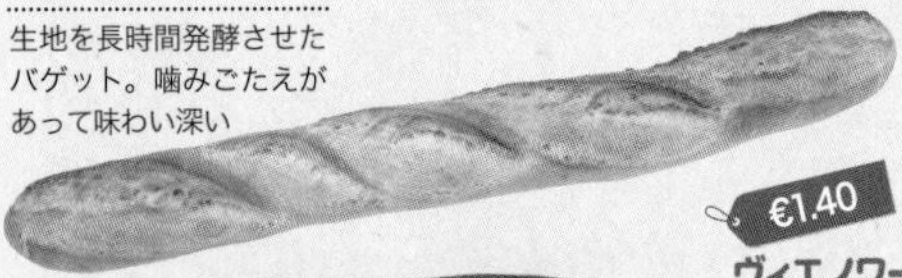

€1.30
トラディション—[C]
Tradition
生地を長時間発酵させたバゲット。噛みごたえがあって味わい深い

€1.40
ヴィエノワーズ・ナチュール—[C]
Viennoise Nature
牛乳とバターを練り込んだほんのり甘いシンプルなパン

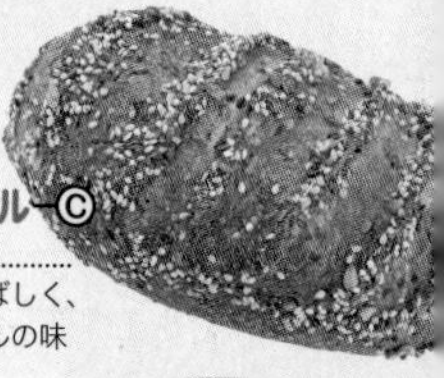

€2.80
パン・オ・セレアル—[C]
Pain aux Céréales
トーストすると香ばしく、いろいろなシリアルの味が楽しめる

[A] 世界一有名なパン・ド・カンパーニュ

ポワラーヌ

オススメ！

●Poilâne

ゲランドの海塩と天然酵母を使い、石臼で挽いた小麦を手作業でこね、昔ながらの窯で焼き上げる、創業当時からの製法を守り続ける老舗。おみやげはクッキーが人気。

サン・ジェルマン・デ・プレ **MAP：P11D3**

[交]Ⓜ⑩⑫Sèvres Babylone駅から徒歩5分 [住]8 Rue du Cherche Midi 6e ☎ 01 45 48 42 59 🕐7時15分～20時 [休]日曜 [英]

[B] バゲットコンクールの常連

ブーランジュリー・ギュイヨ

●Boulangerie Guyot

2023年バゲットコンクール2位、これまでも上位をキープする、パン職人歴20年以上のティエリー・ギュイヨ氏が店主。エシレバターを使用するなど、こだわりが強いパンを作る。

カルチェ・ラタン **MAP：P12B2**

[交]Ⓜ⑩Cardinal Lemoine駅から徒歩すぐ [住]28 Rue Monge 5e ☎01 42 03 64 60 🕐6時30分～20時30分 [休]土・日曜

[C] サルコジ元大統領も食したバゲット

ル・グルニエ・ア・パン・アベス

定番

●Le Grenier à Pain Abbesses

店主は2010年のバゲットコンクールで優勝した職人ミッシェル・ガロワイエ氏。トラディションをはじめ、ヴィエノワズリーやサンドイッチ、スイーツまでどれも納得の味。

モンマルトル **MAP：P14B2**

[交]Ⓜ⑫Abbesses駅から徒歩2分 [住]38 Rue des Abbesses 18e ☎ 01 46 06 41 81 🕐7時30分～20時 [休]火・水曜 [英]

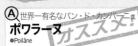

カフェ

パン

スイーツ

夜ごはん

マルシェ

€5.50

エスカルゴ・ピスターシュ・ショコラ―Ⓓ
Escargot Pistache Chocolat

ピスタチオとショコラを練り込んだ渦巻き型のクロワッサン

€4

パン・デ・ザミ―Ⓓ
Pain des Amis

長時間発酵させて焼き上げる。外はカリカリ、中はモッチリで香り豊か

€1.30

バゲット・トラディション―Ⓔ
Baguette Tradition

自家製酵母で24時間発酵。外は軽く、酸味のない味わい

€4

ブリオッシュ・オリエンタル―Ⓔ
Brioche Orientale

オレンジの花のエッセンスが香るパン。花のような形もキュート

€3.20

アベス―Ⓕ
Abbesses

通りの名前にちなんだチョコレートケーキは濃厚な甘さ

€3.20

フラン・ナチュール―Ⓔ
Flan Nature

玉子と牛乳をたっぷりと使った素朴なカスタードケーキ

€1.90

オラネ―Ⓕ
Oranais

デニッシュ生地の中にアンズとカスタードが入っている

€1.40

パン・オ・レザン―Ⓒ
Pain aux raisins

レーズンとクリームをはさんだ生地をエスカルゴのように巻いて焼く

€1.30

クロワッサン―Ⓕ
Croissant

さくさくの食感とほどよい甘み。食べごたえ充分のサイズ

€4.20

エクレア―Ⓕ
Éclair

生クリームとイチゴをはさんだボリュームたっぷりのエクレア

Ⓓ 厳選素材と伝統レシピで作る
デュ・パン・エ・デジデ
●Du Pain et des Idées

創業1875年、クラシカルな雰囲気が漂うブーランジュリー。有機小麦・牛乳など厳選した素材で日々作り続ける。パン・デ・ザミは有名レストランも注文するほど評判。

サン・マルタン運河周辺　MAP：P16B3

図Ⓜ⑤Jacques Bonsergent駅から徒歩3分34 Rue Yves Toudic 10e ☎01 42 40 44 52 ⓣ7時15分～19時30分 ㊡土・日曜

Ⓔ パリ南部の閑静な住宅街で店を営む
オー・パラディ・デュ・グルマン
●Au Paradis du Gourmand

15歳でチュニジアからパン職人を目指してパリに移住したリダ・カデール氏の店。2013年バゲットコンクールで優勝。オーガニックのパンやサンドイッチ、パティスリーも人気。

モンパルナス周辺　MAP：P2C4

図Ⓜ⑬Plaisance駅から徒歩2分156 Rue Raymond Losserand 14e ☎01 45 43 90 24 ⓣ6～21時 ㊡日曜

Ⓕ 菓子類にも定評あるコンクールの常連
ブーランジュリー・ジュリアン
●Boulangerie Julien

過去にバゲットコンクールへの入賞歴がある実力派。食事パンや菓子パン以外に、ケーキなどのパティスリーやサンドイッチ類も種類豊富に揃っている。

オペラ～ルーヴル　MAP：P7F3

図Ⓜ④Les Halles駅から徒歩2分75 Rue St-Honoré 1er ☎01 42 36 24 83 ⓣ7～20時(日曜は8～17時) ㊡なし

味に見た目にこだわりいろいろ！
本場で食べるクレープ＆ガレット

Read me!

クレープやガレットの専門店は、値段もリーズナブルで気軽に食べられるのが魅力。バターで香ばしく焼き上げた本場の味はひと味違う！ 店ごとに異なるトッピングも楽しもう。

素材からこだわった本場のガレット
クルーゲン
●Krügen

オススメ！

ブルターニュ地方出身のフレデリックとユーエンがオープン。そば粉やバターなど原材料から厳選し、2人が慣れ親しんだガレットやクレープの味を再現している。

サン・マルタン運河周辺 **MAP：P9E1**

図Ⓜ⑨Saint-Ambroiseから徒歩5分 🏠4 Rue du Général Renault 11e ☎09 51 99 81 25 ⏰12時〜14時30分、18時〜22時30分（土曜は12時〜22時30分、日曜は12時〜21時30分）㊡月曜の夜 🍴🚭

➡若者に人気の11区にあり、12区に2号店もある

チーズとオニオンフライ

ソーセージ

€14

ガレット・ソーシス・スペシャル
ソーセージをガレットで巻いたブルターニュ地方の名物メニュー

本場のガレットを味わってね！

€10
クレープ・タタン
リンゴとキャラメル風味でタルト・タタン風のクレープ

ボリューム満点で学生に大人気
オ・プティ・グレック
●Au P'tit Grec

カルチェ・ラタンの地元学生に人気の店。焼きたてのガレットやクレープは、全品テイクアウト可。具がぎっしり詰まった特製ガレットは、ひとつで満足感たっぷり。

カルチェ・ラタン **MAP：P12B3**

図Ⓜ⑦Place Monge駅から徒歩3分 🏠68 Rue Mouffetard 5e ☎06 50 24 69 34 ⏰10時30分〜翌1時30分 ㊡なし

€5.50
ヌテラ＆バナナ
ナッツとチョコ風味のペースト「ヌテラ」はバナナと相性抜群

€7
ガレット・タラマ
自家製タラマ（魚卵ペースト）と数種類の野菜入り

数種の野菜

€10
ガレット・ベジタリアン
チーズ、ナス、ジャガイモ、レタスなど具材たっぷり

魚卵ペースト

➡ムフタール通りの中ほどにある

€15.80
マレシェール
玉子、チーズにサラダ菜が入り、栄養バランスもばっちり

チーズ

サラダ菜

玉子

トマト

€11.80
ダム・フリュイ・ルージュ
イチゴやベリーなどの赤い果実とバニラアイス

地元でも評判のクレープリー
ブレッツ・カフェ
●Breizh Café

東京・神楽坂で創業、2007年パリに進出。ブルターニュ出身のオーナーによる、厳選素材と創造性あふれるクレープとガレットは、フランスのガイドブックでも市内で一番と評判。

マレ **MAP：P8C2**
図Ⓜ⑧St-Sébastien-Froissart駅から徒歩6分 値109 Rue Vieille du Temple 3e ☎01 42 72 13 77 ⓒ10〜23時 働なし ❖

↑昼も夜も混雑しているので予約必須！

ブルターニュ流ガレット＆クレープ
ラ・クレープリー・デ・カネット
●La Crêperie des Canettes

クレープの本場・ブルターニュの観光局も太鼓判を押す本格派のクレープリー。昼どきはイートインスペースがいつも満席になるが、テイクアウトもできる。

サン・ジェルマン・デ・プレ
MAP：P11E2

図Ⓜ④St-Germain-des-Prés駅から徒歩3分値10 Rue des Canettes 6e ☎01 43 26 27 65 ⓒ11〜23時 働日曜 ❖

€9
フリュイ・ルージュ
赤いフルーツのソース、イチゴアイスのクレープ

←ネイビーとオレンジをテーマカラーにした店内

€11.50
シェーヴル
フレッシュなヤギのチーズとハチミツのガレット

＋Plus! 　**クレープとガレットの違い**

一見、よく似た料理だけど、異なる味わいのクレープとガレット。のせる具材の組み合わせによってメニューは無限にある。

どちらもフランス北西部、ブルターニュ地方の伝統料理。小麦粉を使った生地がデザート用のクレープ、そば粉を使った塩味の生地が食事用のガレット。ガレットにそば粉が使われるのは、ブルターニュの気候が小麦の栽培に適しておらず、代わりにそば粉を料理に多く用いたためだとか。ガレットはシードルというブルターニュ産のリンゴの発泡酒と一緒に食べるのが定番。

ガレット

クレープ

↑アイスやフルーツ、ヌテラ入りが人気のクレープ

←ガレットはチーズや玉子入りが多く、ボリューム満点

ホテルでも、ピクニックでも楽しめる

テイクアウトでお手軽ランチ

Read me!

食の都パリは、テイクアウトのお惣菜＝デリもハイレベル。パリらしいメニューや多国籍フードなど、バリエーション豊富で選び放題。公園でピクニックも楽しみたい！

How to Order

昔ながらの惣菜店では、ガラスケースの中から好きな商品を選んで店員に注文する。テリーヌやパテは枚数を伝え、その場でカットしてもらう。量を伝えるときには「100g, S'il vous plaît サン・グラム・スィルヴプレ（100gください）」や「Pour une personne プール・ユヌ・ペルソンヌ（1人分です）」などと言えばOK。カトラリーが必要なときには「Un couvert, S'il vous plaît? アン・クーヴェール・スィルヴプレ（カトラリーをください）」と頼んでみて。

◀ガラスショーケースに惣菜がずらり

◀名前がわからなければ指さしでOK

メイン

€88/kg

鶏のパテ・アン・クルート
香ばしいパイ生地と鶏のパテが相性抜群。食べごたえも十分

€44/kg

サーモン、ほうれん草、キノコのキッシュ
四角型でふわふわの生地に具材がぎっしり詰まった一品

€33/kg

ハムとグリュイエールチーズのフイユ
サクサクのパイ生地にチーズとハムが入り、ボリュームたっぷり

前菜

€34.50/kg

フレッシュミント入りタブレ
クスクスの粒に生トマトとミントを交ぜてさわやかに ※夏季限定

名パティシエの総合食品店
ジェラール・ミュロ
●Gérard Mulot

1975年の創業以来、サン・ジェルマンの地元で愛され続ける菓子職人ミュロ氏の店。ケーキだけでなく、パンや惣菜も併設のアトリエで作られる自家製で、どれも評判。

サン・ジェルマン・デ・プレ
MAP：P11F2
図M⑩Mabillon駅から徒歩3分⑪76 Rue de Seine 6e☎01 43 26 85 77⑨8〜20時⑭なし

€6.20

タルトタタン
キャラメル色に煮詰めたリンゴのタルト

デザート

€4.80

ンズのタルト
季節のフルーツを使ったタルトはどれも絶品 ※夏季限定

€4.80

洋ナシとグレープフルーツのタルトレット
酸味と甘みのバランスがほどよい味わいのタルト

老舗デパート、ル・ボン・マルシェ・リヴ・ゴーシュ自慢のデリ

ラ・グラン・エピスリー・ドゥ・パリ

オススメ!

●La Grande Epicerie de Paris

約3000m²の売り場面積を誇る、美食を集めたパリ最大の食品館。1階は旬野菜の並ぶ市場、生鮮食品、エピスリー、お菓子やパン、惣菜。地下ではワインを販売している。

[サン・ジェルマン・デ・プレ]

MAP：P11D3

[交]Ⓜ⑩⑫Sèvres-Babylone駅から徒歩5分 [住]38 Rue de Sèvres 7e ☎01 44 39 81 00 🕐8時30分～21時(日曜は10～20時) [休]なし [英]

[メイン]

€37.90/kg

鶏肉のパテ・アン・クルート

パイに包まれた鶏胸肉のパテは軽やかでさっぱりとした味わい

€6.90

[前菜]

アーティチョークとアスパラガスのサラダ

アーティチョーク(朝鮮アザミ)にインゲンなどフランスらしい味の組合せ

行列のできるヘルシーなカフェ

ローズ・ベーカリー

●Rose Bakery

メニューはすべてテイクアウトできるので、デリとしても大人気のカフェ。できたてメニューはすぐに売れ、ランチどきには品薄になることも。特にサラダ類が人気。

[モンマルトル] **MAP：P14B4**

[交]Ⓜ⑫St-Georges駅から徒歩7分 [住]46 Rue des Martyrs 9e ☎01 42 82 12 80 🕐9時30分～20時30分 [休]なし [英]

€37.50/kg

カレー風味の雑穀サラダ

ニンジンのラペ、インゲンのマリネがたっぷり

[前菜]

[メイン]

€7.90

キッシュ

ズッキーニとフェタチーズ、ナスやトマトなどヘルシーな具材が人気

€5.90

[デザート]

キャロットケーキ

シナモンと濃厚なクリームチーズの絶妙なハーモニー

焼きたてフォカッチャが人気

コジ

●Cosi

ヘルシーなフォカッチャサンドが食べられる左岸の人気アドレス。パンは店内のかまどで随時焼かれ、たっぷりの野菜や生ハム、チーズを使ったオリジナルの味はやみつきに。

[サン・ジェルマン・デ・プレ] **MAP：P11E2**

[交]Ⓜ④⑩Mabillon駅から徒歩4分 [住]54 Rue de Seine 6e ☎01 46 33 35 36 🕐12～23時 [休]なし [英]

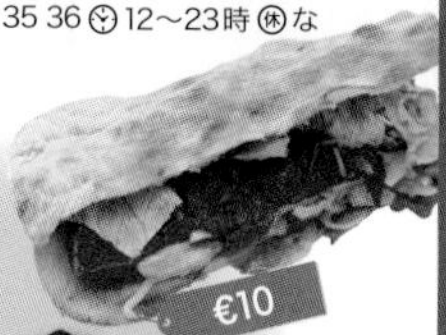

€9

スタンス・フォリー

タンドーリ味の七面鳥とコールスロー入りの人気商品

[メイン]

€10

ペルフィッド・アルビオン

ローストビーフとタマネギ、トマトがサンドされたイギリス風

+Plus! **ピクニックランチならここで**

パリっ子はピクニックが大好き。公園で買ってきたお惣菜を広げてランチを楽しんじゃおう。

リュクサンブール公園

●Jardin du Luxembourg

パリで最も美しいといわれる公園。芝生のスペースは少ないが、ベンチや椅子はたくさん用意されているピクニックの人気スポット。

[サン・ジェルマン・デ・プレ]

MAP：P11F3

[交]Ⓜ④⑩Odéon駅から徒歩5分 [住]Rue de Médicis/Bd. St- Michel 6e ☎01 42 34 20 00 🕐開園は7時30分～8時15分の間、閉園は16時30分～21時30分の間 [休]なし [料]なし

シャン・ドゥ・マルス公園

●Parc du Champ de Mars

エッフェル塔の足もとに1kmにわたって広がる公園。市内きっての緑地で芝生が続き、エッフェル塔を眺めながらいかにもパリらしいピクニックが楽しめる。(→P50)

歴史ある名店から、話題のパティシエまで

絶対行きたいパティスリー

➡️パリ市内に5店舗。チョコレート専門店もあり

Read me!

パリといえばスイーツの本場！ 見た目が華やかで、多層的な味わいの楽しいケーキの食べ比べは、パリで満喫したい楽しみのひとつ。各店のスペシャリテをチェック！

★ Spécialité

エキノクス
Equinoxe　　**€7**

シナモン風味のビスキュイを土台に、バニラクリームとキャラメールソースが入った逸品

➡️甘酸っぱいレモンクリームを合わせたタルト・シトロン€7

⬅️ラム酒入りシロップに浸した、ブリオッシュと生クリームのババ・オ・ラム€7

オススメ！

スターシェフのパティスリー

ラ・パティスリー・シリル・リニャック
●La Patisserie Cyril Lignac

人気の星付きシェフ、シリル・リニャック氏がプロデュース。デザインも味も洗練されたスイーツが並ぶ。パリっ子にはヴィエノワズリーも人気。

シャンゼリゼ　MAP：P5D4

Ⓜ⑨Iéna駅から徒歩5分 🏠2 Rue de Chaillot 16e ☎01 47 20 64 51 🕐7～20時（月曜は～19時）休なし

⬆️スイーツのほかパンも。店内にはカウンター席あり

実力派シェフの食べ歩きタルト
ボリス・リュメ・カフェ・パティスリー
●Boris Lumé café pâtisserie

フランス人パティシエと、日本人パン職人夫婦のパティスリーで、2021年にオープンした2号店。タルトやパリ・ブレスト€5.90などのスイーツは食べ歩きにも適した形。

モンマルトル　MAP：P14A2

Ⓜ②Blanche駅から徒歩4分、⑫Abbesses駅から徒歩5分 🏠28 Rue Lepic 18e ☎なし 🕐8時30分～18時 休月・火曜 🍴

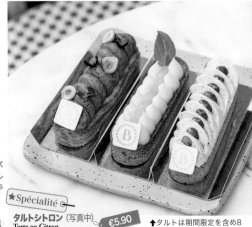

★ Spécialité

タルトシトロン（写真中）　**€5.90**
Tarte au Citron

バジルペーストとレモンクリームの酸味がベストマッチ！ 爽やかな味わいのタルト

⬆️タルトは期間限定を含め8種類程度。写真右は6～8月限定のタルトピスタチオ€6.90

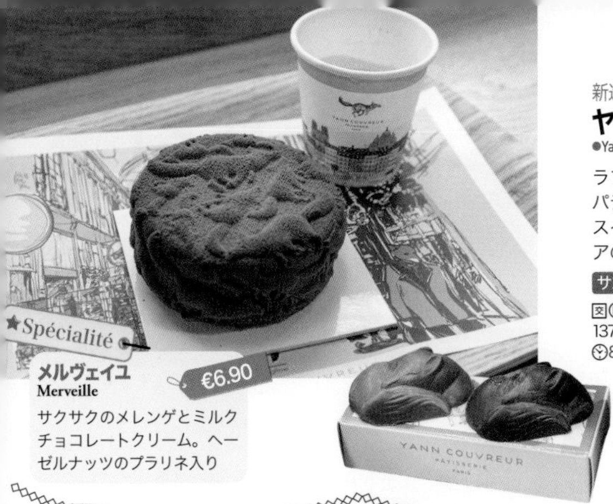

★Spécialité

メルヴェイユ
Merveille
€6.90

サクサクのメレンゲとミルクチョコレートクリーム。ヘーゼルナッツのプラリネ入り

←アイコンのキツネ型ショコラ€5

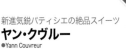

新進気鋭パティシエの絶品スイーツ

ヤン・クヴルー

●Yann Couvreur

ラファイエット・グルメにも出店する今注目のパティシエの1号店。オープン以降、世界中のスイーツ好きが訪れる名所に。北欧風インテリアの店内で珠玉のスイーツを。

[サン・マルタン運河] **MAP:P16C3**

[図]Ⓜ⑪Goncourt駅から徒歩1分 [住]137 Avenue Parmentier 10e ☎なし [時]8～20時 [休]なし [英]

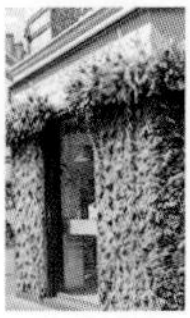

スタイリッシュな伝統菓子

セバスチャン・ゴダール

●Sébastien Gaudard

フォションなどの一流店で華麗な経歴を重ねた、気鋭のパティシエの店。パリ・ブレストなど昔ながらの伝統菓子にこだわり、繊細な味わいで幅広い層に人気がある。

[モンマルトル]
MAP:P14B4

[図]Ⓜ⑫Nortre-Dame-de Lorette駅から徒歩5分 [住]22 Rue des Martyrs 9e ☎01 71 18 24 70 [時]11～20時(土・日曜は9時～) [休]なし

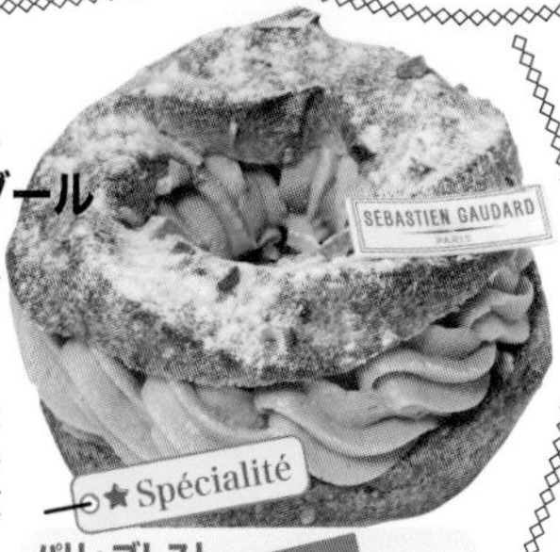

★Spécialité

パリ・ブレスト
Paris Brest
€6.10

シュー生地にアーモンドのプラリネをはさんで、軽やかな生地に甘さをおさえたクリームが絶品

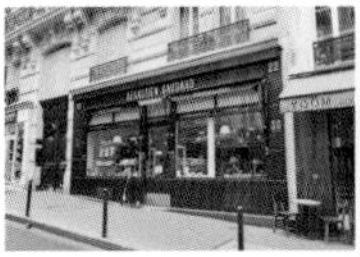

↓2023年9月にカフェ「Le Grand Cafe Sébastien Gaudard Pâtisserie」をオープン

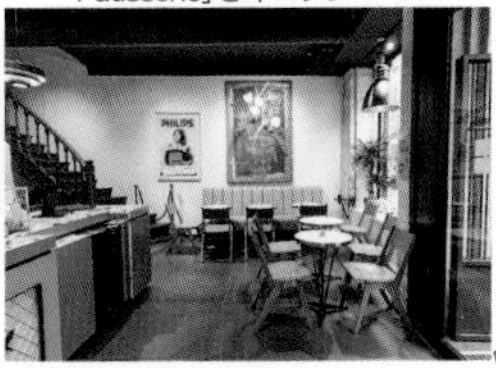

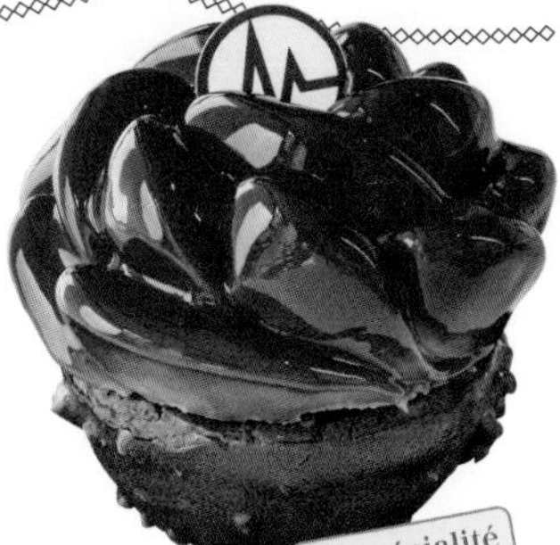

★Spécialité

ミシャラク モンクール
Michalak Mon Coeur
€8.50

フルーツのコンポート入りショコラケーキ(パティスリーは季節によって異なる)

実力派スターパティシエのブティック

パティスリー・ミシャラク

●Pâtisserie Michalak

パリの5つ星ホテル、プラザ・アテネのシェフ・パティシエを務めた、カリスマ的人気を誇るクリストフ・ミシャラク氏のブティック。ロック&ラグジュアリーがコンセプト。

[マレ] **MAP:P8B3**

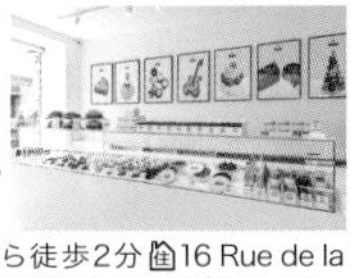

[図]Ⓜ①⑪Hôtel de Ville駅から徒歩2分 [住]16 Rue de la Verrerie 4e ☎01 40 27 90 13 [時]11～19時 [休]なし [英]

+Plus!

覚えておくと便利なスイーツ用語

スイーツを買う際に役に立つフランス語の単語をチェック！使いこなして気軽にお買物を楽しもう！

- ●パティスリー *pâtisserie*…洋菓子、洋菓子店
- ●ブーランジュリー *boulangerie*…パンの製造・販売店
- ●ショコラトリー *chocolaterie*…チョコレート専門店
- ●ガトー *gateaux*…粉や卵、バター、砂糖を使った焼き菓子の総称
- ●ヴィエノワズリー *viennoiserie*…クロワッサンやデニッシュなど、玉子や牛乳などを使って焼いたパンの総称
- ●コンフィズリー *confiserie*…キャンディやボンボン、キャラメル、ヌガーなど、砂糖菓子の総称
- ●ショコラ *chocolat*…チョコレート
- ●ジェノワーズ *genoise*…スポンジケーキ
- ●ダコワーズ *dacquoise*…メレンゲ生地
- ●フイユタージュ *feuilletage*…パイ生地

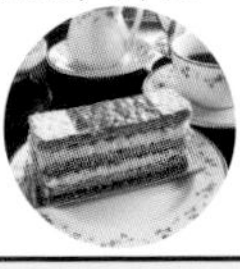

- ●カラメリゼ *carameliser*…砂糖をカラメル状に煮詰めて(焦がす)色付けしたり、香ばしさを出したり、装飾すること
- ●コンフィチュール *confiture*…砂糖で果物の果汁を浸み出させ、その果汁だけを煮詰めた後、果肉を漬けて保存したもの。果物の形を崩さず砂糖に漬けたものはコンフィ
- ●ガナッシュ *ganache*…チョコレートに生クリームやバターなどを混ぜたチョコレートクリーム
- ●プラリネ *praline*…ナッツ類にカラメルをかけて砕くまたはペーストにしたもの。ショコラやムースに使われる
- ●フランボワーズ *framboise*…ラズベリー
- ●シトロン *citron*…レモン
- ●フロマージュ *fromage*…チーズ
- ●ノワゼット *noisette*…ヘーゼルナッツ

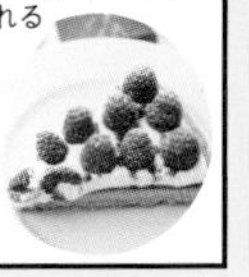

食べるのがもったいない可愛さ♥

キュートなマカロン見つけた！

Read me!

16世紀にイタリアから持ち込まれて以降さまざまに進化を遂げ、パリ風になったというマカロン。色とりどりで多彩なフレーバーがあるので、お気に入りを見つけて。

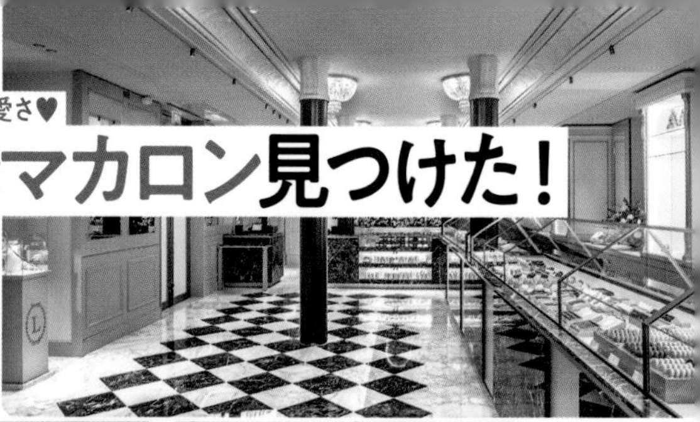

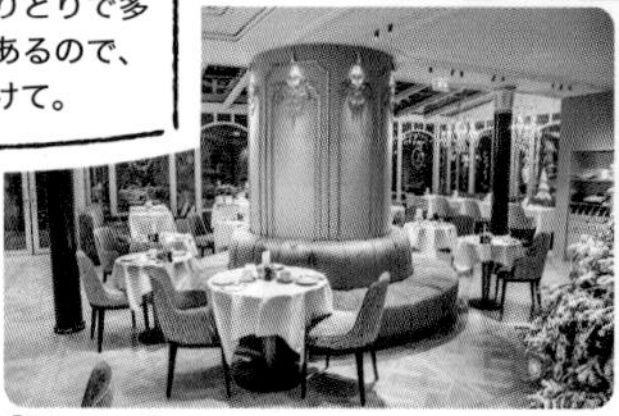

©Hadrien Favreau

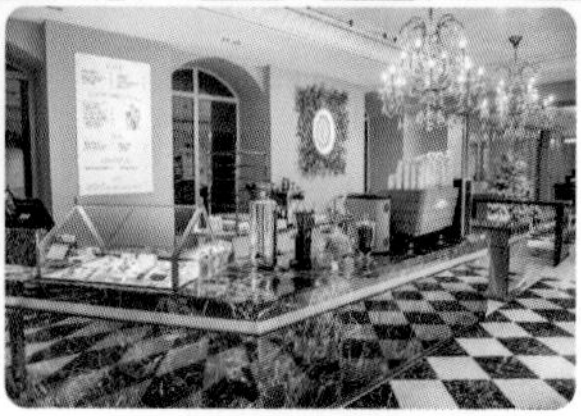

↑改装を終えて2023年12月再オープン。クラシックとモダンが融合したゴージャスな内装に注目

←カフェのテイクアウト、2階はレストラン

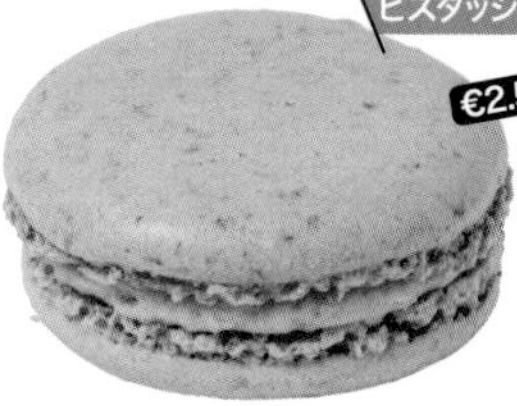

ピスタッシュ €2.50

➡ピスタチオ風味のクリーム入り。定番のフレーバー

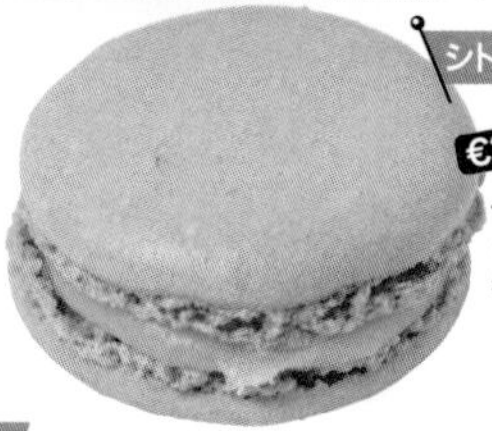

シトロン €2.50

⬅レモンのさわやかな香りが人気

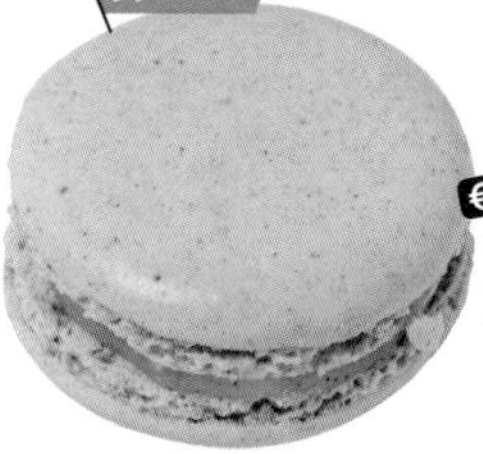

ヴァニーユ €2.50

⬅バニラクリーム。こちらも定番人気フレーバー

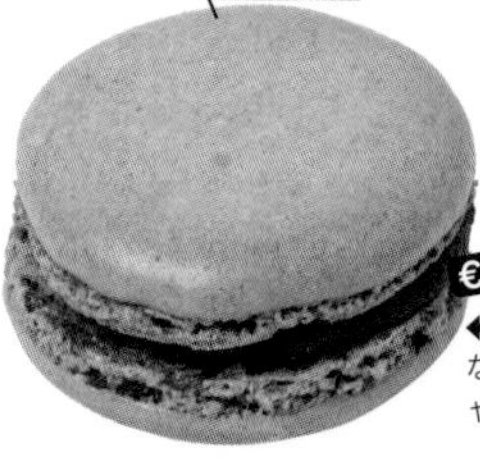

キャラメル €2.50

⬅やみつきになるバターキャラメル

ショコラ €2.50

⬆ガナッシュ入りのダークチョコレート

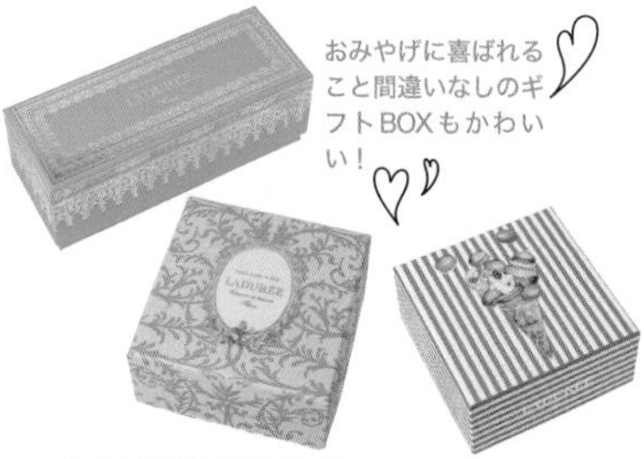

おみやげに喜ばれること間違いなしのギフトBOXもかわいい！

元祖マカロンの老舗メゾン

ラデュレ シャンゼリゼ店

●Ladurée Champs-Élysées

[定番]

創業1862年、アーモンドプードルを入れて焼き上げた生地にガナッシュクリームをはさんだパリ風マカロンの元祖。19世紀の貴族の邸宅のような店内でティータイムを楽しみたい。

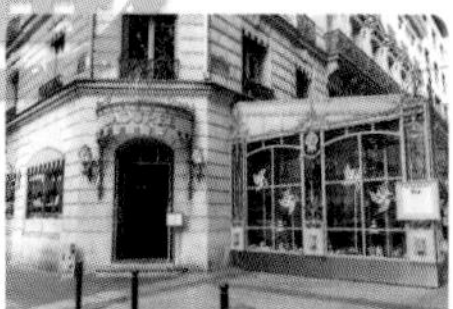

[シャンゼリゼ大通り] MAP：P5D2

[交]Ⓜ①George V駅から徒歩2分 [住]75 Av. des Champs-Élysées 8e ☎01 40 75 08 75 [時]8時～21時30分(カフェ・レストランは～22時) [休]なし [英][英]

ラデュレで朝食を

サロン・ド・テではティータイムはもちろん、朝早くからオープンしているので朝食メニューも楽しめる。少し早起きして、贅沢な空間でモーニングを。

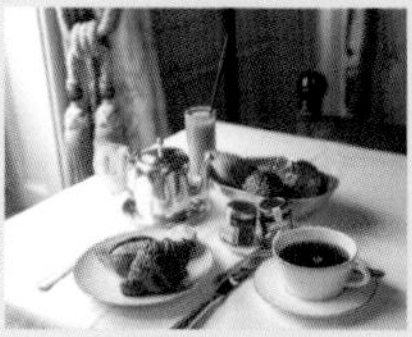

人気メニュー 1

プティデジュネ・ラデュレ

€22

選べるパンとマカロン、ドリンクがそれぞれ2つ付く

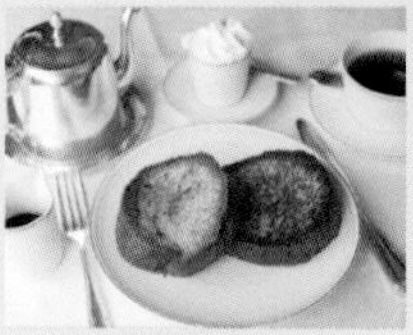

人気メニュー 2

ブリオッシュのフレンチトースト、パン・ペルデュ

€15

バニラホイップクリームとメープルシロップをたっぷりかけて

↑店の中央に円形のショーケースを置く。卵のような照明がスタイリッシュ！
↓ケーキのほかに、クロワッサンの販売も

ピエール・エルメとロクシタンがコラボ

キャトルヴァンシス・シャン

●86 Champs

フランスを代表する2つのメゾンの創業者が、シャンゼリゼ大通りに夢のコラボ。ショップ、カフェ・レストラン、バーがひとつのフロアに。限定フレーバーのマカロンは必食。

シャンゼリゼ大通り　MAP：P5D2
Ⓜ①George V駅から徒歩2分
⍟86 Av. des Champs-Élysées 8e ☎01 70 38 77 38 ⏰10時30分〜22時（金・土曜は10〜23時、日曜は10時〜）⍟なし

アンフィニマン・カシス

€2.80

→カシスのコンフィをはさんだ甘酸っぱいマカロン

アンフィニマン・ヴァニーユ

€2.80

→マダガスカル産のバニラを使った定番フレーバー

イスパハン

€2.80

→エルメを代表するイスパハンがマカロンに

ティータイムにはこちら

→店舗左奥にカフェ・レストラン用のテーブルがある

→タルト・アンフィニマン・ヴァニーユは16€。ビスケットにバニラクリームがたっぷり

→ピエール・エルメの代表作、イスパハンがドリンクに。€9.50

ショコラ

€2.50

→最高品質のカカオを使用したガナッシュが絶品

Dalloyau限定ポップコーン

€2.50

→キャラメルポップコーン風味のクリームが印象的

カフェ

€2.50

→ほんのり苦みの利いたコーヒー味のクリーム

日本でもおなじみの名店

ダロワイヨ

●Dalloyau

1802年創業、ケーキ「オペラ」発祥の地としても知られる老舗。1832年に誕生した特製マカロンは、最高品質の素材を厳選した秘蔵レシピで、繊細な食感を堪能できる。

シャンゼリゼ大通り
MAP：P5F1
DATA→P180

バニラ

€2.50

→マダガスカル産の香り高いバニラを利かせて

ピスタチオ

€2.50

→色鮮やかなピスタチオのやさしく上品な香り

フランボワーズ

€2.50

→濃厚なラズベリーのジャム入り人気フレーバー

↓これまで100種類以上のフレーバーを作ってきた

↑パティスリーやショコラ、パンも並ぶ

ひと口の幸せを大人買いっ！

絶品！こだわりショコラを指名買い

パリの街には、パティスリーと同じくらいショコラトリー（チョコレート店）もたくさん。素材、味の組合せや香りなど、細部にまでこだわった本場のショコラを味わって。

ご指名！ソーテルヌ・レーズンチョコ €15
Raisins Sauterne

独特の芳香と甘みをもつ貴腐ぶどうをビターチョコでコーティング

狙うは絶品レーズンチョコレート
ダ・ローザ
●Da Rosa

パリの星付きレストランに食材を卸すダ・ローザ氏のエピスリー・レストラン。名物のソーテルヌ産レーズンチョコは食材店ながらパリみやげの定番として大人気。

サン・ジェルマン・デ・プレ
MAP：P11D2
図Ⓜ⑫Rue du Bacから徒歩3分 37 Rue de Grenelle 7e ☎01 40 51 00 09 ⏰10〜20時（水〜金曜は11時〜22時30分）休日曜

←バスク地方産エスプレット唐辛子を絡めたアーモンド入りのPimandes€17

切るとこんなカンジ

ご指名！€6.50

トロワ・ショコラ
Trois Chocolats

口どけにこだわったレ・トロワ・ショコラスペシャリテのチョコレートケーキ

←季節の果物や花びらが入った板チョコのタブレット€7.50〜11。時期により内容は異なる

博多のチョコレート店3代目がパリ進出
レ・トロワ・ショコラ
●Les Trois Chocolats

日本人ショコラティエール佐野恵美子氏がマレに店をオープンして以降、話題に。味噌、みりん、きな粉など日本食材とのマリアージュが好評で、フランス人の常連客も多い。

マレ MAP：P8C3
図Ⓜ①St-Paul駅から徒歩2分 45 Rue St-Paul 4e ☎01 44 61 28 65 ⏰11〜19時 休火・水曜

→チョコの詰め合わせ€13。きな粉や味噌、桜など日本のフレーバーも

↓食感がおもしろいPachi-Pachi€13（140g）

オススメ!

フレンチの巨匠が営むショコラトリー

ル・ショコラ・アラン・デュカス マニュファクチュール・ア・パリ

●Le Chocolat Alain Ducasse-Manufacture à Paris

フレンチシェフ、アラン・デュカス氏がショコラティエのニコラ・ベルジェ氏と始めたチョコレート工房兼ショップの支店。カカオ豆から板チョコになる全工程を自社工房で行う、こだわりの味を楽しもう。

サン・ジェルマン・デ・プレ **MAP:P11E2**

[図][M]④St-Germain-des-Prés駅から徒歩3分 🏠26 Rue Saint-Benoit 6e ☎ 01 45 48 87 89 🕘10時30分～20時 [休]なし [英]

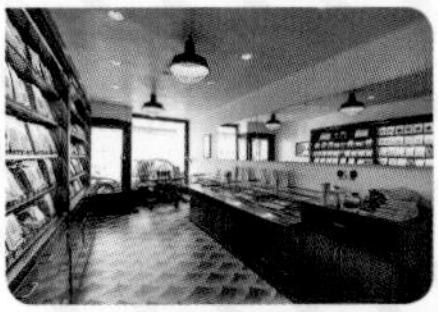

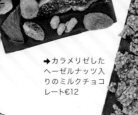

ご指名!

€12

マンディアン
Mendiant

カカオ75%のダークチョコレート。イチジクやオレンジピール、ナッツ入り

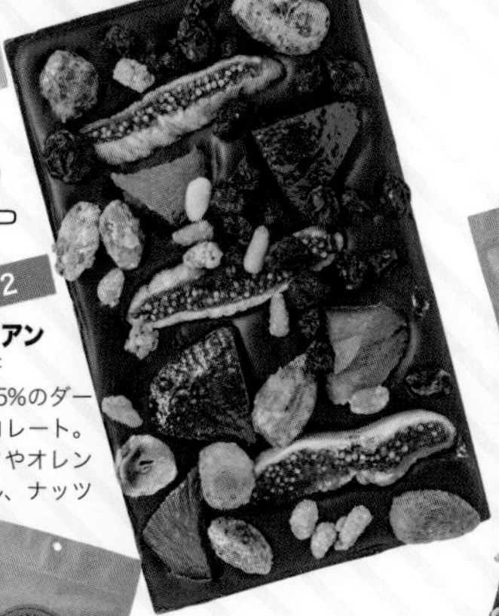

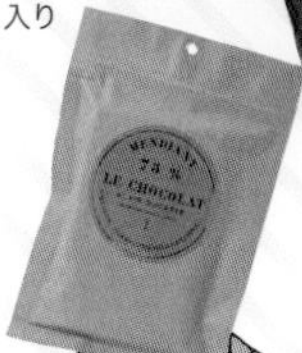

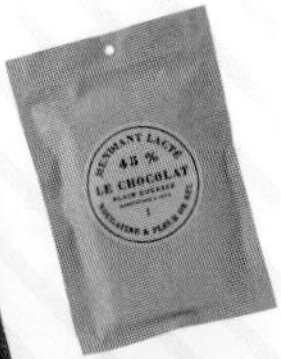

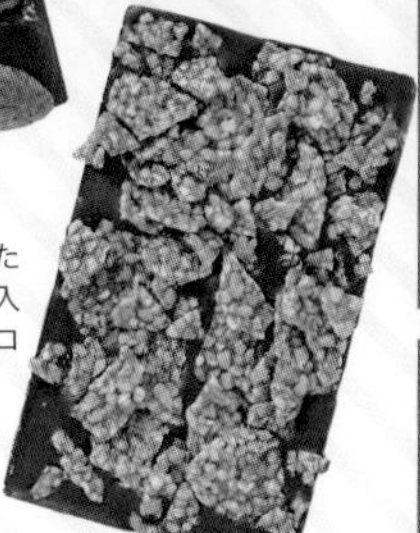

➡カラメリゼしたヘーゼルナッツ入りのミルクチョコレート€12

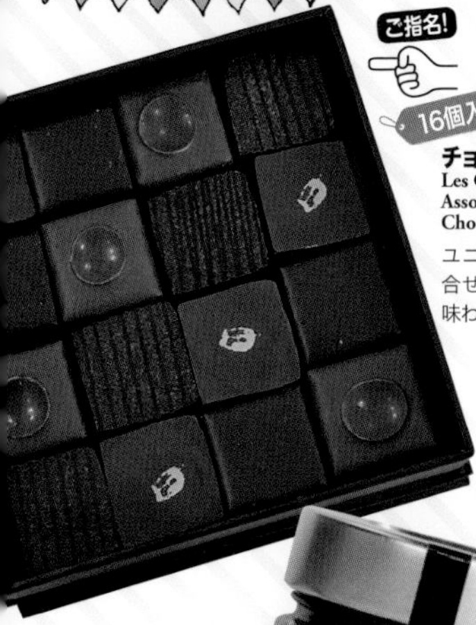

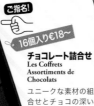

ご指名!

16個入り€18～

チョコレート詰合せ
Les Coffrets Assortiments de Chocolats

ユニークな素材の組合せとチョコの深い味わいを楽しめる

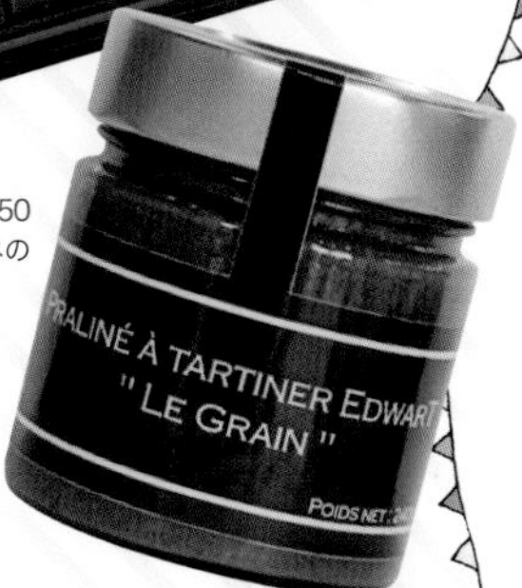

➡ル・グレン€14.50は人気のプラリネのタルティーヌ

美食家もうなる本格ショコラ

エドワート

●Edwart

ショコラティエ自ら世界中の産地を回り、選び抜いた原料のみを採用。チョコレートは全33種類で、すべて1個€1.50という価格設定。地下のアトリエでチョコ作り体験も。

オペラ～ルーヴル **MAP:P6B3**

[図][M]①⑧⑫Concorde駅から徒歩1分 🏠244 Rue de Rivoli 1er ☎ 01 49 27 03 55 🕘11～12時、13～20時(火曜は11～13時、14～20時、土・日曜は11～20時) [休]なし

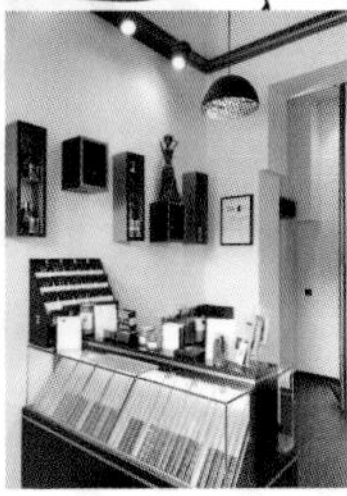

フランス最古のチョコレート店

ドゥボーヴ・エ・ガレ

●Debauve & Gallais

定番

1800年、フランス国王ルイ16世の王室薬剤師であったドゥボーヴ氏が開いた老舗。王室や貴族御用達だった時代の名残がある格調の高さと、創業以来のレシピが魅力。

サン・ジェルマン・デ・プレ **MAP:P11D2**

[図][M]④St-Germain-des-Prés駅から徒歩5分 🏠30 Rue des St-Pères 7e ☎ 01 45 48 54 67 🕘9時30分～19時30分(土曜は10時30分～) [休]日曜

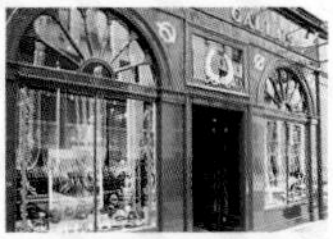

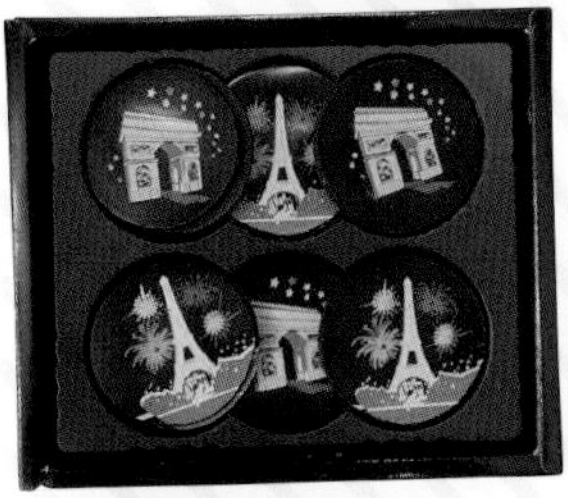

➡マリー＝アントワネットのピストル12個入り€25

ご指名!

9個入り€25～

チョコレート詰合せ
Boîte Carrés Assortis

店の代表作を集めた詰合せ。すべてのチョコに王室や貴族との由来がある

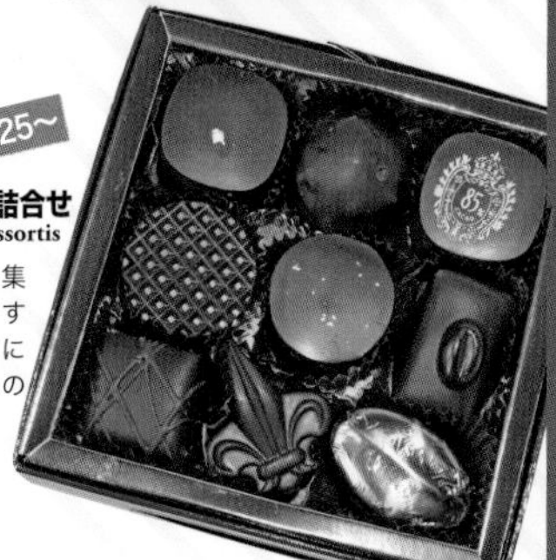

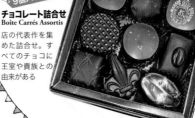

時代が経っても変わらないおもてなし

実力派。パリの老舗ビストロ

Read me!

装いも豪華な高級レストランに対し、町の食堂的な位置付けのビストロ。どこか懐かしさを感じさせる気軽な雰囲気の店ながら、セレブや食通も足しげく通う名店がある。

メイン

鶏が丸ごと
一羽！

デザート

Menu

昼夜共通のアラカルト

前菜 玉子とマヨネーズの前菜
「ジェームス」€0.90
Oeuf mayonnaise "James"

メイン ひな鳥のロースト
エストラゴン風味野菜添え €46
Poussin rôti à l'estragon avec legumes

デザート チョコレートムース
€19.50
Mousse au chocolat

前菜

パリを感じるセレブ御用達のアドレス

ル・ヴォルテール
●Le Voltaire

1939年創業。シックな雰囲気のレストランと、朝から夕方まで営業のビストロからなる。古きよき時代の店構えと料理がセレブに評判で、故シラク元大統領、マドンナなども常連客。

サン・ジェルマン・デ・プレ

MAP：P11D1

図Ⓜ⑫ Rue du Bac 駅から徒歩9分 ⛪27 Quai Voltaire 7e ☎ 01 42 61 17 49 ⏰ 8時～23時30分（ビストロは12～17時）⊛日・月曜 英

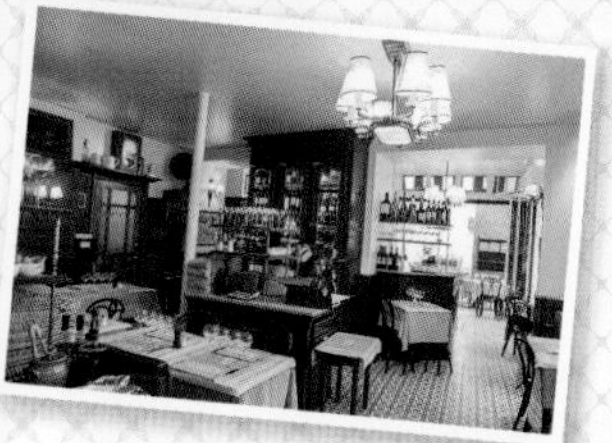

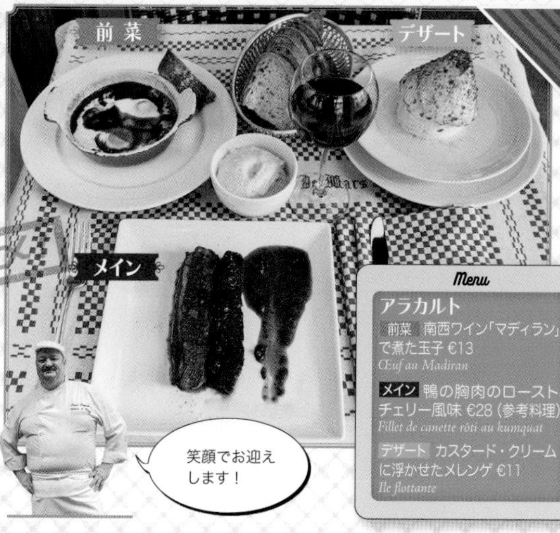
前菜
デザート
メイン
笑顔でお迎えします！

老舗ビストロでフレンチの神髄を

ラ・フォンテーヌ・ドゥ・マルス

オススメ

●La Fontaine de Mars

1908年の創業以来、1世紀にもわたり愛され続けるビストロ。その理由は、心地よい空間と気持ちのよいサービス、そして、この店が守り続けてきた伝統料理にある。

[エッフェル塔周辺] **MAP：P15C2**

[交]Ⓜ[8]École Militaire駅から徒歩6分 [住]129 Rue St-Dominique 7e ☎ 01 47 05 46 44 🕒12～15時、19～23時（土・日曜は12時～15時30分、19～23時）[休]なし [予][英][英]

Menu

アラカルト

[前菜] 南西ワイン「マディラン」で煮た玉子 €13
Œuf au Madiran

[メイン] 鴨の胸肉のロースト、チェリー風味 €28（参考料理）
Fillet de canette rôti au kumquat

[デザート] カスタード・クリームに浮かせたメレンゲ €11
Ile flottante

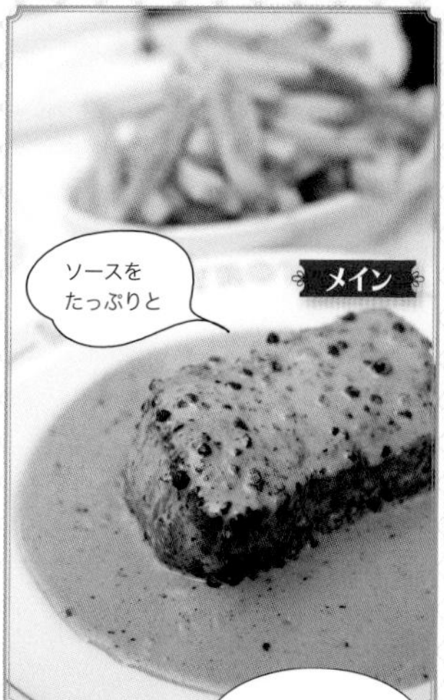
ソースをたっぷりと
メイン

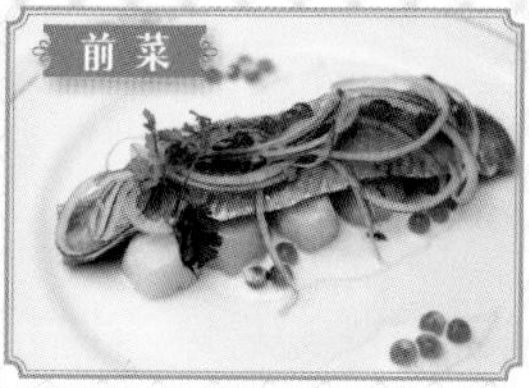
前菜

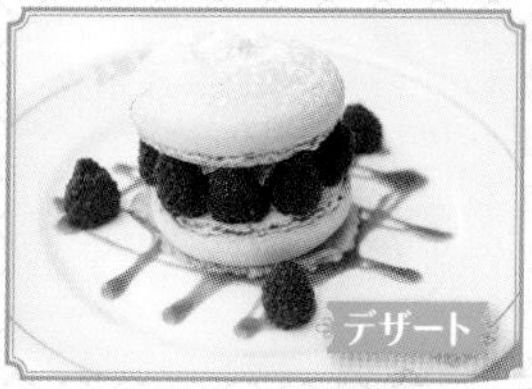
デザート

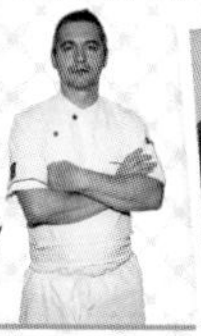
心を込めて作っています

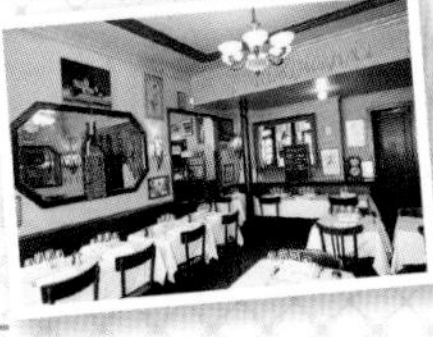

食のプロが通う大御所ビストロ

ビストロ・ポール・ベール

●Le Bistrot Paul Bert

良質な素材使いと味に定評があり、星付き店のシェフやレストランジャーナリストなども常連。内装も料理も昔ながらのよさを残し、どの皿もボリュームたっぷり。

[マレ周辺] **MAP：P3E3**

[交]Ⓜ[8]Faidherbe Chaligny駅から徒歩3分 [住]18 Rue Paul Bert 11e ☎01 43 72 24 01 🕒12～14時、19時30分～23時 [休]日・月曜 [英]

Menu

アラカルト

[前菜] 燻製ニシンのフィレいくらのクリームソース €11
Filet de hareng fumé, crème et œufs de saumon

[メイン] 牛肉のフィレ、ポテトフライ添え €44
Filet de boeuf avec frites

[デザート] ラズベリーのマカロン（参考料理）
Macarons aux framboises

＋Plus! **パリの郷土料理**

フランス料理のルーツは郷土料理にあるといわれるほど、各地方の名物料理がおいしい。では、パリが発祥の郷土料理ってどんなもの？

フランス全土から人や物が集まるパリでは、各地の料理が作られ、洗練されてきた。そのため、フランス特産の料理というと、グリンピースやアスパラガスのポタージュ、フライドポテトくらいだが、お菓子に関してはパリ発祥のものも多い。

ポトフ Pot-au-Feu

野菜と牛肉の煮込み。各地で作られているが、家庭的な定番料理としてパリのビストロなどで提供するところも。

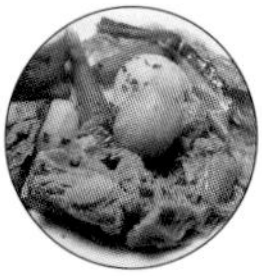

ブリー・ド・モー Brie de Meaux

コクがあり、熟成が進むと軟らかくなる。牛乳から作られる白カビタイプのカマンベールに似ている。

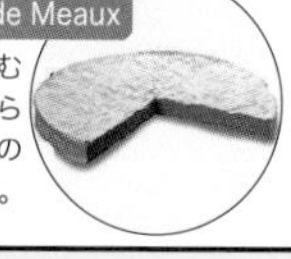

パリ・ブレスト Paris-Brest

1891年にパリ～ブレスト間の自転車レースを記念してパリの菓子店が考案。リング状のシューにプラリネクリームをサンド。

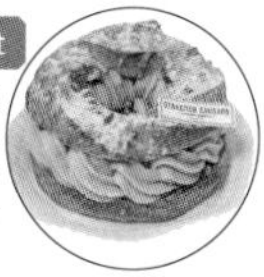

マカロン Macaron

マカロンは地方ごとに違うものがある。パリのマカロンはふっくらと焼いた生地にクリームをはさんだもの。

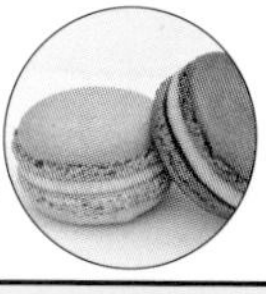

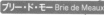

Unique Bistro

店のこだわりたっぷり！

話題の個性派ビストロ

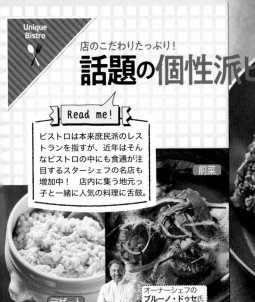

Read me!

ビストロは本来庶民派のレストランを指すが、近年はそんなビストロの中にも食通が注目するスターシェフの名店も増加中！　店内に集う地元っ子と一緒に人気の料理に舌鼓。

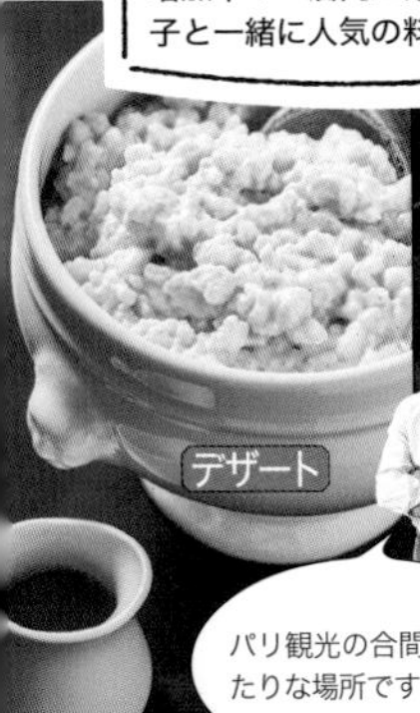

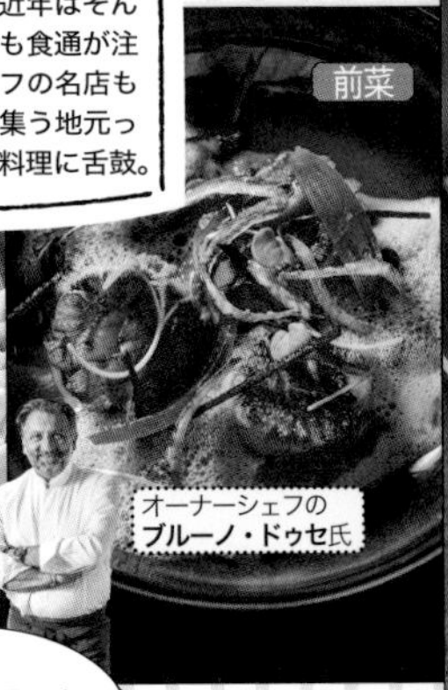

オーナーシェフの**ブルーノ・ドゥセ**氏

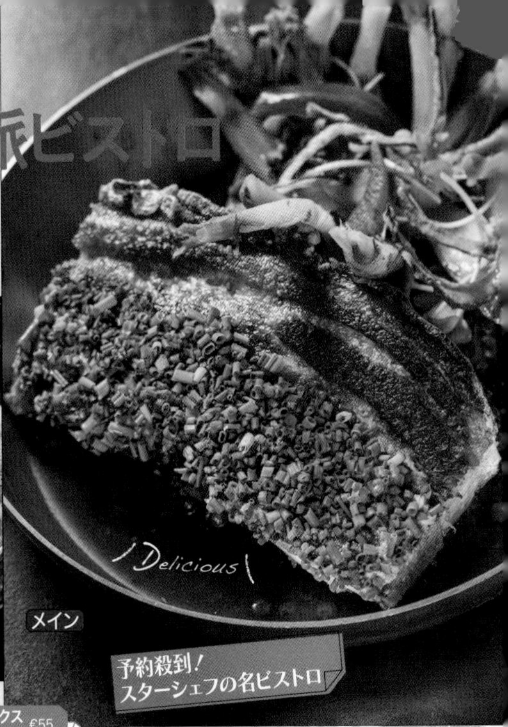

予約殺到！スターシェフの名ビストロ

パリ観光の合間にぴったりな場所ですよ

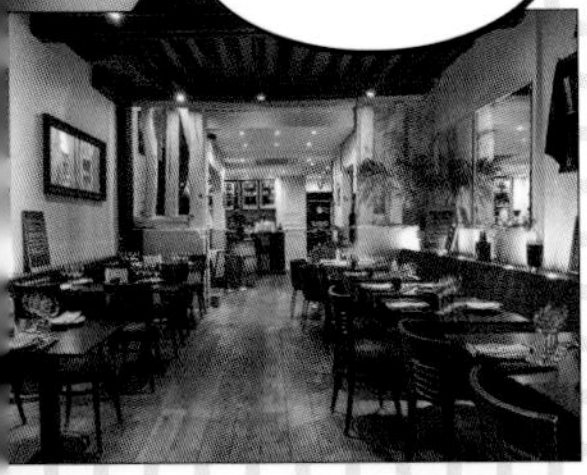

昼夜共通のプリフィクスメニュー　€55

[前菜] 大粒ホタテとクレソンのエマルジョンソース
Sauce émulsion de grosses coquilles Saint-Jacques et cresson

[メイン] カリッと焼いた豚の胸肉レンズ豆と野菜添え
Poitrine de cochon duu Cantal confie

[デザート] レガラード名物ライスプティング キャラメルソース
Le Fameu riz cuit au lait de La Régalade, caramel laitier

ラ・レガラード・サントノレ

●La Régalade Saint-Honoré

定番

スターシェフ、ブルーノ・ドゥセ氏がオーナーも務める、ビストロブームの草分け的な店。シンプルな伝統料理を基本に展開するメニューは味付けが軽く、ボリュームも満点。

[オペラ～ルーヴル] **MAP：P7E3**

図Ⓜ①Louvre-Rivoli駅から徒歩2分 🏠106 Rue Saint-Honoré 1er ☎01 42 21 92 40 ⏰12時15分～14時、19時15分～22時(土曜のランチは～14時30分、ディナーは～22時30分) [休]日・月曜 [予] [英][英]

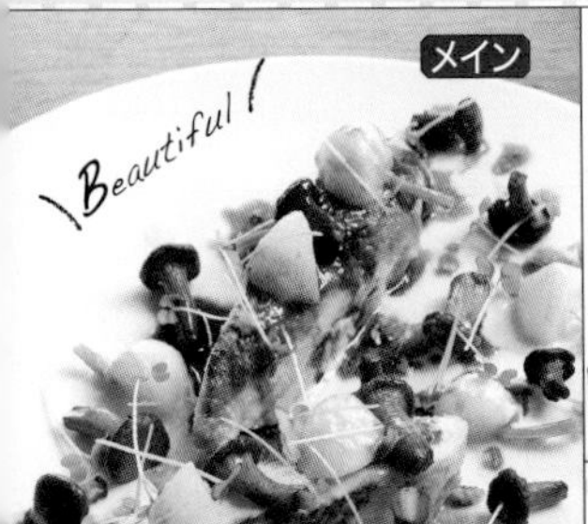

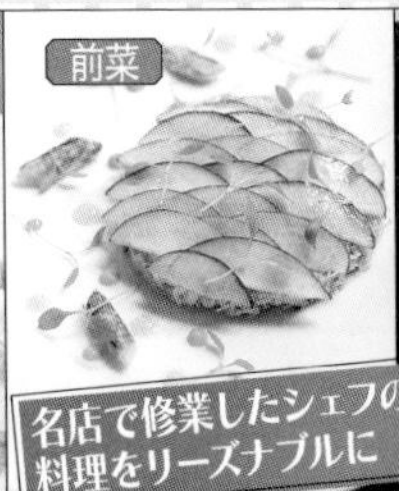

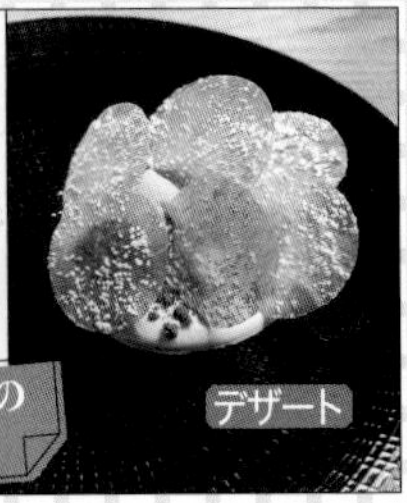

名店で修業したシェフの料理をリーズナブルに

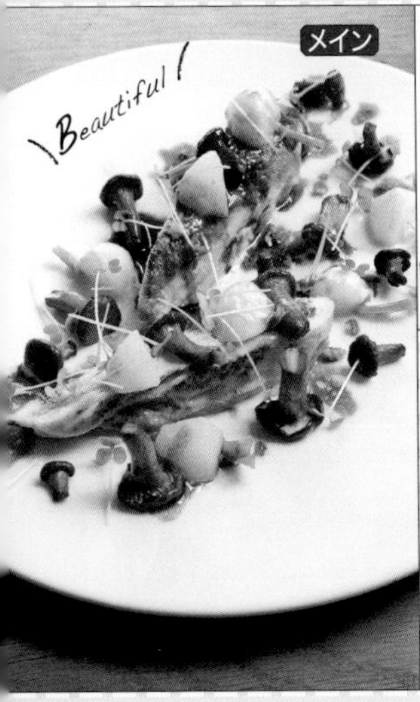

ピルエット

●Pirouette

パリとNYの有名店で経験を積んだシェフの料理が楽しめる。「新鮮な食材と高い技術をもって、美食料理をリーズナブルに提供」がコンセプト。前菜€10～、メイン€18～。

[オペラ～ルーヴル] **MAP：P7F2**

図Ⓜ④Étienne Marcel駅から徒歩2分 🏠5 Rue Mondétour 1er ☎01 40 26 47 81 ⏰12～14時、19～22時(土曜のランチは12時～14時30分) [休]日曜、夏期に3週間 [英][英]

昼夜共通のアラカルト
前菜€10～、メイン€18～

[前菜] カニの身と白桃緑野菜のマヨネーズ
Chair de Tourteau,pêche blanche, mayonnaise chotophyle

[メイン] 鶏の胸肉、大根の冷製仕立てジロール茸添え
Suprême de volaille 'Dandieux', navets glacès,girolles

[デザート] フロマージュ・ブランのクリームとキャラメルのアイス、弾けるムース
Crémeux de fromage blanc, glace caramel, mousse pétillante

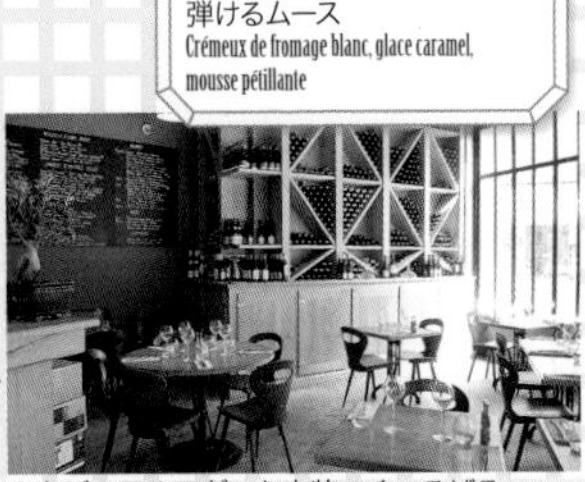

↑カジュアルモダンな内装でくつろげる

 ※掲載している料理は一例。その日・季節によって変わる

メイン

デザート

前菜

ブルターニュ産の
新鮮魚介に自信あり！

↑暖かい季節にはオープンエアになる

シェ・ミッシェル
●Chez Michel

ブルターニュ出身のシェフが新鮮な食材をふんだんに用い、懐かしさ漂う料理を提案。人気は産地直送の海の幸。良心的な値段で連日満員の人気店だ。

昼夜共通コース　€48

前菜 フォアグラ・コンフィのタルティーヌ、夏のトリュフ添え
Tartine au foie gras con ts à la fleurde sureau truffe d'été

メイン ブルトン産オマール海老、あさり、カサゴの煮込み
"Kotriade" homard breton, palourdes, rascasse

デザート パリ・ブレスト
Paris brest, Paris "53 heures"

サン・マルタン運河周辺　MAP：P3D2
図Ⓜ④⑤Gare du Nord 駅から徒歩4分 🏠 10 Rue de Belzunce 10e ☎ 01 44 53 06 20 ⏰11時45分～13時30分、19時～21時30分 休土・日曜

メイン

前菜

新鮮な食材で作るフレンチを味わって！

女性シェフが作り出すモンマルトルの注目店

デザート

オススメ

ア・レア
●A.lea

シェフのレア・レスラージェさんは、星付きレストランやモンマルトルの名店で経験を積んだ人物。季節の新鮮素材をシンプルに作る料理はボリューミーで盛り付けも美しい。

シェフのレア・レスラージェさん

昼のセットメニュー
2品€21、3品€25

前菜 鯖のリエットビネグレットソース
Rillettes de poisson, Fromage frais, Trévise en vinaigrette

メイン 豚バラ肉とキャベツジャガイモピューレ
Caillette de cochon et chou vert, Mousseline de pomme de terre, Jus de cuisson

デザート トンカ豆入りカスタードプリンのキャラメルソース
Crème caramel infusée à à fève tonka

モンマルトル　MAP：14B1
図Ⓜ⑫Lamarck-Caulaincourt駅から徒歩3分 🏠 39 Rue Lamarck 18e ⏰12時～13時30分、19時30分～21時30分（金曜は～22時、土・日曜は12～14時）休月・火曜

Plus!

旬の食材をチェック

美食の国では、どの時期に何を食べるかも大事なポイント。旬の食材を味わいにパリへ行くのもいいかも。

3～5月
生のホワイトアスパラガスはこの時期にしかお目にかかれない貴重な食材。年中メニューにありそうなサーモンも、旬の味はひと味違う。

ホワイトアスパラガス
Asperges blanches

サーモン
Saumon

6～8月
焼くだけでおいしいズッキーニは夏野菜の代表格。プチプチしたフランボワーズはラズベリーのこと。魚では舌ヒラメが時期。

ズッキーニ
Courgettes

フランボワーズ
Flamboise

9～11月
マッシュルーム以外にもたくさんの種類のキノコがマルシェに並ぶ。カキは専門店でフレッシュな生ガキを白ワインとともに味わいたい。

キノコ
Champignons

カキ
Huître

おいしいおつまみにワインが進む

カーヴ・ア・マンジェで乾杯！

Read me!

今パリでは食事のできるワインのお店、カーヴ・ア・マンジェが急増中！　お手頃ながら味が確かなワインとこだわりの料理で個性を競い合い、グルメなパリっ子もトリコに！

カーヴ・ア・マンジェとは

「バー・ア・ヴァン」がワインバーで、「カーヴ・ア・マンジェ」は食事も楽しめるワインショップ。店内の壁にワインが並んでいることが多く、ワインを購入することもできる。

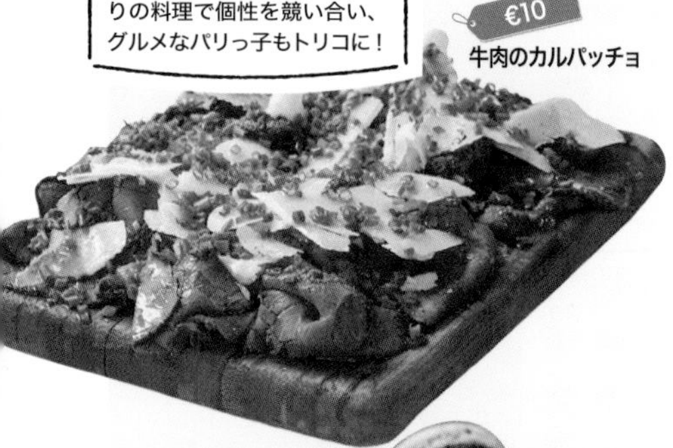

€10
牛肉のカルパッチョ

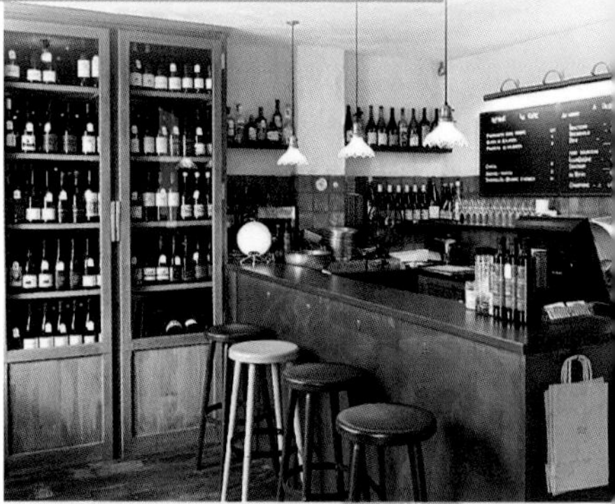

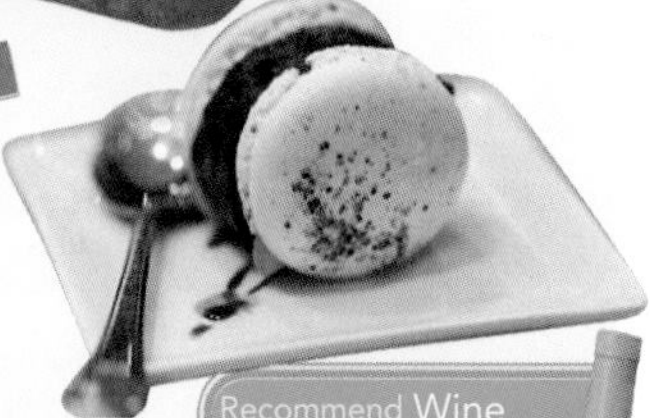

€5.50
ブータン・ノワールのマカロン

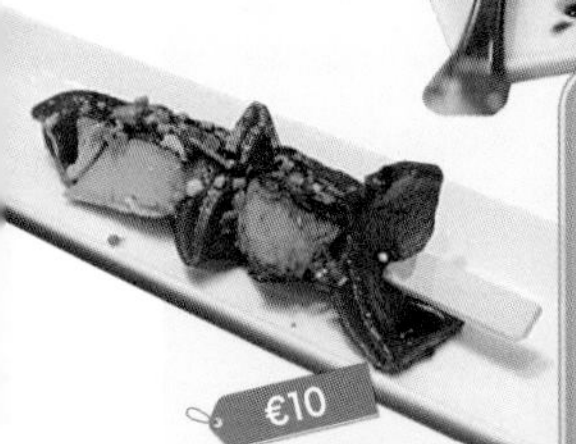

€10
フォアグラと赤ピーマンの串焼き

Recommend Wine
モンテスキュー 2016年
Montesquiou
€22(ボトル)、参考ワイン
繊細ながら主張もある辛口の白ワイン、ジュランソン・セック。ここで飲めるワインの多くが自然派。

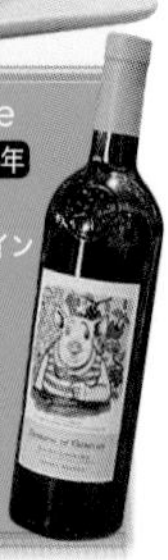

人気レストランが手がける話題の店

セプティーム・ラ・カーヴ

●Septime La Cave

↑ワインの販売価格プラス€7で店内でも飲める

予約の取れない人気レストラン、セプティームが手がける。季節によって変わるおつまみは6種類ほどで、すべてシェフが考案するレシピ。自然派ワインも100種類ほど揃える。

[マレ] **MAP：P9F2**

[交]Ⓜ⑧Ledru-Rollin駅から徒歩6分 [住]3 Rue Basfroi 11e ☎01 43 67 14 87 🕑16〜23時 [休]なし [英]

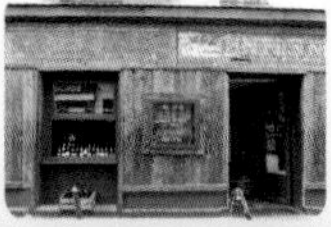

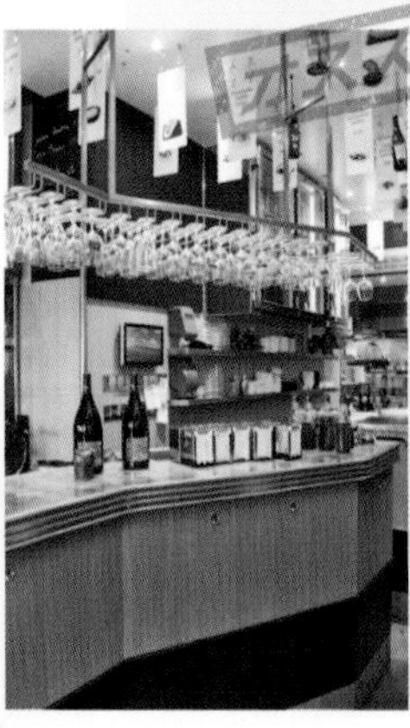

著名シェフによる立ち飲みバー

ル・コントワール・ドゥ・ラ・テール

●Le Comptoir de la Terre

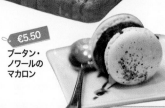

ビストロブームを仕掛けた著名シェフがオープン。気軽につまめるオードヴルは€6〜、130種類のワインはグラス€7〜。隣接して、シーフードに特化した同系列店もオープン。

[サン・ジェルマン・デ・プレ] **MAP：P11F2**

[交]Ⓜ④⑩Odéon駅から徒歩1分 [住]3 Carefour de l'Odéon 6e ☎01 44 27 07 97 🕑12〜23時 [休]なし [英][英]

←店内の写真付きメニューを見て指さし注文ができる

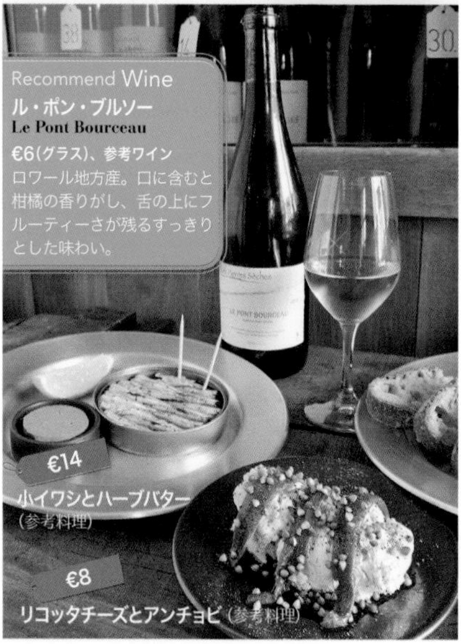

Recommend Wine
ル・ポン・ブルソー
Le Pont Bourceau
€6(グラス)、参考ワイン
ロワール地方産。口に含むと柑橘の香りがし、舌の上にフルーティーさが残るすっきりとした味わい。

€14
小イワシとハーブバター
(参考料理)

€8
リコッタチーズとアンチョビ (参考料理)

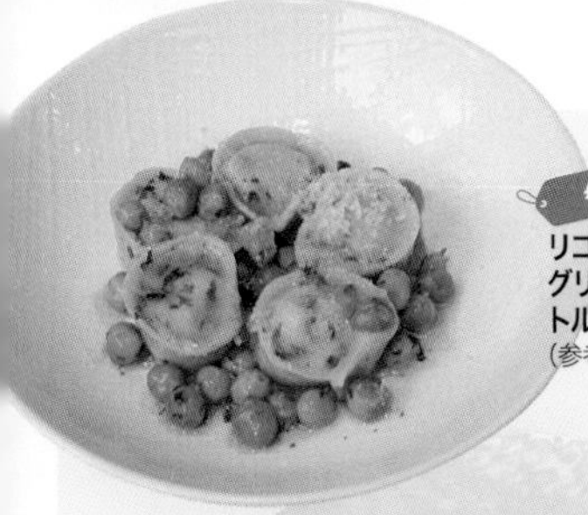

€14
リコッタチーズとグリーンピースのトルテリーニ
(参考料理)

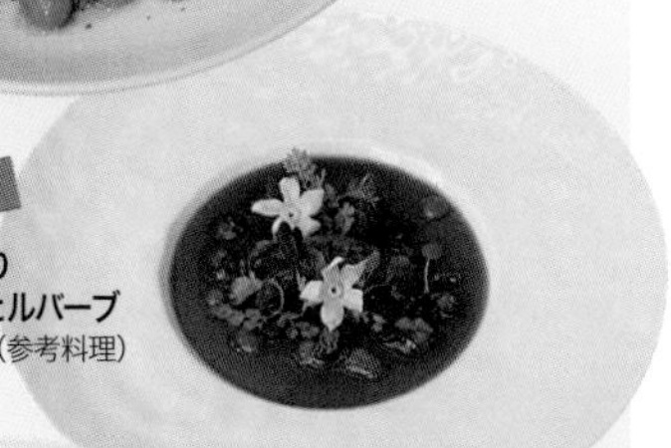

€16
クリーム入りフォアグラとルバーブのチャツネ(参考料理)

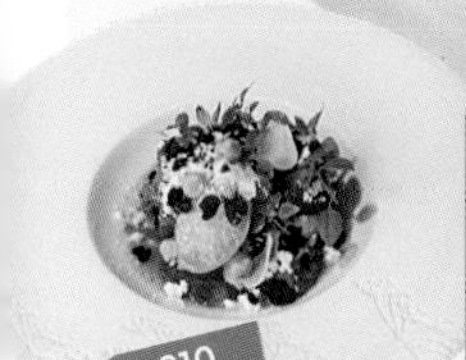

€10
トマトとナスのペースト、フェタチーズのサラダ
(参考料理)

Recommend Wine
コート・ロティ
Côte Rotie
€63(ボトル)、参考ワイン
ローヌ地方、シラー100%の口当たりのよいワイン。スミレや洋ナシのようなエレガントな香りが特徴

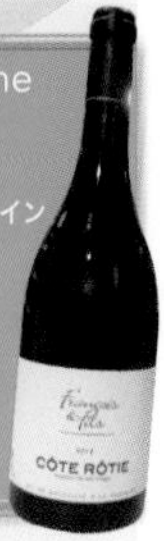

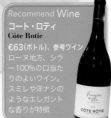

ワインと美食が楽しめる人気店

フレンチー・バー・ア・ヴァン

●Frenchie Bar à Vins

予約困難なビストロ、フレンチーの正面にある姉妹店で、予約不可のため開店前から長い行列ができる。前菜、パスタ、メイン、デザートなど€6～24ほど。内容は日替わり。

オペラ～ルーヴル
MAP:P7F1
[交][M]③Sentier駅から徒歩1分 [住]6 Rue du Nil 2e ☎なし [時]18時30分～23時 [休]なし [英][英]

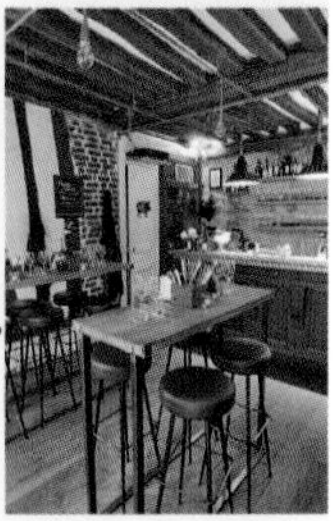

↑開店15～30分前に並べば席を確保しやすい

人気ワインバー、ラ・クレムリーの2号店

ラ・グランド・クレムリー

●La Grande Crèmerie

1880年創業のラ・クレムリーの支店。ブルゴーニュを中心に130種類ものワインがあるので、好みのワインを選んでもらおう。季節によって変わる料理はダイナミックな盛り付け。

サン・ジェルマン・デ・プレ
MAP:P11E2
[交][M]④⑩Odéon駅から徒歩5分
[住]8 Rue Grégoire de Tours 6e
☎01 43 26 09 09 [時]18～24時 [休]なし [英]

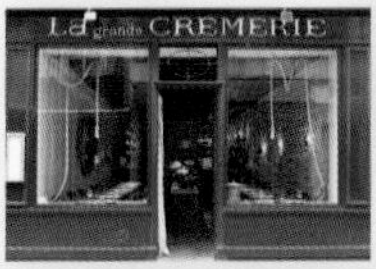

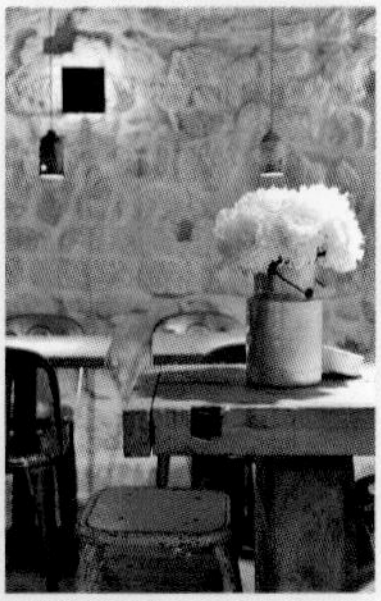

↑順番を待ちつつ味わう一杯も楽しい

Recommend Wine
カルツ Quartz
€31(ボトル)、参考ワイン
ミネラルたっぷりのナチュラルワイン。バニラ、柑橘、黄色いフルーツの香り。口に含むと酸味が広がる。

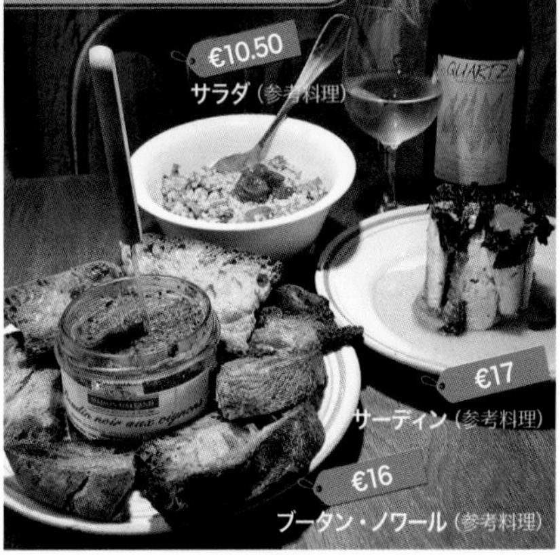

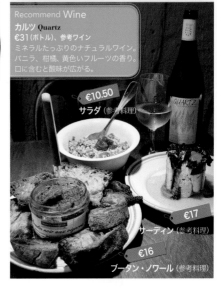

€10.50
サラダ(参考料理)

€17
サーディン(参考料理)

€16
ブーダン・ノワール(参考料理)

+Plus! **フランスワインの銘柄**

世界を代表するワインの名産地フランス。有名な産地とそのワインの特徴を知っておくと、ワイン選びのときの参考になる!

赤 rouge

ブルゴーニュ(赤)
Bourgogne (rouge)
多くがピノ・ノワール単一種で造られ、華やかで女性的な印象

ボルドー(赤)
Bordeaux (rouge)
濃厚かつ重量感があり男性的な味。ボトルの形はいかり肩が特徴

コート・デュ・ローヌ(赤)
Côte du Rhone (rouge)
ローヌ河沿いが産地。南の太陽の香りを感じさせる力強さがある

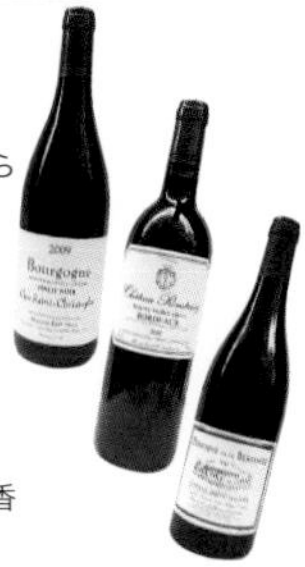

白 blanc

ブルゴーニュ(白)
Bourgogne (blanc)
シャルドネ種 100%がほとんど。豊かな香りと果実味が人気

アルザス(白)
Alsace (blanc)
リースリング種やシルヴァネ種で造る、果実味の強い繊細なワイン

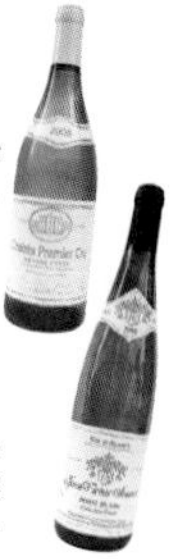

ロゼ rosé

コート・ドゥ・プロヴァンス(ロゼ)
Côte de Provence (rosé)
辛口ロゼの代表的銘柄。みずみずしく風味豊かで人気

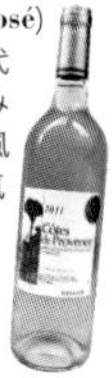

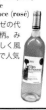

ビストロやブラッスリーでお得にランチ

€26以下で満足！カジュアルフレンチ

前菜＋メイン、
またはメイン＋
デザート
€17

前菜＋メイン＋
デザート
€21

Read me！

ランチなどのセットはフランス語で「menu（ムニュ）」。ランチだと前菜＋メインか、メイン＋デザートが一般的。夜は高めのお店でも、ランチなら比較的手頃な価格。

メイン

仔羊の肩肉の煮込み
トマト風味
Épaule d'Agneau fondante,
jus tomaté

普段着のビストロ料理が新鮮！

レボショワール
●L'Ebauchoir

オススメ！

昔ながらのビストロらしい料理と、気さくな雰囲気で大人気。前菜のパテ類から「おばあちゃんの味」を思わせるデザートまで、すべてシェフによる自家製でクオリティも一級品。

マレ MAP：P9F3

図Ⓜ⑧Faidherbe Chaligny駅から徒歩2分🏠43-45 Rue de Citeaux 12e ☎01 43 42 49 31 ⏰12時〜14時30分、20〜23時（金・土曜の夜は19時30分〜21時）🈺日曜、月曜の昼

↑昔ながらのビストロの雰囲気があふれる店内

↗バスティーユ地区の小道に面したテラス席もある

前菜

鶏レバーのムース
ハーブソース添え
Gâteau de foie de
volaille en ravigote

デザート

アンズのタルト
Tarte aux abricot

前菜＋メイン、
またはメイン＋
デザート（平日）
€19

前菜＋メイン＋
デザート（平日）
€22
※土曜はアラカルトのみ

手前から

メイン

クロップス
（ミートローフ）
Klops(Pain de viande)

前菜

ウフ・ミモザ
Oeuf mimosa

デザート

オレンジ風味の
スムール
プディング
Gâteau de semoule
à l'orange

隠れ家のようなかわいいビストロ

ル・プティ・ヴァテル
●Le Petit Vatel

サン・ジェルマンの裏通りに19世紀末から続く小さなビストロを、2人の女性シェフがリニューアル。新鮮な季節の食材を使った素朴な家庭料理が評判。夜はアラカルトのみ。

サン・ジェルマン・デ・プレ MAP：P11E2

図Ⓜ⑩Mabillon駅から徒歩2分🏠5 Rue Lobineau 6e ☎01 43 54 28 49 ⏰12〜15時、18時30分〜21時🈺日・月曜

↑マルシェ・サン・ジェルマン横の小道に立つ

↑レトロな床のタイルや木の椅子がかわいらしい

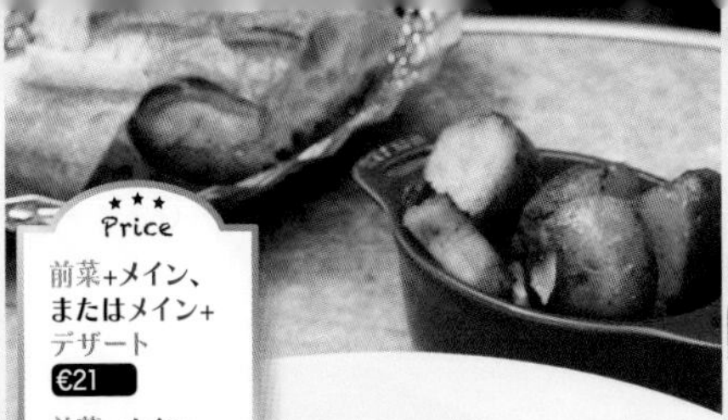

話題の運河エリアにある
人気アドレス

レ・ヴィネグリエ

●Les Vinaigriers

オーナーで現役フォトグラファーのティボー氏が、気鋭の若手料理人とともにシンプルでモダンな最新ビストロ料理を提案する店。木を基調にした明るい店内は、居心地満点。

[サン・マルタン運河]
MAP：P16B2

[図]Ⓜ⑤Jacques Bonsergent駅から徒歩4分 [住]42 Rue des Vinaigriers 10e ☎01 46 07 97 12 🕒12～14時、19～22時(土曜の昼は12時30分～14時30分) [休]日曜 [予]

Price
前菜+メイン、またはメイン+デザート **€21**
前菜+メイン+デザート **€26**

[前菜]
イベリコとイタリアの生ハム盛り合わせ
Petites planche de charcuteries ibérique et italienne

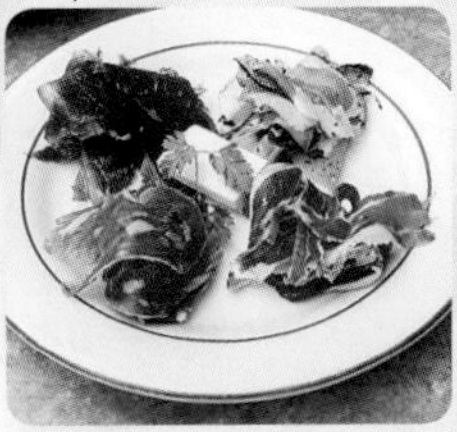

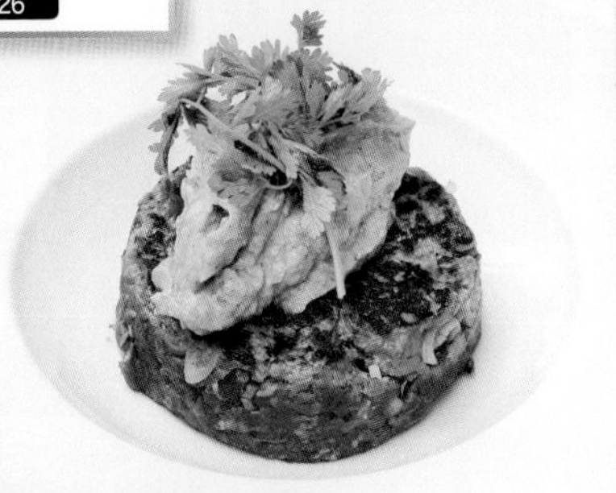

[デザート]
濃厚フォンダンショコラ
Mi-cuit chocolat corsé

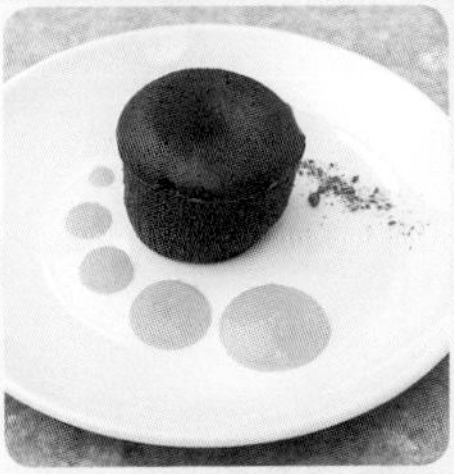

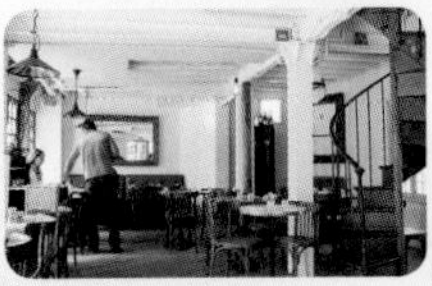

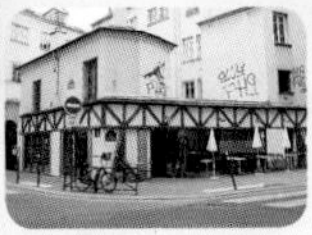

↑女性ひとりでも利用しやすい雰囲気がうれしい →話題店が増加中のヴィネグリエ通りにある

[メイン]
シャロレー産牛のタルタル トマトとレモンのコンフィ、小ジャガイモ
Tartare de boeuf charolais, tomates et citrons confits, grenailles

---

予約して訪れたい大衆食堂！

ブイヨン・レピュブリック

[定番]

●Bouillon République

レピュブリック広場に位置する、行列のできるブラッスリー。人気の理由は超お手頃価格で定番フレンチを味わえること。前菜は€2.50～、メイン€8.50～、デザート€2.80～と節約派も大満足。

[サン・マルタン運河周辺] **MAP：P16B4**

[図]Ⓜ③⑤⑧⑨⑪République駅から徒歩3分 [住]39 Bd. du Temple 3e ☎01 42 59 69 31 🕒12～24時 [休]なし [英]

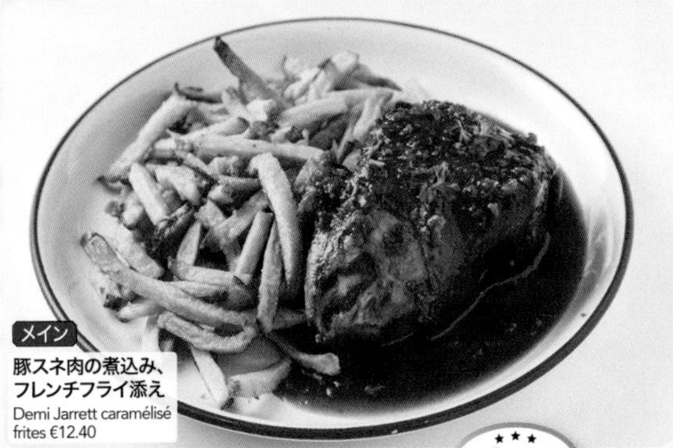

[メイン]
豚スネ肉の煮込み、フレンチフライ添え
Demi Jarrett caramélisé frites €12.40

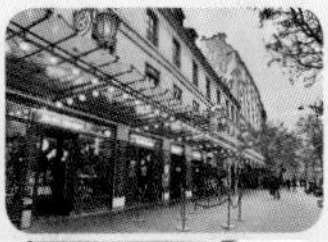

→16～18時は比較的空いているので狙い目 ↓古きよきパリの雰囲気を感じるクラシカルな店内

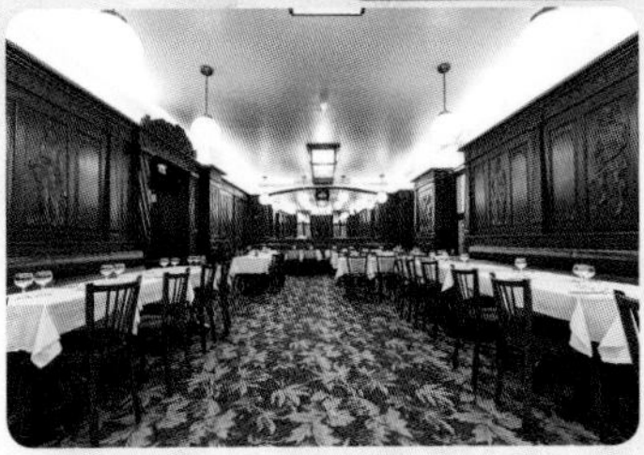

Price
前菜+メイン+デザート **€19.70**

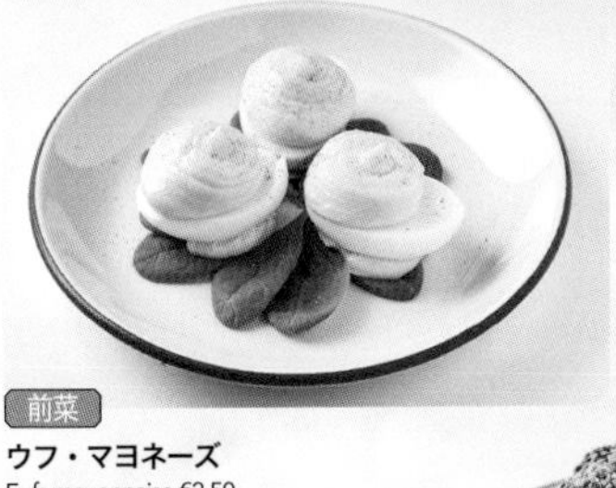

[前菜]
ウフ・マヨネーズ
Eufs mayonnaise €2.50

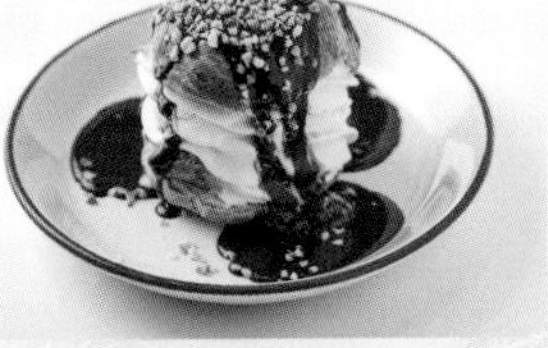

[デザート]
プロフィットロール
profiterole glace au lait & chocolat chaud €4.80

お手軽なのにスペシャル感大
穴場はデパートのグルメフロア！

Read me!

ディナーもカジュアルに楽しむなら、デパートのグルメフロアへ！ ショッピングの休憩にも立ち寄れる便利さもうれしい。マナーとして、メインはひとり一品注文しよう。

➡エッフェル塔も見えるテラス席が人気
©RomainRicard

➡スーパーナチュレの店内席
©RomainRicard

プランタン・オスマン本店 →P175

フランスグルメが集結した美食空間
プランタン・デュ・グー
●Printemps du Goût

メンズ館7・8階に位置するメイド・イン・フランスにこだわった食材店とレストランからなるグルメフロア。テラス席ではパリの街を一望できる。

ルーヴル～オペラ　MAP：P6B1

☎01 42 82 75 00
⏰10～20時（日曜は11時～）㉔なし ※掲載料理はすべて参考メニュー

Ⓐ アーティチョークのピザ1カット€6。ピザは€5～8

Ⓒ バーガーは€24～26。写真はベジタブル・グリルバーガー（サラダとポテト付き）
©RomainRicard

⬆ サラダは€17～。ビタミンを逃さない調理法で提供する
©RomainRicard

Ⓑ オーガニックのイチゴとシャンティ（ホイップ）クリームのクレープ€7.50

Ⓓ 料理は€17～。写真はチーズの盛り合わせ

⬇チーズたっぷりのクロックムッシュ€23はランチにもおすすめ

©RomainRicard
©RomainRicard

Ⓐ **スザナ** ●SUZANA
2022年にオープンしたモダンなピッツェリア。長時間発酵させたピザ生地はサクサクとした軽い口当たり。テイクアウトもOK。
☎01 42 82 40 01

Ⓑ **マロ** ●MALO
有機農法で栽培する小麦粉、イル＝ド＝フランス地域の新鮮な玉子、バターを使うクレープリー。デザートのクレープは€3.50～10。
☎01 42 82 51 00

Ⓒ **スーパーナチュレ** ●Supernature
フランス産の季節の野菜やフルーツを贅沢に使ったオーガニック食堂。メニューはサラダやパスタ、バーガーなど。
☎01 42 82 53 02

Ⓓ **ローラン・デュボワ** ●Laurent Dubois
M.O.F.（国家最優秀職人賞）の称号をもつローラン・デュボワ氏のチーズを堪能できるレストラン。キッズメニューもあり。
☎01 42 82 40 05

ギャラリー・ラファイエット・パリ・オスマン（グルメ館）→P174

個性豊かな料理店が集まる

レ・ヌーベル・ターブル・デュ・グルメ
●Les Nouvelles Tables du Gourmet

グルメ館2階が若手シェフを集めたレストランフロアにリニューアル。南米、地中海、日本料理、ワインバーなど幅広いラインナップ。

`オペラ～ルーヴル` **MAP：P6B1**

☎01 40 23 52 67 ⓣ店舗により異なる ⓗなし

Ⓗロティサリーチキン（1/4サイズ）の野菜添え€21。サイドディッシュやデザート付きは€28

→ダヴィッド・ガリエンヌ氏

←気軽に入れるカジュアルな雰囲気

Ⓔ薄い生地に玉子やタマネギ、マグロなど包んで揚げた、ブリック€10 →ヨニ・サアダ氏

↑店内も地中海をイメージしたさわやかなデザイン

Ⓖペルーから直送するタコとジャガイモのトマトクーリソース€19

Ⓕ味噌マヨネーズのフライドチキンバーガー€13とサツマイモフリット€6。

↑モリ・サッコ氏

→店内はシンプルでナチュラルテイスト

→ホセ・アリアス氏

→ペルーの文化や伝統を取り入れたモダンな店内

Ⓔ バニャール ●Bagnard

星付きシェフの元で腕を磨いたヨニ・サアダ氏の店。ニース名物のパン・バーニャ、サラダやブリックなど地中海料理を提供。

🕐9時30分～21時30分（日曜は11～20時）

Ⓕ モスゴー ●Mosugo

14区の星付きレストラン「Mosuke」のシェフ、モリ・サッコ氏が手がける、フライドチキンバーガー。味噌を多用しているのが特徴。

🕐11時30分～20時30分（日曜は～20時）

Ⓖ ヨラ ●Yora

セビーチェ（魚介マリネ）など、南米の伝統料理をモダンにアレンジ。シェフは9区のペルー料理「Villa Mikuna」のホセ・アリアス氏。

🕐9時30分～21時30分（日曜は11～20時）

Ⓗ ラベル・ブロシュ ●Label Broche

ノルマンディに店を構える星付きスターシェフ、ダヴィッド・ガリエンヌ氏のロティサリーチキン専門店。チキンはもちろんノルマンディ産。

🕐9時30分～21時30分（日曜は11～20時）

地元の人に混ざってお買物！

パリの日常を感じるマルシェへ

Read me!

パリ市内各地で早朝から開かれるマルシェは、生鮮食品や生活雑貨などを販売する市場のこと。テイクアウトフードもあるので、朝食がてら出かけるのもおすすめ。

Ⓐ 果物

色とりどりの果物を売る店が点在し、地元の人が購入する姿も。

↑フランスらしい果物のひとつ、アプリコット€1.99/kg

木・日曜開催
食材が豊富なローカル市場

マルシェ・バスティーユ
●Marché Bastille

バスティーユ広場から北に延びる通りで開催。100店以上が軒を連ね、食料品、植物、日用品、衣類などが売られている。ローカル感たっぷりでパリの日常を垣間見られる。

マレ **MAP：P9D2**

🚇Ⓜ①⑤⑧Bastille駅、⑤Bréguet Sabin駅から徒歩3分 🏠Bd. Richard Lenoir 11e ⏰7時～13時30分（日曜は～14時30分）㊡月～水・金・土曜

Ⓒ 衣類

トップス、ワンピース、スカートなどを取り揃え、柄の種類も豊富。

→ピンクの花柄ワンピース€15

Ⓑ オリーブ

色や形のさまざまなオリーブが売られており、香り豊か。

←オリーブ€13/kg

Ⓓ ガレット

マルシェの中央あたりにはガレット店も。朝ごはん代わりにも、散策のお供にも最適！

↖ハム＆チーズ入りガレット€6

地図内表記：St. Sabin／Boulevard Richard-Lenoir／Rue Sedaine／Rue Daval／バスティーユ広場

A 地ビール
ヨーロッパ各国の地ビールを約200種類集める。果物のフレーバー付きや白ビールは女性に人気。

B 食品全般
マダガスカル島の特産を集めた食品店。イートインコーナーもあり、料理はアラカルトメインで1品€5～12。

←木苺のビール€5.20

←コルシカ産
地ビール€3.25

C 肉&惣菜
ブルターニュ地方オーヴェルニュ産の精肉と肉系惣菜を販売。料理に便利な瓶詰ソースや調味料も豊富。

↑ひき肉パイ、フリアンド €4.50

火～日曜開催
下町にある庶民派マルシェ
マルシェ・ダリーグル
●Marché d'Aligre
価格設定が良心的で、特に露店で売られる野菜や果物は驚くほど安い。アフリカ系の客も多く、異国情緒たっぷり。屋外市場は昼過ぎまで、屋内市場は午後も営業している。

マレ **MAP：P9F3**
Ⓜ⑧ Ledru-Rollin 駅から徒歩4分 Rue d'Aligre 12e 屋内は8時～13時30分、16時～19時30分(土曜は8時～19時30分、日曜は8時～13時30分のみ)、屋外は7時30分～13時30分(土・日曜は～14時30分) 月曜

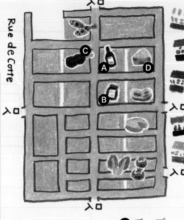

Rue de Corte

Rue d'Aligre

入口

D チーズ
フランス、スイス産を中心に良質なチーズを販売。日本への持ち込みは制限されているので注意(→P223)。

隣接する蚤の市
隣では蚤の市も開催。古着から古本、食器などさまざま。マルシェと蚤の市を同時に楽しめる。

ダリーグル蚤の市
●Puces d'Aligre
マレ **MAP：P9F3**
Ⓜ⑧ Ledru-Rollin 駅から徒歩4分 Pl. d'Aligre 12e 8～14時 月曜

↑掘出し物を探してみよう

＋Plus!　マルシェショッピングのコツ
市場の雰囲気を満喫するには、買物の基本をチェックしよう。

エコバッグを持参
たくさん買物をするならマイバッグは必需品。パリジェンヌは大きなカゴバッグやカートを持参している。

時間帯に注意
早朝から始まるマルシェは、朝早すぎると市場のセッティング中であったり、昼過ぎになると店じまいを始めるところもある。

店員さんと会話しよう
威勢のいい店員たちとのコミュニケーションは、市場の醍醐味のひとつ。フランス語の基本会話や数字を覚えて、楽しく買物をしよう。

❶まずは声をかける
あいさつからはじめ、指さしながら何かを聞いてみよう。

Bonjour!
Qu'est-ceque c'est?
ボンジュール！
ケス ク セ？
こんにちは！
これは何ですか？

❷どのくらい買うか伝える
数や量を、欲しい分だけ伝えられるようにしたい。

Un sachet,s'il vous plait.
C'est Combien?
アン サシェシル ヴ プレ.
セ コンビアン？
1袋ください。
おいくらですか？

❸あいさつで買物終了
最後は、笑顔で気持ちよくあいさつして、店を離れよう。

Mercibeaucoup.
Au revoir.
メルシー ボク！
オー ヴォワ
ありがとうございました！
さようなら

147

パリの日常を感じるマルシェへ

日曜開催

オーガニック専門の
マルシェ

マルシェ・ビオ・ラスパイユ
●Marché Biologique Raspail

1989年に始まったオーガニック専門の市場。有機と認証された「AB」ラベルの商品を扱い、無農薬栽培の野菜や保存料無添加の食品、手作り化粧品などが並ぶ。

サン・ジェルマン・デ・プレ
MAP：P11D3
図Ⓜ⑫Rennes駅から徒歩すぐ 畾Bd. Raspail 6e ⏰7時～14時30分 ⑭月～土曜

Ⓐ スープ＆タルト
旬野菜たっぷりの温かいスープ、夏は冷製トマトスープが人気。野菜や果物を使った素朴なタルトもおすすめ。

↑シナモン香るリンゴのタルト€3.90 →12種類の野菜スープ€4.90～

→エッフェル塔マークの石けんは全8色。各€3.20 ↓植物成分配合の肌にやさしいハート型石けん€1（1個）

Ⓑ オリーブ石けん
マルセイユ生まれのオリーブ石けんを販売。エッフェル塔やハート型はおみやげにぴったり。

Ⓒ ビオワイン
ビオワインの醸造元、シャトー・ド・コクシネルの直売店。ローヌ国際ワイン祭で金メダル受賞の実力派。

→シャンパニュと同じ製法で作られた発泡酒€15

Rue du Cherche Midi

Ⓔ Ⓐ Ⓒ Ⓑ Ⓖ
Ⓓ Ⓕ

Bd. Raspail

Ⓜ Rennes

Ⓓ 乳製品
ノルマンディ地方の農場で作るチーズやヨーグルトなど乳製品、新鮮な卵を直送。日本への持ち込みは制限されているので注意（→P223）。

→カマンベールチーズ€5.60

Ⓔ ジャガイモのガレット
行列が絶えないフランス版ジャガイモのおやきの店。アツアツをどうぞ。

→玉ねぎ、チーズを混ぜて焼いたジャガイモのガレット€2.80

Ⓕ ハチミツ
養蜂家が自ら販売するフランス産ハチミツ店。アカシアをはじめさまざまな花のハチミツが並ぶ。

↑ソローニュ地方のハチミツ各€7.50（250g）。香り高く、味わい深い →生のハチミツが閉じ込められたハチミツキャンディ€3.50（180g）

←レーズン、イチジク入りパン€19.60/kg

Ⓖ 天然酵母パン
天然酵母を用いた、多様なパンやお菓子をラインナップ。長い行列ができる人気店だ。

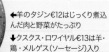

← 羊のタジン€12はじっくり煮込んだ肉と野菜がたっぷり

↓ クスクス・ロワイヤル€13は羊・鶏・メルゲス(ソーセージ)入り

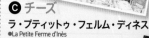

Ⓐ モロッコ料理
トレットゥール・マロカン
● Traiteur Marocain

現地の雰囲気で伝統的なモロッコ料理が食べられる。鮮やかなモザイクテーブルにもうっとり。量が多いのでお腹を空かしていこう！
🕐 10〜19時(食事は11時〜) 休月曜 🚫 ※カードは€14〜可能(VISA、Masterのみ)

Ⓒ チーズ
ラ・プティットゥ・フェルム・ディネス
● La Petite Ferme d'Inès

チーズ、バター、ヨーグルトなど乳製品がメインの食材店。フォアグラなど厳選食材がお手頃なのはマルシェならでは。
🕐 9〜20時(日曜は〜17時) 休月曜 🚫 ※カードは€10〜可能

→ イベリコ豚の熟成生ハム€14.90

← 軟らかく煮込んだタコが丸ごと入ったパスタ€19.50

入口　Rue de Bretagne　入口

BIO食品

ベジタリアン食堂

Ⓐ　Ⓒ

Ⓑ

日本人シェフの市場レストラン

日本の弁当 Taeko

クレオール料理

← パテ・ドゥ・カンパーニュ€8。バゲットと食べると美味(パッケージは現在変更)

↑ フレッシュでクセの少ない円筒形の山羊チーズ€9.90

← 食後に食べたい自家製ティラミス€5.90。甘さ控えめでペロリ！

Ⓑ イタリアン
トレットゥール・イタリアン
● Traiteur Italien

カフェ感覚で本場のイタリアンを楽しめる穴場。ナポリ、ヴェネツィア、シチリアなど地方の名物料理も揃える。
🕐 10〜18時(冬期は〜17時) 休月曜 🚫

火〜日曜開催
イートインコーナーが充実
マルシェ・デ・ザンファン・ルージュ
● Marché des Enfants Rouges

北マレ地区で最も古い屋内食品市場。飲食スペースが多く、レバノン、モロッコなど各国の料理が味わえる。気軽に立ち寄れるので、ランチタイムにぜひ。

マレ MAP：P8B1

図Ⓜ⑧St-Sébastien-Froissart駅から徒歩5分 🏠39 Rue de Bretagne 3e 🕐8時30分〜20時30分(木曜は〜21時30分、日曜は〜17時)※季節や飲食店により異なる 休月曜 🚫

＋ Plus!
"パリの胃袋"で食べ歩き

グルメスポット満載で「パリの胃袋」ともよばれるムフタール通り。気になるお店に立ち寄ってみよう！

常設市場も備わる小道
ムフタール通り
● Rue Mouffetard

サン・メダール教会から北に約600m延びるムフタール通り。その周辺にはギリシア、エチオピア、和食など世界各国のレストランからカフェやクレープリー、またチーズやワインなどの常設市場「マルシェ・ムフタール」(MAP：P12C4)があり、まさにグルメ天国。

カルチェ・ラタン MAP：P12B3

図Ⓜ⑦Place Monge駅から徒歩4分 ※月曜定休の店が多い

↑ 石畳の小道にレストランが並ぶ　→マルシェ・ムフタールには野菜や果物など新鮮な食材が並ぶ

パリで世界の味覚を堪能！

魅力あふれる多国籍料理の世界へ

ベトナムにギリシャからモロッコまで…
パリの街には多国籍レストランがたくさん！
日本ではあまり見ることがない国の料理店もあるので、
わざわざ食べにいきたい！

どうして多国籍料理店が多いの？

パリはアフリカやインドシナ半島から移民を受け入れた歴史があり、今ではユダヤ、アフリカ、アジアなど各エリアでコミュニティが形成されている。また、多国籍展開の会社も多いことから、さまざまな国の料理店がひしめきあっている。

→カフタ€8.90。窯の直火焼きピタパンに仔羊の挽肉と野菜をサンド

レバノン

直焼きレバノン式の
ピタパンが絶品

リザ・パリ
●Liza Paris

→レバノン風タブレ€8.50。パセリとミントたっぷりのクスクス入りサラダ

女性オーナーによるスタイリッシュなレバノン料理レストラン「リザ」併設のブーランジュリー。伝統レシピで作る2種の自家製パンに、オリエンタルな具のハーモニーが絶品！

オペラ〜ルーヴル MAP：P7D2
Ⓜ③Bourse駅から徒歩3分 🏠14 Rue de la Banque 2e ☎ 01 55 35 00 66 🕐12時〜15時30分 🛑土・日曜

ベトナム

素材からこだわった
ベトナム食堂の新潮流

ハノイ・コーナー
●Hanoi Corner

→ベトナム産の豆を自家焙煎した特製コーヒー€3

ベトナム出身の若いオーナー夫妻が現地レシピを忠実に再現。上質な食材を使ったメニューは価格もお手頃で、正午前から行列ができる。挽きたて豆で淹れるベトナムコーヒーもぜひ。

オペラ〜ルーヴル MAP：P14A4
Ⓜ⑦Trinité駅から徒歩2分 🏠7 Rue Blanche 9e ☎ 01 72 34 79 42 🕐11〜16時（土曜は14〜17時）🛑日曜

バルカン半島

→ギリシャ製のマシーンで入れた特製コーヒー、イブリック€5.50

バルカン半島のヘルシー＆
オリエンタルな食文化を発見

イブリック
●Ibrik

東欧からギリシャ・中東にかかるバルカン半島をコンセプトにしたデリカフェ。オリーブとスパイスの香り漂うオリエンタルな地中海料理とトルココーヒーで、異国気分に浸りたい。

モンマルトル MAP：P14B4
Ⓜ⑦Le Peletier駅から徒歩2分 🏠43 Rue Laffitte 9e ☎ 01 73 71 84 60 🕐8時30分〜16時 🛑日曜

↑鶏フライ入りピタパンオープンサンド、シュニッツェル・シャワルマ€12.50

→（上）パリのNo.1 バイン・ミー（ベトナムサンド）に選ばれた豚ひき肉入り€7.90（下）牛肉のボブン（米粉麺）€11.50

→スパイス入りトマトソースに玉子を落とす中東料理Shakshuka（シャクシュカ）€13

Shopping

おかいもの

Contents

知っておきたいこと13

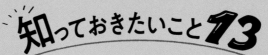

#おかいもの

プチテクニックを知っておけば、より上手に・よりお得に買物が楽しめる。
13のアドバイスで賢くショッピング！

01 得
事後免税(TAX REFUND)でお得にお買物！

TAX FREE加盟店で、16歳以上のEU圏外の居住者が3日以内に同一店舗で€100.01以上の買物をした場合、手続きをすれば消費税が払い戻される（条件は店ごとに異なるので都度確認しよう）。購入時に手続きに必要な書類を受け取り、出国時に自動端末機で手続きする。詳細は→P222

自動端末機パブロ(PABLO)は日本語表示も可能。免税のフランス語表記は「Détaxe」

02 ⚠
レジ袋の利用は禁止！エコバッグを持ち歩こう

フランスでは、2016年に使い捨てのプラスチック製レジ袋の利用が全面禁止された。そのため、ほとんどのスーパーマーケットではオリジナルのエコバッグを販売している。デザイン性にも優れているので、パリみやげにする人も多い。

←コンパクトになるモノプリ（→P182）のエコバッグ

→ナチュラリア（→P183）のエコバッグ。環境を考えたコットン素材

03 耳より
荷物預かり所を利用して身軽に！

買物途中に荷物が増えすぎたときや、ホテルチェックアウト後から空港へ出発するまでの間は、ロッカーに荷物を預けるのも手。オペラ、エッフェル塔などパリ市内6カ所に点在する自動ロッカー「City Locker」、「Bounce」はショップやカフェなど店舗に預けるサービス。どちらも日本語の公式サイトあり。予約・支払いはオンラインで。マイバスフランス（→P229）でも営業時間内、預かりサービスを実施。

シティ・ロッカー
●City Locker
URL www.citylocker.paris/ja

バウンス
●Bounce
URL usebounce.com/ja

04 得
バカンスとセール時期をチェック

パリでは7月中旬〜8月がバカンスシーズン。この時期は大型デパートを除くほとんどの店が夏期休暇で閉まっている。一方、ソルド（セール）が行われるのは1〜2月、6〜7月の年2回。この期間はどのショップも30〜70%オフになるため、街中に買物客があふれる。日程は5週間で、セールの日程は法律で定められている。

セール時期のショップのウインドーには「SOLDES」の文字がたくさん！

05 ⚠
フランス流の買物ルールを覚えよう

・あいさつを忘れずに
ショップに入ったら見るだけでもひと言「Bonjour!ボンジュール（こんにちは）」とあいさつしてから店に入り、出るときは「Merci!メルスィ（ありがとう）」や「Aurevoir!オルヴォワール（さようなら）」と言ってから店を去るように心がけよう。

・商品は勝手に触ってはいけない
展示してある商品を手に取るときは、勝手にさわらず店員に「Je peuxvoir cela／ジュ・プヴォワール・スラ（あれを見せてください）」などひと声かけてから。もし、試着が希望なら「Puis-je!essayer?／ピュイ・ジェ・レセイエ（試着してもいいですか?）」と伝えて。ルールを守って気持ちよく買物を楽しもう。

06 耳より
日本の宅配便会社で安心配送

おみやげの買いすぎで増えてしまった荷物は、パリに支店がある日本の宅配便会社で国際宅配便を利用するのも手。欧州ヤマト運輸パリ空港支店では、ワイン専用カートンを利用した宅配便、ワインダイレクトやチーズ、バターなどのクール便も用意。日本語対応で安心。

欧州ヤマト運輸パリ空港支店
●Yamato Transport Europe B.V.
URL www.yamatoeurope.com/japanese/
MAIL ypepar@yamatoeurope.com
※一般発送（課税対象）のみ
※空港支店は来店対応していない。荷物の荷受けなどはeメールで問い合わせを

旅のおいしい思い出も持ち帰ろう

07

スーパーやマルシェの量り売りコーナーで使える魔法のフレーズ

外食に疲れたらスーパーやマルシェで総菜を食べたい分だけ買ってホテルごはんもいい。そこで購入時に使える下記のフレーズを覚えておこう。店員さんが総菜を量る様子をみながら、声がけするだけで欲しい分量だけ買うことができる！

・二人分をください
（欲しい総菜を指差して）
Pour deux personnes／
プール ドゥ ペルソンヌ

・増やしてください
（よそった量が少ないとき）
Un peu plus／アン プー プリュス

・減らしてください
（よそった量が多いとき）
Un peu moins／アン プー モワン

・OKです（適量になったら）
C'est bon／セ ボン

・以上です（欲しい総菜を買い終えたら）
C'est tout／セ トゥ

おいしい総菜が並ぶスーパーの量り売りにトライ！

11

パリみやげの穴場はこんなところにあった！

パリ市が運営するオフィシャルギフトショップ「パリ・ランデブー」。パリのランドマークが描かれたセンスのよいグッズが多数揃う。

パリ・ランデヴー
●Paris Rendez Vous

マレ MAP：P8B3

Ⓜ①⑪⑪ Hôtel de Ville駅から徒歩1分
29 Rue de Rivoli 4e ☎ 01 42 76 43 43 ⏰10〜19時 ❌日曜

➡レジ横にはカフェコーナーもある
⬇エッフェル塔が浮き彫りになったキャンドルホルダー
ー€19.90

08

ヨーロッパサイズをチェック！

日本のサイズとヨーロッパサイズの表記が異なるので注意しよう。右のサイズ比較表はあくまでも目安。メーカーなどにより差があるので試着してから購入を。

メンズファッション

日本	胸囲	81-84	85-88	89-92	93-96	97-100
	胴囲	73-76	77-80	81-84	85-87	88-92
フランス		38	40	42	44	46

メンズシューズ

日本	25	25.5	26	26.5	27
フランス	40	41	42	43	44

レディスファッション

日本	7	9	11	13	15
フランス	36	38	40	42	44

レディスシューズ

日本	22.5	23	23.5	24	24.5
フランス	35	36	37	38	39

09

これはなに？という商品にGoogle翻訳が効果的！

スーパーの調味料や食材などパッケージはかわいいけれど中身が不明なものがあれば、「Google翻訳」アプリを使ってみよう。カメラ入力をタップ、翻訳したいものにカメラを向けると、画面上に日本語翻訳が出てくる。

アプリ名：Google翻訳
提供：Google LLC
料金：無料

10

定休が多い日曜日はシャンゼリゼ大通りやデパートへ！

パリは日曜定休のショップが多い。それでも買物がしたい人は、シャンゼリゼ大通りやデパートならショッピングを楽しめる。デパートなら雨の日のショッピングも傘をささず楽しめるので有効的。

シャンゼリゼ大通り（→P64）には世界の有名店がずらりと並ぶ

12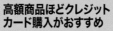

買いすぎちゃったら遠慮なく返品しよう！

パリは日本以上に気軽に返品対応をしてくれる。海外旅行でテンションがあがり、たくさん買ったはいいものの重量が心配…、やっぱりいらないかも…？ そんなときは、商品とレシート、カード購入の場合は使用したカードも持参しよう。

13 得 耳より

高額商品ほどクレジットカード購入がおすすめ

たいていのクレジットカードには、ショッピング保険が付帯されている。例えば、海外でカード購入された品物の損害を、購入日から90日間、年間最高50万円まで補償など。せっかく買ったのに盗難…、なんてときには適用したい。

【編集MEMO】

コレだけはいいたい！

> パリはオーガニックやBIO商品の先進国。話題のプラスチックフリーなど地球にも体にもやさしい商品が豊富。

> ワインを買いたいけれど重量が気になるときは少々高くつくが、帰国日の空港で出国後に買うのもおすすめ。

> カマンベールチーズやクリーム、ジャム、はちみつなどは液体物扱いになるので機内持ち込みNG！ スーツケースへ。

French Zakka

パリの"かわいい"をお持ち帰り

フレンチ雑貨をハント!

プレート D €37.50
ハートにあふれた「Bon cœurs」のプラスチックプレート

Read me!

パリみやげにおしゃれな雑貨が欲しい人は多いはず。日本にはないフランスらしいデザインや色使い、エッフェル塔などランドマークをモチーフにした雑貨を探してみよう!

各€25
小皿 C
南仏気分に浸れるデザートプレート。黄色・青・赤・緑の4色展開

各€4.50
スプーン F
小さなプラスチック製スプーンはカラバリ豊富（単色のみ）

テーブルクロス D 各€129
食卓をプロヴァンスに彩るテーブルクロス。落ち着いた色合いが人気

キッチン＆インテリア

KITCHEN&INTERIOR

€58.50
カトラリーセット F
色使いがかわいらしい4点セット。全13柄あり

各€23.95
カフェオレボウル D
ブルターニュ地方の陶器のカフェオレボウルは朝食に欠かせない

chaton
poussin
lapin

各€7.50
コップ D
カラフルな柄と色使いがキュートなプラスチックのコップ

オブジェ A 各€28〜
見ているだけでほっこりする動物のオブジェはハンドメイド

A パリジェンヌに人気のかわいい雑貨
ラ・ブティック・ドゥ・ルイーズ
●La boutique de Louise
小さな店内に、パリの女子が大好きなパステル調の小物やかわいいアクセサリー、ステーショナリー、レトロな雰囲気のキッチン雑貨などがぎっしり。宝探し気分も味わえる。

サン・ジェルマン・デ・プレ MAP：P11D2
Ⓜ④St-Sulpice駅から徒歩3分 🏠32 Rue du Dragon 6e ☎01 45 49 07 92 🕐11〜19時（月曜は14時〜）㉡日曜

B ヨーロッパの歴史を感じる文具店
メロディ・グラフィック
●Mélodies Graphiques
西洋カリグラフィの専門家の店。欧州各地で探したハンドメイドのレターセットやカード、ノートなど伝統的なアイテムが揃う。店舗を増築し、おしゃれなアイテムを増やしている。

マレ MAP：P8B3
ⓂⒼⒶ⑦Pont Marie駅から徒歩3分 🏠10 Rue du Pont Louis-Philippe 4e ☎01 42 74 57 68 🕐11〜19時（日曜は15〜18時）㉡日曜、7月か8月に数日

C プロヴァンス伝統のテキスタイル専門店
ソレイアード
●Souleiado
南仏・プロヴァンス地方で200年以上の歴史をもつ、テキスタイルブランドの老舗。プロヴァンスプリントを用いた彩り鮮やかな雑貨はインテリアのポイントに。ファッションも扱う。

サン・ジェルマン・デ・プレ MAP：P11F2
Ⓜ④⑩Odéon駅から徒歩3分 🏠78 Rue de Seine 6e ☎01 43 54 62 25 🕐10時30分〜19時 ㉡日曜

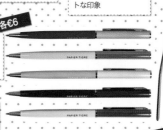

メッシュ・ポーチ E 各€8
タイガー柄のロゴマークやメッシュのカラーリングがおしゃれ！

ポストカード B 各€24
オペラ・ガルニエやパッサージュなどを立体的に組み立ててオブジェにもなる

ハガキ B 各€8
エッフェル塔や凱旋門などをモチーフにしたレトロなデザインのポストカード

ブックマーク B €22
昔ながらの真鍮製のブックマークはエレガントな印象

STATIONERY
文房具

ボールペン E 各€6
パリらしい配色のボールペン。なめらかな書き心地もGood！

文具キット E €37.50
ポーチにノート、ボールペン、鉛筆をセット。すべてオリジナルデザイン

メモ帳 B 小€13、中€18
お店を営む、ジャコモさんがひとつひとつ丁寧に作ったメモ帳

ポーチ A 各€14.90
ベルベットのミニポーチは「La Petite Cachottière」のもの

靴下 D 各€15
パリジェンヌに愛される「Suzette」の靴下はパステルカラーの花柄が人気

バレッタ D 各€15
ほほえむ猫の表情に癒やされる「Suzette」のキュートなバレッタ

FASHION GOODS
ファッション小物

ジュエリーボックス A €14.90〜
リングホルダーも付いた持ち運びにぴったりなポーチ型のボックス

ハンカチ C 各€39
南仏の鮮やかな色合いのハンカチは首に巻いてスカーフにしても◎

コットンバッグ C €139
ダイアナ元妃が愛用していたキルティングのコットンバッグ

D おしゃれパリジェンヌも通う
フルックス
おススメ！
●Fleux'
日々が楽しくなるカラフルな雑貨、インテリア小物、アクセサリーなどあらゆるものを揃えたショップ。同じ通り沿いにテーマを変えて5店舗展開し、おみやげ探しに便利！

マレ **MAP：P8B3**

図Ⓜ⑪Rembuteau駅から徒歩4分 ⋒39＆52 Rue Sainte-Croix de la Bretonnerie 4e ☎01 53 00 93 30 ⊕11時〜20時30分（木曜は10時45分〜、土曜は10〜21時、日曜は10時〜）㊡なし🅿

E 再生紙使用のスタイリッシュな文具
パピエ・ティーグル
●Papier Tigre
トラのロゴでおなじみのパリ発ステーショナリーブランド。1号店となるこのショップには定番から期間限定品まで、すべての製品が揃う。

マレ **MAP：P8C1**

図Ⓜ⑧Filles de Calvaire駅から徒歩1分 ⋒5 Rue des Filles du Calvaire 3e ☎01 48 04 00 21 ⊕11時30分〜19時30分（土曜は11〜20時、日曜は13時30分〜19時）㊡月曜 🅿

F シンプルでポップなカトラリー専門店
サーブル
●Sabre
フランスらしい色使いのカトラリーメーカー。食べ物にふれるステンレス部分は手作業で仕上げ、品質もお墨付き。2023年12月、マレ地区にアトリエ兼ショップがオープン。

サン・ジェルマン・デ・プレ **MAP：P11F2**

図Ⓜ④⑩Odéon駅から徒歩2分 ⋒4 Rue des Quatre Vents 6e ☎01 44 07 37 64 ⊕10時〜13時30分、14時〜19時15分 ㊡日曜

おかいもの

雑貨

ファッション

コスメ

デパート

蚤の市

食材

スーパー

パリジェンヌのおうち訪問気分で♥

インテリアショップをパトロール

Read me!

パリ流のおしゃれなライフスタイルを発信しているインテリアショップをご紹介。パリジェンヌのお部屋みたいなディスプレイを見て回るだけでもセンスがアップしそう！

➡ボトルやジャーなどキッチン雑貨も充実している

パリの雑貨ブームを牽引する
人気のコンセプトストア

レ・フルール
●Les Fleurs

バラエティ豊かな雑貨を扱う人気ショップで、市内に2店舗展開。アンティーク小物や家具、食器、ガーデニング雑貨まで、幅広い品揃えで、欲しいものがきっと見つかるはず。

マレ **MAP：P9F3**

図Ⓜ⑧ Ledru-Rollin駅から徒歩3分🏠5 Rue Trousseau 11e ☎なし🕐11時30分〜19時30分㊡日・月曜

店の名前のとおり植物用グッズが豊富

⬇テーブルセッティングのイメージ。テーブルクロスは€115（参考商品）

⬅プレート€25〜、カトラリー各€13、ランチョンマット€9.50（いずれも参考商品）

フレンチエスニックの
エスプリを手に入れる

キャラヴァン
●Caravane

洗練されたオリジナルのエスニックテイストのアイテムを提案。良質の手作り素材を使ったリネンなど、どれも高級感があり人気。ほっとする暖かな色使いも魅力。

マレ **MAP：P9E3**

図Ⓜ⑧ Ledru-Rollin駅から徒歩1分🏠19 Rue St-Nicolas 12e ☎01 53 02 96 96 🕐11〜19時㊡日・月曜

⬅オリジナルテキスタイルの家具は一点もの

➡テーブルウエアが充実した店舗とインテリア全般を扱う店舗が向かい合う

おかいもの

雑貨

ファッション

コスメ

デパート

蚤の市

食材

スーパー

➡カップ€14、ポット€9、トレイ€54
（いずれも参考商品）

⬇1階はキッチンとリビング、2階は子ども部屋と寝室まわりのアイテムを販売

⬆手作りクッションは€17〜29（参考商品）

こんな家に住みたい！
センス抜群のショップ空間
モナ・マーケット
●Mona Market

オススメ！

女性インテリアデザイナーのエリザベス・ヴェルディエ氏の店。店内は、世界中の文化を取り入れたアイテムで"誰かの家"のように"ディスプレイされており居心地がよい。

マレ MAP：P8C2

図M⑧St-Sébastien- Froissart駅から徒歩2分 ⌂4 Rue Commines 3e ☎01 42 78 80 04 ⏰10〜19時（木〜土曜は11時〜）休日曜 ⓐ

←プレート€6.50〜11、スプーン€8（いずれも参考商品）

➡質感がいい木製のアルファベット各€15

フランスらしさを凝縮した
インテリアブランド
ブラン・ディヴォワール
●Blanc d'Ivoire

シンプルな色調、アンティークとモダンを組み合わせたフレンチシックなインテリアが人気のショップ。女性デザイナーのモニカ・フィッシャー氏がすべてのデザインを手がけている。

サン・ジェルマン・デ・プレ
MAP：P10C2

図M⑫Rue du Bac駅から徒歩5分 ⌂104 Rue du Bac 7e ☎01 45 44 41 17 ⏰11〜19時 休日・月曜 ⓐ

←インテリア全般を扱う店舗が2軒並んでいる

➡オリジナルテキスタイルのクッション€24.90〜

美しいガラスのアーケード街
パッサージュでお買物

Read me !

パッサージュとは、雨に濡れることなくショッピングやグルメを楽しめる屋根付きアーケード街のこと。軒を連ねる店や装飾にそれぞれ特徴があり、歩くだけでもワクワク！

装飾の美しさはパリでも随一
ギャルリー・ヴィヴィエンヌ
●Galerie Vivienne

1823年にオープンした、ガラス張りのドーム天井や床のモザイクが美しいパッサージュ。インテリアや雑貨、ギャラリー、ワインカーヴなど約30店舗が並ぶ。

オペラ～ルーヴル **MAP：P7D2**

図M⑦⑭Bourse駅から徒歩5分 ♙4
Rue des Petits-Champs 2e ☎◯◯ 店舗により異なる ※英語が伝わりやすい

各€26
ブルターニュ地方産のユニークなメッセージ入りボウル

優雅で美しい装飾は建築物としても一見の価値あり

€19,90
オーナーのマドレーヌさん監修の紙製ブロック「Archi Blocs」（参考商品）

各€30
100％フランス製クリエーターズブランド「La Cartablière」のレザーポーチ

€25
クロワッサンのキャラクターがキュートなぬいぐるみ

€39
懐かしい風合いが愛らしいロバのぬいぐるみ

ポップで良質な雑貨アイテムが勢揃い！

アビス
●aBis

女性オーナーのアニエスさんが2006年にオープンしたギフトショップ。国内外のクリエーターによるエスプリの効いたデザイングッズをセレクトした、宝箱のような空間だ。宝探し気分でGO！

オペラ～ルーヴル **MAP：P7D2**

図M③Bourse駅から徒歩5分 ♙24
Galerie Vivienne 2e ☎01 42 96 54 76
◯11時～14時30分、15時～18時30分（水・木曜は13時30分～18時30分）⑭日・月曜 ♨

€18
フランス式の木製そろばん「Boulier」

デザインにもこだわった教育玩具の老舗

シ・チュ・ヴー
●Si Tu Veux

創業40年の歴史をもつ玩具店。児童書も執筆するオーナーのマドレーヌさんは、子供の創造性を伸ばし、ビジュアルも美しい自然素材の良質玩具を厳選して取り扱う。親子代々で通う常連客も多いとか。

オペラ～ルーヴル **MAP：P7D2**

図M③Bourse駅から徒歩3分 ♙68
Galerie Vivienne 2e ☎01 42 60 59 97
◯10時30分～19時 ⑭日曜 ♨

パッサージュ創立時からある
ミニチュア玩具の専門店

パン・デピス
●Pain d'épices

創業170年以上、パッサージュと同時に誕生した玩具店。オリジナルのドールハウスやパーツが集結する店内は、世界中から愛好家や子どもたちが訪れる。2階にはテディベアの展示スペースもある。

[オペラ～ルーヴル] **MAP:P7D1**

[交]Ⓜ⑧⑨Grands Boulevards駅から徒歩1分[住]29 Passage Jouffroy 9e ☎01 47 70 08 68 🕙10～19時(日曜は12時30分～18時)[休]なし [英]

€99
チーズ屋さんのミニチュアキットはショップオリジナルの新作

各€21.50
パリジェンヌをテーマにしたナチュラル素材のミニぬいぐるみ

€7.90
フランスのさまざまな猫の品種を紹介するキュートなカードセット

€49
コットンのベレー帽で夏もパリジェンヌ気分に

€49
シックに決めたい定番ウールのフェルト製ベレー帽

€41
パリみやげにぴったりなジアン社製マグカップ

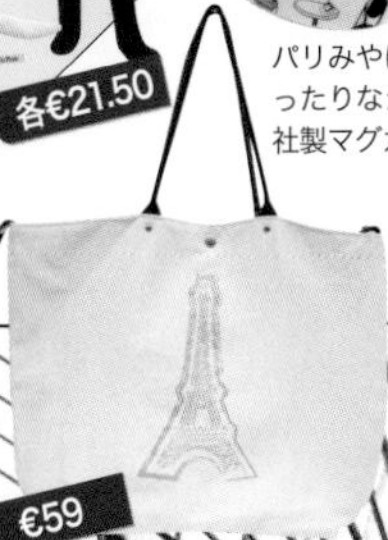

€59
エッフェル塔プリントのキャンバス地トート

老舗ブランドのベレー帽と
パリみやげの殿堂

パリ・エ・トゥージュー・パリ
●Paris est toujours Paris

パリジャンを象徴するベレー帽の老舗ブランド、LAULHERE(ローレール)を中心に、セントジェームスやジアン社の陶器、星の王子様などこだわりの詰まったパリみやげが見つかる。

[オペラ～ルーヴル] **MAP:P7D1**

[交]Ⓜ⑧⑨Grands Boulevards駅から徒歩 2 分 [住] 47 Passage Jouffroy 9e ☎ 09 84 36 73 69 🕙10～19時 [休]なし [日][英]

庶民的な個性派パッサージュ

パッサージュ・ジュフロワ
●Passage Jouffroy

19世紀半ばに鉄とガラスだけで造られた、パッサージュの典型ともいえる場所。インテリア雑貨、アート専門の書店などのほか、ダリも顧客だったという老舗のステッキ屋やろう人形館もある。

[オペラ～ルーヴル] **MAP:P7D1**

[交]Ⓜ⑧⑨Grands Boulevards駅から徒歩1分 [住] 10-12 Bd. Montmartre 9e ☎ 🕙[休]店舗により異なる ※英語が伝わりやすい

シンプルなアーケードだが、その分大時計の存在感あり

+Plus! パッサージュの鑑賞ガイド

19世紀当時の流行をいまに伝えてくれるパッサージュ建築。ガラスを用いたアーケードのほかに、それぞれ趣向を凝らした空間造りがなされている。

モザイク
モザイクで特徴的な紋様を表現した通路(ギャルリー・ヴィヴィエンヌ)

時計
時計に創業年が刻印されていることも(パッサージュ・ジュフロワ)

狭い通路
人がすれ違うのもやっとの通路も(パッサージュ・デ・パノラマ→P247)

手作り大好き女子は必訪♥

キッチン&手芸雑貨店へ

Read me!

料理や手芸が好きなパリジェンヌやママンたち御用達のショップをご紹介。エスプリ香るキッチンツールや手芸用品を手に入れて、日本で手作り時間を楽しもう！

➡置くだけで食卓が明るくなるストウブ社のソースパン。€79.30(参考商品) Ⓐ

⬇ル・クルーゼ社の鍋€235.40。日本では見かけないタイプが手に入るかも Ⓐ

⬇刃の切れ味がほかとは違うプジョーのミル€23.70(左・中)、€21.30(右) Ⓐ

➡ル・クルーゼ社のケトル€62.90(参考商品)。飽きのこないデザインで沸騰を知らせてくれる笛付き Ⓐ

➡トリコロールカラーがおしゃれなワインストッパー各€6.90 Ⓑ

➡フランスで丁寧に作られた吹きガラスの花瓶€41 Ⓑ

Kitchen Goods キッチン雑貨

⬆銅のカヌレの焼き型。大€12.10、中€10.20、小€8 Ⓐ

⬆老舗レコノム社のナイフ各€9.90 Ⓑ

⬆ジアン社の絵皿「Fleur noir(黒い花)」€14 Ⓑ

Ⓐ ル・クルーゼ社の商品が豊富に揃う

ア・シモン
●A.Simon

有名レストランご用達の調理器具専門店。業務用の本格的料理道具から、おみやげにしたい小さなキッチン雑貨まで品数が豊富。ル・クルーゼ社の商品を買いたい人はぜひ行きたい店。

オペラ〜ルーヴル MAP：P7E2

🚇Ⓜ④Étienne Marcel駅から徒歩5分 🏠48-52 Rue Montmartre 2e ☎01 42 33 71 65
🕘9〜19時(土曜は10時〜) Ⓗ日曜 🍴

Ⓑ スタイリッシュな生活雑貨の殿堂

ラ・トレゾルリー
●La Trésorerie

昔ながらの製法で作られたキッチン道具や食器、石けんやオーデコロンなど生活用品が揃う。フランスをはじめヨーロッパ各国の良質なデザイングッズが充実し、北欧カフェも併設。

サン・マルタン運河 MAP：P16B3

🚇Ⓜ⑤Jacques Bonsergent駅から徒歩2分 🏠11 Rue du Château d'eau 10e ☎01 40 40 20 46
🕘11時〜19時30分 Ⓗ日・月曜 🍴

Handcraft Goods 手芸雑貨

↑コウノトリの形をしたハサミ €35.20(参考商品) Ⓒ

↖↑レトロなボタン 1個€0.50〜€20 (参考商品) Ⓒ

➡エッフェル塔モチーフのワッペン€2.80 (参考商品) Ⓓ

⬇プリントがかわいいくるみボタン 1個€0.80〜(参考商品) Ⓔ

⬅日本人女性に人気だというネコのワッペン€2.20(参考商品) Ⓓ

⬇文字入りや水玉などリボンの種類もさまざま。€0.60〜€5 (参考商品) Ⓓ

⬆選べないほど豊富なレースやリボン €0.50〜/*m* (参考商品) Ⓒ

➡鳥のボタン 1個€1.40〜 (参考商品) Ⓔ

⬆➡リボン型ボタン 1個€2.20〜 (参考商品) Ⓔ

手芸用品の選び方

手芸用品は古くて希少価値が高いものを探したい。メルスリー(手芸店)は老舗が多いので、ヴィンテージやデッドストックのボタンや布、リボン、ビーズなどに出合える確率が高い。現品限りの商品に出合ったら買いかも！

Ⓒ19世紀創業の老舗手芸用品店

ウルトラモッド

●Ultramod

定番

貴重なアンティークのリボンやボタンの品揃えが充実し、店全体がまるで宝箱のよう。細長いクラシカルな内装の店内に美しく並ぶ手芸用品の数々にうっとりしてしまう。

オペラ〜ルーヴル MAP：P7D2

[交]Ⓜ③Quatre Septembre駅から徒歩1分 [住]3 et 4 Rue de Choiseul 2e
☎01 42 96 98 30
⏰10〜18時(水曜は〜19時30分、日曜は14時〜) [休]土曜 [日][英]

Ⓓパリジェンヌ御用達の手芸用品店

アントレ・デ・フルニスール

●Entrée des Fournisseurs

大きな窓から光が差し込む店内は明るく広々として商品が見やすい。自身もデザイナーというオーナーがセレクトしたフランス製の手芸用品はどれもステキ。

マレ MAP：P8C3

[交]Ⓜ①St-Paul駅から徒歩5分
[住]8 Rue des Francs Bourgeois 3e
☎ 01 48 87 58 98
⏰10時30分〜19時 [休]日曜 [英]

Ⓔ日本にも支店がある素材の宝庫

ラ・ドログリー

●La Droguerie

オススメ！

小瓶に入った色とりどりのビーズや毛糸、ボタン、リボンがぎっしりディスプレイされ、さすがパリ本店の品揃え。年2回、流行を取り入れた新作が加わる。

オペラ〜ルーヴル MAP：P7E2

[交]Ⓜ④Les Halles駅から徒歩2分
[住]9 et 11 Rue du Jour 1er
☎01 45 08 93 27
⏰10〜19時 [休]日曜 [英]

ネクスト定番なおしゃれみやげをゲット！
個性派美術館グッズ

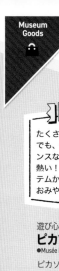

たくさんの美術館があるなか
でも、個性派美術館のハイセ
ンスなミュージアムグッズが
熱い！　作品にちなんだアイ
テムからアートな実用品まで、
おみやげ探しにぴったり！

€15.90

『帽子を被った女の
胸像』のマグカップ

€24.95

『平和の鳩』のコッ
トンバッグ
©GrandPalaisRmn

遊び心溢れる巨匠のアートグッズ
ピカソ美術館 ブティック
●Musée Picasso Boutique

ピカソ美術館のコレクションがポ
ストカードやノートなど多彩なグ
ッズに。eショップでも購入可能。
ショップ内にはピカソについての
ガイド、カタログなど約130点の
書誌もあり、ファンは特に注目。

マレ **MAP：P8C2**

DATA→P107
URL boutiquesdemusees.fr

€12.95

『円卓の上の大きな
静物』のマグカップ

€5.90

『夢』をデザイン
したノート

€7.50

平和への願いが込め
られた『花束を持つ
手』のピルケース

€50

美術館のロゴ入りトートバッグ

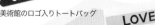

LOVE

1986

L O V E

2002

1999

各€1.20

LOVEのポストカード

LOVEがモチーフのグッズに注目
イヴ・サンローラン美術館
●Musée Yves Saint Laurent

モード界の帝王・サンローランの軌
跡を楽しめる美術館。2階チケット売
り場隣にあるショップでは、サン
ローランが毎年描いた「LOVE」をテー
マにした作品の絵ハガキなどを販売。

シャンゼリゼ大通り **MAP：P5D4**

DATA→P106

大€15

小€10

ハートと唇が
モチーフのノート

€39

モロッコのマラケシュ
とパリ、2つの美術館
のオフィシャルブック

ロダン美術館 ブティック
カラフルで種類も豊富に揃う！

●Musée Rodin La Boutique

チケット売り場と同じ建物内。グッズは種類豊富で、エコバッグやマグネットなど定番ものから、ほかの美術館では見られないグッズも。人気は『考える人』をモチーフにしたもの。

サン・ジェルマン・デ・プレ
MAP：P10B3
DATA→P107

€34.50
スイスのボトルブランド「SIGG」とコラボしたドリンクボトル

€23
ロダンの似顔絵がかわいい100%ビオコットンのエコバッグ

€149
木箱入り『接吻』のフィギュア

各€2.90
名作『考える人』がカラフルな付箋に

「I♡ロダン」のマグネット€3.90とピンバッジ€2

フォンダシオン・ルイ・ヴィトン
売り切れ続出の限定グッズをゲット

オスス

●Fondation Louis Vuitton

高級ブランド、ルイ・ヴィトンの財団が運営する美術館。入口の左手にショップがあり、美術館限定で販売する「フォンダシオン・ルイ・ヴィトン」のロゴ入りグッズほか、美術書なども。

パリ郊外 MAP：P2A2
DATA→P106

€19
日本の伝統和雑貨、扇子がグッズのひとつに！
© Fondation Louis Vuitton / Gael Cornier

€16.50
ロゴ入りキーホルダー
© Fondation Louis Vuitton / Louis Blancard / West Image

€42
入荷してもすぐに売れ切れてしまうトートバッグ
© Fondation Louis Vuitton / Gael Cornier

€27
タブレットケースは小物入れとしても使える
© Fondation Louis Vuitton / Louis Blancard / West Image

€6
使うのがもったいないA5のノート
© Fondation Louis Vuitton / Louis Blancard / West Image

© Fondation Louis Vuitton / Gael Cornier

ケ・ブランリー -ジャック・シラク美術館 リブレリー・デュ・ミュゼ
民族モチーフの定番アイテムが見つかる

●Musée du Quai Branly-Jacques Chirac Librairie du Musée

美術館手前の建物にあるショップ。アフリカ、アジアなど世界各地の雑貨や企画展のグッズが豊富。展示内容によって商品が変わり、常設展グッズはアフリカの民族をモチーフにしたものが中心。

エッフェル塔周辺 MAP：P15C1
図Ⓜ⑨Alma Marceau 駅から徒歩8分 37 Quai Branly 7e
01 56 61 70 00 ⏰ 10時30分～19時（木曜は～22時）休月曜

各€1.20
アフリカの民族のお面が描かれたブックマーク

各€1.95
アフリカ、ガボンの民族（右）とBC600～100年のメキシコで発掘された女性像（左）がモチーフのえんぴつ

各€9.95
ガボンの民族のキーホルダー

各€3.95
テケ族（右）、プヌ族（左）のマグネット

憧れのパリジェンヌに変身♥

定番ファッションブランドを攻略!

Read me!

パリジェンヌ御用達の人気ブランドはマストバイ! 思い出に本場パリの直営店でショッピングを楽しんでみては?日本未上陸の最新モデルをいち早くゲットできる可能性も。

€30
素足で履きたいマスタード色のスリッポン

↓パリのエスプリを体現したような店内

↓カラーバリエーション豊富なスニーカーや服が並ぶ

€35
定番「テニス」はカラフルな水彩画風プリント(参考商品)

こんなブランド!
「活気にあふれたポジティブなコンセプトを人々の生活に」とライフスタイルをトータルで提案

こんなブランド!
クラシックな定番とトレンドを合わせたエスプリあふれるスタイル。パリを代表するフレンチカジュアル

€130
開襟のデザインが美しい大人顔のボーダー(参考商品)

スタッフのエマさん

€115
なんにでも合わせやすい黒のミニスカート(参考商品)

€140
これ一枚でコーディネートが決まる水玉ワンピース(参考商品)

スタッフのジェニファーさん

€24
存在感のあるエスニック調のジャケット(参考商品)

€170

€150
水玉ワンピは鮮やかなブルーを選んで華やかに(参考商品)

€140
かかと部分のストライプがポイントの赤いスニーカー(参考商品)

€75
カーディガンにはロゴ入りのTシャツを合わせて

Ⓐ 定番スニーカーでパリジェンヌ気分!

ベンシモン・ホーム・オートゥール・デュ・モンド
●Bensimon Home Autour du Monde

1978年にベンシモン兄弟が設立。軍用シューズをアレンジしたカラフルなスニーカー「テニス」がパリジェンヌの定番アイテムとして人気に。ライフスタイル全体を演出するコンセプトショップの先駆け的存在だ。

MAP:P7D3
Ⓜ⑦⑭Pyramides駅から徒歩1分 6
20 Rue des Pyramides 1er ☎01 40
20 09 62 ⏰11〜19時(日曜は13時〜) 休
なし

Ⓑ 永遠のフレンチシック!

アニエス・ベー
agnès b

ボーダーカットソー、ロゴTシャツ、ボタンがアクセントのカーディガンなど、タイムレスなデザインは世界中で愛される定番アイテム。バッグや小物もベーシックなデザインが多く、長く愛用できる。

オペラ〜ルーヴル **MAP:P7F2**
Ⓜ④Les Halles駅から徒歩1分 6
Rue du jour 1er ☎01 45 08 56 56
⏰10時30分〜19時30分(土曜は〜20時) 休日曜

こんなブランド！
「Né de la mer＝海から生まれた」という言葉をモットーに、不朽のマリンスタイルと伝統製法を保持

ブティック統括責任者のサンドリーヌさん

€125
赤のラインがアクセントになったボーダーシャツ

↓フレンチカジュアルのコーディネートができる

€155
パステルピンクがラブリーな定番ロウ引きパーカー

€620
コットンキャンバスを加工した新素材トートも人気爆発

€125
A4サイズの書類がすっぽり収まるナイロンスクエアショルダー

↓定番から新作まで色、形、サイズが豊富

↑好みのボーダーアイテムを探そう

こんなブランド！
さわりのよいコットンやウールの上質素材で、子どもも大人も自由に動き回れるようにデザイン

€140
パリジェンヌの人気が高い、ボーダーワンピース（参考商品）

こんなブランド！
シンプルなフォルムに美しい発色の高品質バッグを、すべてフランス国内で作り続けています

€144
スタッフのデルフィーヌさん

€85
たっぷりものが入る帆布の巾着バッグはデニムとの相性◎（参考商品）

€165
鮮やかな黄色が印象的なパーカー「Sainte Marie」

スタッフのガブリエルさん

€89
ラメ入りでゴージャスなマリンニット（参考商品）

€78
色違いで集めたくなるポーチ（手前）とポシェット（奥）

Ⓐ 不朽の定番ボーダーシャツをゲット！
セント・ジェームス
●Saint James

1889年にノルマンディ地方で誕生し、地元の漁師や船乗りたちの大切な仕事着であるマリンセーターを生み出した老舗。ピカソも愛用したボーダーシャツをはじめ、フレンチカジュアルの名品をチェック！

オペラ～ルーヴル MAP：P6B2

図Ⓜ⑧⑫⑭Madeleine駅から徒歩1分⌂5 Rue Tronchet 8e ☎01 42 66 19 40 ⏰10～19時 ㊡日曜 ♿

Ⓑ 大人も愛用する国民的ブランド
プチ・バトー
●Petit Bateau

1893年に子ども向け肌着メーカーとして誕生。やわらかな肌ざわりのコットンアイテムは、ほどよくトレンドを取り入れたデザインで、大人の女性にも支持されている。

オペラ～ルーヴル MAP：P6B2

図Ⓜ⑧⑫⑭Madeleine駅から徒歩1分⌂13 Rue Tronchet 8e ☎01 42 65 26 26 ⏰10～19時 ㊡日曜 ♿

Ⓒ アイコニックなナイロントート
エルベ・シャプリエ
●Hervé Chapelier

1976年、エルベ・シャプリエ氏が創立したメイド・イン・フランスのバッグブランド。1985年に誕生したカラフルな舟型ナイロントートバッグはサイズも色も豊富で、世界中のファンに愛されている。

オペラ～ルーヴル MAP：P6B3

図Ⓜ①⑧⑫Concorde駅から徒歩3分⌂390 Rue St-Honoré 1er ☎01 42 96 38 04 ⏰10時15分～19時（土曜～～19時15分）㊡日曜 ♿

オンリーワンを手に入れよう！

人気ブランドでセミオーダー

Read me!

フランス発のファッションブランドでセミオーダーに挑戦してみよう。形や色が決まっているので、簡単に作れちゃう！　言葉に困ったらスマホ片手に翻訳アプリを活用して。

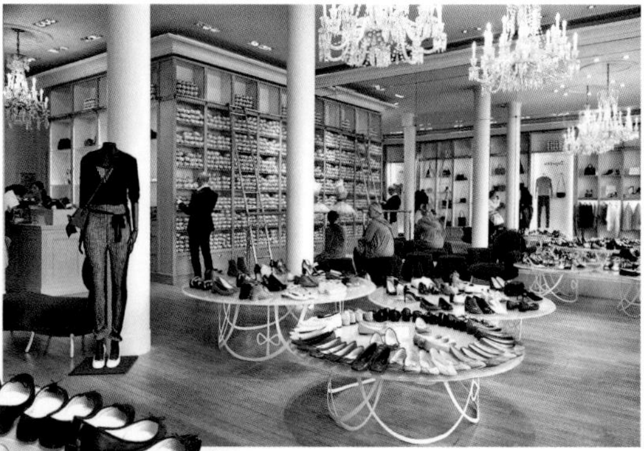

➡色とりどりのバレエシューズが並ぶ店内は壮観！

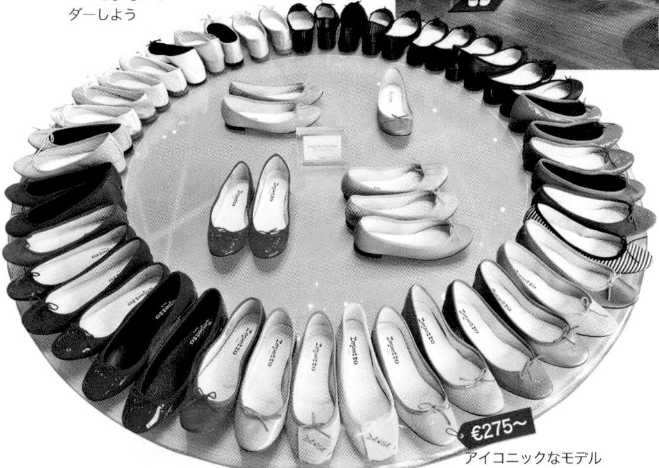

⬇店内に並ぶシューズを参考にオーダーしよう

バレエシューズ

世界中の女子が憧れるバレエシューズ

レペット

●Repetto

1947年、ローズ・レペットが息子のダンサー、ローラン・プティのすすめでダンスシューズをデザインしたことから始まったブランド。伝統的な製法のバレエシューズは、2階のアトリエ・レペットでオーダーメイドが可能だ。

オペラ～ルーヴル **MAP：P6C2**

[交][M]③⑦⑧Opéra駅から徒歩1分 [住]22 Rue de la Paix 2e ☎ 01 44 71 83 12 [時]10～19時(日曜は11～18時) [休]なし [日][英]

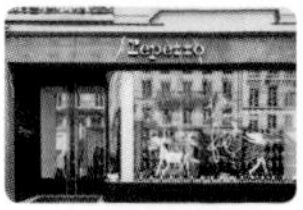

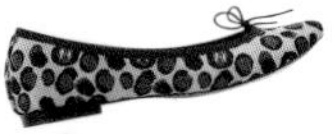

€275～

アイコニックなモデル「Ballerina」

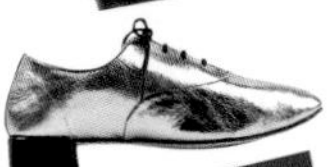

€385

ゴールドのシューズ「Richelieu FADO」

オーダーにTRY!

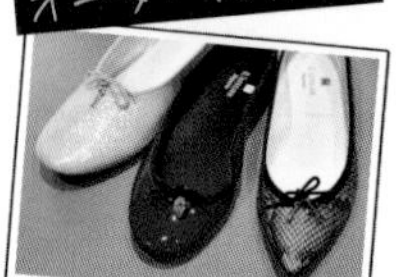

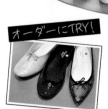

[予算] €335～
[完成まで] 約2週間
[海外発送] 可

Point

◇最短2週間で完成する
◇海外発送は送料€50.29、別送品手続きで免税も可能

①靴の型を選ぶ
クラシックな丸型のほかポインテッドトゥーも

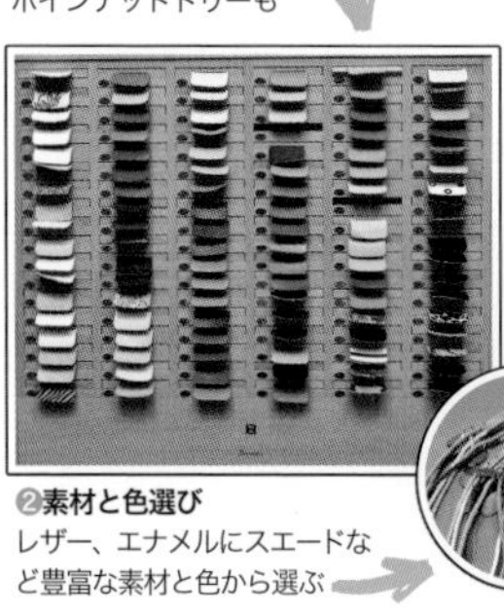

②素材と色選び
レザー、エナメルにスエードなど豊富な素材と色から選ぶ

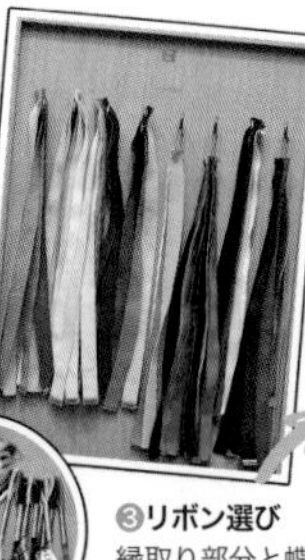

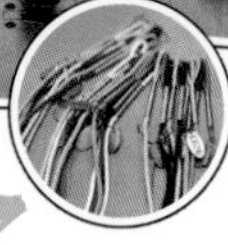

③リボン選び
縁取り部分と蝶々結び、2種のリボンを選んで

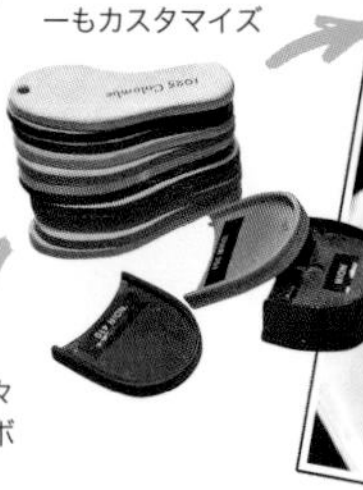

④ソールを選ぶ
ソールの高さやカラーもカスタマイズ

完成！

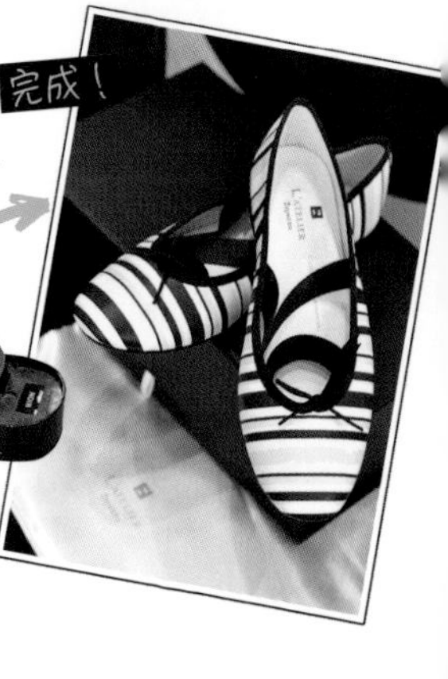

おかいもの

雑貨

ファッション

コスメ

デパート

蚤の市

食材

スーパー

↑カラフルでキュートな帽子にうっとり

↓ブティック併設のアトリエでスタッフが制作、仕上げまで行う

帽子

自分にぴったりの帽子をセミオーダー

ラ・スリーズ・シュル・ル・シャポー
●La Cerise sur le Chapeau

セミオーダーの帽子専門アトリエ・ブティック。女性オーナー兼デザイナーのスリーズ氏が提案する帽子はシンプルでカラフル、時代を超越した永遠のシックを演出するおしゃれ女子の必需品！

予算	€185〜
完成まで	早ければ1日
海外発送	可

Point
◇週末をはさむと仕上がりまでの日数がかかるので、週前半のオーダーがおすすめ

サン・ジェルマン・デ・プレ MAP:P11D3

図Ⓜ Sèvres-Babylone駅から徒歩4分 🏠 46 Rue du Cherche-Midi 6e ☎ 07 87 33 52 02 🕐 11〜19時 ⑪ 日・月曜

オーダーにTRY！

❶サイズを測る
メジャーで頭の周囲を測り、54〜63cmのサイズから選択

❷型を選ぶ
6つの型から、自分の頭の形や顔の輪郭に合う帽子を選ぼう

❸素材・色を選ぶ
素材はフェルトかパナマの2種類、カラーバリエは何十色もある

❹リボン選び
リボンとベルトの2色をチョイス

リボン部分の「Gros Grain」とベルト「Passant」の組み合わせは自由自在

完成！

傘

職人の手で作るエレガントなパラソル

メゾン・アス・バイ・アレクサンドラ・ソジュフェール
●Maison AS by Alexandra Sojfer

親子3世代にわたって続く老舗傘メゾン。雨傘や日傘、ステッキはパリ近郊のアトリエで手作りしていて、購入した傘の修理は永久に無料。2023年からはジュエリーやバッグ、ストールなどファッション小物のデザインもスタート。

サン・ジェルマン・デ・プレ MAP:P11D2

図Ⓜ⑫Rue Du Bac駅から徒歩2分 🏠 218 Bd. St-Germain 7e ☎ 01 42 22 17 02 🕐 10〜19時 ⑪なし 奥

←クラシカルな店内には、スカーフやジュエリーも並ぶ

ピンクのフリルがかわいい日傘

完成！

€650〜

オーダーにTRY！

❶傘のタイプを選ぶ
雨傘、日傘、晴雨兼用と3つから選ぶ

❷生地と色を選ぶ
雨傘生地はコットンなど3種類で色は40種類以上。日傘はUV効果がある生地で20色、雨傘・兼用で20色

❸手元を決める
木製からスワロフスキーまでさまざま。このほか、オプションでタッセルやベルトも選べる

傘の手元は取り外し可能

タッセルやベルトでおしゃれに

★店内にはたくさんの既製品を置くので、ここから形を決めよう

動物の手元が選べるシリーズも人気。

€380〜

予算	€650〜
完成まで	約1年半（既製品をアレンジするならその日）
海外発送	可

Point
◇高級素材を用いて手作りするので高価。じっくり決めよう
◇イメージが湧かない場合は、既製品の持ち手や留め具のみ変更するのもOK

おしゃれが楽しくなる!

パリ流ファッションアイテム

Read me!

パリは、かわいいアクセサリーやファッション小物の宝庫!日本ではなかなか出合えないデザインのアイテムを探そう!シンプル系から個性派までおすすめショップをCHECK!

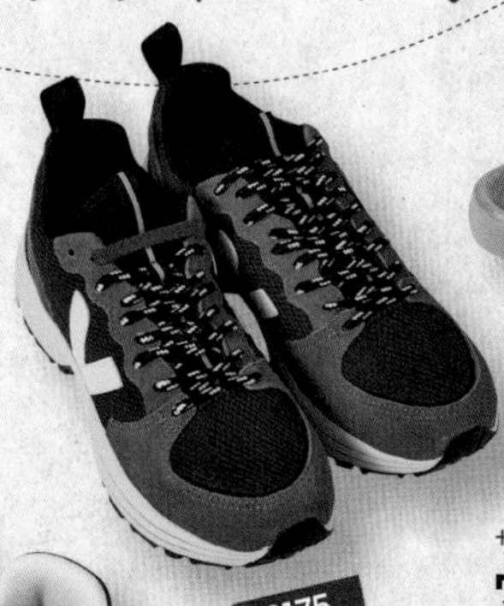

€175

リサイクルポリエステルを使用。靴底は厚めで足に負担を軽減

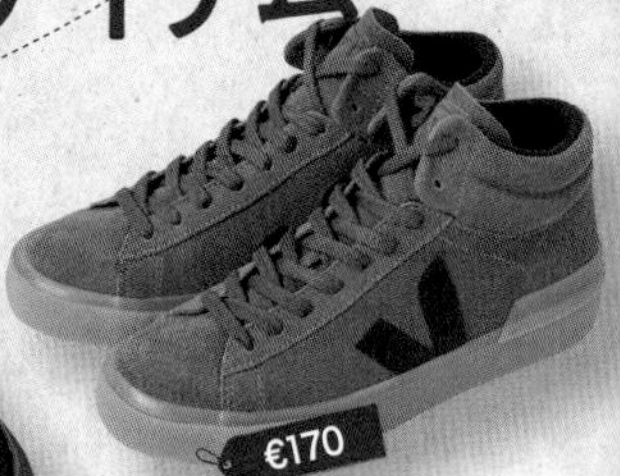

€170

スエードのハイカット スニーカー「Minotaur suede camel black」

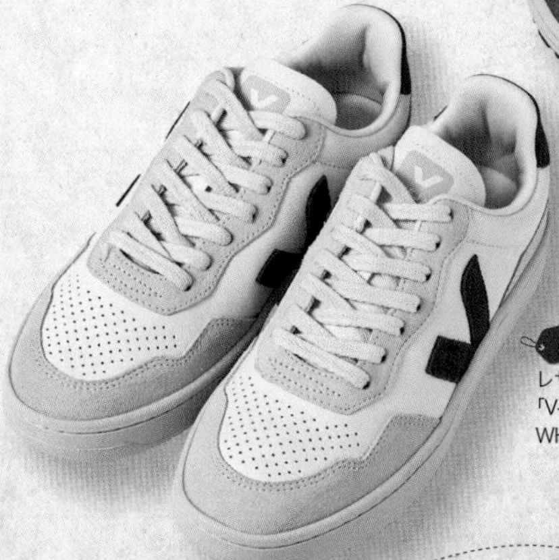

€165

レザー×スエード「V-90 LEATHER WHITE CYPRUS」

サステナブルなスニーカー

ヴェジャ

オススメ!

●VEJA

リサイクル素材や靴底にアマゾンの天然ゴムを使用するなど、2005年のブランド創設から環境に配慮したスニーカーを作り続ける。流行に左右されないデザインはパリっ子の定番アイテム。

[モンマルトル] MAP:P14B2

[交]Ⓜ⑫Abbesses駅から徒歩2分 [住]16 Rue la Vieuville 18e ☎01 42 59 25 61 🕙11〜20時(日曜は〜19時) [休]なし [英]

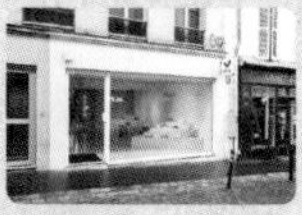

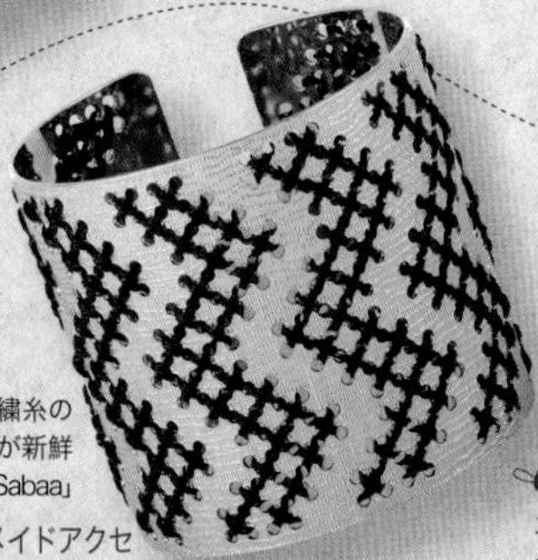

€210

メタリックと刺繍糸の異素材ミックスが新鮮なブレスレット「Sabaa」

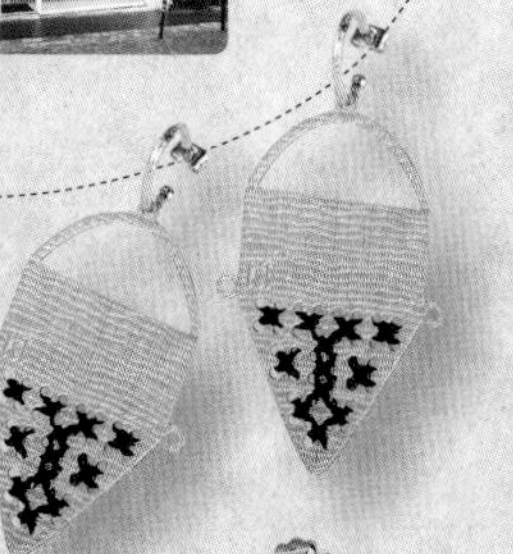

€140

エスニックなデザインのピアス「Seloua」

パリジェンヌを魅了するハンドメイドアクセ

カミーユ・エンリコ

●Camille Enrico

貴石や糸を組み合わせたエキゾチックなデザインのジュエリーは、すべて手作り。ペンダントチャームやピアスに施される糸の色や素材を選んで、パーソナライズも可能。手頃な価格もうれしい。

[オペラ〜ルーヴル] MAP:P6C2

[交]Ⓜ⑫Rue du Bac駅から徒歩2分 [住]3 impasse Gomboust 1er ☎09 53 71 31 34 🕙11〜19時(土曜は〜19時30分) [休]日・月曜 [英]

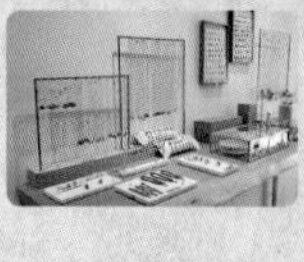

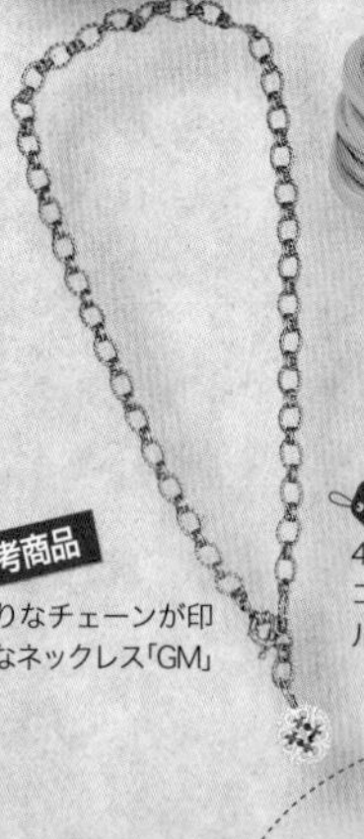

参考商品

大ぶりなチェーンが印象的なネックレス「GM」

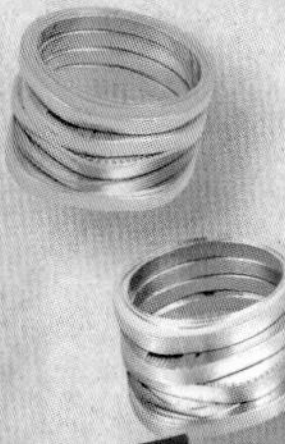

€190〜

4連の指輪「Al'Hayat」。ゴールドは€210、シルバーは€190

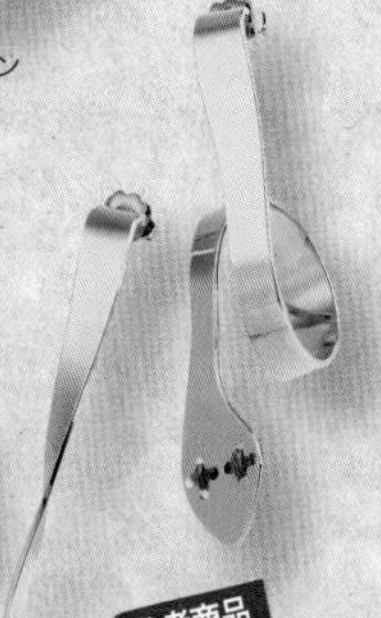

参考商品

ヘビの頭と尻尾をかたどったピアス「Dahaa」

軽くて温かい、着け心地極上の革手袋
メゾン・ファーブル
●Maison Fabre

1924年創立、南仏ミヨーにある昔ながらの工房で、フランス伝統の革製手袋を生産する老舗メゾン。上質な羊革で作られたグローブは、スタイリッシュなデザインでレディーな手元を演出してくれる。

オペラ～ルーヴル MAP：P7D3
Ⓜ①⑦ Palais Royal-Musée du Louvre 駅から徒歩3分 128-129 Galerie de Valois-Jardins du Palais Royal 1er ☎01 42 60 75 88
⏰11～19時 ㊡日曜

参考商品
手元が赤い唇のように見える「KISS（キス）」

各€150
手を美しく見せる定番「Sacha（サシャ）」

参考商品
チェーンがあしらわれた「SASHA CHAINE（サシャ・シェーン）」

参考商品
リボンがアクセントの「Audrey（オードリー）」

美しい曲線で繋ぐアクセサリー
アトリエ・ポーラン
●Atelier Paulin

2014年にスタートした、金のワイヤーで手作りするアクセサリーブランドのショップ兼工房。これまでシャネルやランコム、ナイキなど、名だたるメゾンとコラボしてきた。カスタムオーダーもできる。

オペラ～ルーヴル MAP：P7D2
Ⓜ③Bourse駅から徒歩3分 60 Rue de Richelieu 2e ☎01 76 54 35 48 ⏰11～19時 ㊡日曜

€150
大ぶりのハート型ピアス

€130
シンプルなハート型のフックピアス

€230
ふたつの金ワイヤーを合わせたブレスレット

€390
イエローゴールドのリング

€190
ミニマムなデザインのネックレス

好きな名前や言葉をアクセサリーに！
アトリエ・ポーランでは、名前や言葉を金ワイヤーで形にする、カスタムオーダーが人気。リング5文字、ネックレスとブレスレットは10文字までOK。所要20～30分で工房の職人が仕上げてくれる。

€250
好きな言葉をブレスレットに。写真は"Amour（愛）"

お手ごろBIOコスメを狙いたい!

デイリーコスメをまとめ買い

Read me!

日本ではちょっとお高めのフランス製コスメが、お手頃プライスで購入できる。厳しい審査基準を通過した、高品質で種類豊富なオーガニックアイテムにも注目したい!

€12.78
椿、アルガンオイル配合の髪・肌に使える万能保湿オイル/ニュクス
Ⓑ

€5.90
アプリコットとマンゴーのボディ用ゴマージュ/マドモワゼル・ビオ
Ⓐ

ボディケア

€2.89
ペパーミントのオーガニック歯磨き粉/モノプリ
Ⓒ

バス&デンタルグッズ

€4.95
ブドウ由来成分配合のシャワージェル/コーダリー
Ⓑ

€7.49
肌に潤いを与えてくれるシャワーオイル/ニュクス
Ⓓ

€3.89
BIOのアーモンドミルクのシャワークリーム/ル・プティ・マルセイユ
Ⓒ

€8.98
ウッディな香りに癒やされる天然岩塩と精油のバスオイル/クナイプ
Ⓑ

Ⓐ オーガニック化粧品をセレクト
マドモアゼル・ビオ
●Mademoiselle Bio

パリで初めてのオーガニックコスメのチェーン店。厳しい基準をクリアした製品が2000点以上並ぶ。常に新しいブランドや商品が入荷するので要チェック!

マレ MAP:P8B3

Ⓜ①⑪ Hôtel de Ville駅から徒歩4分 28 Rue des Archives 4e ☎ 01 42 78 30 86 ⏰10時〜19時30分(日曜は11時〜) 休なし

Ⓑ パリで最も有名なお手頃ストア
シティファルマ
●Citypharma

パリで1・2位を争う、人気ドラッグストア。ビオデルマなど日本でお馴染みの自然派コスメブランドが驚きの価格で販売。店内はいつも大賑わい!

サン・ジェルマン・デ・プレ MAP:P11E2

Ⓜ④ St-Germain des Prés駅から徒歩1分 26 Rue du Four 6e ☎ 01 46 33 20 81 ⏰8時30分〜21時(土曜は9時〜、日曜は12〜20時)

Ⓒ お手頃プライスがラインナップ
モノップ・ビューティー
●Monop'Beauty

モノプリ(→P182)系列のコスメ専門店。プチプラやオーガニックに力を入れている。トイレタリーからメイク用品までさまざまで、パリ市内に6店舗ある。

モンマルトル MAP:P14B2

Ⓜ⑫Abesses駅から徒歩2分 28 Rue des Abesses 18e ☎ 01 87 89 72 44 ⏰10〜20時(日曜は11〜19時) 休なし

おかいもの

雑貨

ファッション

コスメ

デパート

蚤の市

食材

スーパー

€12.49

敏感肌にも使える、ウォータープルーフ対応のアイメイクリムーバー/ラ・ロッシュ・ポゼ D

€9.49

これ一本でメイク落とし＋洗顔＋化粧水の効果が！/ビオデルマ B

メイク落とし

€10.50

ダマスクローズの化粧水/メルヴィータ C

€6.78

日本でも人気、スプレータイプの化粧水/アベンヌ B

€15.99

メイクの下地にも使える、天然由来の保湿成分配合の保湿クリーム/アンブリオリス B

€13.29

肌にやさしいSPF50＋の日焼け止めクリーム/ユーセリン D

スキンケア

€30.89

ダマスクローズなど天然精油配合の美容液/コーダリー B

€25.90

マドンナも愛用の魔法のクリームと称される、全身用クリーム/エジプシャン・マジック A

フェイスパック

€33.87

ヒアルロン酸配合のエイジング美容マスク/フィロルガ B

€5

BIOのカモミールと椿オイル配合のフェイスマスク/アプリル A

プチコスメ

各€5.25

色々なフレーバーが揃うリップクリーム/クレイジー・ルマーズ A

€4.99

ハンドクリームとリップクリームがセットに/コーダリー A

オススメ！

D 駅直結！激安ドラッグストア

ファルマシー・デュ・フォーラム・デ・ザール
●Pharmacie du Forum des Halles

レ・アール駅直結、ショッピングモールの地下2階にあるドラッグストア。ニュクスやラロッシュ・ポゼなど約350のブランドと約4万点のアイテムを揃える。店内は広く買物しやすい。

オペラ～ルーヴル **MAP：P7F3**

図 Ⓜ ④ Les Halles 駅直結 ⓐ 1 Rue Pierre Lescot 1er ☎ 01 40 41 90 80 ⓢ 8時30分～20時30分（日曜は11時～19時30分）ⓗ なし

＋Plus!

BIOってなに？

ORGANIC
COSMETIQUE **BIO** CHARTE COSMEBIO
COSMETIC

←コスメビオ協会認定のオーガニックコスメマーク

CERTIFIÉ **AB** AGRICULTURE BIOLOGIQUE

←フランス政府機関が認定したマーク。食品からコスメまで幅広い

オーガニック推奨国フランスでは、コスメ、食品などさまざまなジャンルでBIO製品が充実。右記のようなBIOを表すマークを探しておみやげ選びにも役立てて！

知っ得！BIO

ビオロジックの略で、無農薬、有機農法の意味。コスメは化学成分フリー（もしくは極少量）のものを指す。身体にも環境にも優しく健康志向のパリジェンヌに支持されており、その基準も厳しいので信頼できる。BIOマーク以外にも、ヴィーガンマーク（Vegan：動物性由来の素材不使用）や動物実験を行っていない証のウサギマーク（No Tested on Animalsと書かれている）なども気にしてみて。

長く愛されるアロマにうっとり

パリの香りをお持ち帰り

Read me !

ファッションや身だしなみだけでなく、空間を演出する小道具としてもフランス人の生活に欠かせないのが香水。フランスの歴史を感じる香りのブランド店をチェックしよう。

初めて丸形ソープを作った先駆者
ロジェ・エ・ガレ
●Roger & Gallet

香りつきハンドソープで有名な、19世紀から続く老舗。20種類近い石けんをはじめ、香水やクリームなど全商品をラインナップする初の路面店となる。

オペラ〜ルーヴル **MAP：P6C3**
🚇Ⓜ①Tuileries駅から徒歩3分
🏠195 Rue St-Honeré 1er
☎01 42 60 10 68
🕙11〜19時 ㊡日・月曜 ▣

↑店内は
パステルカラーが
素敵な心地よい
空間

各€6.80
石けん
世界で初めての
丸形ソープは
ロジェ・エ・ガレの
人気商品

€37.90
オーデコロン
柑橘類のさわやかで
フレッシュな香り
「Eau de Cologne」

各€6.80
ハンドクリーム
ベストセラー商品。
おすすめはフィグ(左)と
ジンジャー・ルージュ(右)
※変更前のデザイン

南仏生まれの素敵な香水&雑貨
フラゴナール ●Fragonard

香水の街、南仏グラース生まれのフレグランスブランド。オリジナルパルファンや石けん、石けん皿、スキンケアコスメのほか、カラフルなポーチなど小物も充実している。

サン・ジェルマン・デ・プレ **MAP：P11D2**
🚇Ⓜ④St-Germain-des-Prés駅から徒歩4分 🏠196 Bd. St-Germain 7e ☎
01 42 84 12 12
🕙10〜19時(日曜は11時〜) ㊡なし ▣

€14
石けん
ラベンダーやローズなど4種の
香りがセットに

€29
フェイスクリーム
ローヤルゼリー配合。保湿と肌に栄養を補給

€12
石けん
手になじむ卵型の
石けんは6種の香り

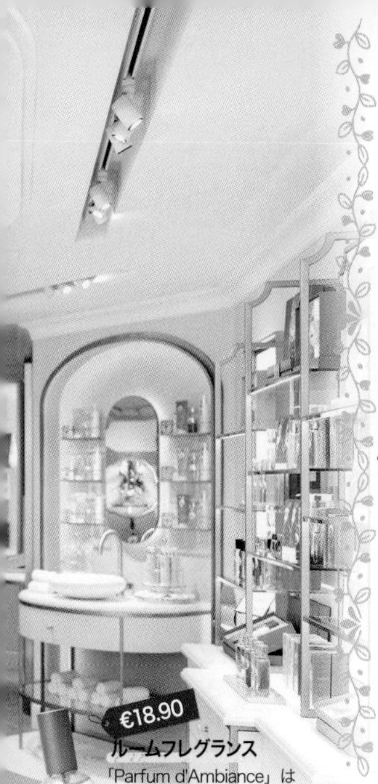

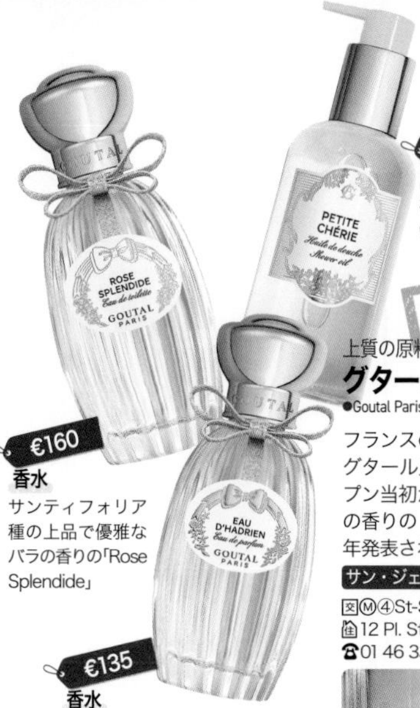

€160
香水
サンティフォリア種の上品で優雅なバラの香りの「Rose Splendide」

€135
香水
ローマ皇帝ハドリアヌスを表現。柑橘系の上品な香り「Eau d'Hadrien」

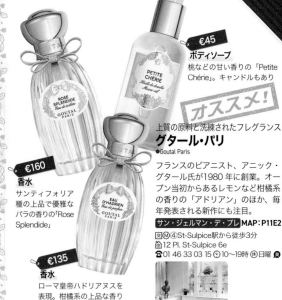

€45
ボディソープ
桃などの甘い香りの「Petite Chérie」。キャンドルもあり

オススメ！

上質の原料と洗練されたフレグランス
グタール・パリ
●Goutal Paris

フランスのピアニスト、アニック・グタール氏が1980年に創業。オープン当初からあるレモンなど柑橘系の香りの「アドリアン」のほか、毎年発表される新作にも注目。

サン・ジェルマン・デ・プレ **MAP：P11E2**
[交]Ⓜ④St-Sulpice駅から徒歩3分
[住]12 Pl. St-Sulpice 6e
☎01 46 33 03 15 🕒10～19時 [休]日曜 [英]

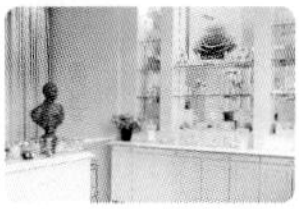

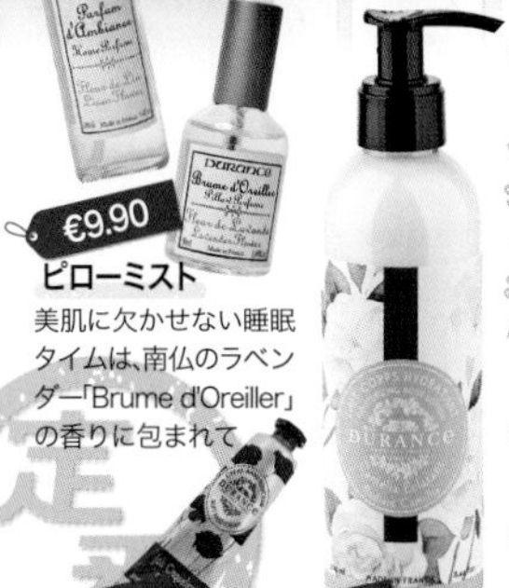

€18.90
ルームフレグランス
「Parfum d'Ambiance」はリネンの甘い花の香りに米の香りもブレンド

€9.90
ピローミスト
美肌に欠かせない睡眠タイムは、南仏のラベンダー「Brume d'Oreiller」の香りに包まれて

€5.90
ハンドクリーム
コクリコ（ひなげし）の香りは日本人に人気がある

€14.90
ボディローション
カメリアの優雅な香りが包んでくれる

プロヴァンスの香りを世界に届ける
デュランス
●Durance

プロヴァンス地方のグリニャンに広大な敷地を所有し、自社の畑とアトリエを構えるメゾン。有機栽培されたラベンダーを使う。オペラやマレ地区などパリ市内に4店舗を構える。

オペラ～ルーヴル **MAP：P6B2**
[交]Ⓜ⑧⑫⑭Madeleine駅から徒歩2分
[住]24 Rue Vignon 9e
☎01 47 42 04 10
🕒10時30分～14時30分、15～19時
[休]日曜 [英]

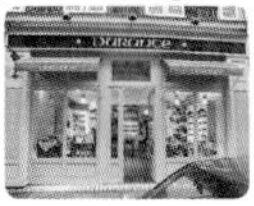

100年以上愛され続ける老舗メゾン
キャロン
●Caron

1904年にエルネスト・ダルトロフ氏がパリで創業した老舗メゾン。以来、発表された香りは60種類以上にのぼる。正統派の香水としてフランス人が憧れる香り。

シャンゼリゼ大通り **MAP：P5E3**
[交]Ⓜ①⑨Franklin D. Roosevelt駅から徒歩3分 [住]23 Rue François 1er 8e
☎01 47 23 40 82
🕒10時30分～19時（日曜は11時～）
[休]なし [英]

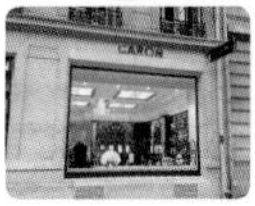

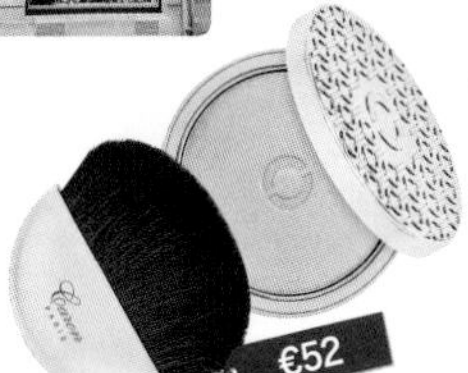

€52
フェイスパウダー
軽いつけ心地のフェイスパウダー

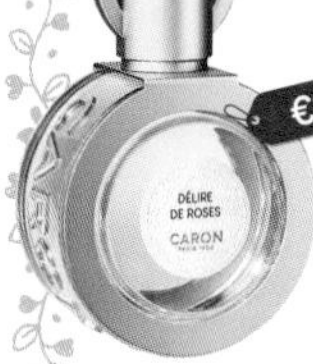

€265
香水
厳選したバラの天然香料をブレンドした若々しい印象の香りの「Délire de Roses」

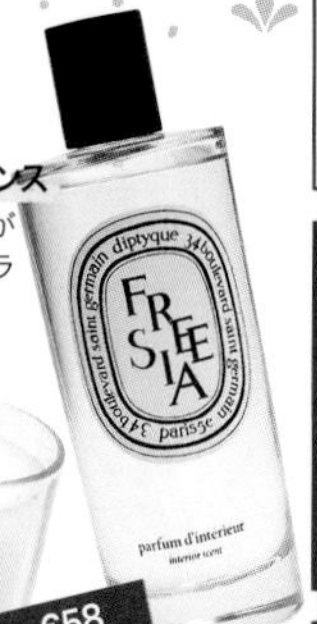

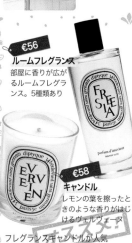

€56
ルームフレグランス
部屋に香りが広がるルームフレグランス。5種類あり

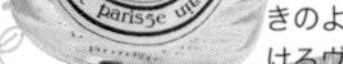

€58
キャンドル
レモンの葉を擦ったときのような香りがはじけるヴェルヴェーヌ

オススメ！

フレグランスキャンドルが人気
ディプティック
●Diptyque

1961年にパリのクリエイターが立ち上げたブランド。香りの心地よさはもちろん、楕円形のロゴと絵柄のデザインもエレガントで、セレブや業界人のファンも多数。

カルチェ・ラタン **MAP：P12B1**
[交]Ⓜ⑩Maubert Mutualité駅から徒歩3分 [住] 34 Bd. St-Germain 5e ☎ 01 43 26 77 44 🕒10～19時 [休]日曜 [英]

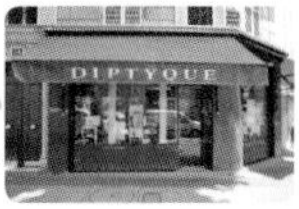

Department Stores

買うも食べるも何でも揃う

二大老舗デパートを攻略！

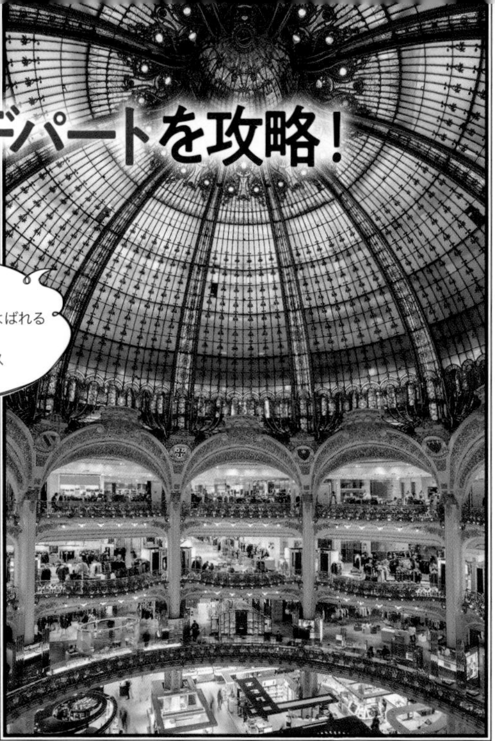

本館天井の
クーポールとよばれる
ドーム型の
ステンドグラス

Read me!

オペラ地区を華やかに彩る2つの老舗デパートがこちら。洋服、雑貨、食材などのショッピングはもちろん、食事や休憩などいつでも使えてツーリストにはとても便利！

定番

ヨーロッパ最大級の面積を誇る

ギャラリー・ラファイエット・パリ・オスマン

●Galeries Lafayette Paris Haussmann

創業1893年の百貨店。売り場面積7万㎡に約3500ブランドを扱い、ファッション、食品、おみやげと何でも揃う。規模、入館者数ともにヨーロッパ最大級だ。

[オペラ〜ルーヴル] MAP：P6C1

[交]Ⓜ⑦⑨Chaussée d'Antin La-Fayette駅から徒歩1分 [住]40 Bd. Haussmann 9e ☎01 42 82 34 56 [時]10時〜20時30分(日曜は11〜20時) [休]祝日(特別営業日あり) [英] [URL] haussmann.galerieslafayette.com

立ち寄りカフェ

本館3階

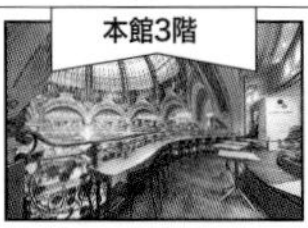

クチュームカフェ
●Coutume Café

上質なコーヒー豆を自家焙煎するこだわりカフェ。名物の天井ドームを眺めながらバリスタが淹れるコーヒーを味わえる。

本館地下1階

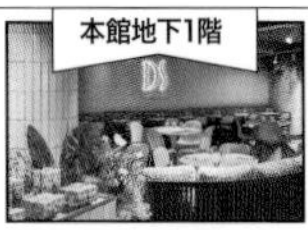

ディーエス・カフェ ●DS Café

ウェルビーイングがテーマのナチュラルテイストのカフェ。サラダや搾りたてジュースなど栄養バランスを考えてヘルシーな料理を提供。
@thibaut voisin

本館

6階

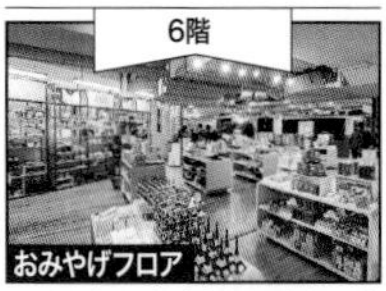

おみやげフロア

パリのおみやげをセレクト。人気のエッフェル塔グッズはキーホルダー、文具、携帯ケースなどかわいいアイテムが充実。

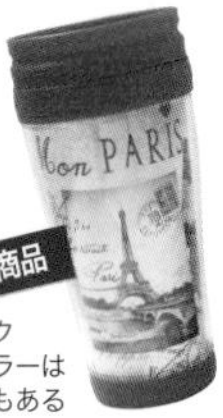

参考商品

ドリンクタンブラーは色違いもある

4階

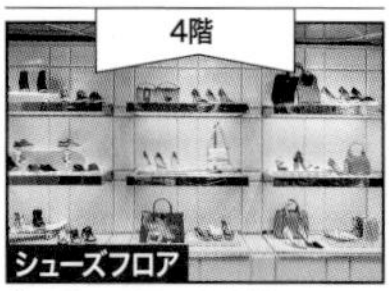

シューズフロア

約150のブランドが揃う、フロアまるごとシューズ！ ここでしか見つからないアイテムがたくさんあるので靴好きは必見。

地上階

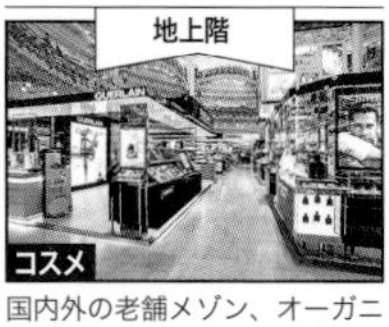

コスメ

国内外の老舗メゾン、オーガニック、クリエイターの香水まで幅広いセレクションが魅力。170以上の化粧品ブランドを集めた美の殿堂！

1階

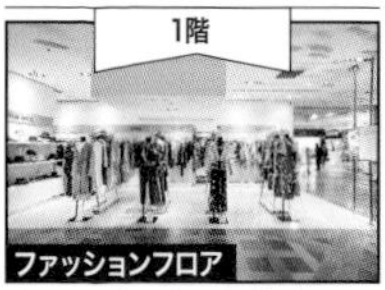

ファッションフロア

クリエーターからラグジュアリーまで約200ブランドが揃う。注目ブランドを紹介する「ダン・ルイユ・デ・ギャラリー」は要チェック。

地下1階

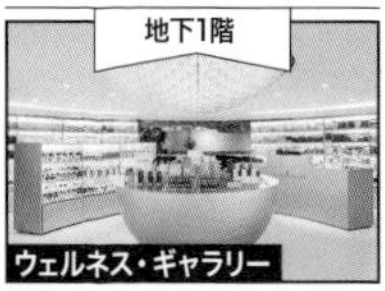

ウェルネス・ギャラリー

2022年に誕生した3000㎡もの広さに、ヴィーガンコスメやBIOのカフェ、エステ、ピラティス、ヨガ、ボクササイズなどのフィットネスといった美容関連の店舗が入る。
@thibaut voisin

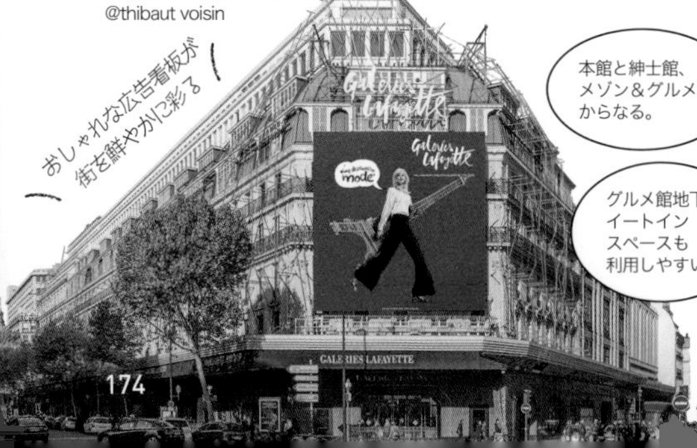

おしゃれな広告看板が街を鮮やかに彩る

本館と紳士館、メゾン＆グルメ館からなる。

本館4階の婦人靴売り場の広さはパリ随一！

グルメ館地下のイートインスペースも利用しやすい。

階	メゾン&グルメ館	紳士館	本館
7階			テラス／期間限定レストラン(屋上)
6階			文房具、みやげ／カフェ WC
5階			子供服 WC
4階			婦人靴
3階	キッチングッズ、寝具、電化製品 WC	スーツ、ブランド WC	ジュエリー、セカンドハンド
2階	テーブルウエア、キャンドル、照明	カジュアルウエア	シューズ、水着
1階	レストラン	アンダーウェア、靴 WC	ラグジュアリー&クリエーターズ WC
地上階	高級パティスリー、チョコ、パン	紳士小物	バッグ、化粧品、アクセサリー
地下1階	デリカテッセン、食品		化粧品、フィットネス WC

2022年にリブランディング。テーマカラーやロゴ、新しくなった売り場も多数！
@MANUELBOUGOT

定番

大規模リニューアルで大注目！
ブランタン・オスマン本店
●Printemps Haussmann

1865年から続く老舗百貨店。婦人服の「プランタン・ファム」、紳士服の「プランタン・オム」と食の「プランタン・デュ・グー」、コスメなどの「プランタン・ボーテ・メゾン」の3館からなる。

オペラ〜ルーヴル **MAP：P6B1**

🚇M③⑨Havre Caumartin駅から徒歩1分
🏠64 Bd, Haussmann 9e
☎01 71 25 26 01
🕙10〜20時（日曜は11時〜）⊛一部の祝日 ♿

プランタン・ファム7階にセカンドハント（古着）のアイテムを販売
@RomainRicard

ガラスドームと同じ色合いの優美な床タイル

立ち寄りカフェ
ブルー・クーポール
●Bleu Coupole

プランタン・ファムの6階。期間ごとにゲストシェフを迎えるレストランで、パノラマビューが楽しめるテラス席も用意する。

ブランタン・ボーテ・メゾン

3階

キッチン（調理器具・キッチン雑貨）
「Table quotidienne（毎日の食卓）」をテーマにしたフロア。ココット鍋やナイフ、食器などキッチンまわりの良品をセレクト。

コスメ
3フロアで展開される新しいコスメ売り場。3000m²の総面積に約200ブランドのレアコスメが集結し、話題をよんでいる。

€26
↑ヴィーガンコスメ「POMPONNE」のリップ

ブランタン・デュ・グー＆オム

7・8階

ブランタン・デュ・グー
グルメフロア。メイド・イン・フランスの上質食材を2500品目以上セレクトし、イートインスペースも充実。
©Romain Ricard

イートイン情報は
→P144でCHECK！

地下1階〜5階

メンズフロア
9階建ての旧コスメ・メゾン館がメンズと食の専門館に。5フロア1万1000m²に及ぶメンズファッションの殿堂は一見の価値あり。

ショッピングのあとはプランタン・デュ・グーの7・8階へ。エッフェル塔が見えるテラスでお茶しよう！

ブランタン・ファム

3階

ファッションフロア（トレンド）
オリジナルブランド「Saison 1865」やブランドの前シーズンアイテムがセール価格で買える「オール・セゾン」もある。

2階

ファッションフロア（クリエイター）
プランタンがセレクトする注目のクリエイターによるファッションブランドが集まる。

€420
「TAMMY&BENJAMIN」のキャンバス×レザーのバッグ

€140
↑「SAISON 1865」のヒールサンダル

プランタン・デュ・グー＆ブランタン・オム		
レストラン「ペリッシュ」	9階	
フードフロア	8階	ブランタン・ファム
エピスリー	7階	セカンドハント
アンダーウェア	6階	ランジェリー＆ウエディング

ブランタン・ボーテ・メゾン		ブランタン・ファム
子供服	5階	婦人服（カジュアル）
寝具	4階	婦人服（トレンド）
キッチン雑貨	3階	婦人服（トレンド）
リビング	2階	婦人服（クリエイターブランド）
ビューティ	1階	ジュエリー・時計
ビューティ	地上階	宝飾品・婦人アクセサリー
ビューティ	地下1階	婦人アクセサリー

※P174〜175の階数表記は、すべてフランス式。日本の1階が地上階（0F）になる。

クラシカルな外観がパリの街並みに合う

週末のパリのお楽しみ！

蚤の市で宝物探し♡

Read me!

毎週末に開かれる蚤の市。プロの買い付けから観光客のおみやげ探しまで幅広く楽しめ、パリジェンヌの日常も垣間見られる。楽しみ方のアドバイスをチェックしてGO！

蚤の市とは？

「マルシェ・オ・ピュスMarché aux Puces」とよばれる古物市。通常は春から秋にかけて広場などで週末に開催されるものを指すが、下で紹介する2つの市は一年を通し同じ場所で開催。

↑カットが美しいバカラの足つきグラス €30

↑赤いラインが印象的な19世紀末のバカラのゴブレット €30

クリスタルグラス

ニコラ・ジョヴァノーニ
●Nicolas Giovannoni

20年以上続くクリスタル製品と陶磁器の専門店。バカラ社、サンルイ社が豊富で、1点しかない商品はリーズナブルに購入できることも。お気に入りのグラスを探して。

🏠 Marché Serpette, Allée 6, Stand 8 & 10 ☎ 06 07 42 13 76

土・日・月曜開催

世界最大規模の常設骨董市
クリニャンクールの蚤の市
●Marché aux Puces de Clignancourt

全体で約2000のスタンドが集まる世界最大規模の市。一帯が12のマルシェに分離されている。生活雑貨やレース、ビーズなどを多く扱う、マルシェ・ヴェルネゾンから回るのがおすすめ。

パリ北部 MAP：P3D1

🚇Ⓜ④Porte de Clignancourt駅から徒歩5分 🏠Rue des Rosiers, Saint Ouen ☎店舗により異なる ⏰土曜9〜18時、日曜10〜18時、月曜11〜17時（季節や店舗により異なる）休火〜金曜 ※クレジットカード利用は店舗により異なる

マルシェ・ドーフィーヌは屋根付きで雨の日も安心

↑店頭に並ぶ品々を眺めて歩くだけでも楽しい

土・日曜開催

宝探し気分が味わえる青空市
ヴァンヴの蚤の市
●Marché aux Puces de Vanves

週末の朝早くからマルク・サンニエ大通り沿いにスタンドが並ぶ。価格がリーズナブルなスタンドが多いので、同業者やコレクター利用も多い。お目当て品を見つけたら即、交渉がおすすめ。

パリ南部 MAP：P2C4

🚇Ⓜ⑬Porte de Vanves駅から徒歩5分 🏠Av. Marc Sangnier 14e ☎店舗により異なる ⏰7〜13時ごろ（店舗により異なる）休月〜金曜

値引き交渉も楽しみのひとつ

←1950年代のピンポンラケット各€6〜

↑アンティークな風合いのクマのぬいぐるみ€8〜

↑コックがモチーフのホウキとチリトリ€15〜

↑色彩豊かなヴィンテージの花柄布€20〜、糸€3〜5

←サンゴがアクセントの
デザインイヤリング

€195

←小パールででき
たイヤリング

€30

おかいもの

雑貨

ファッション

コスメ

デパート

蚤の市

食材

スーパー

ポスター&版画店

ポール・モーレル
●Paul Maurel

シャネルやエルメスなどモードや香水のポスターから、ピカソなど有名画家が手がけたリトグラフまでジャンルはさまざま。デザイン好きな友達へのおみやげ探しにぴったり。
🏠 Marché Vernaison, Allée 1, Stand 41 ☎06 14 16 59 21

↑イヴ・サンローランのポスター

€350

LOVE

€40

→クリスチャン・ディオールの1960年のポスター

↑刺繍入り
リネン

€10〜

€60〜

€40〜

↑1910年代(上)と1930年代(下)のハンカチ

レース&リネン

イルマ
●Irma

1996年から営業を続けるイルマさんのスタンド。フランス産のレースやリネンを中心にボタンや小さなグラス、陶器類なども扱う。
🏠 Marché Vernaison, Allée 9, Stand 200 ☎06 60 44 08 77
休月曜

ビンテージアクセサリー&洋服

オ・グルニエ・ドゥ・ルーシー
●Au Grenier de Lucie

1950年代以降の個性的なアクセサリーをメインに、イヴ・サンローラン、ジバンシーなど有名ブランドのヴィンテージの洋服も。流行を追わない不変の美しさを求める人におすすめ。
🏠 Marché Vernaison, Allée 1, Stand 25
☎06 08 84 91 20

アンティーク家具の店舗が集まる市、ポール・ベール

+Plus!

蚤の市のアドバイス

蚤の市へ行く前に注意事項と買い方を予習しよう。
店主とのコミュニケーションを楽しめるのも蚤の市の醍醐味!

注意事項

スリに気をつける

つい品物探しに熱中して、周囲への集中力がおろそかになりがち。貴重品の管理は徹底を。

クレジットカード不可の店も

カードが使えない店もあるので現金を用意。クリニャンクールはロジェ通りに両替所あり。

買い方ガイド

❶ 商品を見せてもらう

最低でも「Bonjour」などのあいさつを。値段を聞いたら交渉してもOK。

Bonjour! C'est combien?
ボンジュール、セ コンビアン?
こんにちは。これはいくらですか?

❷ 品質をチェック

欠けやシミなどがないか確認。逆にそうした不具合を理由に値引き交渉が可能な場合もある。

❶ 交渉開始!

値引きはケースバイケース。まとめて買うと安くなる場合も。

Un peu moins cher,
アン プー モワン シェール、
s'il vous plaît?
スィル ヴ プレ
もう少し安くしてください

❷ 包んでもらう

大抵、新聞紙で包みビニール袋に入れてくれる程度。陶器類などを買う予定なら緩衝材を用意しよう。

とっておきの美味みやげがたくさん！

こだわり食材専門店へ

↓量り売りは、できたてのマスタードを瓶詰めしてくれる。帰国日や前日に購入を。125g€27

Read me!

食べるのが大好きなあの人に、美食の国・フランスならではのグルメなおみやげはいかが？フランスらしい美食を扱う専門店で、スペシャルな一品をハントしてみよう！

↓まるでスパイスの博物館のよう。黒コショウだけでも10種類以上

Spice
スパイス

←パルメザンチーズ風味付きマスタード€7.70
↓食べ比べが楽しいミニマスタードセットは€14.80

←リンゴ酢とキビ砂糖、スパイスをミックスしたケルト風ヴィネガー€8.70

→ゲランド産フルール・ドゥ・セル（塩の華：結晶）€6.50

Moutarde
マスタード

世界最高品質のスパイスが大集合

エピス・ローランジェ ●Epices Roellinger

フランス料理に欠かせないスパイス。ブルターニュ地方で星付きレストランのシェフを務めたローランジェ氏が、リタイア後に始めた、自らがセレクトしたスパイス専門店がここ。塩やキャラメルなどブルターニュ名物も並ぶ。

オペラ〜ルーヴル MAP：P7D2

- ⑦⑭Pyramides駅から徒歩4分
- 51 bis Rue Ste-Anne 1er
- 01 42 60 46 88
- 10〜19時
- 日・月曜

1720年創業のマスタード専門店

マイユ ●Maille

ブルゴーニュ地方のディジョン発、老舗の調味料ブランド。その場で瓶詰めしてくれるマスタードは、直営店だけのお楽しみ。マンゴーの果肉入りビネガー€8.10も人気。日本未発売フレーバーもあるのでマストチェック。

オペラ〜ルーヴル MAP：P6B3

- ⑧⑫⑭Madeleine駅から徒歩1分
- 6 Pl. de la Madeleine 8e
- 01 40 15 06 00
- 10〜19時（祝日は11〜18時）
- 日曜

↓壁一面にジャムやハチミツがずらり

Confiture

コンフィチュール

→木イチゴ・シャンパーニュ
€9.50(200g)

↑アプリコット・
ラベンダー
€8.50(200g)

→カシス・スミレ
€8.50(200g)

↑→(右)若い
オリーブを使用した辛みを感じるオリ
ーブオイルULTRA VERT€19.90
(250㎖)、(中)黒オリーブのオリー
ブオイル€15.90(250㎖)、(左)いち
じくのバルサミコ酢€9.50(100㎖)

↑テイスティングや
量り売りが可能なのもうれしい

プレゼント用の
ラッピングも
かわいい！

Huile d'olive

オリーブオイル

↑ジャム用スプーンの販売もある

→レモン(左)、ニンニク(右)
のフレーバーオイル各€7.70
(100㎖)。料理の仕上げにか
けると香りが際立つ

パリ発こだわり自然派ジャム
ラ・シャンブル・オ・コンフィチュール ●La Chambre aux Confitures
コンフィチュールとはフランス語でジャムのこと。ここ
は100種類以上揃える手作りジャムの専門店。果物の甘
みを濃縮し、砂糖を抑えた体にうれしいレシピだ。保存料、
着色料は一切使用しない自然派で、すべて味見もOK。

モンマルトル　MAP：P14B4

🚇Ⓜ⑫Notre-Dame-de-Lorette駅
から徒歩3分 🏠9 Rue des Martyrs
9e ☎01 71 73 43 77 🕐11〜14時、
15時〜19時30分(土曜は10〜14時、
14時30分〜)、日曜は9時30分〜19
時) 🈺8月の2週間

小規模農家の逸品オイルを集めた専門店
メゾン・ブレモン1830 ●Maison Bremond 1830
南仏を中心に国内の小さなオリーブ農家と提携し、高品
質のオイルだけを販売。すべての製品に生産者の名前が
記されていることからも、自信のほどがうかがえる。オ
イルには香りと味の説明付きで、おみやげにも最適。

サン・ジェルマン・デ・プレ　MAP：P11F2

🚇Ⓜ④⑩Odéon駅から徒歩1分 🏠8
Cours du Commerce St-André
6e ☎01 43 26 79 72 🕐10時30分
〜19時30分(日曜は11時〜18時30
分) 🈺なし

※日本への持ち込み禁止、あるいは検疫が必要な食品や食材もあるので注意。
詳細は→P223で確認を！

きれいでおいしい口福探し
スイーツ♥コレクション

Read me!

パリのショッピングで外せないのが、人気パティスリーの絶品スイーツ。イートインができない店もあるので、テイクアウトしてホテルでパクリ。目と舌で楽しむ美味をご紹介。

マストバイ！

おすすめ Point！
マカロンが有名なだけにイスパハン狙いで訪れる観光客も。クロワッサンなどのパンもおすすめ。

€10
イスパハン
エルメ氏の代表作のひとつ。ローズ＆フランボワーズ＆ライチの組合せ

パティスリー界不動の実力派
ピエール・エルメ
●Pierre Hermé

年間テーマを決めて季節ごとに発表される、斬新な素材を組み合わせた新作は、常に注目の的。訪れるたびに新しい発見があるのもピエール・エルメならでは。

サン・ジェルマン・デ・プレ MAP：P11E2
🚇Ⓜ④St-Sulpice駅から徒歩2分 🏠72 Rue Bonaparte 6e ☎01 45 12 24 02 🕐11〜19時（金・土曜は10〜20時、日曜は10時〜） Ⓗなし

マカロン 1個€2.80
定番のローズ、ミルクチョコ＆パッションフルーツのほか、季節限定のフレーバーも

マストバイ！

おすすめ Point！
日本でも超有名なアンジェリーナのモンブラン。それだけに本場の味を味わってみたい！

€7.90
モンブラン
マロンペーストの中には軽いメレンゲと生クリームが

€8.20
ミルフィーユ
最初から横切りになったデザイン。サクサクのパイ生地が印象的

元祖モンブランがスペシャリテ
アンジェリーナ
●Angelina

20世紀初頭に創業。ココ・シャネルやマルセル・プルーストも常連だったというベルエポック当時の雰囲気を残すサロン。人気のモンブランを、クラシックなパティスリーで。

オペラ〜ルーヴル MAP：P6C3
🚇Ⓜ①Tuileries駅から徒歩2分 🏠226 Rue de Rivoli 1er ☎01 44 60 82 00 🕐8〜19時（金曜は〜19時30分、土・日曜は8時30分〜19時30分）Ⓗなし Ⓔ Ⓗ

老舗ならではの人気スイーツが勢揃い
ダロワイヨ
●Dalloyau

王家の料理人一族を発祥とする創業300余年の由緒正しき老舗。「オペラ」はダロワイヨ発祥といわれている。

シャンゼリゼ大通り MAP：P5F1
🚇Ⓜ⑨St-Philippe de Roule駅から徒歩2分 🏠101 Rue du Faubourg St-Honoré 8e ☎01 42 99 90 08 🕐9〜20時（日曜は〜16時30分）Ⓗなし Ⓔ

マストバイ！

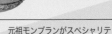
€8.90
ダロワイヨ・オ・プラリネ
店名が付いたケーキ。プラリネクリームがたっぷり！

おすすめ Point！
オペラはフランスの定番ケーキのひとつ。季節のフルーツを使った限定ケーキも味わってみて。

€7.50
オペラ1955
コーヒー風味のビスキュイとクリーム、ガナッシュを重ねたケーキ

クラシックなパッケージの菓子

ボワシエ

オススメ！

●Boissier

1827年創業当時から現在まで高級菓子店として人気。紙、金属箔とさまざまな素材を使用した、パステルカラーのロマンチックなパッケージは、女性からの根強い人気を誇る。

サン・ジェルマン・デ・プレ　MAP:P10C2

図M⑫Rue de Bac駅から徒歩2分 🏠 77 Rue du Bac 7e ☎01 43 20 41 89 ⏰11時～13時30分、14時～18時30分 ㊡日曜

€15

キャラメル
昔の筆箱を模した美しいパッケージがおみやげにぴったり

おすすめPoint！
ボワシエは、とにかくパッケージのかわいさに定評がある。おしゃれな友達へのおみやげに最適！

€22 (68g)

チョコレート・ペタル
バラやスミレ風味の花びらのような形のチョコ。カラフルな見た目で日本人にも人気

▽ マストバイ！

€26 (5個入り)

マロングラッセ
ボワシエを代表する逸品。日持ちは3カ月。バニラ風味のマロングラッセもある

▽ マストバイ！

€7.20

ヌガー
ドライフルーツを砂糖で固めたソフトキャンディ

€8.60 (100g)

ネギュス
コーヒーやチョコ味のキャラメルをキャンディで包んだボンボン

€5.60 (100g)

パット・ドゥ・フリュイ
オーベルニュ地方発祥。果汁を煮詰めて砂糖をまぶしたゼリー

おすすめPoint！
小さなお菓子をいろいろ買いたい、欲しい分だけ買いたい人におすすめ。カラフルな店内も素敵。

昔ながらの素朴なボンボン屋さん

レ・グルマンディーズ・ドゥ・ナタリー

●Les Gourmandises de Nathalie

カラフルなキャンディやキャラメル、ドラジェが入った瓶、数十種類のチョコレートがショーケースに並ぶ。お菓子が詰まったノスタルジックなイラスト缶は、おみやげにも◎。

サン・ジェルマン・デ・プレ　MAP:P10C4

図M⑩⑬Duroc駅から徒歩1分 🏠67 Bd. des Invalides 7e ☎01 43 06 02 98 ⏰10～18時(土曜は～18時30分) ㊡日・月曜

▽ マストバイ！

カラフルなエクレア専門店

レクレール・ドゥ・ジェニ

●L'Éclair de Génie

元フォションのシェフ、クリストフ・アダム氏がオープンしたエクレア専門店。季節ごとに変わるフレーバーは、甘さ控えめの繊細な味わいが魅力。

マレ　MAP:P8C3

図M①St-Paul駅から徒歩2分 🏠14 Rue Pavée 4e ☎01 42 77 86 37 ⏰11～19時 ㊡なし

€6.50

エクレア (塩バターキャラメル)
塩味の利いたキャラメルクリームは、マスカルポーネベースで口当たり軽やかな仕上がり

€6.50

エクレア (レモン柚子)
レモン果汁を絞り込んださわやかなクリームを詰め、柚子クリームとメレンゲをトッピング

おすすめPoint！
日本でも人気のエクレア専門店なので、パリでしか味わえないフレーバーを先取りしよう！

おかいもの

雑貨

ファッション

コスメ

デパート

蚤の市

食材

スーパー

スーパーマーケットでおみやげ探し！

商品豊富で使い勝手◎！

Read me！

プチプラでかわいいおみやげを探すなら、スーパーマーケットが一番。お菓子に調味料、食品などパリらしいおしゃれで良質な商品が多いので、おみやげに喜ばれること必至！

お菓子

生活雑貨

スポンジ Ⓐ €1.59
モノプリオリジナル。水玉模様がかわいい

グミキャンディー Ⓐ €2.35
ヨーロッパの有名メーカー「ハリボー」のグミ。フレーバーはいろいろ

ハンドウォッシュ €6
オーガニックラベンダーとレモン配合

ボディソープ Ⓐ €6.49
南仏のブランド「ル・プティマルセイユ」はパリみやげの定番

ポテトスナック Ⓐ €1.55
ヨーロッパで定番のオバケ型スナック。人気は濃厚なハム＆チーズ味

ポテトチップス Ⓓ €3.05
オーガニックのポテトチップス。ヴィネガーフレーバー

ミックスナッツ Ⓓ €6.10
ナチュラリアのオリジナル商品。アーモンド、カシューナッツ、レーズン入り

チョコビスケット Ⓐ €3.29
フランスで定番のBIOブランド「ビヨルグ」のビスケット。食べごたえあり

タブレットチョコ Ⓐ €5.49
エッフェル塔パッケージのミルクチョコレート

タルト Ⓑ €2.85
大人気「ボンヌ・ママン」のチョコキャラメルのタルト

タブレットチョコ Ⓐ €3.49
人気パティシエ、クリフトフ・アダム氏とのコラボ

クッキー Ⓓ €4.15
ゲランドの塩を使ったビオの塩キャラメルクッキー

Ⓐ フランス全土に展開！品揃えも豊富
モノプリ
●Monoprix

1階はフォションなど高級食材店のみやげ菓子、地下1階、地上2階に食品、コスメ、衣類、生活雑貨を販売。オペラ・ガルニエから徒歩圏内で便利。

オペラ〜ルーヴル MAP：P7D3

Ⓜ⑦⑭Pyramides駅から徒歩1分 🏠23 Av. de l'Opéra 1er ☎01 42 61 78 08 🕐8分〜21時🏖なし

Ⓑ 左岸でお買物なら立ち寄りたい
カルフール・マーケット
●Carrefour Market

フランス最大手のチェーン店。サン・ジェルマン地区の中心という立地なうえ、遅くまで営業しているので、帰国前の急なおみやげ追加にも便利。

サン・ジェルマン・デ・プレ MAP：P11E2

Ⓜ⑩Mabillon駅から徒歩2分 🏠79 Rue de Seine 6e ☎01 43 25 65 03 🕐8時30分〜23時（日曜は9時〜13時、13時15分〜19時30分）🏖なし

Ⓒ パリを中心に急増中のBIOチェーン
ビオ・セ・ボン
●Bio c'Bon
オススメ！

2009年設立。パリ市内に約20店舗を展開する自然派スーパー。サン・ジェルマン・デ・プレ店は2フロアに有機食材、コスメや雑貨が揃う。

サン・ジェルマン・デ・プレ MAP：P11F1

Ⓜ④⑩Odéon駅徒歩3分 🏠60-62 Rue Saint-André des Arts 6e ☎01 56 81 64 74 🕐9時30分〜20時（日曜は〜13時）🏖なし

おかいもの

雑貨

ファッション

コスメ

デパート

蚤の市

食材

スーパー

調味料

€2.09
アイオリソース Ⓒ
南仏料理定番のニンク、オリーブオイル、玉子をベースにしたソース

€2.25
ブイヨン Ⓐ
国際的ブランド「マギー」のキューブ型チキンブイヨン

€3.59
カマルグ産の塩 Ⓐ
南仏のカマルグで作られる最高品質の塩の華（結晶）。まろやかでうまみがある

€3.15
ペッパー Ⓑ
黒・白・グリーン、ピンク、4種類のペッパーをミックス

€1.09
マヨネーズ Ⓐ
ディジョンマスタードを使用。酸味は控えめでソフトな味。オメガ3脂肪酸が豊富

€7.65
亜麻仁オイル Ⓐ
ヨーロッパ初の搾油所で作る100%フランス産のオーガニック

€2.39
ハーブ Ⓑ
ローズマリー、タイムなど数種類のハーブをブレンド

€3.85
ヌテラ Ⓐ
子どもが大好きなヘーゼルナッツのペースト。バゲットに塗って召し上がれ

€4.39
マロン・クリーム Ⓐ
モンブランの元祖「アンジェリーナ」のマロンクリーム。パンに塗っても◎

€1.80
スープの素 Ⓓ
ポルチーニ茸と野菜のインスタントスープ

食品

€4.85
ハーブティー Ⓓ
フランス産のカモミールティー（20バッグ入り）。もちろん政府認定のBIO商品！

€3.59
オリーブペースト Ⓒ
南仏名物のオリーブペーストは、パンに塗って食べるのが一般的

€5.25
ピクルス Ⓒ
白キャベツやニンジンが入ったスパイシーなピクルス

€5.49
ハチミツ Ⓐ
フランス北西部のアンジューで100年以上続く養蜂農家のハチミツ

Ⓓ フランス最大規模を誇るBIOスーパー

ナチュラリア
●Naturalia

市内に50軒以上と店舗数が多いため、地元の人々になじみ深いスーパー。食材に限らずBIOコスメも充実。リーズナブルな価格も魅力的。

マレ MAP：P9D3

🚇Ⓜ①St-Paul 駅から徒歩3分 🏠 59 Rue St-Antoine 4e ☎01 42 74 55 92 ⏰10時〜20時45分（日曜は9〜20時）🈺なし

＋Plus!
パリみやげの定番、エコバッグをゲット！

どこのスーパーでもオリジナルのエコバッグを販売。日本では入手困難なパリみやげにおひとついかが？

€1.80〜
Ⓐ ビニール素材で小さくたためる。店舗により色や柄はさまざま

€1.89
Ⓓ オーガニックコットンのロゴ入りエコバッグ

€2.69
Ⓒ オーガニックコットン製。裏は緑色

選び方のPoint! 軽量でコンパクトに、水濡れも心配せずに持ち歩きたいならビニール素材を、環境に配慮したい人はコットン素材のバッグを選ぼう。

※日本への持ち込み禁止、あるいは検疫が必要な食品や食材もあるので注意。詳細は→P223で確認を！

憧れのブランドが集まる

サントノレ通りで
ファッションクルーズ

誰もが憧れるラグジュアリーブランドが一堂に会す、パリ随一のファッションストリート、
サントノレ通り。中世の時代から続く、歴史ある通りを颯爽と歩いてみよう。

パリには高級メゾンのブティックが集まる通りがいくつかある。モンテーニュ大通り（→P65）や、サン・ジェルマン・デ・プレのグルネル通り（MAP：P11D2）。その中でも右岸の1区から8区まで東西に走るサントノレ通りは有名メゾンが本店や旗艦店を置き、パリで最もエレガントな通りとの呼び声も高い。シャネル、ルイ・ヴィトン、エル

メスなど、歩いているだけで一流ブランドの新作コレクションをチェックできそう。12世紀の終わりに作られたサントノレ通りは、ゆかりのある歴史上の人物も多い。例えば、マリー・アントワネットの愛人フェルゼンが115番地で購入したインクを使って彼女に手紙を書いたという記録も。当時に思いを馳せながら歩いてみよう。

↑毎年11月中旬になるとクリスマスイルミネーションが点灯され、煌びやかな光に包まれる

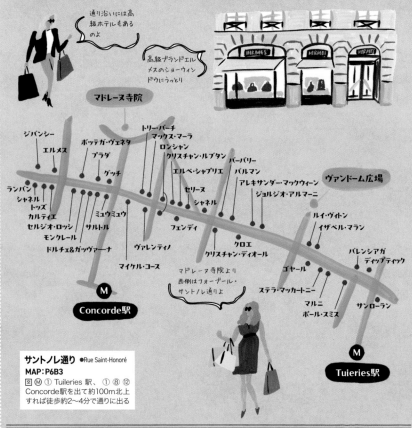

通り沿いには高級ホテルもあるのよ

高級ブランドエルメスのショーウィンドウにうっとり

マドレーヌ寺院

ジバンシー
エルメス
ボッテガ・ヴェネタ
プラダ
グッチ
トリー・バーチ
マックス・マーラ
ロンシャン
クリスチャン・ルブタン
エルベ・シャプリエ
セリーヌ
シャネル
バーバリー
バルマン
アレキサンダー・マックウィーン
ジョルジオ・アルマーニ

ヴァンドーム広場

ランバン
シャネル
トッズ
カルティエ
セルジオ・ロッシ
モンクレール
ドルチェ＆ガッヴァーナ
ミュウミュウ
サルトル
ヴァレンティノ
マイケル・コース
フェンディ
クロエ
クリスチャン・ディオール
ゴヤール
ステラ・マッカートニー
マルニ
ポール・スミス
ルイ・ヴィトン
イザベル・マラン
バレンシアガ
ディップティック
サンローラン

M Concorde駅

マドレーヌ寺院より西側はフォーブール・サントノレ通りよ

M Tuieries駅

サントノレ通り ●Rue Saint-Honoré
MAP：P6B3
図 Ⓜ ① Tuileries 駅、① ⑧ ⑫ Concorde駅を出て約100m北上すれば徒歩約2〜4分で通りに出る

☆

Night Out

夜あそび

Contents

知っておきたいこと11

#夜あそび

夜も魅力がいっぱいのパリ。夜の街を満喫するために、
気になる不安解消のヒント、楽しむコツを教えます！

01

パリの夜。治安は大丈夫？

シャンゼリゼ、オペラ、サン・ジェルマン・デ・プレ、マ
レ、バスティーユなどの繁華街は、夜でも賑わっている。
人通りが多い場所は比較的安全だが、夜遅くに女性だ
けで歩かない、なるべく
タクシーに乗るなど、安
全対策は万全に。エッフ
ェル塔のライトアップは
暗くなってから始まる。
毎時0分から5分間キラ
キラと光る演出「シャン
パンフラッシュ」がある
が、深夜1時からのみ、
白いライトのみの特別な
イルミネーションとなる。

日没時間の目安	
1月	17:20
2月	18:10
3月	19:00
4月	20:40
5月	21:30
6月	22:00
7月	21:50
8月	21:00
9月	20:00
10月	19:00
11月	17:10
12月	16:50

©Tour Eiffel – illuminations Pierre Bideau

02

夜の交通手段

メトロの運行は、平日翌0時30分ごろ、
金・土曜は翌1時30分ごろまで（路線に
より異なる）、バスの運行は22時30分ご
ろ（一部の路線は翌0時30分ごろ）まで。
終電、終バス以降は、タクシーやナイト
バスが交通手段となる。

03

夜あそびに人気のエリアはココ

・シャンゼリゼ

華やかなシャンゼリゼ大通りには、比較
的ラグジュアリーなバーやクラブがあり、
深夜まで営業しているレストランもある。

・マレ～バスティーユ

マレには昼夜を問わずおしゃれなパリっ
子が集まる。カジュアルな店が多いバス
ティーユは、週末になると若者でいっぱい。

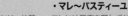

・サンジェルマン・デ・プレ周辺

マビヨン駅、オデオン駅周辺にも、おし
ゃれなワインバーやカフェ、レストラン
が多く、ハイセンスなパリジャンが集まる。

・サン・マルタン運河周辺

アーティストやクリエイターに人気のエリ
アには新しいバーやカフェが立ち並ぶ。運
河沿いに座って飲んでいる若者もいる。

04

お酒はスーパーで買える？

スーパーでもワインやビールなどアルコ
ール類の販売をしている。観光地では24
時まで営業していることもあるが、20時
〜22時ごろに閉まる店が多いので、買物
は日中に済ませておこう。

05 耳より
フランスのビール

ワインのイメージが強いフランスだが、夏は特にビールが人気。1664（セーズ・スワソント・キャトル）、Kronenbourg（クロネンブルグ）、Fischer（フィッシャー）などがフランスの代表的な銘柄。最近はパリで作られたクラフトビールを提供する店も増えている。

06 得
「アペロ」をしよう

フランス人はディナーを20時以降に取ることが多いため、その前に小皿料理をつまみながら飲む「アペリティフ（食前酒の意味）」という習慣がある。「アペロ」とよばれ、カフェやバーで1〜2杯飲んでからディナーに向かう。夕方からハッピーアワーのサービスをする店もある。

07 得
夜カフェを活用

> 遅くなるときは十分に注意をしよう

レ・ドゥ・マゴ、カフェ・ドゥ・フロール、ラ・ロトンド、フーケッツなど、老舗カフェのなかには深夜24〜1時ごろまで営業している店がある。食事やお酒も提供しているので、夕食、アペリティフ、夜あそびの後にも活用しよう。

08 耳より
オペラのドレスコード

> パリらしいスタイルを現地調達してもいいかも

1等席でもブラックタイといった正装客は少ない。男性はジャケット、女性はワンピース着用など、スマートカジュアルであれば安心。

09 得
レヴューはツアーの利用も手

ムーラン・ルージュ（→P190）周辺はパリ屈指の歓楽街で、夜は特に注意が必要なエリア。23時からの深夜のショーもあるので、タクシーまたは旅行会社のツアー利用が安心。
©Moulin Rouge®-S.Franzese

ムーラン・ルージュ観賞チケット予約代行・ツアー

Veltra
URL www.veltra.com/jp/
エミトラベルパリ
URL www.emitravel.net
Klook
URL www.klook.com/ja/

10 耳より
パリで花火を見たい

フランス革命を記念した7月14日の「革命記念日」。国民の祝日でもあるこの日は、23時からエッフェル塔やトロカデロ広場の噴水付近から花火が打ち上げられる。午前中は、シャンゼリゼ大通りで軍事パレードが行われる。

11 耳より
夏は「パリ・プラージュ」でリゾート気分

パリの夏の風物詩「パリ・プラージュ」。7月中旬から8月下旬まで、セーヌ河沿いやヴィレット貯水池にパラソルとビーチチェアが設置され、まるでリゾート地のように。21時ごろまで開放されているので、スナックやドリンクを買ってきて夜のピクニックはいかが？ イベントも多く開催され、夜のライブなどもある。
URL ja.parisinfo.com/

【編集MEMO】
コレだけはいいたい！

> 夜景だけでなく夕焼けも見たい。夕日に照らされるエッフェル塔や凱旋門から街を眺めるのもおすすめ。

> 「アペロ」では、ワインやビールのほか、アペロール・スプリッツ、パナシェ（ビールとレモネードのカクテル）なども人気。

> 毎年11月下旬から1月は、街中がクリスマスのイルミネーションで彩られる。シャンゼリゼ大通りの美しい輝きは必見！

ロマンチックに輝く街を見たい！

パリの夜景マストスポット

シャイヨ宮からの眺めは左右対称の姿が翼を広げた一羽の白鳥のよう

Read me!

パリの建物は夜になるとライトアップされ、日中とは異なる表情を見せてくれる。ディナーの前後にさまざまな名所を訪れて、光をまとった美しい街を眺めてみよう。

ロマンチックなシャンパンフラッシュ

観賞のPoint

日没後、毎正時から5分間行われるショー「シャンパンフラッシュ」。シャンパンの泡のようにキラキラと輝く塔は必見。

キラキラ光るパリの象徴

エッフェル塔
●La Tour Eiffel

さまざまな場所から見ることができる、エッフェル塔の夜の姿。ふもと付近のメリーゴーラウンド越しの姿も華やか。塔は完成直後〜1900年までは、ガス灯を用いてライトアップしたという。➡P48

定番

↑展望台から見下ろすセーヌ河。街路灯が美しく橋を照らしている

©Tour Eiffel – illuminations Pierre Bideau

シャンゼリゼ散歩と夜景を楽しむ **凱旋門&シャンゼリゼ大通り** ●L'Arc de Triomphe & Av. des Champs-Élysées

街路灯が両脇を彩るシャンゼリゼ大通りの向こうに浮かび上がる凱旋門。光に照らされた門はレリーフの陰影が強まって美しい。北側からはエッフェル塔も一緒に見ることができる。➡P52、64

オススメ!

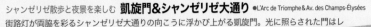

←展望台から放射状に延びる通りやエッフェル塔を眺めてみて

↓遠くからは華やかな大通り越しの美しさ、近くでは壮大さを感じられる凱旋門

観賞のPoint
シャンゼリゼ大通りをシャルル・ド・ゴール広場に向かって歩いてみよう。展望台からはパリの街並みを360度見渡せる。

豪華絢爛なオペラ・ガルニエ。屋根の黄金の女神像も輝いている

正面の円柱はナポレオン時代に建造されたもの

観賞のPoint
古代ギリシア風の円柱が浮き出るような照明が素敵。7月13日の革命記念日前夜にはトリコロールカラーにライトアップされる。

昼間とは違う荘厳な雰囲気
オペラ・ガルニエ
●Opéra Garnier

荘厳な姿に圧倒されるオペラ・ガルニエ。ライトアップされるとさらに重厚感が増し、細かい装飾が強調されて華やかな美しさを引き立たせている。➡P58
※改修工事のため2024年末〜2025年初頭まで建物のファサードは見られない予定

観賞のPoint
オペラ広場からの迫力ある眺めもいいが、オペラ通りから街路灯とともに美しく輝くオペラ・ガルニエの姿も見てみたい。

円柱を照らす光が幻想的
ブルボン宮●Palais Bourbon

1722年、ルイ14世とモンテスパン夫人の息女、ブルボン公爵夫人のために設計されたブルボン宮。現在は国民議会(国会議事堂)になっている。

サン・ジェルマン・デ・プレ MAP: P10B1

⊠Ⓜ⑫Assemblée Nationale駅から徒歩1分
⌂33 Quai d'Orsay 7e

美しいパリのナイトショー

華やかなレヴューを観賞

レヴューとは？

かつて、画家のロートレック、作曲家のドビュッシー、建築家のエッフェルなど、多くの芸術家が足しげく通ったキャバレー。レヴューとは、そんな洗練された大人の社交場で、豪華な衣装を身にまとったダンサーや歌手が繰り広げるショーのことを指す。

Read me!

ステージで繰り広げられるダンスや歌、ジャグリングなどのナイトショー。パリの夜は、食事やお酒をいただきながら、華麗な世界を堪能しては？ミュージカルにも注目！

代名詞ともいえる華やかなフレンチ・カンカン
©Moulin Rouge®-S.Franzese

みどころ！

2024年2月現在のレヴューは『フェリ（妖精の国）』。60人のダンサーが身にまとう衣装は1000着を越え、衣装デザイナー、ミヌ・ヴェルジェが手掛ける華やかさが人気の理由。

最新技術を駆使した豪華絢爛ショー

ムーラン・ルージュ
●Moulin Rouge

1889年に創設された、"赤い風車"という名前の老舗キャバレー。フレンチ・カンカン発祥の地で、かつてはエディット・ピアフも歌った。『フェリー』は、パフォーマンスはもちろん、絢爛な舞台の素早い入れ替わりや、音楽、衣装、照明などすべてが見事。

モンマルトル MAP：P14A2

🚇M②Blanche駅から徒歩1分 🏠82 Bd. de Clichy 18e ☎01 53 09 82 82 🕐①ディナーショー19時〜、②ドリンクショー21時〜、23時〜 ®なし ①€225〜、②€88〜。公式サイトから予約可 URL www.moulinrouge.fr

©Moulin Rouge®-S.Franzese

↑夜の街に回る風車がシンボル。フォトスポットとしても人気
©Moulin Rouge®-D.Duguet

↑ダンサーは一回のショーで何度も衣装替え

↑900人を収容可能なゴージャスな館内

グッズをおみやげに

公式グッズ専門ショップでさまざまなオリジナル商品を買える。夜は入口左にある館内ラウンジにて販売。

ブティック・ドゥ・ムーラン・ルージュ
●Boutique de Moulin Rouge

モンマルトル MAP：P14A2

🚇M②Blanche駅から徒歩1分 🏠11 Rue Lepic 18e ☎01 53 09 82 71 🕐10〜19時 ®水・金曜

↑フレンチ・カンカンモチーフの扇子€65

←ムーラン・ルージュのイラスト入りバッジ 黒€3、赤・青€2.50

➡華やかな衣装や噴水の演出もみどころ

オススメ！

新たなエンタメスポット

リド・ドゥー・パリ

●LIDO 2 Paris

2022年、シャンゼリゼ大通りの伝説のキャバレー「リド・ドゥ・パリ」が幕を閉じ、ミュージカルの劇場として新たにスタート。ベルベットのソファや肘掛け椅子が配置されたキャバレー形式の空間で、オリジナルの演目を観賞できる。

シャンゼリゼ大通り

MAP：P5D2 [交]Ⓜ①George V駅から徒歩1分 [住]116 bis Av. des Champs-Élysées 8e ☎01 53 33 45 50 🕐20時30分～ [休]月曜 [料]演目や座席のカテゴリーにより€30～130ほど。公式サイトから予約可 [URL]lido2paris.com [予]

© Julien Benhamou

みどころ！

古代ローマを舞台にしたコメディ『A Funny Thing Happened On The Way To The Forum』。豪華な衣装、照明、噴水までも登場する不思議な世界。※2024年2月までの公演

ショーは豪華でダイナミック！

➡古代ローマを舞台にしたコメディ

©Julien Benhamou

⬆2024年2月まで上演された『A Funny Thing Happened on the Way to the Forum』

©Julien Benhamou

©AntoinePoupel@ReinedesCoeurs

おしゃれな衣装と演出が評判

みどころ！

「アート・オブ・ヌード」とよばれるトップレスダンスで有名。ダンサーたちのしなやかな動きに釘付けになること間違いなし。スタイリッシュな舞台は女性にも人気。

服をまとっているような照明よ

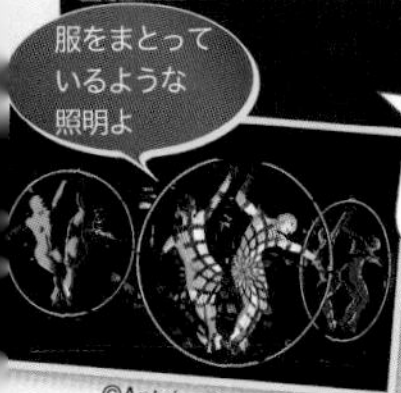

©AntoinePoupel@Attitude

⬅女性の美しさを満喫できるショー

↘客席は連日満員になる人気ぶり

©MarkDavies@CrazyHorseParis

妖艶なダンサーに魅了される

クレイジー・ホース

●Crazy Horse

1951年創業のパリで最も前衛的なナイトクラブ。世界各国の選りすぐりのダンサーが踊りや歌など趣向を凝らしたショーで観客を魅了する。

シャンゼリゼ大通り **MAP：P5E3**

[交]Ⓜ⑨Alma Marceau駅から徒歩2分、①George V駅から徒歩5分 [住]12 Av. George V 8e ☎01 47 23 32 32 🕐20時～、22時30分～(土曜は19時～、23時45分～、日によって異なるので公式サイトで要確認) [休]なし [料]ディナー付き€180～、飲み物なし€75、シャンパン付き€90～。公式サイトから予約可 [URL]www. lecrazyhorseparis.com [予]

パリでもっとも古いキャバレー

パラディ・ラタン

●Paradis Latin

1889年にエッフェル塔を手がけたギュスターヴ・エッフェル設計で生まれ変わった劇場。客席との一体感が生まれる中規模サイズで、臨場感たっぷりでショーを楽しめる。

カルチェ・ラタン **MAP：P12B2**

[交]Ⓜ⑩Cardinal Lemoine駅から徒歩2分 [住]28 Rue Cardinal-Lemoine 5e ☎01 43 25 28 28 🕐ランチ付き12時～、軽食付き13時30分～、ディナー付き19時30分～、ドリンク付き21時～ [休]なし [料]€ショーのみ€80、ランチ付き€140、軽食付き€85、ディナー付き€175～、ドリンク付き€90～。公式サイトから予約可 [URL]www.paradislatin.com [予]

©Jérémie Lamarch

フレンチ・カンカンはみどころのひとつ

みどころ！

『ロワゾー・パラディ(鳥の楽園)』は、モダンで官能的、そしてユーモアにあふれるレヴュー。カラフルな衣装は、ビヨンセなどの衣装を手掛けたオノラトゥヴュによるもの。

⬆700人を収容できる劇場は趣ある内装

➡現代的でありながら伝統を大切にしたショー

©Jérémie Lamarch

華やかな衣装や演出にも注目

優雅な夜を過ごそう

オペラ&バレエを楽しむ

フランスが誇るオペラとバレエの名門、国立パリ・オペラ座の劇場がオペラ・ガルニエとオペラ・バスティーユ。ちょっぴりドレスアップして名演を心ゆくまで鑑賞しよう。

鑑賞のPoint

パリ・オペラ座バレエ団の公演が中心だが、オペラ公演も行う。豪華絢爛な舞台で繰り広げられる公演は圧倒的な美しさ。

↑客席は金と赤の装飾で重厚感たっぷり

19世紀落成の絢爛な歌劇場

オペラ・ガルニエ
● Opéra Garnier

1875年落成の劇場。ネオ・バロック様式の豪華な装飾の客席は、『ジゼル』『魔笛』など名作演目をイメージし、1964年に完成したシャガール作の天井画が描かれている。
➡P58

オペラ〜ルーヴル

MAP：P6C2
⏰演目により異なる
🗓演目により異なる
🌐 www.operadeparis.fr

Optima	€115〜220
1等	€100〜200
2等	€85〜168
3等	€50〜95
4等	€25〜50
5等	€12〜25
6等	€10（ネット購入不可）

※料金は演目により異なる。
上記は目安

Amphithéâtre＝天井桟敷、Stalles＝立見席（舞台は見えない）、Loges de Face＝正面ボックス席、Loges de Côté＝サイドボックス席（視界が遮られる席あり）、Balcon＝1階正面桟敷、Parterre＝1階桟敷、Baignoire＝1階ボックス席

©Yonathan Kellerman / OnP

←2024年のプログラムより『白鳥の湖』

↑『オペラ座の怪人』の舞台にもなった劇場

↓黄金の装飾が施されたグラン・フォワイエ

座席表

Stalles　Stalles
Amphithéâtre
Loges de Côté　　　Loges de Côté
Loges de Face
Balcon
Parterre
Baignoires　　　Baignoires

Optima	1等	2等	3等	4等	5等	6等

鑑賞のPoint
オペラを中心にバレエの公演も行う。最新の舞台技術を使った斬新な演出に注目したい。

2023年のプログラムより『Les Contes d'Hoffmann』 ©Emilie Brouchon / Opéra national de Paris

革命200周年を記念し建設
オペラ・バスティーユ●Opéra Bastille

➡ガラス張りのモダニズム様式の建物

フランス革命200周年を祝して建設されたオペラ劇場。1989年7月13日に落成し、こけら落としはベルリオーズのオペラ『トロイ人』。地上8階、地下6階で全2745座席を有する。

マレ **MAP：P9E3**

Ⓜ①⑤⑧Bastille駅から徒歩1分 📍Pl. de la Bastille 12e ☎08 92 89 90 90 ⏱演目により異なる、劇場見学はガイドツアーのみ（実施日、時間などは公式サイトで要確認）⑯演目により異なる。見学は€17 URL www.operadeparis.fr ➡

Optima	€160〜200
1等	€135〜180
2等	€115〜163
3等	€100〜145
4等	€80〜125
5等	€60〜100
6等	€35〜70
7等	€25〜50
8等	€20〜35
9等	€15
10等	€10（ネット購入不可）

※料金は演目により異なる。上記は目安

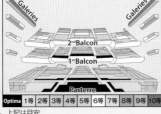

©Patrick Tourneboeuf / Tendance Floue

©Patrick Tourneboeuf / Tendance Floue

↑どの席からも舞台が見やすい工夫がなされている

Galeries=回廊席、2nd Balcon=3階正面桟敷、1er Balcon=2階正面桟敷、Parterre=1階席（字幕スクリーンは見えない）

＋Plus!

チケットの入手方法
現地でもチケットは購入できるが、公式サイトで事前予約しておくと安心。

公演情報
公演シーズンは9月下旬から翌6月末ごろ。演目、日程は国立パリ・オペラ座公式サイトをチェックしよう。URL www.operadeparis.fr

事前のチケット予約
現地へ直接、予約・購入する場合は、国立パリ・オペラ座の公式サイトからのWeb予約が便利。発売日は公演によって異なり、人気の公演は早々と売り切れてしまうが、直前でも購入できる公演はあるので、まずは公式サイトを見てみよう。ヨーロッパに本社を置くチケット予約会社「CLASSIC TIC」、「RM EUROPA TICKET」の公式サイトは日本語表示もあるので予約しやすい。ただし手数料がかかる。

**現地での
チケット手配**
幅広くエンターテイメント情報を掲載している雑誌、『パリスコープPariscope』などでスケジュールをチェック。前売券の購入は、事前のWeb予約などで売り切れていない場合には劇場の窓口やFNAC（書籍チェーン）などで購入できる。

Jazz & Chanson ★

生演奏の音色にうっとり

ジャズ&シャンソンを堪能

Read me!

静かな夜のお供に、ジャズやシャンソンはいかが？ 著名ジャズクラブでバンドの演奏に聞き入ったり、老舗のシャンソン酒場で20世紀初頭のパリ気分を味わってみて。

⬇白熱した演奏を間近で聴きたい

⬆おいしい食事とともに音楽を楽しんで

名門クラブの生演奏に酔いしれる

ル・プティ・ジュルナル

●Le Petit Journal

パリ三大ジャズスポットのひとつで、1971年の創業以来メンフィス・スリム、ジョー・ターナーなどの著名演奏家が出演。ディナーやドリンクをいただきながら、ゆっくり観賞できる。

カルチェ・ラタン MAP:P12A3

[交][RER]ⒷLuxembourg駅から徒歩1分
[住]71 Bd. St-Michel 5e ☎ 01 43 26 28 59
⏰ 19時30分～翌2時。演奏は20時30分～ [休]日曜(無休の月もある。公式サイトを要確認) [料]入場料€15(ドリンクオーダー必須)、ドリンク€10～、料理：前菜€22、メイン€32、デザート€20 [URL] www.lepetitjournalsaintmichel.com
[予](ディナーの場合) [英][英]

ジャズ

♪パリとジャズ♪

ヨーロッパで最もジャズが浸透しているパリには、多くのライブハウスがある。パリで一番古いカヴォー・ドゥ・ラ・ユシェットは、映画『ラ・ラ・ランド』の撮影にも使われた。

パリ最古のジャズクラブ

カヴォー・ドゥ・ラ・ユシェット

オススメ！

●Caveau de la Huchette

1946年創業のジャズクラブ。アート・ブレーキー&ザ・ジャズ・メッセンジャーズやライオネル・ハンプトンなどが名演奏を聴かせた。毎晩ライブが楽しめ、ダンスをする客も多い。

カルチェ・ラタン MAP:P12A1

[交]Ⓜ④St-Michel駅、[RER]Ⓑ St-Michel Notre-Dame駅から徒歩1分 [住]5 Rue de la Huchette 5e ☎ 01 43 26 65 05 ⏰21時～翌2時30分(金・土曜、祝前日は～翌4時)。演奏は22時～(日によって異なる) [休]なし [料]入場€14(金・土曜、祝前日は€16、ドリンクは€6～) [英]

⬆戦後に牢獄を改装した地下ホール

➡週末は朝4時まで営業している

パリとシャンソン♪🎵

シャンソンとはフランス語で「歌」という意味だが、日本では1960年代までに流行したフランスの歌謡曲を指すことが多い。オ・ラパン・アジルは、今、パリで日本人にとっての「シャンソン」を聴ける数少ない店だ。

←テーブルを囲んで熱唱する歌手たち。舞台はなくピアノが1台あるのみ

シャンソン

著名画家も通ったシャンソン酒場
オ・ラパン・アジル
●Au Lapin Agile

1875年に創業し、ピカソやロートレックなど芸術家が通った店。薄暗い店内で歌手たちが語るようにシャンソンを歌い、全員で有名な歌を合唱する時間もある。事前予約がおすすめ。

モンマルトル **MAP：P14B1**

🚇 Ⓜ⑫Lamarck-Caulaincourt駅から徒歩3分 🏠22 Rue des Saules 18e
☎01 46 06 85 87 ●21時～翌1時 ⑭月・水・日曜 ⑭€35(1ドリンク付き) 🈂🈳

↑名物のサクランボ酒を試してみたい

➕ Plus! 　クラシックも気軽に

パリではクラシック音楽のコンサートも多く開催されているので、クラシックファンはぜひ！

©William Beaucardet

著名な音楽家が集結するホール
フィルハーモニー・ドゥ・パリ
●Philharmonie de Paris

↑人気公演は早めに予約をしよう

世界中から有名な交響楽団、オペラ歌手などが集まるコンサートホール。クラシック、ジャズ、ポップスなどジャンルは幅広い。建築家ジャン・ヌーヴェル氏の設計した印象的な建築も必見。

パリ郊外 **MAP：P3F1**

🚇 Ⓜ⑤Porte de Pantin駅から徒歩3分 🏠221 Av.Jean-Jaurès 19e
☎01 44 84 44 84 ●演目により異なる ⑭なし ⑭演目により異なる
🔗philharmoniedeparis.fr 🈂 ※演目の確認、チケット購入は公式サイトで

➡ステージの周りを360度客席が囲むホール

Théâtre des Champs-Elysées ©Harti Meyer

シャンゼリゼで優雅なソワレを
シャンゼリゼ劇場
●Théâtre des Champs-Elysées

↑モーリス・ドゥニが手がけた天井画にも注目

1913年創業の歴史ある劇場は、オペラ、コンサート、コンテンポラリーダンスなど多彩なプログラムを揃える。フランス国立管弦楽団、ラムルー管弦楽団などの活動拠点でもある。

↑設計は「コンクリートの父」とよばれたオーギュスト・ペレ

Théâtre des Champs-Elysées ©Harti Meyer

シャンゼリゼ大通り **MAP：P5E3**

🚇 Ⓜ⑨Alma Marceau駅から徒歩1分 🏠15 Av. Montaigne 8e
☎01 49 52 50 50 ⑭⑭演目により異なる
🔗 www.theatrechampselysees.fr 🈂
※演目の確認、チケット購入は公式サイトで

車窓から眺めるパリの夜景に感動

グルメバス "ビュストロノム"

極上フレンチを堪能しながら、
キラキラ光るパリの夜景を見たい！
そんなわがままな願いを
叶えてくれるのが
レストランと
観光バスが融合した
"ビュストロノム"。
今宵はグルメバスに
乗って、おいしくて
美しいパリNightを
満喫しよう。

時速10kmの
ゆっくり走行で
食事も
安心！

パリで話題のレストランの料理と観光を同時に楽しめるバスツアー、「ビュストロノム」。天井と壁4面がガラス張りになった2階建てバスの中に椅子とテーブルが用意され、さながら高級レストランのよう。凱旋門から出発して、右岸、左岸の観光名所を巡る。所要は2時間45分。バスは時速約10kmとゆっくり走行なので景色をじっくり眺められるのもうれしいポイント。車内では日本語オーディオガイドやWi-Fi接続もOK。美しいフレンチのフルコースを味わいながらパリの夜景を一望。至れり尽くせりのビュストロノムでとっておきの時間を過ごしてみては。

おいしい料理と美しい景色で
パリの夜を堪能

ディナーは6品とグラ
スシャンパンまたはワ
インなどドリンク付き

ビュストロノム●Bustronome

乗り場 MAP：P4C2

☎ 09 54 44 45 55
🕐ランチ：12時15分〜、
ディナー：19時45分〜、20時45分〜
※曜日により異なる ランチ：€70〜90 ディ
ナー：€120〜150 [URL] www.bustronome.com

車内にはトイレも完備
しているので、安心し
て食事を楽しめる

🎻 Dinner Route 🎻 凱旋門→シャ
ンゼリゼ大通
り→コンコルド広場→マドレーヌ寺院→オペ
ラ・ガルニエ→ルーヴル美術館→パリ市庁舎
→サン・ミッシェル教会→オルセー美術館→
グラン・パレ→アレクサンドル3世橋→アンヴ
ァリット→エッフェル塔→シャイヨ宮→凱旋門

ディナークルーズもチェック！

全面ガラス張りの豪華な遊覧船に乗って、セーヌ河クルーズへ。
季節の食材をふんだんに使ったフレンチの3品コースを味わい
ながら、エッフェル塔をはじめ、パリの歴史的建造物を眺めよう。

生バンドによるライ
ブ演奏も行われる

@VisitIn

プライベートセーヌ河ディナークルーズツアー
出発時間：19時（集合は5分前）催行日：毎日（貸切日、第1日曜、5月1日、7
月1日〜9月8日を除く）集合場所：パリ市内宿泊ホテルロビー、下船後はホテ
ルまで送迎 ツアー料金：1人€549〜（2名参加時）※日本語アシスタント、専
用車往復送迎迎付 所要時間：4時間＋ホテルまでの送り時間

※ディナークルーズツアーの予約はマイバスフランス（→P229）

Hotel

ホテル

Contents

上質なパリSTAYが叶う！

憧れのラグジュアリーホテル

Read me!

贅を尽くしたインテリアや細やかなサービスで、上質なステイが堪能できるラグジュアリーホテル。せっかくのパリ旅行、ちょっと奮発してホテルでの時間も素敵な思い出に。

人気の客室スーペリア ルーム。写真の部屋からはマドレーヌ寺院を望める

↑美しいらせん階段。ピンクと黒、白の組合せがエレガントで写真を撮りたくなる

↑「ル・グラン・カフェ・フォション」は種類豊富なメニューを取り揃え、いつも大賑わい

←チェックインは、別室のサロンでゆったりと。ここでも無料でマカロンをいただける

←ジュニアスイートは35㎡と広々。マルシェルブ大通りに面している

←地下階にある「スパ カリタ」。施術のクオリティが高く、アメニティの購入も可能

マドレーヌ寺院が目の前の5つ星ホテル

フォション ロテル パリ

●Fauchon L'Hôtel - Paris

紅茶やマカロンなどで有名な「フォション」が経営するホテル。「グルメホテル」というだけあり、レストランの料理がおいしいのはもちろん、館内では自慢のマカロンが食べ放題。ホテルのデザインもフォションのテーマカラーのピンクがきいて魅力的。

オペラ〜ルーヴル　**MAP：P6B2**

🚇Ⓜ⑧⑫⑭Madelaine駅から徒歩1分
🏠4 Boulevard Malesherbes 8e
☎01 87 86 28 00
㊎ⓈⓉ€440〜（料金は目安）🚭 客室数 54
URL www.LHW.com/fauchonhotelparis

ホテルのこだわり！

すべての客室にフォションのクッキーやチョコレート、ペーストなどを完備したグルメバーが設置されている。中身は食べ放題で、なくなれば随時追加してもらえる。おみやげとして持って帰るのもOK！ホテルにこもってスイーツパーティもよいかも♡

客室からシャンゼ
ラッシュ（夜景）を見ら
れる最高の立地

← 客室はキングまたは
クイーンサイズの1ベッ
ドまたはツイン
→ モダンな雰囲気のロ
ビー。レストランバー
とフィットネスも

エッフェル塔を望むロケーション
プルマン・パリ・トゥール・エッフェル
● Pullman Paris Tour Eiffel

エッフェル塔を望む交通至便な立地で、モダンでスタイリッシュな4つ星ホテル。エッフェル塔を望む客室は人気なので、予約時に必ず指定を。

エッフェル塔周辺 MAP：P15C3

Ⓜ⑥Bir-Hakeim駅から徒歩5分 22 Rue Jean Rey 15e
☎ 01 44 38 56 00 ⓇⓈⓉ€229〜（料金は目安）客室数430
URL www.pullmanhotels.com

↑ 大理石のバス
ルーム、エルメ
スのアメニティ
が備わる客室
← ガラス屋根が
美しいサロン

全面改装した豪華なホテル
ルテシア
● Hôtel Lutetia

セーヌ河左岸で随一のラグジュアリーホテル。1910年の創業当時からのクラシカルなたたずまいはそのままに、ブラッスリーやサロン、プールや広さ700㎡のスパ「Akasha Spa」など館内施設が充実。

サン・ジェルマン・デ・プレ MAP：P11D3

Ⓜ⑩⑫Sèvres Babylone駅から徒歩1分 45 Bd. Raspall 6e
☎ 01 49 54 46 00 ⓇⓈⓉ€1280〜（料金は目安）客室数184
URL www.hotellutetia.com

修道院の面影が残る瀟洒なホテル
ルレ・クリスティーヌ
● Hôtel Relais Christine

修道院だった建物をモダンかつクラシックに改装。丁寧なサービスと温かい雰囲気が人気でリピーターも多い。ジャクジーやサウナを利用できるスパ付きのパッケージもある。

サン・ジェルマン・デ・プレ MAP：P11F1

Ⓜ④⑩Odéon駅から徒歩5分
3 Rue Christine 6e
☎ 01 40 51 60 80
ⓇⓈⒹ€420〜（料金は目安）客室数48 URL www.relais-christine.com
↓ 緑豊かなエントランスは隠れ家のような雰囲気

↑ モダンで落ち着いた雰囲気のサロン

客室はそれぞれデザインが異なる

パリ最古のデラックスホテル
デュ・ルーヴル ● Hôtel du Louvre

パレ・ロワイヤルやルーヴル美術館まで徒歩2分とロケーションのよさも魅力的な5つ星ホテル。客室は2つのタイプがある。テラス席もあるブラッスリーやバーは、パリジェンヌにも人気。

↑ 創業1855年、ルーヴル美術館が目の前にある

オペラ〜ルーヴル MAP：P7D3

Ⓜ①⑦Palais Royal Musée du Louvre駅から徒歩1分
Pl. Andre Malraux 1er ☎ 01 73 11 12 34
ⓇⓈⓉ€440〜（料金は目安）客室数164 URL www.hyatt.com/
ja-JP/hotel/france/hotel-du-louvre/paraz

↑ 自然光が降り注ぐ広々としたスイートルーム
← 併設のカフェバー「Officine du Louvre」も評判

ホテル

ラグジュアリーホテル

デザインホテル

目的で選ぶ

個性あふれるおしゃれ客室に注目！

ハイセンスな**デザインホテル**

伝統的な建物をリノベーションし、こだわりの家具やインテリアを施した高いデザイン性を誇るホテル。どれも個性的なので、自分の好みで探してみよう！

→明るい色使いのスイート・ルーム

←デザイナーズ家具が配されたロビー

モダンかつフェミニンなデザイン

シャヴァネル ●Hôtel Chavanel

レースやカシミアなど素材にこだわり、デザイナーズ家具を配したカラフルでスタイリッシュな内装が評判。BIO素材を使った朝食のビュッフェ€20も女性を中心に人気。

オペラ〜ルーヴル MAP：P6B2

🚇M⑧⑫⑭Madeleine駅から徒歩3分
🏠22 Rue Tronchet 8e ☎01 47 42 26 14
€240〜（料金は目安）客室数27
URL www.hotelchavanel.com

居心地のいいおしゃれ空間

↑内装は2人の女性建築家が手がけた

↑白が基調のバスルーム

モダン×クラシック

18世紀の歴史を今に残す

ザ・オクストン・パリ

●The Hoxton Paris

ロンドンやアムステルダムで注目のホテル。入口にはパリっ子に人気のレストランがあり、朝食からディナーまでOK。シックでおしゃれな客室はまさにパリの今を感じられる空間だ。

客室は13〜36㎡の4カテゴリーからなる

↑サンティエ通りの18世紀の建物を利用

オペラ〜ルーヴル MAP：P7E1

🚇M⑧⑨Grands Boulevards駅から徒歩4分
🏠30-32 Rue du Sentier 2e ☎01 85 65 75 00
€149〜（料金は目安）客室数172 URL thehoxton.com

スパが自慢のスタイリッシュホテル

ラ・ベル・ジュリエット

●Hôtel & Spa La Belle Juliette

19世紀パリに実在した女性ジュリエット・レカミエをイメージして造られたホテル。全客室にiMacが設置されており、自由に使えるのがユニーク。スパには小さなプールとハマムもある。

↑レストランは、晴れた日はテラス席もおすすめ

サン・ジェルマン・デ・プレ MAP：P11D4

🚇M⑩Vaneau駅から徒歩5分
🏠92 Rue du Cherche-Midi 6e
☎01 42 22 97 40
€160〜（料金は目安）
客室数45 URL www.hotel-belle-juliette-paris.com

↑スパではマッサージやスクラブなどのメニューを用意

↓ロマンティック・ルームは21㎡

エレガントな4つ星ホテル

↑スペリオール・ルーム。客室は4タイプ用意

→パブリックスペースも個性的な空間

ピンクのファブリックがポップ☆

工場を改装したユニークな空間
ファブリック
●Hôtel Fabric

旧織物工場を改装した4つ星ホテル。パリで人気のインダストリアル風スタイルを活かした空間。洗練されたファブリックを組み合わせた芸術的な空間が魅力的。館内ではiPadの無料貸出も。

マレ MAP：P9D1

🚇Ⓜ⑨St-Ambroise駅から徒歩3分
🏠 31 Rue de la Folie Méricourt 11e
☎ 01 43 57 27 00 ⓇⓈⓉ€190〜（料金は目安） 👤客室数 33
URL www.hotelfabric.com

ポップな雰囲気でコスパのよいホテル
ジョーク・アストテル ●Hôtel Joke - Astotel

人気の3つ星ホテルで、フレンドリーなスタッフのサービスが魅力。ロビーバーでは常時コーヒー、紅茶、午後にはお菓子の無料サービスがある。市内にある系列ホテルでもバー利用可。

↑ムーラン・ルージュ近くに位置する

モンマルトル MAP：P14A3

🚇Ⓜ②Blanche駅から徒歩2分 🏠 69 Rue Blanche 9e
☎ 01 40 40 71 71 Ⓢ€90〜Ⓓ€100〜（料金は目安）
👤客室数 44 URL www.astotel.com

スタンダードツインの客室は15㎡の広さ

カジュアルでおしゃれ♪

シンプルイズベスト！

サン・マルタン運河沿いの注目ホテル
ル・シチズン
●Le Citizen Hotel

スタイリッシュさと居心地のよさを兼ね備えたホテル。客室からは運河が望め、全室に完備されているiPadで音楽や映画を鑑賞しながら過ごすのも素敵。朝食やミニバーは無料。

↑細部まで考えられた設計の客室

サン・マルタン運河 MAP：P16B3

🚇Ⓜ⑤Jacques Bonsergent駅から徒歩6分
🏠 96 Quai de Jemmapes 10e
☎ 01 83 62 55 50
ⓇⓈⒹ€150〜（料金は目安）
👤客室数 12
URL lecitizenhotel.com

→1階にはバー＆レストランがある

アットホームなデザインホテル
シグネチャー・サン・ジェルマン・デ・プレ
●Hôtel Signature St-Germain des Prés

オーナーの「自宅のようにくつろいで欲しい」という思いが詰まった空間。雰囲気のよいバルコニーやパティオ付きの客室もある。伝統的なパリの朝食も評判が高い。

サン・ジェルマン・デ・プレ MAP：P11D3

🚇Ⓜ⑩⑫Sèvres-Babylone駅から徒歩2分
🏠 5 Rue Chomel 7e
☎ 01 45 48 35 53
ⓇⓈⒹ€230〜（料金は目安）
👤客室数 26 URL www.signature-saintgermain.com

←オルセー美術館が徒歩圏内

バルコニー付きのデラックスルーム

ファブリックの色使いが◎

立地・コスパ、どこを重視？

目的で選ぶパリのホテル

Read me!

立地にコスト、デザインなど、ホテルごとに特徴はさまざま。自分の旅のスタイルを叶えてくれそうなホテルを探そう。ホテル同様のサービスがあるアパルトマンも便利。

チュイルリー公園のすぐそば

↑居心地がよくスタイリッシュな客室

ハイセンスなプチホテル
ラ・タミス
●Hôtel La Tamise

→主要観光地へのアクセスは抜群

19世紀の建物を利用したホテル。ルーヴル美術館や、ブティックの並ぶサントノレ通りといううれしい立地。スタッフのホスピタリティも評判が高い。

↑こだわりのインテリアにも注目

↑客室によってはアンヴァリッドが望める

オペラ〜ルーヴル **MAP：P6C3**
🚇Ⓜ①Tuileries駅から徒歩1分 🏠4 Rue d'Alger 1er
☎01 40 41 14 14 ⓇⓈⒹ€219〜（料金は目安）🛏客室数19
URL www.paris-hotel-la-tamise.com

立地がよくて観光に便利

Ⓜ サン・ポール駅すぐ

↑モダンなデザインのスイートルーム

マレ地区のお手頃ホテル
エミール ●Hôtel Emile

コンテンポラリーな雰囲気が魅力的なコスパのよいホテル。客室はミニマムにまとめられていて、広さを求める人には不向き。パンやコーヒーの簡単な朝食が無料。

↑バスルームはガラス張りになっている

マレ **MAP：P8C3**
🚇Ⓜ①St-Paul駅から徒歩1分 🏠2 Rue Mahler 4e
☎01 42 72 76 17 ⓈⒹ€100〜 Ⓓ€136〜（料金は目安）
🛏客室数29 URL hotelemile.com

マドレーヌ広場近くの4つ星
ル・ヴニョン ●Hôtel Le Vignon

高級食材店が並ぶマドレーヌ広場からすぐの場所にあり、オペラ・ガルニエやプランタン、ラファイエットなどのデパートも徒歩圏内。赤と白を基調にした客室はパリらしくかわいい雰囲気。

オペラ界隈の買物に便利

↑ビュッフェ形式の朝食を用意

オペラ〜ルーヴル **MAP：P6B2**
🚇Ⓜ⑧⑫⑭Madeleine駅から徒歩2分
🏠23 Rue Vignon 8e ☎01 47 42 93 00
ⓇⓈⒹ€280〜（料金は目安）🛏客室数28
URL www.hotelvignon.com

↑中庭に面した明るい雰囲気のクラシックルーム

吹き出し：凱旋門がすぐそば！

リピーターに人気の3つ星ホテル
アカシア・エトワール
●Acacias Etoile

↑客室は3カテゴリーあり、バスタブ付きの部屋もある

凱旋門まで徒歩6分、ル・ビュス・ディレクト（空港バス）の発着所から徒歩5分、シャンゼリゼ通りも徒歩圏という、最高のロケーション。客室は12〜16㎡と小さいが、冷蔵庫や無料Wi-Fiなど設備は整っている。

シャンゼリゼ大通り MAP：P4B2
M①Argentine駅から徒歩3分 11 Rue des Acacias 17e
☎ 01 43 80 60 22
N S €109〜
D €124〜（料金は目安） 客室数 36
URL www.arcotel-acaciasetoile.com/

➡コンパクトでかわいらしいホテル

マレ散策にいい3つ星ホテル
マレ・ドゥ・ローネー
●Hotel Maraise De Launay

ピンクや青、緑などカラフルでポップなインテリアの客室は、シングル12㎡、ダブル14㎡とコンパクトだが、冷蔵庫やセーフティーボックスなど必要なものは完備している。

↓マレ地区の中心まで徒歩10分という立地

マレ MAP：P9D2
M⑧Chemin Vert駅から徒歩2分
42 Rue Amelot 11e
☎ 01 47 00 88 11
N S €128〜 D €153〜（料金は目安） 客室数 35
URL bastilledelaunay.com

吹き出し：シュマン・ヴェール駅すぐ

↓部屋には無料Wi-Fiも備わる

コスパ抜群で使いやすい

好立地でコスパもよい
シタディーヌ・レ・アール・パリ
●Citadines Les Halles Paris

↓ランドリーやフィットネスセンターも併設

空港からもアクセスがよく、観光や買物に最適のロケーションのアパルトマン。全室ミニキッチン付きなので節約したい人にはおすすめ。

オペラ〜ルーヴル MAP：P7F3
M①④⑦⑪⑭Châtelet駅から徒歩2分
4 Rue des Innocents 1er ☎ 01 40 39 26 50
N S €175〜（料金は目安） 客室数 189 URL www.citadines.com

吹き出し：アパルトマンステイができる♪

充実した設備がうれしい
シタディーヌ・オペラ・パリ
●Citadines Opéra Paris

吹き出し：オペラ界隈の観光に便利！

パリの中心部にありながら、リーズナブルで実用性を重視した設備が整うアパルトマン。パリの中では客室は比較的ゆったりとしている。

↑キッチンやバスタブも備わる

オペラ〜ルーヴル MAP：P7D1
M⑧⑨Richelieu Drouot駅から徒歩1分
18 Rue Favart 2e ☎ 01 40 15 14 00
S D €180〜（料金は目安） 客室数 72 URL www.citadines.com

独創的なアイデアが満載
ネル
●Hôtel de Nesle

吹き出し：個性あふれる客室がすごい！

↓全室無料Wi-Fiを完備

部屋ごとにコンセプトの異なるデザインやインテリアなどが施されており、他のホテルにはないユニークな滞在をすることができる。

サン・ジェルマン・デ・プレ MAP：P11E1
M④⑩Odéon駅から徒歩5分 7 Rue de Nesle 6e
☎ 01 43 54 62 41 S T €85〜（料金は目安） 客室数 18
URL www.hoteldenesleparis.com

アットホームなプチホテル
トロワ・プッサン
●Hôtel des 3 Poussins

温かみのある色と遊び心のあるデザインでまとめられたかわいらしいホテル。客室には設備が整い、パリの市街を望めるテラス付きの部屋もある。

↑客室ごとに内装が異なる

吹き出し：客室がチャーミング♪

モンマルトル MAP：P14B4
M⑫St-Georges駅から徒歩3分 15 Rue Clauzel 9e
☎ 01 53 32 81 81 S T €96〜（料金は目安） 客室数 40
URL www.les3poussins.com

憧れのパリ生活を体験

アパルトマンで暮らすようにステイ

Read me!

暮らすように旅をしたい人や、長期滞在をする人にはアパルトマンがおすすめ。キッチンやダイニングが完備され、ホテルより広いのも魅力。スーパーで食材を買って自炊も◎。

アパルトマンの楽しみ方

1 アパルトマンとは?
フランス語で「集合住宅」のこと。基本的には日本の民泊のイメージで、集合住宅の一室を借りることができ、もちろん家具付き。短期貸しのアパルトマンもある。

2 物件の選び方
まず、治安の悪いエリアは避けること。ここで紹介している日本人経営のアパルトマンはすべて治安のよい場所にあるので、初心者でも安心して利用できる。

3 予約〜チェックアウトの流れ
申し込みは予約サイトから。チェックインは宿泊する部屋で、管理人と直接待ち合わせることが多い。チェックアウトは立ち会いがなく、鍵を部屋に置いていく場合もある。

4 滞在中の注意点
部屋の鍵の紛失にはくれぐれも注意を。また集合住宅なので、隣には普通に暮らしている人がいることを忘れずに。ゴミ出しや、キッチンや洗濯機の使い方はチェックイン時に確認を。

コスパのよいアパルトマンを紹介

パリ生活社 ●Paris Seikatsu

パリ市内の比較的治安のよいエリアのアパルトマンを16軒扱う。どの物件にもキッチンに炊飯器などの調理器具が揃っており、電気・水道代込み。シーツやタオル、ドライヤーは別途オプション料金がかかる。

日本…☎ 011-299-6882 ⏰ 10〜18時 ㉹ 日曜
URL paris-seikatsu.com

Point 入居案内の対応はすべて日本人スタッフなので、何かと安心。全部屋キッチン付きで、湯沸かしポット、炊飯器、食器類あり。空室状況は毎日公式サイトで更新している。

コントレスカルプ ●Contrescarpe

パリで一番美しいともいわれるコントレスカルプ広場に面する、24㎡の明るい部屋。買物に便利な立地で、近くにはコインランドリーもある。

カルチェ・ラタン
MAP:P12B3
🚇 M⑩Cardinal Lemoine駅、⑦Place Monge駅から徒歩5分 ㈱ 1人1泊9000円(定員2人、1人追加5000円)

↑エレベーターなしの5階にある

→バスルームやキッチンはタイルがかわいい

ボージラール2 ●Vaugirard 2

↑リビングは緑色の壁紙が印象的

左岸の15区にあり、街は閑静な雰囲気。メトロ駅徒歩1分の便利な立地で、近くにはスーパーやマルシェもある。部屋は32㎡と広く、エレベーター付き。

モンパルナス周辺
MAP:P2C3
🚇 M⑫Vaugirard駅から徒歩1分 ㈱ 1人1泊1万3000円(定員2人、1人追加5000円)

→キッチンやバスルームも明るく広々

高級サービス付きアパルトマン

セジュール・ア・パリ ●Séjour à Paris

リネン、アメニティ、飲料水などが完備されホテル感覚で利用できる。キッチンには調理器具が揃い、バスルームにはドライヤーも。チェックイン時は日本人スタッフが対応。宿泊は5泊〜で、電気・水道代込み。

パリ…☎ 01 56 88 26 88 ⏰9時30分〜17時 ㉹土・日曜、祝日
URL www.sejouraparis.fr
※宿泊料金の変更予定あり。最新情報は公式サイトで確認

Point 無料でレストラン予約やハイヤーの手配をしてもらえるほか、有料でショーや交通機関のチケット手配も。すべてのアパルトマンにロクシタンのバスアメニティ、キッチンには炊飯器を用意。

パレ・ロワイヤル ●Palais-Royal

パレ・ロワイヤルに隣接するアールヌーヴォー様式の建物の一室をリフォーム。28㎡の機能的なスタジオタイプの部屋に、日本式浴室、温水洗浄便座を完備している。

↑ダブルベッドとシングルソファベッドを備える

オペラ〜ルーヴル MAP:P7D3
🚇 M①⑦Palais Royal Musée du Louvre駅から徒歩4分 ㈱ 1泊1室€138〜242(定員2人、連泊割引あり)

→コンパクトで機能的なキッチン

サンジェルマン ●Saint-Germain

パリ左岸中心サン・ジェルマン・デ・プレの高級レジデンス内にある新装アパルトマン。セキュリティも万全。部屋は中庭に面した2階、43㎡の1ベッドルームタイプ。

↓ソファベッドはシモンズ製で快適

←キッチンにも窓があり心地よい空間

サンジェルマン・デ・プレ
MAP:P11E2
🚇 M④St-Germain-des-Prés駅から徒歩1分 ㈱ 1泊1室€179〜326(定員3人、連泊割引あり)

Beyond Paris

日帰りで世界遺産

Contents

Mont-Saint-Michel

パリから約360km

一度は訪れたい海の上の巡礼地

[世界遺産] モン・サン・ミッシェル

MAP:P2A4

ノルマンディとブルターニュ地方の狭間の海上に位置し、
島全体が修道院になっている。
その歴史は約1300年前にさかのぼり、聖なる巡礼地として、
そして要塞や牢獄として、数奇な運命をたどった。
1979年に世界遺産に登録。

⬆ライトアップされた夜の島はさらに神秘的

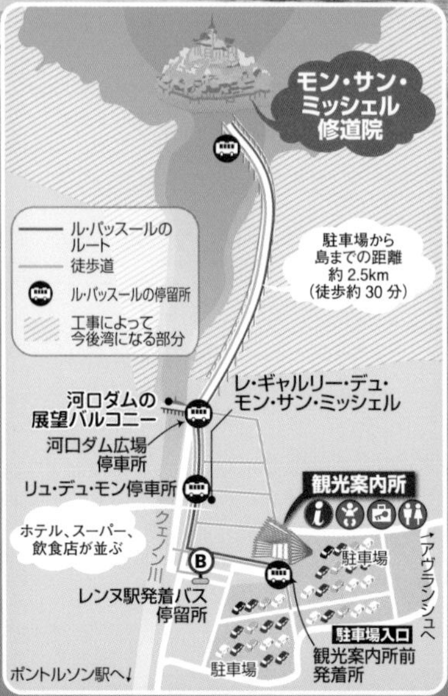

モン・サン・ミッシェル修道院
ル・パッスールのルート
徒歩道
ル・パッスールの停留所
工事によって今後湾になる部分
駐車場から島までの距離約 2.5km (徒歩約 30 分)
河口ダムの展望バルコニー
レ・ギャルリー・デュ・モン・サン・ミッシェル
河口ダム広場停車所
リュ・デュ・モン停車所
観光案内所
ホテル、スーパー、飲食店が並ぶ
クエノン川
B
レンヌ駅発着バス停留所
駐車場
アヴランシュへ
駐車場入口
観光案内所前発着所
駐車場
ポントルソン駅へ

行き方

[交]Ⓜ④⑥⑫⑬Montparnasse-Bienvenüe駅直結の国鉄モンパルナス駅Gare Montparnasse駅からフランス国鉄(SNCF)のTGV(高速列車)で約1時間30分～2時間、レンヌRennes駅下車。レンヌ駅北口(Sortie Nord)のバスターミナル(Gare Routiere)から直通バスKeolis Armorで約1時間10分、モン・サン・ミッシェルの駐車場(Le Verger)下車。駐車場から島の入口まではル・パッスール(シャトルバス🕐7時30分～23時(季節により異なる)[料]無料)で約12分。

それぞれの交通機関のURL

●SNCF(英語)
[URL] www.sncf.com/en

●Keolis Armor(バス時刻表/英語)
[URL] keolis-armor.com/en

※TGVのチケットは当日モンパルナス駅で購入可能だが、あらかじめWebサイトから予約しておくと安心。

CHECK!

\観光案内所はこちら/

モン・サン・ミッシェル ノルマンディ観光案内所

●Office de Tourisme Mont Saint-Michel - Normandie

[MAP] P210B2

🏠Grand Rue-50170 Le Mont Sant Michel

☎02 33 60 14 30

🕐9時30分～19時(季節により異なる)

[休]なし[英]

[URL] www.ot-montsaintmichel.com

\日帰りバスツアーを利用しよう!/

港町オンフルールに立ち寄り、モン・サン・ミッシェルを訪れる一日ツアー。名物オムレツのランチ、日本語ガイド、自由見学などオプションで選べる。予約は→P229マイバスフランス

モン・サン・ミッシェル修道院
基本情報

➡駐車場から68人乗りのバス、ル・パッスールが運行

大天使像

修道院付属の教会

列柱廊

23.3m

78.6m

王の門

島はこうなっている！

周囲800mほどの島の入口は南側の1カ所のみ。王の門を抜け、グランド・リュ（参道）の細い坂道を上ると、徒歩10分ほどで修道院の入口に到着する。途中のみどころにも立ち寄りながら歩こう。階段や坂道が多いので歩きやすい靴で訪れよう。

1 修道院 ●Abbaye
島の頂上に立ち、中央部にある大天使像を載せた付属教会の塔が、島全体のシンボルとなっている。度重なる増改築によって、さまざまな時代の建築様式が混在している。

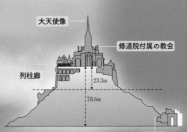

2 グランド・リュ ●Grande Rue
みやげ物店やレストラン、ホテルなどが並ぶ参道。名物のオムレツやシードルを楽しみたい。

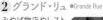

6 ガブリエル塔 ●Tour Gabriel
16世紀に国王代理官ガブリエル・デュプイが設置。全方角からの攻撃に応じられる仕組みで、厚い壁の内部には大砲が備えられており、当時の軍事技術では、最先端の防衛設備だった。

3 王の門 ●Porte du Roi
堀に小さな跳ね橋と落とし格子門があり、町の入口を厳重に守っている。両側にある塔の上方には警備兵が巡回していた通路がある。ここから先は賑やかなグランド・リュ（参道）が続く。

5 城壁 ●Remparts
15世紀に島の周囲に建造された。塔と塔の間を巡る城壁は、北町の門、城下町の門に支えられ、上部には警備のための通路が造られた。島の周囲を見渡せるビュースポット。

4 大通り門 ●Porte du Boulevard
入口から2番目に見える門。15世紀に警備を強化するために造られたこの門をくぐって最初に見えるお店が、オムレツ発祥の店として有名なラ・メール・プラール（→P210）。

修道院内のみどころをチェック!

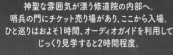

神聖な雰囲気が漂う修道院の内部へ。
哨兵の門にチケット売り場があり、ここから入場。
ひと巡りはおよそ1時間、オーディオガイドを利用して
じっくり見学すると2時間程度。

今もなお巡礼地として
信仰を集める

モン・サン・ミッシェル修道院
●Abbaye du Mont St-Michel

708年、オベール司教がこの地に告知を受け礼拝堂を建てたことに始まる。増改築により、10〜11世紀のロマネスク様式、12〜13世紀のゴシック様式などが集合した建築芸術でもある。

MAP:P210A1
🚶 島の入口から徒歩8分
☎ 02 33 89 80 00
🕐 9時30分〜18時(5〜8月は9〜19時)※入場は閉館の1時間前まで
🚫 なし 💴 €13(日本語オーディオガイドは€3)

↓14世紀に建築され、外壁にはのぞき穴も

↑塔の最上部に大天使ミカエルの像が置かれている

4 修道院付属の教会
●Église Abbatiale

11世紀に完成し、何度か崩壊したが修復された。本堂北側は12世紀のロマネスク様式。内陣と後陣は15〜16世紀のゴシック後期フランボワイヤン様式になっている。身廊の比率はノアの方舟と同じとされ、この修道院がアララト山に漂着し方舟にたとえられるという説もある。

↑祭壇は聖地エルサレムの方向を向いている

1 哨兵(しょうへい)の門
●Salle des Gardes

修道院の入口にある門。2つの塔に見守られ、訪問者はここで厳しくチェックされた。階段先には警備兵の部屋があり、現在はここがチケット売り場。

2 大階段
●Grand Degré

聖堂へつながる唯一の通路。高い壁にはさまれた通路上部の2つの橋から、敵を攻撃することができた。90段の階段の上に南の展望台がある。

←長い階段をゆっくり上って展望台へ

注目! 展望台からは修道院の南側の風景や、2015年にできた島と陸をつなぐ橋を眺められる。

注目! 西はブルターニュのカンカル、東にはノルマンディのグルワン岬、北にはトンブレーヌ小島を見渡す絶景スポット。

→沖合には修道院の採石場も見られる

群島も見られる

↑沖合には修道院の採石場だった

3 西のテラス
●Terrasse de l'Ouest

教会正面にあるテラスで、海抜約80mの高さから絶好の眺めを楽しめる。床の石畳には教会建設に携わった中世の職人たちのサインが刻まれている。

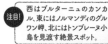

←切り立った壁の上にある

↑ここで修道士たちが食事をとった

注目！
中庭側と逆の柱の間からは湾が望める。

5 列柱廊
●Cloître

↑かつては美しく彩色されていたという、列柱上部の白亜の彫刻

ゴシック建築の3階建ての建物の最上階にある、修道士の憩いと瞑想の場。円柱をわずかにずらすことで、変化のある視覚効果が生まれ、周囲を歩くと柱が無限に続く錯覚を覚える。

6 食堂
●Réfectoire

船の底のような丸い形をした天井の食堂。59の小窓から美しい光が差し込むが、入口からは側面の窓が見えず、ダイナミックな印象。

→2列の身廊をもつゴシック最盛期の建築

7 迎賓の間
●Salle des Hôtes

修道院長が身分のある訪問者を迎えた場所。2列の身廊があり、大きな2つの暖炉ではイノシシや鹿を焼いたという。中世における最も優雅な建築のひとつとされる。

→西のテラスの真下、納骨堂に隣接する

8 聖エティエンヌ礼拝堂
●Chapelle St-Etienne

死者のために造られたチャペル。祭壇の下にはAZ=「生と死、永遠」を表すアルファベットが書かれている。19世紀にはハンセン病患者がここに収容された。

←司祭館が記念品を販売するショップになっている

9 修道院の遊歩道
●Promenoir des Moines

修道士が散歩をし、疲れを癒やしたといわれる空間。天井の交差アーチがロマネスクからゴシック様式の転換期を示している。

→多目的ホールとして使用されていた場所

10 騎士の間
●Salle des Chevaliers

修道士が写本や彩色を行った仕事部屋。天井まで届く大きな暖炉が2つ設置されている。巡礼者や下層階級の人々を迎えた司祭館もここにある。

+ Plus!　**レリーフや彫刻にも注目！**　建物だけでなく、館内に飾られた像や彫刻なども、修道院の歴史を物語る大切な要素。とくにこの3つは見落とさないようにチェックしたい。

聖ミカエルの小像
④修道院付属の教会

祭壇に飾られた聖ミカエルの像。聖ミカエルのお告げにより修道院が建てられたといわれている。

謎解きのレリーフ
⑤列柱廊

柱上部、唐草模様などのレリーフが何を意味するか、僧侶が熟考したと伝えられている。

オベール司教の彫刻
⑥食堂

次の間への通路に、大天使に指を差し込まれるオベール司教の姿を表す彫刻がある。

賑わう参道でグルメ&ショッピング

島の目抜き通り「グランド・リュ」は、修道院の参道。元々、巡礼者のためにできたホテルや食堂で、今ではこの地方ならではの味が楽しめるレストランやみやげ店となっている。

⬇湾を望む窓際の席がおすすめ

€45
トリュフ入りオムレツ

ここでしか味わえない味に舌鼓!

グルメ

€19.90
ムール貝のフライドポテト添え

地元産の新鮮ムール貝に舌鼓!

レ・テラス・ドゥ・ラ・ベ

●Les Terrasses de la Baie

ラ・メール・プラールの姉妹店。シーフードや仔羊料理など、手頃な値段で地元の名物料理が味わえる。壁一面の大きな窓からは湾の景色を一望。コースは2品€30、3品€35。

MAP:P210A2
[交]島の入口から徒歩5分 ☎02 33 89 02 02
🕐11時30分～21時30分(冬期は早めに閉まることもあり) [休]なし [日][英]

独特の食感!
名物オムレツの元祖

ラ・メール・プラール

●La Mère Poulard

19世紀に巡礼者のために宿を開業したプラール夫人がオムレツを考案。玉子をじっくり泡立て、たっぷりのバターで焼き上げると、スフレのような軽さに。ハイシーズンは予約を。

MAP:P210B2
[交]島の入口から徒歩1分 ☎02 33 89 68 68
🕐11時30分～14時30分、14時30分～16時30分(オムレツとデザートのみ)、18時30分～21時
[休]なし [日][英]

➡店頭からも玉子を泡立てる様子が見られる

⬇家庭的な雰囲気でスタッフも親切

€5(参考料理)
チョコレートとクレーム・シャンティのクレープ

専門店で味わう本場のクレープ

ラ・ヌーヴェル・テラス

●La Nouvelle Terrasse

城壁上の巡視路の横にある、かわいい雰囲気のクレープ専門店。クレープ€3.50～、ガレット€12と一緒に、ノルマンディ名物のリンゴの発泡酒、シードルも味わってみよう。

MAP:P210A2
[交]島の入口から徒歩5分 ☎02 33 60 14 40
🕐11～18時(夏期は～18時30分) [休]なし(冬期は不定休) [英] ※カードは€16～使用可能

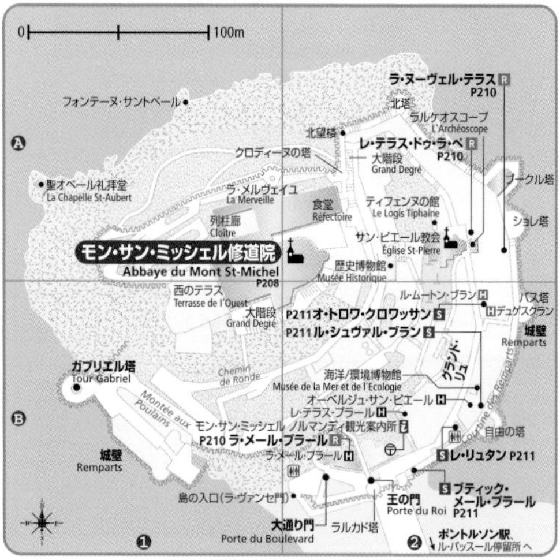

フランスらしいアイテムをゲット!
ショッピング

モン・サン・ミッシェルがプリントされたミトン€9.99

マリンカラーのカフェ・オレボウル€6.50

大定番の塩バターキャラメル€6(50g)

ノスタルジックな缶に入ったサブレ€10(250g)

お手頃な名産品が大集合
ル・シュヴァル・ブラン
●Le Cheval Blanc

グランドリュから階段を上った、城壁沿いに位置する。文房具、キーホルダー、ぬいぐるみなど手頃なみやげが種類豊富に揃う。店外はサン・マロ湾の眺望がいい。

⬆手作りのぬくもりが伝わる商品がたくさん

MAP:P210B2
[図]島の入口から徒歩5分
☎なし 🕘9時30分～18時30分(冬期は～17時30分) [休]なし

島で一番評判のガレット店
ブティック・メール・プラール
●Boutique Mère Poulard

オムレツの老舗ラ・メール・プラール系列が展開するビスケット専門店。焼菓子のガレットやサブレが有名で、良質な乳製品の特産地ブルターニュの名産品がたくさん見つかる。

⬆島一の名店の手がけるビスケットはおみやげに最適

MAP:P210B2
[図]島の入口から徒歩1分
☎02 33 89 02 03 🕘9時30分～18時30分(冬期は～17時45分) [休]なし

一針一針丁寧に手作りされた刺繍入りサシェ各€8.90。ラベンダーの香り

ジアン焼の皿€19～はフランスを代表する伝統陶器のひとつ

フランスの手工芸品がズラリ
オ・トロワ・クロワッサン
●Aux 3 Croissants

すべてフランス製で、国内各地の職人によるこだわりの品をセレクト。人気のジアン焼の陶器をはじめ、さまざまなジャンルのハンドクラフトが揃っている。

⬆旅の記念になるとっておきのひと品が見つかりそう

MAP:P210B2
[図]島の入口から徒歩5分☎02 33 68 18 22
🕘9時30分～19時(冬期は10～18時) [休]なし [英]

きれいな色のニットキャップ€39は男女兼用

白×黒のボーダーシャツ€79

ノルマンディ名物のボーダー専門店
レ・リュタン
●Les Lutins

ボーダーグッズ専門店。代表的ブランドは1889年創設、ロゴにモン・サン・ミッシェルのモチーフが入ったセント・ジェームス。パリより早く新コレクションを入荷する。

⬆小さな妖精＝リュタンの描かれた青い看板が目印

MAP:P210B2
[図]島の入口から徒歩3分 ☎02 33 60 21 17
🕘9時30分～18時30分(7・8月は10～19 時) [休]1月

+ Plus!
ノルマンディ地方とブルターニュ地方の名物

モン・サン・ミッシェルが位置するのは、ノルマンディ地方とブルターニュ地方の狭間。2エリアのいいとこ取りの絶品を知ろう!

ノルマンディの名物
ノルマンディ地方は、フランスきっての酪農地帯で乳製品の一大産地。そのため、料理や菓子類もバターや生クリームを使ったものが多い。

⬆チーズの女王とよばれるカマンベールなどのチーズFromages

➡牛の臓物と香味野菜を白ワインで煮込んだカン風トリップTripes à la Mode de Caen

ブルターニュの名物
ブルターニュ地方は、フランス随一の魚介類の宝庫。特産のオマール海老やウニなどは一流のレストランでも欠かせない。

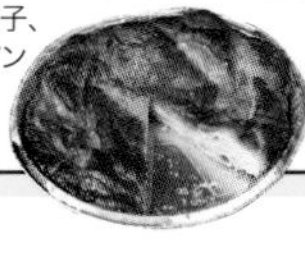
➘名産の有塩バターをたっぷり使った伝統菓子、クイニー・アマンKouign-Amann

⬆フリュイ・ド・メール Fruits de Mer は、カキやカニ、手長エビなどをレモン汁やマヨネーズで食べる

Château de Versailles

パリから約20km

ヨーロッパ最大級の規模を誇る魔法の宮殿

世界遺産 ヴェルサイユ宮殿

MAP:P2A4

フランス革命が勃発するまでの約100年間、
政治や文化の中心としてヨーロッパ全土にその名を轟かせた。
マリー・アントワネットが暮らした王宮としても知られる。
その絢爛豪華さは、今なお世界中の人々を惹きつけてやまない。

←40年の月日を
かけて完成した
庭園も必見

↑宮殿内のハイライト、鏡の回廊

行き方

パリの RER ⓒSt-Michel Notre-Dame駅や Ⓜ⑧ ⑬ RER ⓒInvalides駅からVersailles Château行きで約30分、終点下車。運行は約15分おき（時間帯による）。駅の出口から右に出て直進するとパリ大通りAv. de Parisに。ここを左に曲がると正面にヴェルサイユ宮殿が見える。駅からは徒歩10分。

\ パリからは日帰りバスツアーも便利！/
太陽王ルイ14世が築き、数々の歴史の舞台となった豪華な宮殿の内部を巡る。日本語ガイドの解説で、歴史や生活ぶりも知ることができる。
●ヴェルサイユ宮殿半日観光（午前・午後）
※予約は→P229マイバスフランス

DATA

☎01 30 83 78 00
⏰9時～18時30分
（11～3月は～17時30分）
※入場は閉館の30分前まで
🚫月曜、公式行事開催日
URL www.chateauversailles.fr
💰€21(11～3月の第1日曜は無料)※宮殿、マリー・アントワネットの離宮、グラン・トリアノンなどの共通パスポートは1日券€24(3～10月は€32)、オーディオガイド€5
PASS OK

CHECK!

\ チケットは事前購入がおすすめ！/
ヴェルサイユ宮殿のチケット売り場は混在している。公式サイト URL www.chateauversailles.fr やパリ市内の観光案内所などで事前に購入できる（時間指定）。観光ハイシーズンはチケット持参でも入場に並ぶので注意。

\ 見学ツールを活用しよう！/
●日本語オーディオガイド…各部屋の番号を押すと各種エピソードの詳細な説明が流れる便利なシステム。
●スマートフォンアプリ…公式アプリ「Palace of Versailles」には無料の日本語オーディオガイドもある。事前にダウンロードすれば、Wi-Fi接続なしでも使用可能。

ヴェルサイユ宮殿 基本情報

グラン・トリアノン →P217

ルイ14世の離宮で、フランス革命後はナポレオンがこの館の主となった。バラ色の大理石が美しく、瀟洒な柱廊も必見。

マリー・アントワネットの離宮 →P217

マリー・アントワネットお気に入りの別邸。田園生活を夢見た王妃の安らぎの場だったという。

ヴェルサイユ宮殿 →P214

宮殿だけの見学であれば所要約2時間ほど。時間があれば庭園や離宮もぜひ散策したい。

庭園 →P216

100万㎡以上の広大な敷地に、幾何学模様の植栽や古代神話をモチーフにした彫刻などがある、フランス式庭園の傑作。

大運河 →P216

約10kmも離れたセーヌ河から水を引いて造営されたという十字路の運河。近くにはカフェやレストランも（→P215）。

ヴェルサイユの乗り物

プティ・トラン

庭園内の運河5kmコースを40～50分かけて周遊する。半券提示で乗降自由。1周€8.50。⏰11時10分～18時10分（7・8月は10時～、冬期は～17時10分）

レンタサイクル

30分€8～1日€23まで使用時間を選択（返却時支払い）。貸出時に身分証明書をデポジットとして預ける。⏰10時～18時45分（11月上旬～中旬は～17時、2月中旬～3月は～17時30分）⚫11月中旬～2月中旬

ミニカー

最大4人乗りで1時間€42。運転条件は24歳以上の運転免許保持者。貸出時に免許証を預ける（日本の免許可）。⏰10～17時 ⚫1月～2月中旬

宮殿内を徹底解剖！

広大なヴェルサイユ宮殿の内部は、みどころ
だらけ。主要スポットを押さえながら堪能できる
所要約2時間のルートを紹介します！

2 ヘラクレスの間
●Salon d'Hercule

元は礼拝堂だったが、部屋の奥
に飾られる『シモン家の宴』(ヴェ
ロネーゼ作)が1664年にヴェネ
ツィア共和国からルイ14世に贈
られた際、これを飾るために造ら
れた広間。

1 王室礼拝堂
●Chapelle Royale

階段を上って最初に見られるマンサール
設計の礼拝堂。1708年マンサール没後、
義弟ロベール・ド・コットが1710年に完
成させた。本堂は2層様式で、国王たちは
上階の特別席からミサに参列した。

3 豊穣の間
●Salon de l'Abondance

王室の人々や貴族たちが飲み物や
軽食を嗜んだ部屋。奥にルイ14世
の宝物コレクションがあり、賓客に
壺や宝石を見せて楽しんだという。

7 戦争の間
●Salon de la Guerre

マンサールとル・ブランが手が
けた大理石とブロンズの間。軍
事勝利がテーマで、ル・ブランが
神話と戦いをテーマに描いた天
井画が美しい。

注目！

**敵を踏みしだく
馬上のルイ14世**

壁のレリーフ。彫刻
家コワズヴォックス
が手がけた傑作。

4 ヴィーナスの間
●Salon de Venus

1670年代に造られた、バロック様式の色濃い
空間。太陽王とよばれたルイ14世を讃え、太
陽の装飾や神話を描いた天井画がある。

5 マルスの間
●Salon de Mars

儀式が行われる際に
衛兵の間として使用
されたホール。のち
に夜会のレセプショ
ンや音楽とダンスの
空間に変わり、「舞踏
会の間」とよばれた。
天井中央部には
火星と戦いを司る軍
神マルスの絵が二枚
飾られている。

6 メルクリウスの間
●Salon de Mercure

ルイ14世が逝去した1715
年、遺体がここに1週間安置
された。天井には水星と商
業の神、メルクリウスの絵が
描かれる。

注目！

隠し扉
裏部屋に続く隠し
扉。王妃の寝室にもこの扉が
あり、暴徒の攻撃を
逃れたとか。

8 鏡の回廊
●Galerie des Glaces

宮殿見学のクライマックスでもある、正殿と王妃の居室をつなぐ全長73mの回廊。窓と向き合う17のアーチ型の開口部に、357枚の鏡がはめ込まれている。1919年6月28日、第1次世界大戦の休戦を告げるヴェルサイユ条約が調印されたのもここ。

注目!
鏡の理由
西向きの部屋だったため外光を反射させて明るく見えるように鏡が入れられた。

9 王の寝室
●Chambre du Roi

1701年に宮殿の中心に置かれたこの寝室は、王たちが朝の引見と就寝前の接見式を行った場所。カラヴァッジョ作『洗礼者ヨハネ』をはじめとする王室収集品の傑作もここに置かれた。

10 王妃の寝室
●Chambre de la Reinei

3人の王妃が利用し、19人の王の子がここで誕生。出産は一般公開された。現在公開されている家具や装飾はアントワネット時代のもので、1980年に復元された。

注目!
宝石箱
アントワネットが大喜びした、国民からのプレゼント。今あるものはレプリカ。

11 大膳式の間
●Salon du Grand Couvert

王と王妃が公式の食事をした部屋。公式の食事には人々の参列が許されていたが、テーブルに着くことができたのは王族のみ。

注目!
マリー・アントワネットの肖像画
無人のベビーベッドに黒い布がかけられているのは、絵の完成前に亡くなったソフィー王女のため。

12 戴冠の間
●Salle du Sacre

ダヴィッド作『ナポレオン1世の戴冠式』が飾られた部屋。現在あるのはダヴィッド本人の手によるレプリカで、オリジナルはルーヴル美術館(→P96)に所蔵。

+Plus! **宮殿のカフェ&レストラン**

宮殿内外には雰囲気のいいカフェやレストランもあるので、散策の合間に訪れてみてはいかが。

オーレ ●Ore

デュフール棟の改装に伴い、アラン・デュカス氏のカフェレストランが登場。唯一無二の空間で優雅なティータイムを楽しんで。

MAP:P213
[住]宮殿内デュフール棟2階 ☎01 30 84 12 96
[時]9時～17時30分 [休]月曜 [英][英]

©Pierre Monetta

⬆チョコレートスフレのアイスクリーム添え€15

ラ・プティット・ヴニーズ
●La Petite Venise

大運河沿いにあるイタリア風の軽食レストラン。緑あふれる隠れ家のようなテラス席は、庭園散策の休憩にぴったり。

MAP:P213
[住]宮殿から徒歩10分 ☎01 39 53 25 69
[時]11時45分～18時(11～3月は～17時) [休]なし [英][英]

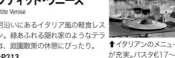

⬆イタリアンのメニューが充実。パスタ€17～

庭園と離宮をおさんぽ

宮殿西側には庭園や大運河、
グラン・トリアノン、マリー・アントワネットの離宮が広がり、
豪華な宮殿と調和する広大な緑地帯を形成している。

散策アドバイス

宮殿見学後はグラン・トリアノンやマリー・アントワネットの離宮を見学しよう。宮殿からマリー・アントワネットの離宮を往復すると約4kmにもなるため、プティ・トランやレンタサイクル、ミニカー(→P213)を利用するなど庭園を巡る乗り物を、上手に利用して効率よく回ろう。

遠近法を用いたフランス式庭園の傑作

庭園 ●Jardins

天才造園家ル・ノートルの設計により1700年に完成。100万㎡以上の広大な敷地にラトーヌとアポロンの2つの泉水や、左右対称に区分けされた幾何学模様の植栽、古代神話をモチーフにした大理石や青銅の彫刻が配されている。ルイ14世が最も気に入っていたのがこの庭園といわれる。

MAP:P213
🚶宮殿から徒歩1分 ☎01 30 83 78 00
🕐8時～20時30分ごろ(11～3月は8～18時) 休なし 入園無料 ※噴水ショー開催日は€10.50。庭園音楽祭開催日は€10 PASS OK

注目! 水の前庭

庭園の導入部に位置する。フランスの河を表す4体のブロンズ像が配され、男性像はセーヌ、ローヌ、ロワール、ガロンヌを、また、女性像はこれら大河の主支流を象徴している。

←アポロンの泉。
ブロンズ彫刻群も必見

水なき地の一大プロジェクト

大運河 ●Grand Canal

庭園の一部で、グラン・カナルとプティ・カナルとよばれる十字型の運河が配されている。もとからこの地に水があったわけではなく、約10kmも離れたセーヌ河から水を引いて造営された。

MAP:P213 🚶宮殿から徒歩7分

→ラトーヌの泉の西側にまっすぐ延びる水流が大運河

↑現在の宮殿は、ナポレオンとルイ・フィリップの命令で改装されたもの

イタリア様式の2つの建物をつなぐ美しい柱廊

大理石が美しい王族たちの離宮
グラン・トリアノン ●Grand Trianon

宮廷の公務を離れて身近な者たちと過ごすために建設されたルイ14世の離宮。1687年にマンサールがラングドック地方のバラ色の大理石を使った館に増改築し、通称「大理石のトリアノン」になった。革命後はナポレオンがこの館の主となった。

MAP:P213
🚶宮殿から徒歩20分 ☎01 30 83 78 00
🕐12時〜18時30分(11〜3月は〜17時30分)※入場は閉館30分前まで
㊡月曜、公式行事開催日 💰€12(マリー・アントワネットの離宮と共通)PASS OK

注目! マリー・ルイーズの部屋
1805〜15年、この離宮に居を構えたのがナポレオン。その皇后マリー・ルイーズの寝室にある調度品のほとんどが19世紀製。現在は国賓を招いての晩餐会などに利用されている。

↓ルイ15世が建てたプティ・トリアノンもこのエリアに

田園生活を夢見た王妃の安らぎの場
マリー・アントワネットの離宮
●Domaine de Marie-Antoinette

愛妾ポンパドゥール夫人の発案でルイ15世が建築。ルイ16世の即位後マリー・アントワネットに贈呈され、お気に入りの別邸となった。王妃は庭園の一部を改造したり、村里などを建造したりして、素朴な田園生活を楽しんだ。

MAP:P213
🚶宮殿から徒歩20分 ☎01 30 83 78 00
🕐12時〜18時30分(11〜3月は〜17時30分)
㊡月曜、公式行事開催日 💰€12(グラン・トリアノンと共通)PASS OK

↑王妃と愛人フェルゼンが逢瀬を重ねたといわれる愛の殿堂

注目! 王妃の館
王妃が牧歌的な暮らしを楽しんだ離宮の村里に建てられた王妃の館。クリスチャン・ディオール社の資金協力により修復工事が行われ、2018年に全面改装、完全復元された。

➕ Plus! 〔ヴェルサイユ宮殿みやげ〕
マリー・アントワネットモチーフや宮殿らしいエレガントな逸品までバラエティ豊かなおみやげがずらり！お気に入りを持ち帰ろう。

ラ・ブティック・クール・ドゥ・マルブル
●La Boutique Cour de Marbre

食器に香水、チョコレートなど、さまざまなオリジナル商品を集めたスタイリッシュなコンセプトショップ。

MAP:P213
🏠宮殿見学出口・地上階 ☎なし
🕐10時〜17時45分(11〜3月は〜16時45分)㊡月曜

←市松模様の床がシックな内装

←マリー・アントワネットの紅茶 €14.50

ラ・ブティック・デュ・パヴィヨン・デュフール
●La Boutique du Pavillon Dufour

宮殿の地下に位置する、建築家ドミニク・ペロー氏設計のブティック。ヴェルサイユの歴史にちなんだアイテムがいっぱい。

MAP:P213
🏠宮殿内デュフール棟出口 ☎なし
🕐10時15分〜18時(11〜3月は9時30分〜17時15分)㊡月曜

↑ドーム型天井でギャラリーのような店内

←バラの花びらのコンフィ€7.90

↑宮殿にたたずむ王妃のスノードーム€14.90

パリだけじゃない、
フランスを楽しむ

日帰りで行ける 歴史と芸術の舞台

パリ近郊にも訪れてみたいエリアがたくさん。鉄道で、現地発着のツアーで、
旅のスタイルに合わせて行ってみよう！

パリから約200km

美しい古城が点在する世界遺産の地
ロワール ●La Loire MAP：P2A4

フランス中部に位置するロワール地方。中央に流れる国内最長のロワール河沿いに街々が栄え、中世には王侯貴族たちが次々と城を築き、繁栄を極めた。古城に緑豊かな河流域の景色も美しく"フランスの庭"と称される。

●アクセス
パリのモンパルナス駅Gare Montparnasseからフランス国鉄SNCFのTGVでトゥールTours駅まで約1時間15分。オステルリッツ駅Gare d'AusterlitzからTERの直行便もある。トゥールから日帰りミニバスツアー（URL www.tourevasion.com）やパリから現地ツアー（→P229）も。

■観光案内所
🏠78/82 Rue Bernard Palissy
☎02 47 70 37 37
🕐9時～12時30分、13時30分～18時（日曜は9時～12時30分、季節により異なる）⑭なし

注目SPOT
シャンボール城 ●Chateau de Chambord

1519年にフランソワ1世の命で建造を開始し、約139年後に完成。426の部屋と282の暖炉、14の大階段がある。設計にはレオナルド・ダ・ヴィンチのアイデアが取り入れられたといわれる。

🚃トゥール駅からオルレアンOrleans行きの電車で約40分、ブロアBlois駅下車。シャンボール行きバスに乗り換え約40分、バス停シャンボール下車、徒歩3分
☎02 54 50 40 00
🕐9時～18時（冬季は～17時）
※入場は閉館の30分前まで ⑭なし
€16（城と庭園）

↓大きなタペストリーを飾るルイ14世の王妃の寝室

←ダ・ヴィンチ考案とされる二重らせん階段

パリから約80km

印象派画家モネが暮らした村
ジヴェルニー ●Giverny MAP：P2A4

セーヌ河下流にある印象派の巨匠、クロード・モネが43歳から晩年を過ごした緑豊かな村。代表作『睡蓮』の主題となった邸宅と四季折々の花が咲く庭園は必見。

●アクセス
パリのサン・ラザールSt-Lazare駅からフランス国鉄SNCFのIntercités、ルーアンRouen行きで45分、ヴェルノン・ジヴェルニーVernon-Giverny駅下車。駅から村の中心までシャトルバスで約15分。パリから現地ツアー（→P229）も開催。

注目SPOT
クロード・モネの邸宅と庭園
●Maison et Jardin de Claude Monet

↓画商をもてなすサロンとしても使われたアトリエ

モネが息を引き取った1926年まで過ごした家。邸宅内には書斎や寝室、アトリエが見られる。モネ自身が作り上げた美しい庭園は春から秋にかけて公開している。

🚃ヴェルノン・ジヴェルニー駅からシャトルバスで15分、下車後徒歩4分 🏠84 Rue Claude Monet ☎02 32 51 28 21
🕐9時30分～18時 11月2日～3月 €11

ジヴェルニー印象派美術館
●Musée des Impressionnismes Giverny

注目SPOT

モネをはじめとする19世紀～20世紀後半の印象派絵画を展示。自然と調和するたたずまいが印象的で、花の色ごとに整えられた庭園は無料で見学できる。

🚃ヴェルノン・ジヴェルニー駅からシャトルバスで15分、下車後徒歩4分 🏠99 Rue Claude Monet ☎02 32 51 94 65 🕐10～18時 ⑭企画展による €10（10～1月の第1日曜は無料）

↑印象派の歴史と影響に焦点を当てた展示

旅のきほん

Travel Information

Contents

直行便で約14時間35分の空の旅

日本からフランスへ

楽しいパリ旅行の始まりは、シャルル・ド・ゴール空港から。入国手続きや
荷物の制限をしっかりと把握して、旅をスムーズにスタートしよう。

フランスへの入国条件　出発前に、パスポートとビザを確認。

パスポートの残存有効期限
シェンゲン領域国（P221）出国予定日
から3カ月以上必要。

ビザ
観光目的で、シェンゲン領域国での
滞在日数の合計が直近180日のうち
合計90日以内であればビザ不要。

ETIASとは？
2025年半ばからフランスを含む、シェンゲン領域
国に渡航する際、欧州渡航情報認証制度「ETIAS（エ
ティアス）」の申請が必要となる予定。直近180日
のうち、合計90日以内の滞在が認められる。
対象国：日本を含む約60カ国
申請費用：7€（予定）
　　　　　※18歳未満と70歳以上は無料
申請方法：オンライン
[URL] travel-europe.europa.eu

機内持ち込みと預け入れ荷物　航空会社ごとにルールが異なるので事前確認を。

航空会社で違いあり！

機内持ち込み手荷物のサイズと重量制限
機内に持ち込めるのは、キャリーケースなどの手荷物1
個とハンドバッグなどの身の回り品1個。持ち込める手
荷物のサイズや重量は航空会社によって条件が異なるの
で、事前に確認を。

無料のサイズも違いあり

預け入れ荷物
利用する航空会社によって預け入れが可能な荷物の大き
さや重さ、個数の制限が異なるので、事前に公式サイト
などで確認を。制限を超えると追加料金が発生する。

主な航空会社のサイズ・
重量は一覧を見てね

機内持ち込みNG
・日用品のスプレー缶製品
・ハサミ、ナイフ、カッターなどの刃物
・100㎖以上の液体物

液体物は、100㎖以下の個々の容器に入れ、1ℓ以
下のジッパー付きの透明なプラスチック製の袋に入
れれば、持ち込みOK。詳細は国土交通省のWeb
サイトをチェック。
[URL] www.mlit.go.jp/koku/15_bf_000006.html

袋は1ℓ以下　　**一人一袋のみ**

容器は100mℓ以下

・ビニール袋は縦横合計40cm
以内が目安。
・液体物は100㎖以下の
個々の容器に入っている
こと。
・一人一袋のみ→手荷物検査の際に検査員に提示する。

100m1以下

手荷物制限（パリ線の主な航空会社）

航空会社	略号	機内持ち込み手荷物			預け入れ手荷物		
		サイズ	個数	重量	サイズ	個数	重量
日本航空	JL	3辺の和が115cm以内 W55cm×H40cm×D25cm以内	1個	10kgまで	3辺の和が203cm以内 キャスターと持ち手を含む	2個	各23kgまで
全日本空輸	NH	3辺の和が115cm以内 W55cm×H40cm×D25cm以内	1個	10kgまで	3辺の和が158cm以内 キャスターと持ち手を含む	2個	各23kgまで
エールフランス	AF	W55cm×H35cm×D25cm以内	1個	12kgまで	3辺の和が158cm以内 キャスターと持ち手を含む	2個	各23kgまで

※機内持ち込み手荷物は身の回り品を除く　※エコノミークラス（プレミアムエコノミーを含む）の場合。他社運航便（コードシェア便）の
場合は、他社の手荷物規定が適用になる場合がある。詳細は予約内容を要確認

フライトスケジュール

航空会社	略号	出発空港	運行日	出発日本時間	到着現地時間	所要時間
日本航空	JL	羽田空港	毎日	10：20	17：55	14時間35分
全日本空輸	NH	羽田空港	日・水・金 （2024年7/1〜10/26は毎日運航予定）	9：35	17：10	14時間35分
エールフランス	AF	羽田空港	毎日	9：05	16：50	14時間45分
		羽田空港	月・水	11：45	19：30	14時間45分
		羽田空港	毎日	21：50	5：40	14時間50分
		羽田空港	月・水	22：00	5：50	14時間50分
		成田国際空港	月・水・土	11：15	17：05	14時間50分
		関西国際空港	日・月・水・金・土	11：30	19：25	14時間55分

※2024年4月のフライトスケジュール

フランス入国の流れ

パリ到着
Arrival/Arrivées

日本からの直行便はシャルル・ド・ゴール空港に到着。飛行機を降りたら「Arrivées／Arrival」の表示に従い、入国審査へと進む。

↓

② 入国審査
Immigration/Contrôle des Passeports

カウンターの表示を確認し、EU諸国外旅行者用の「Tous Passeports／All Passports」と書かれたカウンターに並ぶ。順番が来たらパスポートを審査官に提示。旅行の目的や滞在日数、滞在先など、英語で簡単な質問をされる場合もある。パスポートに入国のスタンプが押され、入国審査終了。日本のパスポートなら自動化ゲートも利用できる。なお、シェンゲン領域国を経由した場合は、フランスでの入国審査は行われない。

↓

荷物受取所
Baggage Claim/Livraison des Bagages

入国審査後、搭乗した飛行機の便名が表示されたターンテーブルで荷物を受け取る。荷物が出てこない場合は手荷物受取エリアのサービスデスクで手荷物引換証のクレーム・タグ(Reçu bagage。搭乗券の裏に貼られていることが多い)を提示して探してもらう。

↓

④ 税関
Customs/Douane

免税範囲内なら、申告なし「Rien à Déclarer」(緑のランプ)のゲートを通過して外へ出る。免税範囲を超える場合は、機内で配布される税関申告書「Déclaration en Douane」に必要事項を記入し、申告あり「Objets à Déclarer」(赤のランプ)のゲートへ行き、所定の金額を支払う。

↓

到着
Arrivals Level/Niveau Arrivées

到着ロビーには観光案内所や両替所などがある。夕方以降の到着便は空港で両替した方がなにかと安心。

市内への交通は P224

シェンゲン協定とは

ヨーロッパの一部の国家間で締結された検問廃止協定のこと。シェンゲン領域国間の移動は、国境の通行が自由化されている。これにより、日本などシェンゲン領域国以外から入国する場合は、最初に到着したシェンゲン領域国の空港でのみ入国手続きを行う。また帰国の際は、最後に出国するシェンゲン領域国で出国審査を受ける。

シェンゲン領域国　(2024年4月現在)

アイスランド、イタリア、エストニア、オーストリア、オランダ、ギリシア、クロアチア、スイス、スウェーデン、スペイン、スロヴァキア、スロベニア、チェコ、デンマーク、ドイツ、ノルウェー、ハンガリー、フィンランド、フランス、ブルガリア、ベルギー、ポーランド、ポルトガル、マルタ、ラトビア、リトアニア、リヒテンシュタイン、ルーマニア、ルクセンブルク

フランス入国時の免税範囲

主なもの(1人あたり)。免税範囲を超える場合は申告を。

品名	数量など
酒類	ワイン4ℓ、ビール16ℓ、22度を超えるアルコール飲料1ℓ、または22度以下なら2ℓ ※17歳以上
たばこ	紙巻タバコ200本、または葉巻50本、または小型葉巻100本、または刻みタバコ250g ※17歳以上
その他の物品	€430相当まで(飛行機および船で入国した場合。15歳未満は€150)
通貨	€1万以上の現金、またはそれに相当する外貨、小切手などの持ち込み・持ち出しともに要申告

主な持ち込み禁止品

□偽ブランド品
□薬物(医薬品は条件により持ち込み可)
□乳製品、ワシントン条約で保護されている動植物、特定の肉、魚介などの食品にも制限があり、検疫が必要。また少量であっても税関職員の判断で持ち込めないことがある

CHECK!

オンラインチェックインで時間短縮

各航空会社では、Webサイトから事前にチェックイン手続きができる。搭乗開始の48～24時間前から60分前まで(※)利用可能で、座席指定もできる(エコノミークラスは有料事前座席指定あり)。空港ではチェックインカウンターではなく、オンラインチェックイン完了のカウンターに並ぶので、待ち時間が短くなり便利。

※チェックイン開始時間などは、航空会社によって異なる。

免税手続きを忘れずに！
フランスから日本へ

空港へは出発予定時刻の2〜3時間前までの到着を。特に出発便が集中する時間帯や免税手続きをする場合は時間に余裕をもって空港へ向かおう。

免税手続きについて

フランスでの購入品には20％（食品・書籍は5.5％、その他2.1％）の付加価値税（フランス語・TVA）が課せられる。一定の条件を満たした旅行者であれば、購入した商品を国外に持ち出す場合、手続きすれば還付が受けられる。ただし、帰国便がヨーロッパ経由便であれば、最後に立ち寄るEU加盟国で手続きを。

> 買物した額の最大16.67％が払い戻しに！
> ※店によって払い戻し率は異なる

付加価値税の還付が受けられる条件

①EU圏以外の居住者で、EU圏内の滞在期間が6カ月未満、16歳以上。
②TAX FREE加盟店で、3日以内に同一店舗で€100.01を越える買物をした場合（条件は店によって異なるので都度確認を）。
③出国時に未使用であること。

還付の手順

●お店で
TAX FREE加盟店で買物をする際、パスポートを提示して、免税手続きを申し出る。必要書類に必要事項を記入し、免税書類（電子認証システム「パブロ（PABLO）」のバーコードが記載）と免税用封筒を受け取る。この時、払い戻し方法（現金かクレジットカード）を選ぶ。

●空港で
帰国時、空港の免税手続きカウンター「Détaxe」近くに設置された自動端末機「パブロ（PABLO）」に免税書類のバーコードを読み取らせ、緑色のスクリーンに"OK 認証済免税証"と表示されれば免税手続きは完了（赤色のスクリーンで"無効な免税証"が表示されたら、免税カウンターへ）。クレジットカードへの払い戻しの場合は、書類を免税用封筒に入れて、近くにある専用のBOXに投函（投函後2〜3カ月で指定の口座に振り込まれる）。現金（ユーロ）の場合は、空港内の払い戻しカウンター「キャッシュ・パリ（Cash Paris）」へ。手数料€4程度が引かれて払い戻される。税関窓口で手続きを行う場合、免税書類、パスポートなどを提示（未使用の状態の商品提示を求められる場合も）して、免税印を受ける。

「Cash Paris」はココにある

●CDG1
レベル2 出国フロア ホール6
🕐6〜21時　🅟なし

●CDG2
2E レベル2 出国フロア（ゲート1付近）
🕐6〜21時　🅟なし

パブロ（PABLO）の自動端末機日本語表示も可能

再両替はどうする？

再両替は街中や空港の両替所でできる。ただし、紙幣のみなので、小銭は帰国前の買物で使い切ろう。ユーロ紙幣は日本の銀行や両替所でも再両替できるが、手数料がかかる。

フランス出国の流れ

1 免税手続き
Tax Refund/Détaxe
付加価値税の払い戻しを行う場合は、チェックインの前に Détaxe（Tax Refund）へ行き、電子認証システム「パブロ（PABLO）」で手続きをする（詳細は左記参照）。免税手続きがない人はそのまま搭乗手続きを。
↓

2 搭乗手続き
Check-in/Enregistrement
利用する航空会社のチェックイン・カウンターで、航空券（eチケット控え）とパスポートを提示（航空会社によってはセルフチェックイン機を利用）。機内持ち込み以外の荷物はここで預け、クレーム・タグ（手荷物引換証）と搭乗券を受け取る。オンラインチェックインも可能なので、各航空会社が決めている時間内に行えば、時間短縮になる。
↓

3 出国審査
Immigration/Contrôle des Passeports
外国人用の出国審査ブースに並び、審査官にパスポートと搭乗券を提示する。質問されることはほとんどなく、シェンゲン領域国を出国する際にパスポートにスタンプが押されることもない。
↓

4 手荷物検査
Security Check/Contrôle de Sûreté
機内に持ち込む手荷物のX線検査とボディチェックを行う。日本出国時と同様、液体物や危険物の持ち込み制限があるので注意。
↓

5 搭乗ゲート
Bording Gate/Porte d'Embarquement
搭乗券に書かれた番号の搭乗ゲートへ。自分が乗る便の搭乗ゲートの位置を確認し、搭乗予定時刻に余裕をもってゲートに向かおう。
↓

6 機内で On Board/A Bord
携帯品・別送品申告書をもらって記入する。もらい忘れても、到着する空港に置いてある。オンラインでも登録可能（P223）
↓

7 到着 Arrival/Arrivée

携帯品・別送品申告書の書き方

日本帰国時に必要となる書類。機内で配布されるので到着前に記入しておけば、旅の終わりがスムーズ。

A面

<table>
<tr><td colspan="4">（A面）</td><td>日本国税関
税関様式C第5360号</td></tr>
<tr><td colspan="6" align="center">携帯品・別送品申告書</td></tr>
<tr><td colspan="6">下記及び裏面の事項について記入し、税関職員へ提出してください。
家族が同時に検査を受ける場合は、代表者1名が記載してください。</td></tr>
<tr><td>搭乗機(船)名</td><td colspan="2">AB123</td><td>出 発 地</td><td colspan="2">バルセロナ</td></tr>
<tr><td>入国日</td><td>2024</td><td>年 02</td><td>月 15</td><td>日</td><td></td></tr>
<tr><td>氏 名</td><td colspan="5">フリガナ セカイ タロウ
世界 太郎</td></tr>
<tr><td>現住所
(日本での滞在先)</td><td colspan="5">東京都江東区豊洲 5-6-36</td></tr>
<tr><td></td><td>電話</td><td colspan="4">090(1234)5678</td></tr>
<tr><td>職 業</td><td colspan="5">会社員</td></tr>
<tr><td>生年月日</td><td>1990</td><td>年 07</td><td>月 20</td><td>日</td><td></td></tr>
<tr><td>旅券番号</td><td colspan="5">SE 1234567</td></tr>
<tr><td>同伴家族</td><td>20歳以上 0名</td><td colspan="2">6歳以上20歳未満 0名</td><td colspan="2">6歳未満 0名</td></tr>
</table>

※ 以下の質問について、該当する□に"✓"でチェックしてください。

1. 下記に掲げるものを持っていますか？ はい いいえ
① 麻薬、銃砲、爆発物等の日本への持込みが禁止されているもの（B面1.を参照）　□ ☑
② 肉製品、野菜、果物、動植物などの日本への持込みが制限されているもの（B面2.を参照）　□ ☑
③ 金地金又は金製品　□ ☑
④ 免税範囲（B面3.を参照）を超える購入品・お土産品・贈答品など　□ ☑
⑤ 商業貨物・商品サンプル　□ ☑
⑥ 他人から預かったもの（スーツケースなど運搬用具やその他の理由により依頼されたものを含む）　□ ☑
＊上記のいずれかで「はい」を選択した方は、B面に入国時に携帯して持ち込むものを記入してください。

2. 100万円相当額を超える現金、有価証券又は1kgを超える貴金属などを持っていますか？ はい いいえ　□ ☑
＊「はい」を選択した方は、別途「支払手段等の携帯輸出・輸入申告書」を提出してください。

3. 別送品 入国の際に携帯せず、郵送などの方法により別に送った荷物（引越荷物を含む。）がありますか？
□ はい（　　　　個） ☑ いいえ
＊「はい」を選択した方は、入国時に携帯して持ち込むものをB面に記入したこの申告書を2部、税関に提出して、税関の確認を受けてください。（入国後6か月以内に輸入するものに限る。）　確認を受けた申告書は、別送品を通関する際に必要となります。

《注意事項》
海外又は日本出国時及び到着時に免税店で購入したもの、預かってきたものなどは日本に持ち込む携帯品・別送品については、法令に基づき、税関に申告し、必要な検査を受ける必要があります。申告漏れ、偽りの申告などの不正な行為がある場合は、処罰されることがあります。
この申告書に記載したとおりである旨申告します。

署 名　世界 太郎

B面

※ 入国時に携帯して持ち込むものについて、下記の表に記入してください。（A面の1.及び3.ですべて「いいえ」を選択した方は記入する必要はありません。）
（注）「その他の品名」欄は、申告を行う入国者本人（同伴家族を含む）の個人的使用に供する携帯品に限り、1品目毎の海外市価の合計額が1万円以下のものは記入不要です。また、別送品も記入不要です。

<table>
<tr><td colspan="2">酒　類</td><td>本</td><td>＊税関記入欄</td></tr>
<tr><td rowspan="4">たばこ</td><td>紙　巻</td><td>本</td><td></td></tr>
<tr><td>加熱式</td><td>箱</td><td></td></tr>
<tr><td>葉　巻</td><td>本</td><td></td></tr>
<tr><td>その他</td><td>グラム</td><td></td></tr>
<tr><td colspan="2">香　水</td><td>オンス</td><td></td></tr>
<tr><td>その他の品名</td><td>数　量</td><td>価　格</td><td></td></tr>
</table>

＊税関記入欄　　　　　　　　円

1. 日本への持込みが禁止されている主なもの
① 麻薬、向精神薬、大麻、あへん、覚醒剤、MDMA、指定薬物など
② 拳銃等の銃砲、これらの銃砲弾や拳銃部品
③ 爆発物、火薬類、化学兵器原材料、炭疽菌等の病原体など
④ 貨幣・紙幣・有価証券・クレジットカードなどの偽造品など
⑤ わいせつ雑誌、わいせつDVD、児童ポルノなど
⑥ 偽ブランド品、海賊版などの知的財産侵害物品

2. 日本への持込みが制限されている主なもの
① 猟銃、空気銃及び日本刀などの刀剣類
② ワシントン条約により輸入が制限されている動植物及びその製品（ワニ・ヘビ・ベッコウ・象牙・毛皮・じゅうたんなど）
③ 事前に検疫確認が必要な生きた動植物、肉製品（ソーセージ・ジャーキー類を含む。）、野菜、果物、米など
④ 事前に動物・植物検疫カウンターでの検査が必要です。

3. 免税範囲（一人あたり。乗組員を除く。）
・酒類3本（760mlを1本に換算する。）
・紙巻たばこ200本（外国製、日本製の区分なし。）
＊ 20歳未満の方は酒類たばこの免税範囲はありません。
・海外市価の合計額が20万円の範囲に納まる品物（入国者の個人的使用に供するものに限る。）
＊ 海外市価とは、外国における通常の小売価格（購入価格）です。
＊ 1個で20万円を超える品物の場合は、その全額に課税されます。
＊ 6歳未満のお子様は、おもちゃなど子供本人が使用するもの以外は免税になりません。

携帯品・別送品申告書の記載に御協力頂きありがとうございました。日本（帰国）される皆さまのすべてについて、法令に基づき、この申告書を税関に提出していただく必要があります。引き続き税関検査への御協力をよろしくお願いします。

日本帰国時の免税範囲(1人当たり)

品名	数量など
酒類	3本（1本760mlのもの）。20歳未満の免税なし
たばこ	紙巻たばこ200本、または葉巻たばこ50本。加熱式たばこのみの場合、個装等10個（「アイコス」のみ、または「グロー」のみの場合は200本、「プルームテック」は50個まで）。その他の場合は総量が250gを超えない。20歳未満の免税なし。
香水	2オンス（1オンスは約28ml）。オーデコロン、オードトワレは含まない。
その他	1品目ごとの海外市価の合計額が1万円以下のもの全量。海外市価の合計額20万円までが免税。

オンラインサービス Visit Japan Web

税関申告は「Visit Japan Web」を利用した電子申請でも行える。アカウント作成・ログイン後、パスポートなど利用者情報や入国・帰国予定、携帯品・別送品申告書に必要な情報を登録すると、二次元コードが作成される。この二次元コードを税関検査場にある電子申告端末で読み取る。スムーズに手続きを行えるが、これを利用しない場合は紙の申告書を書いて提出する。

日本への持ち込み禁止と規制品

規制品には身近な肉類や植物も含まれるので事前に把握しておこう。

機内持ち込みNG	・生ハム ・フォアグラ ・生鮮果物・野菜

禁止品　麻薬、大麻、覚醒剤、鉄砲類、爆発物や火薬、通貨または証券の偽造・変造・模造品、わいせつ物、偽ブランド品など。

規制品　ワシントン条約に該当する物品。対象物を原料とした漢方薬、毛皮・敷物などの加工品も同様。ワニ、ヘビなどの革製品、象牙、はく製、ラン、サボテンなどは特に注意。土付きの植物、果実、切花、野菜、ハム・ソーセージといった肉類などはほとんどの場合、持ち込めない。乳製品も検疫対象。
医薬品及び医薬部外品は個人が使用するものでも数量制限があり、外用剤、毒薬、劇薬および処方せん薬以外の医薬品は2カ月分以内（外用薬は1品目24個以内）。化粧品は1品目24個以内。

※詳細は税関の公式サイト URL www.customs.go.jp/ を参照

フランスの空の玄関口

シャルル・ド・ゴール空港

パリには2つの空港があるが、日本から直行便が発着するのはシャルル・ド・ゴール空港（CDG）のみ（2024年3月時点）。パリ中心部への主な移動手段は4つ。

フランス最大の空港

シャルル・ド・ゴール空港

Aéroport Paris-Charles de Gaulle

パリの北東約23km地点に位置する、ロワシー（Roissy）の愛称でよばれるフランスのハブ空港。ターミナルはシャルル・ド・ゴール1（CDG1）とシャルル・ド・ゴール2（DCG2）、シャルル・ド・ゴール3（CDG3）があり、航空会社によって利用するターミナルが異なる。

URL www.parisaeroport.fr/

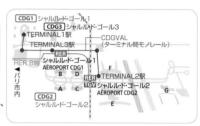

CDG1	円筒形の建物から、7本のサテライトが放射線状に延びている。 ●主な発着航空会社 全日本空輸（NH）、スカンジナビア航空（SK）、ルフトハンザ・ドイツ航空（LH）、タイ国際航空（TG）、シンガポール航空（SQ）など
CDG2	左右に細長く、広いターミナル。A〜Gまで7つのサブターミナルに分かれている。 ●主な発着航空会社 日本航空（JL）、エールフランス（AF） ※日本発着便、そのほか大韓航空（KE）などはホールE発着
CDG3	主に格安航空会社の便が利用している。

ターミナル間の移動はモノレールで

移動は各ターミナルを結ぶモノレール「シャルル・ド・ゴール・ヴァル（CDGVAL）」を利用しよう。CDG1の乗り場はレベル2、CDG2の乗り場はレベル0のホールDとFの間にある。CDG1と2の間は所要約8分。
🕐4時〜翌1時　休なし　料無料

空港からパリ市内へ

節約派は高速郊外鉄道やバス、大きな荷物があったり、複数人で利用するならタクシーが便利。ただし、高速郊外鉄道RERのB線は、治安がよくない区間を走るので、荷物の管理には十分注意を。下記のほかにも空港送迎サービスを行う現地ツアー会社も多数ある。

交通機関		特徴	行き先	運行時間	所要時間	料金（片道）
早い **安い** 高速郊外鉄道 RER		RERのB3線がCDG1とCDG2へ乗り入れている。駅まではCDG1からはCDGVALで、CDG2のホールEからは歩いていける。	北駅、シャトレ・レ・アル駅など	4時50分〜22時59分の10〜15分間隔	35分（北駅まで）	€11.80
安い ロワシーバス Roissy Bus		パリ交通公団RATPが運行するバス。乗り場はCDG1、CDG2どちらにもある。	オペラ・ガルニエ	6時〜20時45分の15分間隔、20時45分〜翌0時30分の20分間隔	60〜75分	€16.60
早い タクシー Taxi		荷物が多い時に便利。乗り場はCDG1の24番出口、CDG2ホールEの10番出口。	市内目的地まで	24時間	30〜50分	右岸€56、左岸€65（固定料金）

※市バスでパリ市内へ…市バス350番が市内北部Porte de la Chapelle（パリオリンピック競技会場「Adidas Arena」）まで所要60〜80分、市バス351番が市内東部のNationまで所要70〜90分で運行。どちらも€2.15。
※パリ市内からシャルル・ド・ゴール空港へ…高速郊外鉄道RERのB線とロワシーバスは、逆をたどればOK。タクシーはホテルのフロントで予約してもらう、またはタクシー会社の公式サイトやアプリから予約する。

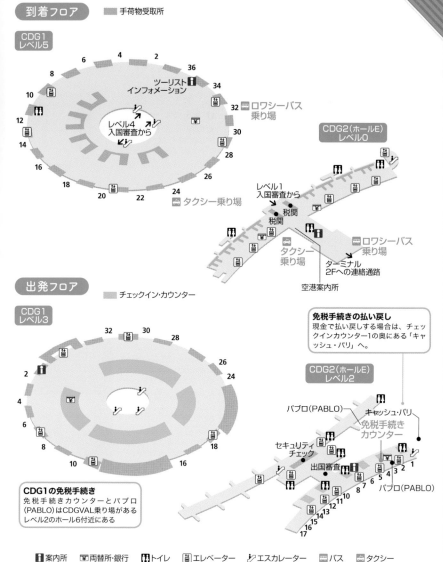

到着フロア　　🔲手荷物受取所

CDG1 レベル5

ツーリスト インフォメーション
🔲ロワシーバス 乗り場
レベル4 入国審査から

CDG2（ホールE） レベル0

レベル1 入国審査から
税関
税関
🔲ロワシーバス 乗り場
タクシー 乗り場
タクシー乗り場
ターミナル 2Fへの連絡通路
空港案内所

出発フロア　　🔲チェックイン・カウンター

CDG1 レベル3

免税手続きの払い戻し
現金で払い戻しする場合は、チェックインカウンター1の奥にある「キャッシュ・パリ」へ。

CDG2（ホールE） レベル2

パブロ（PABLO）
キャッシュ・パリ
免税手続き カウンター
セキュリティ チェック
出国審査
パブロ（PABLO）

CDG1の免税手続き
免税手続きカウンターとパブロ（PABLO）はCDGVAL乗り場があるレベル2のホール6付近にある

🛈案内所　🔲両替所・銀行　🚻トイレ　🔲エレベーター　🛗エスカレーター　🚌バス　🚕タクシー

> パリ第2の空港

オルリー空港
Aéroport de Paris-Orly

パリ中心部から約14km南にあるパリ第2の空港。国内線や欧州の国際線が発着する。ターミナルはOrly1～4の4つある。

パリ中心部へ
市内へ行く手段は、オルリーバス、オルリーヴァル（モノレール）＋RER、タクシーなど。いずれも所要30～50分。

シャルル・ド・ゴール空港へ
オルリーヴァルでAnthony駅まで行き、そこからRER B線に乗り換え、終点Aéroport Charles de Gaulle（シャルル・ド・ゴール空港）で下車。所要60～70分、€25.45。タクシーは所要約50分、料金は€70～80。

※メトロ14号線の延伸部分、Olympiades駅からオルリー空港までが2024年6月に開業予定。オルリー空港からリヨン駅やシャトレ駅など、渋滞を気にせずパリ市内へ行くことができる。

入出国

空港ガイド

メトロ・バス

タクシー・交通パス

お金のこと

旅のあれこれ

一番使うのはメトロ！
パリ市内での交通

一番使うのがメトロで、旅行者でも利用しやすい。ほかに路線バスや郊外への移動に便利な高速鉄道RERもある。タクシーは流しが少ない。レンタサイクルは旅行者も利用できる。

メトロ Métro

路線図は駅窓口でもらえる

パリ市内のほぼ全域を網羅するメトロ。1〜14号線まで、全14路線が運行している。路線ごとに色分けされており、各駅の案内板には路線番号、色、終着駅の表示があるので、乗り方は簡単。料金も手ごろなので、利用しやすい。

料金	メトロは全線均一料金。きっぷは1回券「Ticket t+」€2.15。ICカード「Navigo（ナヴィゴ）」が導入されていて、回数券や乗り放題券のチャージが可能。メトロとRERの乗換えは2時間以内、バスとトラムの乗り換えは90分以内であれば可能。メトロとRERは一度駅の外に出てしまうと無効になる。
運行時間	5時30分ごろ〜24時30分ごろ。金・土曜は〜翌1時30分ごろ。※路線により異なる

注意&ポイント
●混雑した車内やエスカレーターの降り口ではスリやひったくりに注意。早朝や深夜の利用は避けるべき。
●メトロの出口に改札はないが、抜き打ちの検札があるので、きっぷは最後までなくさないように。
●エスカレーターの左側は歩く人用にあけておく。

パリ市交通公団の公式アプリも便利

1回券「Ticket t+」の買い方

メトロの駅窓口ではきっぷを販売していないところが多いので、基本は自動券売機を使って購入を。クレジットカードしか利用できない券売機もある。

❶ メニューを選択する
言語は英語を選択して「You don't have a Navigo Pass：touch here」を押し、1回券（Ticket t+）を選択。ここでパリ・ヴィジット（→P229）なども選べる。

❷ 枚数を決める
購入枚数を選ぶ画面に移るので、1枚なら「①€2.15」を押す。

❸ 必要額を投入
「My choice」画面に変わるので、OKなら「Validate」を押して、表示された額を投入。レシートが必要なら次の画面で「Yes」を選択。

メトロの乗り方

❶ 駅を探す
地下鉄の入口のマークはさまざま。駅名は書かれていないことが多いので、地図で確認を。

❷ きっぷを買う
自動券売機は紙幣が使えないものもあるので注意。ICカードのナヴィゴ・イージー（P229）を買っておくと手間が省けて便利。

❸ 改札を通る
改札はすべて自動改札。きっぷやパスを挿入口に入れ、バーを手や腰で回転させ中に入る。ナヴィゴは専用改札にタッチ。

❹ ホームに出る
路線番号と行きたい方向の終着駅名をたどれば目的のホームにたどり着く。ホームの電光掲示板には2本目までの電車の到着時間が示されている。

❺ 乗車する
1・14号線と一部の新型車両以外は手動式ドア。ボタンを押すかハンドルを押し上げて開ける。

❻ 下車する
停車直前にドアロックが解除されるので、乗車時と同様の操作をしてドアを開け、降りる。「Sortie」の表示に従って出口へ向かおう。

❼ 駅を出る
改札はなく、きっぷの回収もない。駅には地上出口の場所を記した周辺地図があるので、目的地に一番近い出口を確認してから地上へ。

乗り換え
「CORRESPONDANCE」と書かれた案内板に従って進む。複数の路線が通る駅では、この文字と乗りたい路線番号、終着駅名を探そう。大きな駅では通路を延々と歩くこともある。

※パリ2024オリンピック・パラリンピック期間（2024年7/20〜9/8）はきっぷが値上げされ、1回券は€4となる。

メトロ、RER、バス共通で利用できる1回券「Ticket t+」

メトロ自動券売機

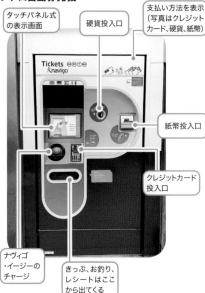

- タッチパネル式の表示画面
- 硬貨投入口
- 支払い方法を表示（写真はクレジットカード、硬貨、紙幣）
- 紙幣投入口
- クレジットカード投入口
- ナヴィゴ・イージーのチャージ
- きっぷ、お釣り、レシートはここから出てくる

旅のきほん

入出国

空港ガイド

メトロ・バス

タクシー・交通バス

お金のこと

旅のあれこれ

RER（エール・ウー・エール）

パリ市交通公団RATPとフランス国鉄SNCFが共同で運営する高速郊外鉄道。A～Eまで5路線あり、終着駅がいくつかに枝分かれしているものはA1、A3など番号で分類されている。パリ市内の利用よりも、ヴェルサイユ宮殿やシャルル・ド・ゴール空港など、パリ近郊への足として便利。

| 料金 | パリ市内ではメトロと同様の1回券「Ticket t+」€2.15やナヴィゴ・イージー（P229）が使用できるが、郊外では目的地までのきっぷが必要。 |
| 運行時間 | 5時30分ごろ～翌1時ごろ。※路線により異なる |

注意＆ポイント
- RERは路線が複雑なうえ、途中駅を通過するものもあるので、案内板をしっかり確認しよう。
- メトロに比べ治安がよくない。夜間は特に注意しよう。

RERの乗り方

❶ 駅を探す

写真はRERの乗り場を示す看板。下は路線名

❷ きっぷを買う

メトロと同様、自動券売機で購入できる。目的地が郊外なら1回券や回数券を持っていても目的地までのきっぷを必ず購入すること。

❸ ホームに出る。乗車～下車

メトロと同じ流れ。

❹ 駅を出る

降車した駅が郊外の場合、改札があるので、きっぷはなくさないように。

バス Autobus

パリ市内に60ルート以上あるバス路線。地下鉄よりも小回りがきき、車窓から街の風景を眺められるのがポイント。路線は複雑なのである程度の土地勘が必要になるが、バスを使いこなせると街歩きがさらに楽しくなる。

路線番号はバス正面の最上部に表示がある

| 料金 | きっぷはメトロと共通で「Ticket t+」€2.15、ナヴィゴ・イージー（P229）。最初に刻印機に通してから90分間、自由に乗り降りできる。 |
| 運行時間 | 6時30分ごろ～20時30分ごろ（一部の路線は～24時30分ごろまで運行。深夜バスもある） |

注意＆ポイント
- 停留所の数が多く道路事情にも影響されるため、地下鉄よりは移動時間がかかることを念頭に。
- バス車内できっぷを購入する場合€2.50。購入は硬貨のみで、乗換えのできない1回乗車のチケット。

バスの乗り方

❶ 乗車する

路線番号と行き先名を確認し、自分の乗りたいバスが来たら手を水平に出して乗車の意思を伝える。乗車は前からが基本。ドアが開かない場合はドアの横にある緑のボタンを押して乗車。

→

❷ 刻印機にタッチ

きっぷを運転手のすぐ横にある刻印機に通して刻印する。バス類はタッチパネルにかざす。きっぷを持っていない場合は運転手から購入する。

→

❸ 車内で

車内の路線図や電光掲示板などを見て下車する停留所を確認しよう。車内アナウンスを聞き取るのはかなり困難。

→

❹ 下車する

降りるひとつ手前の停留所を過ぎたら、赤いボタンを押して下車の意思を運転手に伝えよう。降車は後方のドアから。

※フランスの特定の通信ネットワーク下では、バス車内でショートメールから乗車券を購入できる。まず「93100」宛てにSMSを送信。次に29番バスなら「Bus29」と入力して送り、届いたSMSの画面を車掌に提示する。

パリ市内での交通

タクシースタンド

タクシー Taxi

荷物が多いときや深夜の移動など、タクシーは重要な交通手段のひとつ。英語を話す運転手は少ないが、行き先をしっかりと告げることさえできればそれほど心配はいらない。料金もメーター制なので安心して利用できる。

車体はタクシー会社によってさまざま

| 料金 | 初乗り€2.60。以降1kmごとに€1.14加算される（パリ市内。郊外ではエリアや時間帯によって加算額が€1.35、€1.70と異なる)。荷物は乗車5人目からは€4.50の追加料金がかかる。最低運賃は€7.30。 |

運行時間 24時間

注意&ポイント
- ●パリのタクシーは慢性的に不足気味なので、雨天時や朝夕のラッシュ時にはつかまえるのが困難なことが多い。帰国時、空港に向かう際などは、ホテルのフロントに頼んで早めに予約を。
- ●トランクを利用した場合、荷物の出し入れは運転手に任せよう。
- ●クレジットカードで支払いができない場合もある。乗車前に確認しよう。

タクシーの乗り方

❶ タクシーを探す
街なかではタクシースタンドで拾うか、ホテルやレストランでよんでもらうのが確実。車の屋根の上についた「TAXI PARISIEN」マークのランプが緑色に点灯しているのが空車、赤色の点灯の場合は乗車中を示す。

❷ 乗車する
自分でドアを開けて乗車。通常は助手席を使用しないので、3人までの場合は後部座席へ。行き先は片言のフランス語で告げるよりも紙に書いて見せるほうが確実。「ボンジュール」「メルシー」のあいさつも忘れずに。

❸ 支払い〜下車する
メーターに表示された金額に、荷物や乗客などの追加料金を加えた額を支払う。周囲の交通に注意して自分でドアを開け下車。下車後も自分でドアを閉める。チップは基本的に不要だが、お釣りの端数は受け取らないのがスマート。

タクシーアプリ

G7 G7（ジェー・セット）
パリで最大級のシェアをもつ、タクシー予約アプリ。

ヴェリブ Vélib'

パリっ子の日常の移動手段として導入された、セルフレンタサイクル。2018年にリニューアルして、電動自転車も登場。市内に約1400のステーションがあり、約300mごとに設置されている。利用登録の手続きをすれば、旅行者でも自由に利用できる。自転車は車道通行なので十分注意して。

| 料金 | TICKET-V（1回）は基本料金€3、45分まで無料、それ以降は30分ごとに€1。PASS 24H CLASSIQUE（24時間パス）は€10、60分まで無料、それ以降は30分ごとに€1。ほか、3日パスもあり。電動自転車は割高。支払いはクレジットカードのみ。 |

運行時間 24時間

注意&ポイント
- ●クレジットカード登録時に最大€300のデポジットが請求されるが、事故や故障時のためのもので、問題なければ引き落とされることはない。
- ●登録は公式サイト URL www.velib-metropole.fr（日本からはアクセス不可）でも可能。支払いが終わるとコードとPINナンバーが表示されるので、ステーションを探して、自転車に備わる端末に入力する。
- ●利用する前に、タイヤに空気は十分に入っているかの確認を。
- ●自転車は車両扱いなので、歩道の走行はNG。車道の右側を走行すること。パリでは自転車が車と同じルールに基づいて利用されている。近ごろ、車線と対向の自転車レーンが増えているので注意。

ヴェリブの乗り方

❶ 登録する
まずはステーションに設置された機械「ボルヌ Borne」で利用登録をする。言語を選択後、利用日数を設定。ICチップ付きのクレジットカードで手続きを終えると、8桁のコードが発行される。

❷ レンタルする
登録が完了したらレンタル画面に利用可能な自転車の番号が表示されるので選択。使用する自転車のハンドルの間にある機械「V-Box」に8桁のコードを入力する。ロックが外れたら自転車を引き出す。

❸ 返却する
返却するステーションは空きがあればどこでもOK。ランプが赤から緑に変わり、ピッという音が鳴ったら正しく返却されたことになる。

自転車専用レーンの道路表示

クレジットカードさえあれば誰でも利用できる

お得なICカードと交通パス

主要公共交通機関でお得に使えるICカードとパスが3種類ある。日程や目的に合わせて選ぼう。

ナヴィゴ・イージー Navigo Easy

チャージ式ICカード。メトロの1回券や10回券(カルネ)、1日乗り放題(ナヴィゴ・ジュール)などをチャージできる。

料金	1回券€2.15、カルネ€17.35、ナヴィゴ・ジュール€8.65〜
購入場所	券売機、駅窓口
使える交通機関	メトロ、RER、国鉄の近郊線、バス、トラム
ポイント	カード作成料€2がかかる。有効期限は10年。複数人で使用するのはNG。

ナヴィゴ・スメーヌ Navigo Semaine

1週間の有効期限内乗り放題のICカードのパス。申し込みは主要駅の窓口で申請し(申請手数料€5と顔写真1枚が必要)、料金をチャージする(チャージできない場合は自動券売機で)。

料金	1週間券:1〜5ゾーン€30.75
購入場所	主要駅の窓口
使える交通機関	メトロ、RER、バス(オルリー空港とRER B線を繋ぐOrlyvalは使用不可)、トラム
ポイント	月曜から1週間の限定利用。購入可能な期間は使用する前の週の金曜〜使用する週の木曜。月曜24時〜日曜23時59分まで。

パリ・ヴィジット Paris Visite

パリ市内から郊外まで公共交通機関すべてに使え、一部の観光施設での割引も受けられる万能パス。連日使用に限る。

料金	1〜3ゾーン:1日券€13.95、2日券€22.65、3日券€30.90、5日券€44.45
購入場所	券売機、駅窓口、観光案内所
使える交通機関	メトロ、RER、バス、トラム、ケーブルカー、ロワシーバスなど
ポイント	モンパルナスタワー入場料25%割引などの特典が付く。使用開始日の24時から最終日の23時59分まで有効。紙のチケットなので、名前と利用日を記入すること。

公共交通ゾーン

パリ中心から同心円状に5つのゾーンに区分けされ、料金はゾーン別に設定されている。パリ市内はゾーン1・2で、おもな観光物件はゾーン1内。郊外の違うゾーンに行く際には必ず目的地までのきっぷを買うこと。到着駅での精算はできず、乗り越しは罰金となる。

シャルル・ド・ゴール空港
サン・ジェルマン・アン・レイ
ル・ブルジェ
パリ
ディズニーランド・リゾート・パリ
ヴェルサイユ

※実際のゾーンは6まであるが観光客はほとんど利用しない

パリ発着! オプショナルツアーで効率的に観光

限られた滞在時間でも効率よく観光できるのが、現地発着のオプショナルツアー。日本語案内付きなので安心。

申し込み マイバスフランス
URL www.mybus-europe.jp/　MAP:P7D3

パリ市内観光

パリの主要観光スポットをバスの車窓から観光。パリの旅がはじめての人におすすめ。

出発／所要時間	8時45分／3時間15分
催行日	月・木曜(5/9、7/1〜9/8を除く)
料金	€90

ルーヴル美術館半日観光(午前・午後)

必見作品を日本語公認ガイドが、イヤフォンを使ってご案内。

出発／所要時間	9時・14時／3時間
催行日	水・金・日曜の午前(5/1、7/14、9/22を除く)、月・木・土曜の午後(9/21を除く)
料金	€98〜

ヴェルサイユ宮殿半日観光(午前・午後)

豪華な宮殿の内部を巡る。日本語ガイドの解説付き。

出発／所要時間	8時30分(7・8月は8時)・14時／4時間15分
催行日	公式サイトで確認
料金	€100〜

モン・サン・ミッシェル1日ツアー

修道院の自由見学、名物のオムレツを含むランチ付き、ガイド付き、または完全フリープランから選べる。

出発／所要時間	7時20分／14時間
催行日	公式サイトで確認
料金	€150〜

ロワール地方の城巡り1日観光

フランス史に残る優美なシュノンソー城とロワール最大の豪華なシャンボール城を見学。

出発／所要時間	7時20分／12時間
催行日	公式サイトで確認
料金	€280(昼食付き)

印象派モネの家ジヴェルニー午前観光

画家クロード・モネが晩年を過ごしたジヴェルニーの家と庭園を訪れるツアー。冬季は催行なし。

出発／所要時間	7時45分／5時間15分
催行日	5・6・10月の金曜、4/30、5/7、9/13・17・20・24・27
料金	€110

※季節によりツアー内容や料金が異なる場合があります。催行日、出発時間などの詳細はツアー催行会社の公式サイトをご確認ください。料金は2024年4月〜10月のものです。

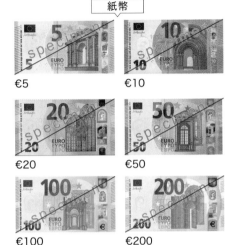

両替はどうする？ 物価は安いの？

お金のこと

フランスの通貨や両替事情、クレジットカードの通用度にキャッシング方法など、
気になるお金にまつわる情報はしっかり頭の中に入れておこう。

フランスの通貨とレート

通貨単位はユーロ(€)

欧州統一通貨ユーロ(€)を使用。€100、€200は2019
年5月から新デザイン紙幣が流通している。

紙幣

€1＝約162円

（2024年3月現在）

紙幣は€5〜200の6種、硬貨は€1、€2と補助単
位のユーロセント(¢。フランスでは通称サンチーム)
で€1＝100¢。表のデザインは欧州共通で、裏のデ
ザインは国によって異なるが、他のユーロ使用国で
も使える。

€5　　€10

€20　　€50

€100　　€200

硬貨

1¢　　2¢　　5¢

10¢　　20¢　　50¢　　€1　　€2

©European Central Bank

両替はどうする？　現地通貨の入手方法はさまざま。レートの良し悪しも気にしたいところ。

空港	街なかの両替所	ホテル	ATM
安全＆便利	散策中に活用	24時間可能	見つけやすい
到着フロアに両替所がある。両替レートはあまりよくなく、手数料も高いので、当面必要な分のみにしたい。	観光客が集まる場所に多い。両替レートは店によって異なるので、まずは店頭の掲示をみて確認しよう。	両替レートはよくないが、フロントでできるので安心安全。プチホテルなどでは両替不可な場合もある。	至る所にある。提携カードは機械の表示で確認。安全面を考慮して、日中、銀行内にあるATMを使う方がいい。

両替のオキテ

❗ 日本のほうが両替レートがよいことも。現地での手間も考慮して必要分は出国前に用意したい。

❗ パリ市内の銀行や郵便局では両替対応不可なので、間違えないように。

❗ 基本的に両替には手数料（3%前後）がかかる。両替所によって異なるので、なるべくまとめて。

❗ 帰国の直前などで小額の現金が必要なときは、クレジットカードでのキャッシングも便利。

旅のきほん

入出国

空港ガイド

メトロ・バス

タクシー・交通パス

お金のこと

旅のあれこれ

ATMでお金をおろす

パリには多言語対応型のATMが数多く設置されている。CirrusやPLUSのマークが付いた国際キャッシュカードなら現地通貨で引き出せる。

1 カードを挿入
持参したカードが使えるか、ATMの画面などで確認
↓

2 英語表示にする
「Withdraw Cash」を選択後、金額を押す
↓

3 レートを確認
日本円で金額を確認し、「Accept conversion」を押す
↓

4 レシートが必要か選択
必要な場合は「Yes」を押す
↓

5 暗証番号を入力
暗証番号「PIN」を入力して、現金を受け取る

※大手銀行「BNP Paribas」の場合。手順はATMによって異なる

パリでのチップ

チップは義務ではないので、ケースバイケースでOK。カード払いの際はキリのよい金額を現金で置くのがおすすめ。

●チップの目安

支払い先	チップの目安
レストラン	3～10% ※伝票に「Service Compris」とあれば、サービス料込みなので不要だが、サービスに満足したら心付けを
ホテル(ポーター)	荷物1つにつき€1程度
ホテル(ハウスキーピング)	€1程度、枕元またはサイドテーブルへ
ホテル(ルームサービス)	€2程度
タクシー	お釣りの端数は受け取らないのがスマート

知っておくべきパリのお金事情

- フランスは**クレジットカードの利用率が高く**、多くの場所で使用できる。
- マルシェや蚤の市では**現金払いが基本**なので、小銭を用意しておこう。

※一定額以上でクレジットカードが使える店もあり

旅の予算

日本と比べてパリの外食費は高く、公共交通は比較的安い。現地の主な物価の目安をチェックしておこう。これにショッピングの予算を足せば、1日当たりの旅の予算が立てやすくなる。

食事代の目安
毎食レストランでの食事は費用がかさむ。出費を抑えたいときは、テイクアウトして公園でランチや、マルシェでの食べ歩きも楽しい。

朝ごはん	カフェで朝食セット€12前後、ブーランジュリーでパン1個€2前後
昼ごはん	ビストロ約€25、クレープリー€15前後
おやつ	マカロン1個€2.50前後、ジェラート€6前後
お茶	老舗カフェでカフェオレ€8前後、サロン・ド・テで紅茶€6前後
夜ごはん	ビストロ€50～

交通費の目安
メトロを7回以上乗るなら1日乗り放題券のナヴィゴ・ジュール(P229)、ほかの日もメトロを利用する場合は10回券カルネ(P229)がお得。

タクシー	最低料金€7.30
メトロ	1回€2.15

観光費の目安
施設入場料は日本と比べて高め。パリ・ミュージアム・パス(P90)を活用するのがベスト。

エッフェル塔	€29.40(第3展望台まで)
ルーヴル美術館	€22
ヴェルサイユ宮殿	€21

■+■+■=1日あたり約**2万円**

物価の目安

食品は品目によって、日本の物価とほぼ変わらないものもあれば、高いものも。

ミネラルウォーター(500ml)
€0.50～

スターバックスコーヒーのブレンドコーヒー(T)
€3.45～

ビール(1パイント=568ml)
€7～

タクシー最低料金
€7.30

出発前にも、現地でも
知っておきたい旅のあれこれ

飲料水やトイレ、Wi-Fi事情に飲酒、喫煙マナーなどパリ旅行で気になる
あれこれをまとめて解決。けが・病気、盗難などのトラブル対処法もチェック！

基本のローカルルール

しっかりチェックしておきたいのは喫煙・飲酒・交通など法律に関わるルール。
飲酒の際にはパスポートを確認されることも多い。

電圧・電源

220〜230V、周波数は50Hz。日本の電化製品は変圧器内蔵の海外旅行用のものか変圧器が必要。プラグの形はCタイプの2本型とSEタイプの3本型。

喫煙

バスやメトロ、鉄道などの公共交通機関、駅や空港、観光施設、レストランやカフェ、ホテルなど建物内の公共スペースでは喫煙禁止。違反者には罰金（最大€750）が科せられる。2023年にはビーチ、公園、森林などでも喫煙禁止と発表された。

飲用水

水道水は飲めるが、石灰分が多く含まれているので、慣れない人はミネラルウォーターがおすすめ。ミネラルウォーターは無炭酸のノン・ガズーズ「Non Gazeuse」と炭酸入りのガズーズ「Gazeuse」がある。

飲酒

飲酒は18歳以上。パリ市内の一部の通りや地域では16時〜朝7時まで飲酒禁止、セーヌ河沿いは5〜10月までアルコールの持ち込み、飲酒は禁止など、場所によって制限があるので注意。

交通ルール

自動車は右側通行。自転車も車と同じルール。メトロ車内にある折りたたみ式座席は、混雑時には使用しないこと。エスカレーターは右に立ち、急ぐ人は左を歩く。

治安

旅行者を狙っての盗難が多発している。特に観光名所や付近のメトロ（特に⒈号線）は十分に気をつける必要がある。夜遅くなったら女性だけで歩かない、移動はタクシーを使うなど安全対策は万全に。

トイレ

無料の公衆トイレは緑のランプがついていれば利用可能だが、清潔ではないところも。なるべくホテルやデパート、観光施設内で利用したい。有料の場合は€1〜程度。カフェでトイレのみ利用したいときは、コーヒーを1杯注文しよう。

休業の時期

メーデーやクリスマス、元旦は美術館やショップなどほとんどの施設が閉まるので、この時期をはさむ旅行は注意。また、7月中旬〜8月のバカンスシーズンは長期休暇をとる店も多く観光地以外は閑散としている。

営業時間

レストランはランチ12時〜14時30分、ディナーは19時30分〜23時が目安。カフェはフルオープンで、朝食から営業する店も多い。ショップは10〜19時で、日曜は休みになる店が多い。

インターネット接続

カフェや公園、図書館、美術館など公共施設では各所にWi-Fiスポットがある。接続IDとパスワードが必要な場合は、スタッフに確認を。パリ市による無料公共Wi-Fi「Paris Wi-Fi」もあり、市内約260の公共施設で接続できる。また、ほとんどのホテルでも接続が可能。接続無料のホテルが多いが、高級ホテルだとロビーは無料で、客室は有料のところも。チェックイン時にWi-FiのIDとパスワードを確認しよう。常に接続したい場合は日本でWi-Fiルーターをレンタルする、海外用データプランに加入する、現地用eSIM／SIMカードを購入するなどが必要。

郵便・宅配便の出し方

切手は郵便局やたばこ販売店で購入できる。日本へ送る場合、宛て先は「JAPAN」「AIR MAIL」と記し、ほかは日本語でOK。ハガキと封書20gまでで€1.96で、数日〜数週間で届く。ポストは黄色の箱型で、日本への郵便は「Etranger」に投函。郵便局の小包「Colissimo International」は2kgまで€48.50、5kgまで70.80、3〜8日で届く。郵便費込みの箱を購入して送る「Colissimo Prêt-à-Envoyer」もあり、5kgまで€56、7kgまで€78と割安。6〜18日間で届く。小包は郵便局のサイトで通関電子データの送信が必要。

お役立ちアプリ

Google翻訳
フランス語を素早く日本語に翻訳

Google Map
行きたい物件を保存できて便利

通貨両替電卓
日本円と外貨の両替が簡単に

Tripline
効率よく旅のプランを作成できる

Bonjour RATP
メトロの乗り換え公式アプリ

郵便局
🕘9時〜18時30分(土曜は〜12時)
※支店により異なる
㊡日曜 [URL] www.laposte.fr/

ケガ・病気

ツアー参加者は、すぐに添乗員に連絡を。個人旅行の場合は、海外旅行保険のサポートデスクなどに連絡して、日本語対応可能な病院の案内を受けよう。海外の医療費は高額になるため、保険には必ず入っておこう。

トラブルに遭遇したら

フランスでは犯罪や交通事故にあった場合、警察に速やかに届ける必要がある。盗難にあったときは警察で盗難・紛失届出証明書Pré Déclaration de Planteを発行してもらう。パリ市内の警察には日仏語併記の被害届作成依頼書が用意されている。

海外旅行保険は必須

万一のけがや病気に備えて、海外旅行保険には入っておきたい。多数の保険会社がインターネットで受付を行っているので、公式サイトで確認しよう。また、空港のカウンターや自動販売機でも加入できる。

↑成田国際空港
海外旅行保険
カウンター

電話のかけ方

ホテルからかける場合は、外線番号を押した後、相手先の電話番号をダイヤル。携帯電話は会社によって料金形態が異なるので確認を。

パリから日本への国際電話

直通ダイヤルの場合

00 ▶ **81** ▶ 市外局番 ▶ 相手の電話番号

フランスの国際識別番号 / 日本の国番号 / 最初の0をとる

東京03-1234-5678にかける場合**00-81-3-1234-5678**となる

日本からパリへの国際電話

010 ▶ **33** ▶ 相手の電話番号

日本の国際識別番号 / フランスの国番号 / 最初の0をとる

※携帯電話の場合は「010」または「+」のあとに「33」、最初の0をとった相手先の電話番号をダイヤルして発信

パリ01 12 34 56 78にかける場合**010 33 1 12 34 56 78**となる

アプリを利用して無料通話！

LINE：自分と相手がどちらもインストールしていれば、国内同様無料通話が可能。日本にいるときと変わらないトークと写真のやり取りもできる。

Messenger：お互いにインストールしてあれば利用可能。メッセージ送信はもちろん、通話も無料。さらにビデオ通話もでき、会話が楽しめる。

盗難・紛失

多額の現金や貴重品は持ち歩かず、セーフティボックスなどを活用したい。万が一、盗難にあったり紛失した場合でも、冷静に下記の手順を。

クレジットカード

不正使用を防ぐため、すぐカード会社に連絡して無効手続きを行う。カード番号や有効期限が必要となるので事前に控えておくといい。

問合先

 Visa
（クレジットカード紛失時のお手続き）

Mastercard（お手持ちのMastercardに関するお問い合わせ）

 JCB
（JCB紛失・盗難海外サポート）

アメリカン・エキスプレス
（カードの紛失・盗難時に）

現金・貴重品

警察に届け、盗難・紛失届証明書を発行してもらう。ホテル内で盗難・紛失にあった場合は、フロントを通じて警察に連絡する。貴重品については帰国後、海外旅行傷害保険に加入した保険会社に連絡し、申請を行う。現金は基本的に保険対象外。

パスポート

盗難・紛失の際は、現地日本国大使館で新規発給または「帰国のための渡航書」の発給を申請する。この場合、顔写真や戸籍謄(抄)本などが必要になる。詳細は現地の日本国大使館のサイトで確認を。

外務省
パスポート
（旅券）

帰国のための渡航書の申請

警察署で盗難・紛失届出証明書を発行してもらう

▼

現地の日本国大使館または総領事館にてパスポートの失効手続きをする

▼

現地の日本国大使館または総領事館にて必要書類を提出し帰国のための渡航書を申請

緊急時には！

在フランス日本国大使館
MAP：P5D1

警察
☎17

消防署
☎18

救急（有料）
☎15

EU共通緊急通報
☎112

入出国

空港ガイド

メトロ・バス

タクシー・交通パス

お金のこと

旅のあれこれ

見たい、食べたい、行きたい場所がすぐわかる♪

せかたび的 パリ まとめ。

「せかたびパリ」本編で掲載の物件に
さらにおすすめの物件を追加し
ジャンルごとに一覧にしたインデックス。
レストランにショップ、観光スポットまで
行きたいところをチェック！

モンマルトル	エリア名
名所	ジャンル名
MAP P00A0	MAP掲載ページ
P000	本誌掲載ページ
★★★	パリの魅力あふれる、絶対に行きたい場所
★★	滞在中、時間に余裕があれば行ってみたい場所
★	「知りたい」「やってみたい」と興味があれば楽しめる場所
定番	パリを代表する超有名店。一度は足を運んでみよう
オススメ!	編集部のオススメ店。ぜひチェックしてみて

[あ]

♪ 見る

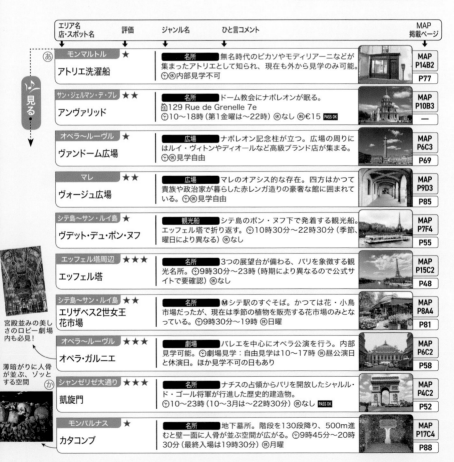

エリア名	店・スポット名	評価	ジャンル名	ひと言コメント		MAP掲載ページ	
モンマルトル	アトリエ洗濯船	★	名所	無名時代のピカソやモディリアーニなどが集まったアトリエとして知られ、現在も外から見学のみ可能。⏰[休]内部見学不可		MAP P14B2	P77
サン・ジェルマン・デ・プレ	アンヴァリッド	★★	名所	ドーム教会にナポレオンが眠る。[住]129 Rue de Grenelle 7e ⏰10〜18時（第1金曜は〜22時）[休]なし [料]€15 PASS OK		MAP P10B3	—
オペラ〜ルーヴル	ヴァンドーム広場	★	広場	ナポレオン記念柱が立つ。広場の周りにはルイ・ヴィトンやディオールなど高級ブランド店が集まる。⏰[休]見学自由		MAP P6C3	P69
マレ	ヴォージュ広場	★★	広場	マレのオアシス的な存在。四方はかつて貴族や政治家が暮らした赤レンガ造りの豪奢な館に囲まれている。⏰[休]見学自由		MAP P9D3	P85
シテ島〜サン・ルイ島	ヴデット・デュ・ポン・ヌフ	★	観光船	シテ島のポン・ヌフ下で発着する観光船。エッフェル塔で折り返す。⏰10時30分〜22時30分（季節、曜日により異なる）[休]なし		MAP P7F4	P55
エッフェル塔周辺	エッフェル塔	★★★	名所	3つの展望台が備わる、パリを象徴する観光名所。⏰9時30分〜23時（時期により異なるので公式サイトで要確認）[休]なし		MAP P15C2	P48
シテ島〜サン・ルイ島	エリザベス2世女王花市場	★★	名所	[M]シテ駅のすぐそば。かつては花・小鳥市場だったが、現在は季節の植物を販売する花市場のみとなっている。⏰9時30分〜19時 [休]日曜		MAP P8A4	P81
オペラ〜ルーヴル	オペラ・ガルニエ	★★★	劇場	バレエを中心にオペラ公演を行う。内部見学可能。⏰劇場見学：自由見学は10〜17時 [休]昼公演日と休演日。ほか見学不可の日もあり		MAP P6C2	P58
シャンゼリゼ大通り	凱旋門	★★★	名所	ナチスの占領からパリを開放したシャルル・ド・ゴール将軍が行進した歴史的建造物。⏰10〜23時（10〜3月は〜22時30分）[休]なし PASS OK		MAP P4C2	P52
モンパルナス	カタコンブ	★	名所	地下墓所。階段を130段降り、500m進むと壁一面に人骨が並ぶ空間が広がる。⏰9時45分〜20時30分（最終入場は19時30分）[休]月曜	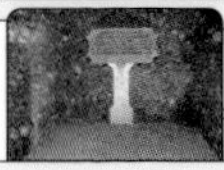	MAP P17C4	P88

宮殿並みの美しさのロビー劇場内も必見！

薄暗がりに人骨が並ぶ、ゾッとする空間

[か]

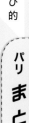

エリア名 店・スポット名	評価	ジャンル名	ひと言コメント	MAP 掲載ページ

モンマルトル ★★
壁抜け男
名所　ミュージカルでも上演された、作家マルセル・エメイの短編小説「壁抜け男」に登場する主人公の彫刻。⏱見学自由
MAP P14B2　P78

モンパルナス ★
カンパーニュ・プルミエール通り
通り　アトリエ街。31番地にあるアール・デコのファサードが特徴的な建物にはマン・レイが住んでいた。⏱見学自由
MAP P17C2　P88

サン・ジェルマン・デ・プレ ★★
奇跡のメダイ教会
教会　幸運を呼ぶ奇跡のメダルがおみやげに人気。⏱7時45分〜13時、14時30分〜19時（火曜は7時45分〜19時）❨休❩なし
MAP P11D3　P73

モンマルトル ★
ゴッホの家
名所　ルピック通り54番地。ゴッホが弟のテオと共同生活を送ったアパルトマン。その証のプレートがある。⏱❨休❩内部見学不可
MAP P14A2　P77

シャンゼリゼ大通り ★
コンコルド広場
広場　フランス革命の最中には、この広場にギロチンが設置されていた。まさにパリの歴史を見守ってきた広場だ。⏱見学自由
MAP P6B4　P65

シテ島〜サン・ルイ島 ★★
コンシェルジュリー
名所　王妃マリー・アントワネットや革命家など4000名超の人々が収容された歴史をもつ。⏱9時30分〜18時 ❨休❩なし PASS OK
MAP P8A4　P81

モンマルトル ★★★
サクレ・クール寺院
名所　普仏戦争の殉死者鎮魂を目的に建設。ドーム頂上に展望台がある。⏱9時30分〜19時30分（冬期は10時〜17時30分）❨休❩なし
MAP P14C2　P56

サン・ジェルマン・デ・プレ ★★
サン・ジェルマン・デ・プレ教会
教会　聖遺物を納めるために創建されたパリ最古の教会。鐘楼は10〜11世紀のロマネスク様式。⏱9時30分〜20時（火曜は7時30分〜、土曜は8時30分〜）❨休❩なし
MAP P11E2　P74

サン・ジェルマン・デ・プレ ★★
サン・シュルピス教会
教会　ノートルダム大聖堂に次ぐ規模を誇る新古典主義の教会。ドラクロワが描いたフレスコ画が残る。⏱8時〜19時45分 ❨休❩なし
MAP P11E2　P74

シテ島〜サン・ルイ島 ★★★
サント・シャペル
教会　王家や貴族だけが利用を許された見事なステンドグラスの礼拝堂は必見。⏱9〜19時（10〜3月は〜17時）❨休❩なし PASS OK
MAP P8A4　P81

モンマルトル ★
サン・ピエール教会
教会　サクレ・クール寺院の隣にある1923年に歴史的建造物に指定された教会。ステンドグラスが美しい。⏱10〜18時（土曜は〜19時）❨休❩月曜
MAP P14B2　P77

サン・マルタン運河 ★★★
サン・マルタン運河
名所　映画『アメリ』にも登場。運河とレピュブリック広場周辺はハイセンスな店が続々オープン。⏱見学自由
MAP P16B2　P87

エッフェル塔周辺 ★★
シャイヨ宮
名所　エッフェル塔を正面に立つ、かつての宮殿。現在は博物館が入っている。エッフェル塔撮影スポットとして人気。⏱見学自由
MAP P15A2　P50

エッフェル塔周辺 ★★
シャン・ドゥ・マルス公園
公園　エッフェル塔の南側、1kmほどにわたって広がる公園。遮るものがないのでエッフェル塔撮影には絶好のスポット。⏱見学自由
MAP P15C2　P50

モンマルトル ★★
ジュテームの壁
名所　ブルータイルに世界311の言語で「ジュテーム（愛してる）」と書かれた写真映えするアート作品。⏱見学自由
MAP P14B2　P78

カルチェ・ラタン ★
ソルボンヌ（パリ大学）
名所　パリの名門大学。神学者ソルボンヌが貧しい神学生のために開いたソルボンヌ寮が始まり。⏱ガイド見学のみ（休止中）
MAP P12A2　P83

オペラ〜ルーヴル ★
チュイルリー公園
名所　左右対称の庭園が美しい広大な公園。園内にはオランジュリー美術館や国立美術館などがある。⏱❨休❩見学自由
MAP P6B4　P69

運を呼ぶ奇跡のメダルは大きさ色さまざま

和の壁（MAP: 2C3）越しのエッフェル塔

チュイルリー公園の隣の庭園に立つカルーゼル凱旋門

235

バトビュスのチケット売り場

ドームは内側から見ると美しい天井画が

	エリア名 店・スポット名	評価	ジャンル名	ひと言コメント	MAP 掲載ページ

見る

| モンマルトル テルトル広場 | ★★ | 広場 | 小さな広場に画家たちが多彩な絵画を描き、販売している。モンマルトルで最も有名な広場。⊙見学自由 | MAP P14B2 / P78 |

| エッフェル塔周辺 トロカデロ庭園 | ★★ | 庭園 | 園内にある人工池の周りには遊歩道や小川も整備。夏は日光浴や水遊びを楽しむ人で賑わう、パリ市民に愛される庭園。⊙見学自由 | MAP P15A2 / P50 |

⓷ | シテ島 ノートルダム大聖堂 | ★ | 教会 | 約200年の歳月をかけて建てられた、シテ島に立つ初期ゴシック建築の最高傑作。⊙2024年1月現在、修復工事のため立ち入り禁止 PASS OK | MAP P8B4 / P60 |

⓱ | エッフェル塔周辺 バトー・パリジャン | ★ | 観光船 | エッフェル塔前とノートルダム大聖堂から発着するセーヌ河観光船 ⊙10時～22時30分（季節、曜日により異なる）⑭なし | MAP P15B2 / P55 |

| シャンゼリゼ大通り バトビュス | ★★★ | 観光船 | セーヌ河のシュリー橋からイエナ橋まで、9カ所の発着所を回る水上バス。⊙10～19時（季節、曜日により～17時）⑭なし | MAP P15B2ほか / P54 |

| シャンゼリゼ大通り バトー・ムーシュ | ★ | 観光船 | アルマ橋のたもとから発着するセーヌ河クルーズ船。⊙10時～22時30分（季節により異なる）⑭なし | MAP P5E4 / P55 |

| マレ パリ市庁舎 | ★ | 名所 | 17世紀に建てられた後、1871年のパリ・コミューンで焼失。1882年に復元された。⊙⑭内部は見学休止中 | MAP P8B3 / P85 |

| カルチェ・ラタン パリ植物園 | ★ | 名所 | 1635年に開園。敷地内には動物園、博物館、温室がある。⊙8時～17時30分（季節により異なる）⑭なし | MAP P13D2 / P55 |

| オペラ～ルーヴル パレ・ロワイヤル | ★★ | 名所 | ルイ14世が幼少期に遊んだ庭園。作品が展示された広場はフォトジェニック。⊙8時30分～20時30分（4～9月は～22時30分）⑭なし | MAP P7D3 / P70 |

| カルチェ・ラタン パンテオン | ★★ | 名所 | ルイ15世の病気回復を祝い、新古典主義建築の教会として創建。⊙10時～18時30分（10～3月は～18時）⑭なし PASS OK | MAP P12B2 / P83 |

| エッフェル塔周辺 ビル・アケム橋 | ★★ | 橋 | 二重構造の橋で、上をメトロ6号線が走る。橋の中央から自由の女神が立つ、白鳥の小径とよばれる中洲に降りられる。⊙見学自由 | MAP P15B3 / P50 |

| シテ島～サン・ルイ島 ポン・ヌフ | ★ | 橋 | 1578年に建設が始まり、約30年後に開通。ポン・ヌフは新しい橋を意味するが、実際はパリ最古。〠Pont Neuf 1er ⊙⑭なし | MAP P7F4 / — |

⓲ | オペラ～ルーヴル マドレーヌ寺院 | ★★ | 教会 | 『最後の審判』の彫刻やコリント様式の列柱がギリシア神殿のよう。⊙9時30分～19時（ミサの時間は見学不可）⑭なし | MAP P6B2 / P70 |

| シャンゼリゼ大通り マリニー劇場 | ★ | 劇場 | シャンゼリゼ大通りの東側、美しい公園にある小さな劇場。コメディなどを上演する。⊙⑭公演日により異なる | MAP P5F2 / P65 |

| シャンゼリゼ大通り モンテーニュ大通り | ★ | 通り | シャンゼリゼ大通りの東側に延びるファッションストリート。セリーヌやサンローランなどハイブランドが軒を連ねる。⊙⑭見学自由 | MAP P5E3 / P65 |

| モンパルナス モンパルナス・タワー | ★★ | 名所 | パリ改造計画で建てられた。最上階にはレストランもある。⊙9時30分～22時30分（曜日、季節により異なる）⑭なし | MAP P17A2 / P88 |

⓶ | サン・ジェルマン・デ・プレ リュクサンブール公園 | ★ | 公園 | パリ最大の公園。園内には彫像が点在するほか、人形劇場もある。⊙開園7時30分～8時15分の間、閉園16時30分～21時30分の間 ⑭なし | MAP P11F3 / P129 |

エリア名 店・スポット名	評価	ジャンル名	ひと言コメント	MAP 掲載ページ

美術館

サン・マルタン運河 ★ レピュブリック広場	広場	フラットで見通しがよく、夏季は仮設ステージでコンサートなども開催。 🕐⑭見学自由	MAP P16B4 P87

ン・ローラン
使用していた
スクは必見

皿
美術館

た

は

ま

ら

エリア名／店・スポット名	評価	ジャンル	ひと言コメント	MAP掲載ページ
マレ／狩猟自然博物館	★	美術館	17世紀の邸宅を利用した博物館。図Ⓜ⑪Rambuteau駅から徒歩5分 ⏰11〜18時（8月以外の水曜は〜21時30分）休月曜 €13.50	MAP P8B2 —
カルチェ・ラタン／進化大陳列館	★	博物館	パリ植物園内。7000体以上の動物のはく製を展示。図Ⓜ⑦Place Monge駅から徒歩4分 ⏰10〜18時 休火曜 €13	MAP P12C3 —
モンマルトル／ダリ美術館	★	美術館	オブジェや版画などダリの作品や直筆の書簡など250点以上展示。⏰10〜18時 休なし	MAP P14B2 P77
サン・ジェルマン・デ・プレ／ドラクロワ美術館	★	美術館	画家ドラクロワの邸宅が美術館に。図Ⓜ④St-Germain-des-Prés駅から徒歩3分 ⏰9時30分〜17時30分（第1木曜は〜21時）休火曜 €9 PASS OK	MAP P11E2 —
エッフェル塔周辺／パリ市立近代美術館	★	美術館	マティスやモディリアーニなどモダン美術が集結。⏰10〜18時（特別展、木曜は〜21時30分）休月曜	MAP P15B1 P109
マレ／ピカソ美術館	★★	美術館	絵画のほか彫刻やデッサンも収蔵。展示は3カ月ごとに変わる。⏰10時30分〜18時（土・日曜、7〜8月の一部は9時30分〜）休月曜 PASS OK	MAP P8C2 P107
シャンゼリゼ大通り／プティ・パレ美術館	★	美術館	常設展ではセザンヌやモネの作品や18世紀の装飾品を無料で楽しめる。⏰10〜18時（金・土曜の企画展は〜20時）休月曜、祝日	MAP P6A4 P65
モンパルナス／ブールデル美術館	★	美術館	近代彫刻の巨匠、ブールデルの美術館。『弓を射るヘラクレス』『ベートーヴェンの頭像』などを展示。⏰10〜18時 休月曜、一部の祝日	MAP P17A2 P109
パリ郊外／フォンダシオン・ルイ・ヴィトン	★★	美術館	ヨットの帆に発想を得たフランク・ゲーリー氏の建築が印象的。現代アートを中心に展示する。⏰10〜20時（展示内容により異なる）休火曜	MAP P2A2 P106
オペラ〜ルーヴル／ブルス・ドゥ・コメルス・ピノー・コレクション	★★	美術館	16世紀の建物を建築家・安藤忠雄氏が改修設計。現代アート収集家のフランソワ・ピノー氏のコレクションを企画展示。⏰11〜19時（金曜、第1土曜は〜21時）休火曜	MAP P7E3 P110
シャンゼリゼ大通り／フリュクチュアール	★	美術館	セーヌ河に浮かぶ、船を利用したギャラリー。⏰12〜24時（土・日曜は11時〜）休冬期の月・火曜	MAP P5F3 P110
マレ／ポンピドゥー・センター	★	美術館	複合芸術施設。ピカソやマティスなど20世紀作品を展示。⏰11〜21時（木曜は〜23時。施設により異なる）休火曜 PASS OK	MAP P8A2 P108
サン・ジェルマン・デ・プレ／マイヨール美術館	★	美術館	彫刻家マイヨールの優美な曲線が印象的な作品を展示する。⏰10時30分〜18時30分（水曜は〜22時）休なし	MAP P10C2 P73
パリ郊外／マルモッタン・モネ美術館	★	美術館	モネ作品世界随一の収蔵数。ユトリロやルノワール作品もある。⏰10〜18時（木曜は〜21時）休月曜	MAP P2B2 P109
モンマルトル／モンマルトル博物館	★	博物館	ルノワールの絵画やキャバレーの広告ポスターなどモンマルトルにまつわる作品を展示。⏰10〜19時（10〜3月は〜18時）休なし	MAP P14B2 P77
オペラ〜ルーヴル／ルーヴル美術館	★★★	美術館	約37万点を超えるコレクションを有する、世界最大級の美術館。⏰9〜18時（金曜は〜21時45分）休火曜 PASS OK	MAP P7E3 P92
サン・ジェルマン・デ・プレ／ロダン美術館	★★	美術館	ロダンが晩年を過ごした館。庭園が見事。⏰10時〜18時30分 休月曜 PASS OK	MAP P10B3 P107

『モナリザ』の前はいつも混んでいる。スリに注意！

238

エリア名 店・スポット名	評価	ジャンル名	ひと言コメント	MAP掲載ページ
モンマルトル ロマン派美術館	★	美術館	ロマン派芸術家が集った邸宅を利用。⊠M⑫⑫Pigalle駅から徒歩5分 ⏰10〜18時 ㊡月曜 ㊎無料（特別展は有料）	MAP P14A3
モンマルトル ア・レア	オススメ!	ビストロ	季節の新鮮素材でシンプルに作る料理はボリューミーで盛り付けも美しい。⏰12時〜13時30分、19時30分〜21時30分（金曜は〜22時、土・日曜は12〜14時）㊡月・火曜	MAP P14B1 P139
モンマルトル イブリック		多国籍料理	バルカン半島周辺の国の料理やコーヒーが味わえる。⏰8時30分〜16時 ㊡日曜	MAP P14B4 P150
オペラ〜ルーヴル エドワート		ショコラトリー	カカオ豆など、世界中で選び回ったこだわりの原料から作る。⏰11〜12時、13〜20時（火曜は11〜13時、14〜20時、土・日曜は11〜20時）㊡なし	MAP P6B3 P135
シャンゼリゼ大通り エピキュール		星付きレストラン	最高級ホテル「ル・ブリストル」内。コース€440。⏰7時30分〜10時30分、12時〜13時30分、19時30分〜21時30分 ㊡なし	MAP P5F1 —
モンマルトル オテル・アムール		カフェ	コンセプトホテル併設。レトロなラウンジ風内装と緑豊かなテラス席が人気。🏠8 Rue de Navarin 9e ⏰8時〜23時30分 ㊡なし	MAP P14B4 —
モンパルナス周辺 オー・パラディ・デュ・グルマン		ブーランジェリー	中心部から離れた住宅街にありながら、多くの客が訪れる人気店。バゲットコンクール優勝の実力。⏰6〜21時 ㊡日曜	MAP P2C4 P125
カルチェ・ラタン オ・プティ・グレック		クレープリー	ムフタール通りにある人気店。クレープ、ガレットともにボリューム満点。テイクアウトOK。⏰10時30分〜翌1時30分 ㊡なし	MAP P12B3 P126
ヴェルサイユ宮殿 オーレ		カフェレストラン	宮殿内にあるフレンチの巨匠、アラン・デュカス氏監修のカフェレストラン。⏰9時〜17時30分 ㊡月曜	MAP P213 P215
サン・マルタン運河 カウア・コーヒー・ストップ		カフェ	サン・マルタン運河沿い。挽きたて豆のコーヒーや天然酵母のパンを提供。⏰9時〜18時45分 ㊡なし	MAP P16B2 P119
サン・ジェルマン・デ・プレ カフェ・カンパナ	定番	ミュージアムカフェ	オルセー美術館5階。大きな時計裏にあり、フォトジェニック。⏰10時30分〜16時45分（木曜は〜20時45分）㊡月曜	MAP P10C1 P120
エッフェル塔周辺 カフェ・ジャック		ミュージアムカフェ	ケ・ブランリー-ジャック・シラク美術館内。エッフェル塔ビューが楽しめる。⏰10〜17時（土・日曜は〜18時30分）㊡月曜（美術館が開いているときは営業）	MAP P15C1 P120
モンマルトル カフェ・デ・ドゥ・ムーラン		カフェ	映画『アメリ』のロケ地となり、一躍有名になったカフェ。⏰7時〜翌2時（土・日曜は9時〜）㊡なし	MAP P14A2 P79
マレ カフェ・デ・ミュゼ		ビストロ	日本人シェフが腕を振るうマレを代表する名ビストロ。要予約。🏠49 Rue de Tuurenne 3e ⏰12時〜14時30分、19時〜22時30分（金曜は12〜16時、19〜23時）㊡なし	MAP P8C2 —
サン・ジェルマン・デ・プレ カフェ・ドゥ・フロール	オススメ!	老舗カフェ	20世紀の芸術運動、シュールレアリスムの誕生で哲学者や文学者が集った老舗カフェ。⏰7時30分〜翌1時30分 ㊡なし	MAP P11E2 P115
オペラ〜ルーヴル カフェ・ドゥ・ラ・ペ		老舗カフェ	オペラ・ガルニエの目の前。⏰朝食8〜11時、ランチ12〜15時、ディナー18時〜23時30分 ㊡なし	MAP P6C2 P117
カルチャ・ラタン カフェ・パニス		カフェ	伝統的でシンプルな料理を提供する。🏠21 Quai de Montebello 5e ⏰7時〜翌1時（食事は11時30分〜、土・日曜は8時〜）㊡なし	MAP P12A1 —

おいしいもの

パリでオリエンタルな食文化を感じよう

ボリューム満点。ガレットはこれだけでお腹いっぱい

朝食メニューのイングリッシュブレックファスト フルーツ添え€20

おいしいもの

カフェラテ€5.50。ケーキやマフィンはすべて自家製

ボンボンショコラ9個入り€14。ライム、バニラ、紅茶など

エリア名 店・スポット名	評価	ジャンル名	ひと言コメント	MAP 掲載ページ
オペラ〜ルーヴル カフェ・マルリー	オススメ!	ミュージアムカフェ	ルーヴル美術館のピラミッドを眺めながら食事ができる。店内もクラシカル。⊙8時〜翌2時（L.O.24時）㊡なし	MAP P7E3 P98
オペラ〜ルーヴル カフェ・モリアン		ミュージアムカフェ	ルーヴル美術館内のカフェ。モナリザの展示室近く。⊙9時45分〜16時45分（金曜は〜18時30分）㊡火曜	MAP P7E3 P98
オペラ〜ルーヴル カフェ・ラペルーズ・コンコルド		ミュージアムカフェ	ホテル・ドゥ・ラ・マリーヌに併設の18世紀建造の豪華な建築美を生かしたカフェ。⊙朝食8〜11時、ランチ12〜15時、カフェ15〜18時、ディナー19〜23時 ㊡なし	MAP P6B3 P121
オペラ〜ルーヴル カフェ・リシュリュー・アンジェリーナ	定番	ミュージアムカフェ	ルーヴル美術館内のカフェ。テラス席もおすすめ。⊙10時〜16時45分（金曜は〜18時30分）㊡火曜	MAP P7E3 P98
モンマルトル カーベー・コーヒー・ロースターズ		カフェ	バリスタが丁寧に淹れるおしゃれなコーヒーショップ。㊟53 Av. Trudaine 9e ⊙7時45分〜18時30分（土・日曜は9時〜）㊡なし	MAP P14B3 —
エッフェル塔周辺 カレット	オススメ!	サロン・ド・テ	トロカデロ広場にあるサロン・ド・テ。スペシャリテのミルフィーユやパリ・カレットをぜひ。⊙7時〜23時30分（土・日曜は7時30分〜）㊡なし	MAP P15A1 P123
シャンゼリゼ大通り キャトルヴァンシス・シャン	オススメ!	カフェ&ショップ	ピエール・エルメとロクシタンのコラボショップ。店限定のマカロンやコスメもある。⊙10時30分〜22時（金・土曜は10〜23時、日曜は10時〜）㊡なし	MAP P5D2 P133
オペラ〜ルーヴル キャビア・カスピア		キャビア	セレブも訪れるキャビア専門の老舗。1階はショップ、2階はレストラン。⊙10〜23時（レストランは12時〜翌1時）㊡日曜	MAP P6B2 P71
サン・ジェルマン・デ・プレ クチューム・カフェ		カフェ	オーストラリア発、こだわりのコーヒーカフェ。㊟47 Rue de Babylone 7e ⊙8時30分〜17時30分（土・日曜は9〜18時）㊡なし	MAP P10C3 —
サン・マルタン運河周辺 クルーゲン	オススメ!	クレープリー	モダンなクレープリー。⊙12時〜14時30分、18時〜22時30分（土曜は12時〜22時30分、日曜は12時〜21時30分）㊡月曜の夜	MAP P9E1 P126
モンパルナス クレープリー・ドゥ・ジョスラン		クレープリー	モンパルナス通りの人気店。ガレットマルシェール€13.50。㊟67 Rue du Montparnasse 14e ⊙11時30分〜23時（火曜は17時30分〜）㊡月曜	MAP P17B2 —
サン・ジェルマン・デ・プレ コジ		テイクアウト	店内にあるかまどで焼く、ボリューム満点のフォカッチャサンドが食べられる。イートインスペースあり。⊙12〜23時 ㊡なし	MAP P11E2 P129
サン・マルタン運河周辺 シェ・ミッシェル		ビストロ	ブルターニュ産の新鮮なシーフードを使った料理が自慢。⊙11時45分〜13時30分、19時〜21時30分 ㊡土・日曜	MAP P3D2 P139
サン・ジェルマン・デ・プレ ジェラール・ミュロ	定番	テイクアウト	菓子職人のミュロ氏の総合食品店。自家製のスイーツからパン、惣菜など幅広く取り揃える。⊙8〜20時	MAP P11F2 P128
マレ ジャック・ジュナン		ショコラティエ	宝石のように洗練度の高いショコラは、併設のサロン・ド・テで。㊟133 Rue de Turenne 3e ⊙11〜19時（土曜日は〜19時30分）㊡月曜	MAP P8C1 —
サン・マルタン運河 シュル・メール		ビストロ	ナチュラルワインのビストロがオープンした魚介専門店。㊟53 Rue de Lancry 10e ⊙12〜14時、19時〜22時30分（土・日曜は12時〜22時30分、月曜は19時〜22時30分）㊡火・水曜	MAP P16B3 —
モンマルトル セバスチャン・ゴダール	定番	パティスリー	気鋭のパティシエ、セバスチャン・ゴダール氏の店。⊙11〜20時（土・日曜は19時〜）㊡なし	MAP P14B4 P131

せかたび的

パリまとめ。

エリア名 店・スポット名	評価	ジャンル名	ひと言コメント	MAP 掲載ページ
マレ 定番 セプティーム・ラ・カーヴ		カーヴ・ア・マンジェ	予約困難なレストラン「セプティーム」が手がけるワインバー。おつまみは6種類用意。⊙16～23時 ⑭なし	MAP P9F2 P140
カルチェ・ラタン タバ・ドゥ・ラ・ソルボンヌ		カフェレストラン	季節のミニサラダ€5やソルボンヌ風オムレツ€9などが人気。⊙9時～23時30分（冬期は～22時30分）⑭日曜、8月に3週間	MAP P12A2 P83
サン・ジェルマン・デ・プレ ダ・ローザ		エピスリー	セーヌ通りにある高級食材店。名物のソテーヌ・レーズンチョコはおみやげに大人気。⊙10～20時（水・木・金曜は11時～22時30分）⑭日曜	MAP P11D2 P134
サン・マルタン運河周辺 デュ・パン・エ・デジデ		ブーランジュリー	厳選素材と伝統レシピで作るブーランジュリー。店構えはクラシカル。🏠34 Rue Yves Toudic 10e ⊙7時15分～19時30分 ⑭土・日曜	MAP P16B3 P125
サン・マルタン運河 定番 テン・ベル		カフェ	コーヒーが人気。朝食やランチメニューもあるので、休憩にも食事にも使える。⊙8時30分～17時30分（土・日曜は9～18時）⑭なし	MAP P16B2 P87
サン・ジェルマン・デ・プレ 定番 ドゥボーヴ・エ・ガレ		ショコラトリー	200年以上の歴史をもつパリ最古のショコラトリー。建物は歴史的建造物に指定されている。⊙9時30分～19時30分（土曜は10時30分～）⑭日曜	MAP P11D2 P135
カルチェ・ラタン 定番 トラム・リブレール・カフェ		カフェ	書店と一緒になったカフェ。本を探しながら自家製スイーツやコーヒーでくつろげる。⊙9時～19時30分 ⑭日・月曜	MAP P12B2 P118
エッフェル塔周辺 バー・ア・シャンパーニュ		バー	エッフェル塔の最上階、地上276mの第3展望台にあるシャンパンバー。⊙12時30分～22時30分（時期により異なる）⑭なし	MAP P15C2 P51
マレ パティスリー・ミシャラク		パティスリー	東京の表参道にも出店して話題のカリスマパティシエ、ミシャラク氏の店。⊙11～19時 ⑭なし	MAP P8B3 P131
オペラ～ルーヴル ハノイ・コーナー		多国籍料理	バイン・ミーや米粉麺の上に牛肉や野菜、ナッツをのせたボブンがイチオシ。⊙11～16時（土曜は14～17時）⑭日曜	MAP P14A4 P150
マレ周辺 ビストロ・ポール・ベール		ビストロ	食のプロも足繁く通う、実力派ビストロ。昔ながらの料理を提供する。⊙12～14時、19時30分～23時 ⑭日・月曜	MAP P3E3 P137
オペラ～ルーヴル ビルエット		ビストロ	名店で修行した実力派シェフのビストロ。前菜€10～、メイン€18～。⊙12～14時、19～22時（土曜のランチは12～14時30分）⑭日曜、夏期に3週間	MAP P7F2 P138
サン・マルタン運河周辺 定番 ブイヨン・レピュブリック		ブラッセリー	行列のできるブラッセリー。前菜は€2.50～、メイン€10前後とリーズナブル。Web予約可能、16～18時は比較的空いている。⊙12～24時 ⑭なし	MAP P16B4 P143
シャンゼリゼ大通り フーケッツ		老舗カフェ	1899年に誕生したラグジュアリーホテル内のカフェ。⊙7時30分～翌1時（レストランは12時～22時30分 ⑭なし	MAP P5D2 P115
オペラ～ルーヴル オススメ！ ブラウン・ノーツ・コーヒー		カフェ	バリスタが淹れるコーヒーが人気。グラノーラやサラダなどヘルシーな料理が揃う。⊙9～18時 ⑭なし	MAP P6B1 P119
カルチェ・ラタン ブーランジュリー・ギュイヨ		ブーランジュリー	2023年バゲットコンクール2位、これまでも上位をキープする、パン職人歴20年以上のティエリー・ギュイヨ氏が店主。⊙6時30分～20時 ⑭土・日曜	MAP P12B2 P124
オペラ～ルーヴル ブーランジュリー・ジュリアン		ブーランジュリー	コンクールの常連パン屋。定番のクロワッサンからデニッシュ、エクレアまで豊富に揃う。⊙7～20時（日曜は8～17時）⑭なし	MAP P7F3 P125

241

🍴おいしいもの

索引	エリア名	店・スポット名	評価	ジャンル名	ひと言コメント	写真	MAP	掲載ページ
	オペラ〜ルーヴル	プランタン・デュ・グー		デパートのグルメフロア	プランタン・オスマン本店のメンズ館7・8階。メイド・イン・フランスにこだわった食材店とレストラン。⏰10〜20時（日曜は11時〜）㊡なし		MAP P6B1	P144
	マレ	ブレッツ・カフェ	定番	クレープリー	マレ地区で有名なクレープリー。隣にはブルターニュの食材を集めたエピスリーがある。⏰10〜23時 ㊡なし		MAP P8C2	P127
	オペラ〜ルーヴル	フレンチー・バー・ア・ヴァン		カーヴ・ア・マンジェ	予約の取れないビストロ「フレンチー」の姉妹店。料理は日替わり。行列必至。⏰18時30分〜23時 ㊡なし		MAP P7F1	P141
	サン・ルイ島	ベルティオン		アイスクリーム	創業以来、新鮮で上質な素材を使った手作りアイスクリームを提供。⏰10〜20時 ㊡月・火曜、8月		MAP P8C4	P81
	モンマルトル	ボリス・リュメ・カフェ・パティスリー		パティスリー	2021年オープン。タルトやパリ・ブレストなどのスイーツは食べ歩きにも適した形。⏰8時30分〜18時 ㊡月・火曜		MAP P14A2	P130
	サン・ジェルマン・デ・プレ	ポワラーヌ	オススメ!	ブーランジェリー	創業当時と変わらぬ製法で作る老舗。マレやエッフェル塔近くなどパリ市内に4店舗あり。⏰7時15分〜20時 ㊡日曜		MAP P11D3	P124
	マレ	ボントン・ル・ジャルダン・シークレット		サロン・ド・テ	北マレの人気パティスリー「ボントン」のレストラン&サロン・ド・テ。⏰12時〜18時30分（日曜は11時45分〜）㊡月・火曜		MAP P8B1	P122
[ま]	マレ	マリアージュ・フレール	定番	サロン・ド・テ	サロン・ド・テとショップからなる紅茶専門店。⏰12〜19時（入店は18時30分までに）、ブティックは10時30分〜19時30分 ㊡なし		MAP P8B3	P122
	マレ	マルシェ・ダリーグル		マルシェ	下町の庶民派マルシェ。⏰屋内8時〜13時30分、16時〜19時30分（土・日曜は時間短縮）、屋外7時30分〜13時30分（土・日曜は〜14時30分）㊡月曜		MAP P9F3	P147
	マレ	マルシェ・デ・ザンファン・ルージュ		マルシェ	飲食スペースが充実の、マレで最も古い室内食品市場。ランチスポットに◎。⏰8時30分〜20時30分（木曜は〜21時30分、日曜は〜17時）㊡月曜		MAP P8B1	P149
	マレ	マルシェ・バスティーユ		マルシェ	バスティーユ広場の先で、毎週木・日曜開催。食料品、日用品など商品の種類が豊富。⏰7時〜13時30分（日曜は〜14時30分）㊡月〜水曜、金・土曜		MAP P9D2	P146
	サン・ジェルマン・デ・プレ	マルシェ・ビオ・ラスパイユ		マルシェ	30年前から続くオーガニック専門のマルシェ。食品から手作り化粧品の店まで多種多彩。日曜のみ開催。⏰7時〜14時30分 ㊡月〜土曜		MAP P11D3	P148
	オペラ〜ルーヴル	マルセル		カフェ	3フロアからなるこぢんまりとしたおしゃれカフェ。料理はすべて自家製。⏰9〜17時（土・日曜は〜19時）㊡なし		MAP P7F2	P119
	カルチェ・ラタン	ムフタール通り		通り	細い小道に世界各国の料理店が集まるほか、常設市場のマルシェムフタールもある。オ・プティ・グレッグ（→P126）もこの通り。⏰㊡店舗により異なる		MAP P12B3	P149
[や]	サン・マルタン運河	ヤン・クヴルー		パティスリー	ラファイエット・グルメ館にも出店するヤン・クヴルー氏のパティスリー。キーチェーンなどグッズもいろいろ。⏰8〜20時 ㊡なし		MAP P16C3	P131
[ら]	モンパルナス	ラ・クーポール		老舗カフェ	パリ派の藤田嗣治のアトリエはこのカフェの裏にあり、創業当時から常連だった。⏰8〜24時 ㊡なし		MAP P17B2	P116
	サン・ジェルマン・デ・プレ	ラ・グラン・エピスリー・ドゥ・パリ	オススメ!	テイクアウト	左岸の老舗デパートにある食品館。世界中から集めた3万種類以上の食材を扱う。⏰8時30分〜21時（日曜は10〜20時）㊡なし		MAP P11D3	P129

サロン・ド・テで食べたい、夏季限定のフランボワーズのメルバ€14

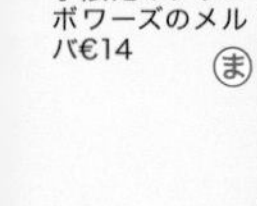

アイコンのキツネ型のショコラ€5

エリア名 店・スポット名	評価	ジャンル名	ひと言コメント	MAP 掲載ページ

サン・ジェルマン・デ・プレ
ラ・グランド・クレムリー
カーヴ・ア・マンジェ ブルゴーニュワインを得意とする老舗ワインバーの支店。130種類ものワインを用意している。
⏱18〜24時 休なし
MAP P11E2 / P141

サン・ジェルマン・デ・プレ
ラ・クレープリー・デ・カネット
クレープリー ランチタイムはイートインスペースが満席に。テイクアウト可能。
⏱11〜23時 休日曜
MAP P11E2 / P127

シャンゼリゼ大通り 定番
ラデュレ シャンゼリゼ店
マカロン マカロンの老舗メゾン。チャームやキャンドルなど雑貨も人気。
⏱8時〜21時30分（カフェ・レストランは〜22時）休なし
MAP P5D2 / P132

モン・サン・ミッシェル
ラ・ヌーヴェル・テラス
クレープリー お手頃価格のクレープとガレットは散策途中の休憩にぴったり。
⏱11〜18時（夏期は〜18時30分）休なし（冬期は不定休）
MAP P210A2 / P210

シャンゼリゼ オススメ！
ラ・パティスリー・シリル・リニャック
パティスリー 星付きシェフ、シリル・リニャックがプロデュース。デザインも味も洗練されたスイーツが並ぶ。
⏱7〜20時（月曜は〜19時）休なし
MAP P5D4 / P130

エッフェル塔周辺 オススメ！
ラ・フォンテーヌ・ドゥ・マルス
ビストロ 創業から111年を迎えた老舗ビストロ。伝統的なフレンチを堪能。⏱12〜15時、19〜23時（土・日曜は12時〜15時30分、19〜23時）休なし
MAP P15C2 / P137

ヴェルサイユ宮殿
ラ・プティット・ヴニーズ
レストラン 小さなイタリアを意味するレストラン。パスタなどイタリア料理を味わえる。
⏱11時45分〜18時（11〜3月は〜17時）休なし
MAP P213 / P215

サン・ルイ島
ラ・ブラッスリー・ドゥ・リル・サン・ルイ
ブラッスリー カスレやシュークルートなどビールに合うメニューからオムレツやサラダなどの軽食まで充実。
⏱12時〜22時30分 休水曜
MAP P8B4 / P81

モン・サン・ミッシェル
ラ・メール・プラール
レストラン たっぷりバターのオムレツが名物。
⏱11時30分〜14時30分、14時30分〜16時30分（オムレツとデザートのみ）、18時30分〜21時 休なし
MAP P210B2 / P210

シャンゼリゼ大通り
ラ・メゾン・ドゥ・ローブラック
レストラン 自社農場で育てる最高品質のローブラック牛専門のレストラン。店内で熟成させている。
⏱12時〜翌7時（日〜火曜は〜翌1時）休なし
MAP P5E2 / P67

モンマルトル
ラ・メゾン・ローズ
カフェ ピンク色の建物がフォトジェニックなカフェレストラン。⏱12時〜21時45分（週末ブランチ11時30分〜14時）休月・火曜
MAP P14B2 / P79

オペラ〜ルーヴル 定番
ラ・レガラード・サントノレ
ビストロ ビストロブームの草分け的ビストロ。⏱12時15分〜14時、19時15分〜22時（土曜のランチは〜14時30分、ディナーは〜22時30分）休日・月曜
MAP P7E3 / P138

モンパルナス 定番
ラ・ロトンド
老舗カフェ アール・デコの内装の店内にはモディリアーニの絵（コピー）が多数飾られている。
⏱7時30分〜24時 休なし
MAP P17B2 / P116

オペラ〜ルーヴル
リザ・パリ
多国籍料理 レバノン料理レストランに併設する、ピタパンが評判のブーランジュリー。
⏱12時〜15時30分 休土・日曜
MAP P7D2 / P150

オペラ〜ルーヴル
リッツ・パリ・ル・コントワール
サロン・ド・テ 2021年にオープンした、名門ホテル「リッツ・パリ」のサロン・ド・テ。スペシャリテのマドレーヌはおみやげにも人気。8個入りで€43。⏱8〜19時 休日曜
MAP P6B2 / P70

ルーヴル〜オペラ
ル・ヴァロンタン・ジュフロワ
サロン・ド・テ パッサージュ・ジュフロワにあるレトロなサロン・ド・テ。ケーキなど店内で手作りしている。
⏱8時30分〜18時30分（日曜は9時〜）休なし
MAP P7D1 / P123

サン・ジェルマン・デ・プレ 定番
ル・ヴォルテール
ビストロ レストランとビストロからなる。著名人も御用達。
⏱8時〜23時30分（ビストロは12〜17時）休なし
MAP P11D1 / P136

左余白：
3インゲン豆と
肉を煮込んだ
都土料理カスレ
22

うひとつのス
シャリテ、マ
レーヌ8個€43
Bernhard
Winkelmann

左側ラベル：

❌ **おいしいもの**

エリア名／店・スポット名	評価	ジャンル名	ひと言コメント	MAP
モンマルトル **ル・グルニエ・ア・パン・アベス**	定番	ブーランジェリー	バゲットコンクールで優勝したパン屋。バゲットのトラディションは必食。 🕐7時30分〜20時　㊡火・水曜	MAP P14B2 P124
サン・ジェルマン・デ・プレ **ル・コントワール・ドゥ・ラ・テール**	オススメ！	カーヴ・ア・マンジェ	行列ができるビストロで有名な「コントワール・デュ・ルレ」の隣にある立ち飲みワインバー。 🕐12〜23時　㊡なし	MAP P11F2 P140
エッフェル塔周辺 **ル・ジュール・ヴェルヌ**		フレンチ	エッフェル塔にある星付きシェフ監修のフレンチレストラン。 🕐12時〜13時30分、19〜21時　㊡なし	MAP P15C2 P51
サン・ジェルマン・デ・プレ **ル・ショコラ・アラン・デュカス・マニュファクチュール・ア・パリ**	オススメ！	ショコラトリー	フレンチの巨匠、アラン・デュカス氏のショコラトリー。パリの市内に9店舗あり。 🕐10時30分〜20時　㊡なし	MAP P11E2 P135
モンパルナス **ル・ドーム**	オススメ！	老舗カフェ	パリ派の画家御用達カフェ。鮮魚店を併設していて、いつでも新鮮な魚料理を味わえる。🕐8時〜22時30分（ランチ12時〜14時45分、ディナー19時〜）㊡なし	MAP P17B2 P117
サン・ジェルマン・デ・プレ **ル・プティ・ヴァテル**		ビストロ	2人の女性シェフが営む隠れ家的ビストロ。平日ランチのムニュは€19〜。 🕐12〜15時、18時30分〜21時　㊡日・月曜	MAP P11E2 P142
モンマルトル **ル・ムーラン・ドゥ・ラ・ギャレット**		フレンチ	ルノワールやロートレックなど芸術家が集まったダンスホールをレストランとして改装。 🕐8時〜翌2時（食事は12時〜22時30分）㊡なし	MAP P14B2 P79
サン・マルタン運河 **レ・ヴィネグリエ**		ビストロ	若手料理人によるシンプルモダンなフレンチ。🕐12〜14時、19〜22時（土曜の昼は12時30分〜14時30分）㊡日曜	MAP P16B2 P143
モン・サン・ミッシェル **レ・テラス・ドゥ・ラ・ベ**		レストラン	地元の名物料理を提供する。サント・マロ湾の眺望がいい。🕐11時30分〜21時30分（冬期は早めに閉まることもあり）㊡なし	MAP P210A2 P210
サン・ジェルマン・デ・プレ **レ・ドゥ・マゴ**	定番	老舗カフェ	1855年創業。多くの文豪に愛され、ドゥ・マゴ賞という文学賞を主宰する文学カフェ。 🕐7時30分〜翌1時　㊡なし	MAP P11E2 P114
マレ **レ・トロワ・ショコラ**		ショコラトリー	日本人ショコラティエールの佐藤恵美子氏の店。日本の食材を使ったチョコレートが地元で話題に。🕐11〜19時　㊡火・水曜	MAP P8C3 P134
オペラ〜ルーヴル **レ・ヌーベル・ターブル・デュ・グルメ**		デパートのグルメフロア	ギャラリー・ラファイエット・パリ・オスマンのグルメ館2階。南米、地中海、日本料理、ワインバーなど。🕐店舗により異なる　㊡なし	MAP P6B1 P145
マレ **レボショワール**	オススメ！	ビストロ	ボリューム満点の素朴で飾らないフレンチを提供。🕐12時〜14時30分、20〜23時（金・土曜の夜は19時30分〜）㊡日曜、月曜の昼	MAP P9F3 P142
モンマルトル **ローズ・ベーカリー**		テイクアウト	テイクアウトも可能なヘルシー系デリカフェ。パリ市内に4店舗構える。 🕐9時30分〜20時30分　㊡なし	MAP P14B4 P129
モンマルトル **ローズ・ベーカリー（ロマン派美術館）**	オススメ！	ミュージアムカフェ	ロマン派美術館にあるサロン・ド・テ。ヘルシーカフェで人気のローズ・ベーカリーが営む。🕐10時〜17時30分　㊡月曜	MAP P14A3 P121
オペラ〜ルーヴル **ア・シモン**		キッチン雑貨店	フランス生まれのキッチンブランド、ル・クルーゼの商品が豊富に揃う。 🕐9〜19時（土曜は10時〜）㊡日曜	MAP P7E2 P160
オペラ〜ルーヴル **アトリエ・ポーラン**	定番	アクセサリー	金のワイヤーで手作りするアクセサリーブランドのショップ兼工房。カスタムオーダーもできる。 🕐11〜19時　㊡日曜	MAP P7D2 P169

左側メモ：
- スペシャリテのチョコレートケーキはぜひ食べたい！
- 定番人気のスコーンは小腹が空いた時にちょうどいい

🛍 **おかいもの** ⓐ

エリア名 店・スポット名	評価	ジャンル名	ひと言コメント	MAP 掲載ページ

| オペラ〜ルーヴル　定番 | | ファッションブランド | 日本でも定番人気のフレンチカジュアルブランド。モノトーンを中心にベーシックなアイテムが多数。🕐10時30分〜19時30分（土曜は〜20時）㊡日曜 | MAP P7F2 |
| アニエス・べー | | | | P164 |

| オペラ〜ルーヴル | | フレンチ雑貨 | パリらしいデザイングッズが揃う。🕐11時〜14時30分、15時〜18時30分（水・木曜は13時30分〜18時30分）㊡日・月曜 | MAP P7D2 |
| アビス | | | | P158 |

| オペラ〜ルーヴル　定番 | | パティスリー | ココ・シャネルも愛した1903年創業のサロン。元祖モンブランは永遠の看板商品。🕐8〜19時（金曜は〜19時30分、土・日曜は8時30分〜19時30分）㊡なし | MAP P6C3 |
| アンジェリーナ | | | | P180 |

| マレ | | 手芸用品店 | デザイナー兼オーナーがセレクトする手芸用品は、くるみボタンやワッペンなどどれもかわいい。🕐10時30分〜19時 ㊡日曜 | MAP P8C3 |
| アントレ・デ・フルニスール | | | | P161 |

| マレ | | クラフト | フランス最大の工芸家組合Atelier d'Art de Franceの工芸作家の作品を展示販売。🕐11〜13時、14〜19時 ㊡日・月曜 | MAP P8B1 |
| アンプラント | | | | P85 |

| シャンゼリゼ大通り | | ミュージアムショップ | サンローランが毎年描いた「LOVE」のハガキが人気。🕐11〜18時（木曜は〜21時）㊡月曜 | MAP P5D4 |
| イヴ・サンローラン美術館
（ミュージアムショップ） | | | | P162 |

| パリ南部 | | 蚤の市 | パリ南部の青空蚤の市。土・日曜の早朝から開催する。🕐7〜13時ごろ（店舗により異なる）㊡月〜金曜 | MAP P2C4 |
| ヴァンヴの蚤の市 | | | | P176 |

| モンマルトル | | スニーカー | リサイクル素材や靴底にアマゾンの天然ゴムを使用する、サステナブルなスニーカーブランド。🕐11〜20時（日曜は〜19時）㊡なし | MAP P14B2 |
| ヴェジャ | | | | P168 |

| オペラ〜ルーヴル　定番 | | 手芸用品店 | 老舗手芸店。クラシカルな店内にはリボンやボタンなどアンティークな手芸用品が多数。🕐10〜18時（水曜は〜19時30分、日曜は14時〜）㊡土曜 | MAP P7D2 |
| ウルトラモッド | | | | P161 |

| エッフェル塔周辺 | | エッフェル塔グッズ | エッフェル塔の第1展望台。エッフェル塔グッズが豊富に揃う。🕐9時30分〜23時30分（6月中旬〜9月中旬は9〜24時）㊡なし | MAP P15C2 |
| エッフェル塔
公式ブティック | | | | P51 |

| オペラ〜ルーヴル | | スパイス | 星付きレストランのシェフを務めたローランジェ氏が自らセレクトするスパイス専門店。🕐10〜19時 ㊡日・月曜 | MAP P7D2 |
| エピス・ローランジェ | | | | P178 |

| オペラ〜ルーヴル　定番 | | ファッションブランド | 使い勝手のいいナイロンバッグはショルダーからポーチ、トートバッグまである。🕐10時15分〜19時（土曜は〜19時15分）㊡日曜 | MAP P6B3 |
| エルベ・シャプリエ | | | | P165 |

| モン・サン・ミッシェル | | 手工芸品 | 伝統陶器からサシェなどフランスらしい手工芸品が集まる。おみやげ探しに◎。🕐9時30分〜19時（冬期は10〜18時）㊡なし | MAP P210B2 |
| オ・トロワ・クロワッサン | | | | P211 |

| マレ | | 美容薬局 | パリ発の総合美容薬局。日本やアメリカ、韓国、香港などにも展開。🕐11〜19時 ㊡月曜 | MAP P8C1 |
| オフィシーヌ・ユニヴェルセル・ビュリー 1803 | | | | P85 |

| シャンゼリゼ大通り | | 凱旋門グッズ | 凱旋門内、アッティカの間にある公式ショップ。凱旋門のオリジナルグッズが多数揃う。🕐10時〜22時分 ㊡なし | MAP P4C2 |
| 凱旋門公式ブティック | | | | P53 |

| オペラ〜ルーヴル | | アクセサリー | エキゾチックなデザインのハンドメイドジュエリー。値段も手頃でおみやげに◎。🕐11〜19時（土曜は〜19時30分）㊡日・月曜 | MAP P6C2 |
| カミーユ・エンリコ | | | | P168 |

| サン・ジェルマン・デ・プレ | | スーパーマーケット | パリ市内に約20店舗あり。ほかのスーパーに比べて夜遅くまで営業している。🕐8時30分〜23時（日曜は9〜13時、13時15分〜19時30分）㊡なし | MAP P11E2 |
| カルフール・マーケット | | | | P182 |

ポーチやポシェットも色や柄違いで欲しくなる

おかいもの

エリア名 店・スポット名	評価	ジャンル名	ひと言コメント	MAP 掲載ページ
マレ キャラヴァン		インテリアショップ	フレンチ×エスニックのモダンなインテリア雑貨。2店舗が向かい合う。 ⏰11〜19時 ㊡日・月曜	MAP P9E3 P156
シャンゼリゼ大通り ギャラリー・ラファイエット・シャンゼリゼ		デパート	老舗百貨店、ラファイエットの新店舗。 ⏰10〜21時 ㊡なし	MAP P5E2 P66
オペラ〜ルーヴル 定番 ギャラリー・ラファイエット・パリ・オスマン		デパート	日本語の公式サイトやフェイスブックもあり、何かと便利。⏰10時〜20時30分（日曜は11〜20時）㊡祝日（特別営業あり）	MAP P6C1 P174
オペラ〜ルーヴル オススメ! ギャルリー・ヴィヴィエンヌ		パッサージュ	モザイクタイルの通路やガラス張りのドーム天井が美しいパッサージュ。約30店舗あり。 ⏰店舗により異なる	MAP P7D2 P158
シャンゼリゼ大通り 定番 キャロン		フレグランス	1904年創業の香水メゾン。「フォンテーヌ」とよばれるバカラ製の瓶に入った香水の量り売りもできる。⏰10時30分〜19時（日曜は11時〜）㊡なし	MAP P5E3 P173
サン・ジェルマン・デ・プレ オススメ! グタール・パリ		フレグランス	パリ発のフレグランスブランド。柑橘系、バラや桃などのバラエティ豊かなフレグランスが揃う。⏰10〜19時 ㊡日曜	MAP P11E2 P173
パリ北部 定番 クリニャンクールの蚤の市		蚤の市	パリ北部の常設蚤の市。屋根付き部分もあり。⏰土曜9〜18時、日曜10〜18時、月曜11〜17時（季節や店舗により異なる）㊡火〜金曜	MAP P3D1 P176
エッフェル塔周辺 ケ・ブランリー・ジャック・シラク美術館 リブレリー・デュ・ミュゼ		ミュージアムショップ	常設展示する民族をモチーフにしたステーショナリーやキーホルダーなど。⏰10時30分〜19時（木曜は〜22時）㊡月曜	MAP P15C1 P163
サン・ジェルマン・デ・プレ ⓢ サーブル		フレンチ雑貨	カトラリーブランド。ポップでカラフルなデザインがパリジェンヌにも人気。⏰10時〜13時30分、14時〜19時15分 ㊡日曜	MAP P11F2 P155
オペラ〜ルーヴル サントノレ通り		通り	右岸の1区から8区まで東西に延びる通り。ハイブランドが集まるパリ随一のファッションストリート。㊡見学自由	MAP P6B3 P184
オペラ〜ルーヴル シ・チュ・ヴー		玩具店	ぬいぐるみから、ブロックや子ども用そろばんなど、良質な玩具を集める老舗店。⏰10時30分〜19時 ㊡日曜	MAP P7D2 P158
サン・ジェルマン・デ・プレ 定番 シティファルマ		ドラッグストア	激安ドラッグストア。日本で人気の自然派コスメが安い! ⏰8時30分〜21時（土曜は9時〜、日曜は12〜20時）㊡なし	MAP P11E2 P170
カルチェ・ラタン ジベール・ジョゼフ		文房具	青い看板に黄色のロゴが目印。同通りには書籍を扱う別店舗も並んでいる。⏰10〜20時 ㊡日曜	MAP P12A2 P83
サン・マルタン運河 ジャミニ		コンセプトショップ	インドとヨーロッパの融合したセンスの光るインテリア、ファッション雑貨を販売。⏰11時30分〜19時30分 ㊡日曜	MAP P16B3 P87
サン・ジェルマン・デ・プレ スール		ファッションブランド	インドのテキスタイルを用いた、パリ流のモード感あるファッションアイテムが人気。⏰10時30分〜19時 ㊡日曜	MAP P11E3 P75
オペラ〜ルーヴル 定番 セント・ジェームス		ファッションブランド	ボーダーシャツでおなじみのノルマンディ地方で誕生したブランド。マリンスタイルのフレンチカジュアルを提案。⏰10〜19時 ㊡日曜	MAP P6B2 P165
サン・ジェルマン・デ・プレ ソレイアード		フレンチ雑貨	プロヴァンスのテキスタイルブランド。伝統的なモチーフの雑貨はおみやげにおすすめ。⏰10時30分〜19時 ㊡日曜	MAP P11F2 P154

毎日つけたくなる、バラの香りのフレグランス

民族をモチーフにした個性的なミュージアムグッズ

ボーダーシャツはフレンチカジュアルの基本

エリア名 店・スポット名	評価	ジャンル名	ひと言コメント		MAP 掲載ページ

た シャンゼリゼ大通り `定番`
ダロワイヨ
`パティスリー` 看板スイーツのオペラは1955年から不朽の名作。
🕐9〜20時（日曜は〜16時30分）㊡なし
MAP P5F1 / P180

オペラ〜ルーヴル
ツェツェ・アソシエ
`フレンチ雑貨` 女性ユニットによるデザイン雑貨店。
🏠7 Rue Saint-Roch 1er
🕐11〜14時、14時30分〜19時 ㊡日曜
MAP P6C3 / —

カルチェ・ラタン `オススメ!`
ディプティック
`フレグランス` モダンなロゴのフレグランスキャンドルで有名。石けんやルームスプレー、スキンケアアイテムもある。
🕐10〜19時 ㊡日曜
MAP P12B1 / P173

サン・ジェルマン・デ・プレ
デ・プティ・オー
`ファッションブランド` 2人の姉妹がデザインするフェミニンでカラフルなファッションブランド。
🕐10〜19時 ㊡日曜
MAP P11E2 / P75

オペラ〜ルーヴル `定番`
デュランス
`フレグランス` 南仏プロヴァンスの自然派コスメブランド。
🕐10時30分〜14時30分、15〜19時
㊡日曜
MAP P6B2 / P173

な マレ
ナチュラリア
`スーパーマーケット` 手頃な値段でオーガニック食材を扱う先駆け的スーパー。パリ市内に20店舗ある。
🕐10時〜20時45分（日曜は9〜20時）㊡なし
MAP P9D3 / P183

は オペラ〜ルーヴル
パッサージュ・ジュフロワ
`パッサージュ` 19世紀半ばにオープンしたパッサージュ。インテリア雑貨や書店、ステッキ屋など個性豊かな店が揃う。
🕐店舗により異なる
MAP P7D1 / P159

オペラ〜ルーヴル
パッサージュ・デ・パノラマ
`パッサージュ` 1799年から始まったパリ最古の歴史的アーケード。古切手や版画の専門店がある。
🏠11 Bd. Montmartre 2e 🕐店舗により異なる
MAP P7D1 / —

オペラ〜ルーヴル
パトリック・ロジェ
`ショコラトリー` フランス最高勲章を受章したパトリック・ロジェ氏のショコラトリー。
🕐11〜19時 ㊡なし
MAP P6B3 / P71

マレ
パピエ・ティーグル
`フレンチ雑貨` セレクトショップでも人気のエコなステーショナリーブランド。🕐11時30分〜19時30分（土曜は11〜20時、日曜は13時30分〜19時）㊡月曜
MAP P8C1 / P155

オペラ〜ルーヴル
パリ・エ・トゥージュー・パリ
`ベレー帽` ベレー帽専門店。フランスの老舗ブランド「LAULHERE」のベレー帽が充実。ほか、パリみやげもたくさん。🕐10〜19時 ㊡なし
MAP P7D1 / P159

マレ
パリ・ランデヴー
`おみやげ` パリ市庁舎内のパリ市が運営するオフィシャルショップ。
🕐10〜19時 ㊡日曜
MAP P8B3 / P153

オペラ〜ルーヴル
パン・デビス
`玩具店` オリジナルのドールハウスのパーツが集まる、ミニチュア玩具の専門店。
🕐10〜19時（日曜は12時30分〜18時）㊡なし
MAP P7D1 / P159

サン・ジェルマン・デ・プレ `定番`
ピエール・エルメ
`パティスリー` 世界的に知られるパティシエ&ショコラティエ、ピエール・エルメ氏のショップ。🕐11〜19時（金・土曜は10〜20時、日曜は10時〜）㊡なし
MAP P11E2 / P180

サン・ジェルマン・デ・プレ `オススメ!`
ビオ・セ・ボン
`スーパーマーケット` パリ発のBIO専門のスーパーで、ヨーロッパで140店舗以上展開。日本にも上陸している。
🕐9時30分〜20時（日曜は〜13時）㊡なし
MAP P11F1 / P182

マレ `定番`
ピカソ美術館 ブティック
`ミュージアムショップ` 常設展から企画展のピカソグッズをメインに、ショップのセレクト雑貨も販売。🕐10時30分〜18時（土・日曜、7・8月の一部は9時30分〜）㊡月曜
MAP P8C2 / P162

シャンゼリゼ大通り
ピュブリシス・ドラッグストア
`ドラッグストア` 雑貨やコスメ、スイーツなどおみやげから、パンなどの軽食も販売。
🕐8時〜翌2時（土・日曜は10時〜）㊡なし
MAP P4C2 / P67

スタイリッシュ
なステーショナ
リーでセンスア
ップ

おかいもの

エリア名 店・スポット名	評価	ジャンル名	ひと言コメント	MAP 掲載ページ
オペラ～ルーヴル ファルマシー・デュ・フォーラム・デ・ザール		ドラッグストア	レ・アール駅直結、ショッピングモールの地下2階にあるドラッグストア。店内も広々。⏰8時30分～20時30分（日曜は11時～19時30分）休なし	MAP P7F3 / P171
カルチェ・ラタン ファルマシー・モンジュ		ドラッグストア	ゆっくり選びたいなら朝イチがおすすめ。その場で免税手続きもできる。⏰8～20時 休日曜	MAP P12C3 / P83
オペラ～ルーヴル フォション		エピスリー	1886年創業の高級食品を販売する老舗。紅茶、ジャム、ケーキや惣菜などを販売。📍11 Pl. de la Madeleine 8e ⏰10時30分～18時30分 休日曜	MAP P6B2 / P83
パリ郊外 フォンダシオン・ルイ・ヴィトン（ミュージアムショップ）	オススメ！	ミュージアムショップ	美術館限定のロゴ入りグッズが大人気で、売り切れ続出のアイテムも多数。⏰10～20時（展示内容により異なる）休火曜	MAP P2A2 / P163
オペラ～ルーヴル プチ・バトー	定番	ファッションブランド	コットンやウールなど肌ざわりのいいアイテム。肌着は出産祝いにもおすすめ。⏰10～19時 休日曜	MAP P6B2 / P165
モンマルトル ブティック・ドゥ・ムーラン・ルージュ		レビューグッズ	老舗キャバレー、ムーラン・ルージュの公式グッズ専門店。⏰10～19時 休水・金曜	MAP P14A2 / P190
シャンゼリゼ大通り ブティック・ペー・エス・ジェー・シャンゼリゼ		サッカーグッズ	サッカーチームPSG（パリ・サンジェルマン）の公式ショップ。📍92 Av. des Champs-Élysées 8e ⏰10～20時（日曜は11～19時）休なし	MAP P5D2 / —
モン・サン・ミッシェル ブティック・メール・プラール		名産品	厳選素材を使って焼いたクッキーが有名。パッケージもレトロでおみやげに喜ばれること間違いなし。⏰9時30分～18時30分（冬期は～17時30分）休なし	MAP P210B2 / P211
サン・ジェルマン・デ・プレ フラゴナール	定番	フレグランス	南仏グラースで誕生した香水のメゾン。パリ市内に7店舗と、フラゴナール香水博物館もある。⏰10～19時（日曜は11時～）休なし	MAP P11D2 / P172
オペラ～ルーヴル プランタン・オスマン本店	定番	デパート	ルーヴル美術館地下に店舗あり。⏰10～20時（日曜は11時～）休一部の祝日	MAP P6B1 / P175
サン・ジェルマン・デ・プレ ブラン・ディヴォワール		インテリアショップ	シンプルで使い勝手がいい、女性デザイナーによるフレンチシックなインテリアブランド。⏰11～19時 休日・月曜	MAP P10C2 / P157
マレ フルックス	オススメ！	フレンチ雑貨	カラフルな雑貨が揃う。⏰11時～20時30分（木曜は10時45分～、土曜は10～21時、日曜は10時～）休なし	MAP P8B3 / P155
マレ フレンチ・トロッターズ		コンセプトショップ	日常着がおしゃれになる、ハイセンスなカジュアルブランドをセレクト。⏰11時30分～19時30分（日曜は14～19時）休月曜	MAP P8C2 / P85
オペラ～ルーヴル ベンシモン・ホーム・オートゥール・デュ・モンド	定番	ファッションブランド	軍用靴をアレンジしたカラーバリエーションが豊富なスニーカー「テニス」がマストバイ。⏰11～19時（日曜は13時～）休なし	MAP P7D3 / P164
サン・ジェルマン・デ・プレ ボワシエ	オススメ！	ショコラティエ	グラサージュとよばれる砂糖がけの技術で作った、マロングラッセ発祥の店。クラシックなパッケージも◎。⏰11～13時、14～18時30分 休日曜	MAP P10C2 / P181
サン・マルタン運河 ポンポン・バザール		コンセプトショップ	かごバッグに絨毯まで集まる。まるで異国のバザール（市場）のよう。⏰12～19時 休日・火曜	MAP P16B3 / P87
オペラ～ルーヴル マイユ	定番	マスタード	ブルゴーニュ地方のディジョンで創業した老舗マスタードメゾンの直営店。⏰10～19時（祝日は11～18時）休日曜	MAP P6B3 / P178

あの有名コスメも激安プライス。まとめ買いしたくなる！

レトロなカフェオレボウルは色違いで欲しい

スリッポンもかわいい！夏に大活躍しそう

重ね付けしたくなるブレスレットもおしゃれ♪

エリア名 店・スポット名 / 評価 / ジャンル名 / ひと言コメント / MAP掲載ページ

サン・ジェルマン・デ・プレ
マジェスティック・フィラチュール
[ファッションブランド] 品質の良い素材で作るベーシックなファッションアイテムが揃う。着心地抜群のカットソーに注目。⏰10時30分〜19時30分 [休]日曜

MAP P11E2 / P75

マレ
マドモアゼル・ビオ
[オーガニックコスメ] オーガニックコスメのセレクトショップ。新しいブランドもここでチェック。⏰10時〜19時30分（日曜は11時〜）[休]なし

MAP P8B3 / P170

サン・マルタン運河
ママムシ
[コンセプトショップ] スロー・ファッションをコンセプトに、クリエイターこだわりのファッションアイテムを集めている。⏰10時30分〜19時（月曜は11〜14時、15時〜）[休]日曜

MAP P16A3 / P87

マレ
ムッシュー・パリ
[アクセサリー] オールハンドメイドの繊細なジュエリー。天然石を選んでオーダーメイドもできる。🏠53 Rue Charlot 3e ⏰10〜19時（土曜は11時〜）[休]日曜

MAP P8B1 / —

旨を美しく見せるリング。シンプルなデザインは重ね付けも◎

サン・ジェルマン・デ・プレ
メゾン・アス・バイ・アレクサンドラ・ソジュフェール
[傘] 老舗傘店。オーダーメイドはもちろん、既製品に持ち手を変えたり、タッセルやベルトを付けることも可能。⏰10〜19時 [休]なし

MAP P11D2 / P167

オペラ〜ルーヴル
メゾン・ファーブル
[革手袋] 南仏ミヨーでスタートした革製手袋の老舗ブランド。カラーバリエーションも豊富で着け心地もいい。⏰11〜19時 [休]日曜

MAP P7D3 / P169

サン・ジェルマン・デ・プレ
メゾン・ブレモン1830
[オリーブオイル] 1830年に南仏プロヴァンスで創業した、オリーブオイル専門店。⏰10時30分〜19時30分（日曜は11時〜18時30分）[休]なし

MAP P11F2 / P179

マレ
メ・ドゥモアゼル…
[ファッションブランド] 元スタイリストがスタートしたブランド。ふんわり感あるデザインが多い。🏠45 Rue Charlot 3e ⏰10時30分〜14時、15時〜19時30分 [休]日曜

MAP P8B1 / —

マレ
メルシー
[コンセプトショップ] マダガスカルの貧しい子どもや女性たちに、売り上げの一部を還元するコンセプトショップ。⏰10時30分〜19時30分（金・土曜は〜20時、日曜は11時〜）[休]なし

MAP P8C2 / P85

マレ [定番]
メロディ・グラフィック
[フレンチ雑貨] 西洋カリグラフィ（美しい書き物）の専門家が営む。文房具が揃う。⏰11〜19時（月曜は15〜18時）[休]日曜、7月か8月に数日間

MAP P8B3 / P154

マレ [オススメ!]
モナ・マーケット
[インテリアショップ] 南仏、モンペリエからスタートした女性インテリアデザイナーのショップ。⏰10〜19時（木〜土曜は11時〜）[休]日曜

MAP P8C2 / P157

イロンのエコバグは色、柄とも種類もある

モンマルトル
モノップ・ビューティー
[デイリーコスメ] 人気スーパー、モノプリのコスメ専門店。プチプラ系からオーガニックまで揃う。⏰10〜20時（日曜は11〜19時）[休]なし

MAP P14B2 / P170

オペラ〜ルーヴル [定番]
モノプリ
[スーパーマーケット] 大型スーパー。コンビニのような「monop'」やイートインスペースがある「dailymonop'」なども展開。⏰8〜22時（日曜は9時30分〜21時）[休]なし

MAP P7D3 / P182

シャンゼリゼ大通り
モノプリ・シャンゼリゼ
[スーパーマーケット] 雑貨からコスメなどおみやげ探しに便利なスーパー。⏰9〜22時（日曜は10〜21時）[休]なし

MAP P5E2 / P67

[ら]

オペラ〜ルーヴル
ラ・ギャルリー・ドゥ・ロペラ・ドゥ・パリ
[オペラグッズ] オペラ・ガルニエの正面入口にあるショップ。マグカップやキーホルダーなどオリジナル商品を販売。⏰10時30分〜18時 [休]なし

MAP P6C2 / P59

モンマルトル
ラ・シャンブル・オ・コンフィチュール
[コンフィチュール] 手作りジャムの専門店。⏰11〜14時、15時〜19時30分（土曜は10〜14時、14時30分〜、日曜は9時30分〜19時）[休]8月の2週間

MAP P14B4 / P179

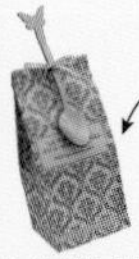
おみやげにはスプーン付きのパッケージで

サン・ジェルマン・デ・プレ [オススメ!]
ラ・スリーズ・シュル・ル・シャポー
[帽子] 女性オーナー兼デザイナーによるセミオーダー帽子店。型、素材と色、リボンを選ぶ。完成まで早くて1日。⏰11〜19時 [休]日・月曜

MAP P11D3 / P167

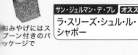

おかいもの

こんなかわいい
ボタンを見つけ
たら即買い！

サン・マルタン運河 **定番** 生活雑貨店 ヨーロッパ各国のスタイリッシュな雑貨を取り揃える。併設の北欧カフェも人気。				MAP P16B3
ラ・トレゾルリー			⏱11時〜19時30分 ㊡日・月曜	P160

オペラ〜ルーヴル **オススメ！** 手芸用品店 日本にも展開するメルスリー（手芸屋）。パリ本店は毛糸からリボン、ボタンまで圧倒的な品揃え。⏱10〜19時 ㊡日曜				MAP P7E2
ラ・ドログリー				P161

ヴェルサイユ宮殿 ギフトショップ マリー・アントワネットをモチーフにしたスイーツや紅茶などを販売するおしゃれなギフトショップ。⏱10時〜17時45分（11〜3月は〜16時45分）㊡月曜				MAP P213
ラ・ブティック・クール・ドゥ・マルブル				P217

ヴェルサイユ宮殿 ギフトショップ 王家の紋章入りキャンドル、ガイドブックなどさまざま。⏱10時15分〜18時（11〜3月は9時30分〜17時15分）㊡月曜				MAP P213
ラ・ブティック・デュ・パヴィヨン・デュフール				P217

サン・ジェルマン・デ・プレ フレンチ雑貨 こぢんまりとしたフレンチ雑貨店。キッチン雑貨からアクセサリーまでいろいろ。⏱11〜19時（月曜は14時〜）㊡日曜				MAP P11D2
ラ・ブティック・ドゥ・ルイーズ				P154

シャンゼリゼ大通り ショコラトリー 「ガナッシュの魔術師」と言われた創業者こだわりのショコラが揃う名店。🏠52 Rue François 1er ⏱10〜19時 ㊡日曜				MAP P5E3
ラ・メゾン・デュ・ショコラ				—

プロヴァンスの
香り、ラベンダ
ーハチミツ250g
／€11.60

オペラ〜ルーヴル ハチミツ フランス国内から厳選したハチミツを扱う。一番人気はアカシア。🏠24 Rue Vignon 9e ⏱9時30分〜19時 ㊡日曜				MAP P6B2
ラ・メゾン・デュ・ミエル				—

オペラ〜ルーヴル トリュフ トリュフ入りの塩、マヨネーズなどトリュフ専門店。⏱10〜23時（レストランは11時30分〜22時30分）㊡日曜				MAP P6B2
ラ・メゾン・ドゥ・ラ・トリュフ				P71

オペラ〜ルーヴル **オススメ！** ミュージアムショップ 2フロアからなるルーヴル美術館内のショップ。オフィシャルグッズも多数。⏱10時〜18時30分 ㊡火曜				MAP P7E3
ラ・リブレリー・ブティック・デュ・ミュゼ・デュ・ルーヴル				P99

オペラ〜ルーヴル **オススメ！** ミュージアムショップ モネ作品がモチーフのグッズなど、コレクションに合わせたアイテムが揃う。カフェも併設。⏱9時45分〜17時30分 ㊡火曜				MAP P6B4
リブレリー・ブティック				P104

モン・サン・ミッシェル ギフトショップ グランドリュから階段を上った、城壁沿い。手頃なみやげが種類豊富に揃う。⏱9時30分〜18時30分（冬期は〜17時30分）㊡なし				MAP P210B2
ル・シュヴァル・ブラン				P211

日本の駄菓子的
なコンフィズリ
ーでほっこり

サン・ジェルマン・デ・プレ コンフィズリー 見ているだけで楽しくなる、レトロなコンフィズリー（砂糖菓子またはそれらを売るお菓子屋さん）。⏱10〜18時（土曜は〜18時30分）㊡日・月曜				MAP P10C4
レ・グルマンディーズ・ドゥ・ナタリー				P181

マレ パティスリー カラフルで見た目も華やかなエクレアはフォトジェニック。季節のフレーバーもお楽しみ。⏱11〜19時 ㊡なし				MAP P8C3
レクレール・ドゥ・ジェニ				P181

マレ **定番** インテリアショップ 徒歩5分のリュドリュ・ロラン大通り脇（🏠6 Passage Josset 11e）に支店あり。⏱11時30分〜19時30分 ㊡日・月曜				MAP P9F3
レ・フルール				P156

オペラ〜ルーヴル **定番** バレエシューズ フランス発のバレエシューズ。この店舗でもセミオーダーも可能。⏱10〜19時（日曜は11〜18時）㊡なし				MAP P6C2
レペット				P166

サン・ジェルマン・デ・プレ **オススメ！** ミュージアムショップ 常設展、企画展のグッズを販売。ゴッホ、モネ、ボンポンのグッズが人気。⏱9時30分〜18時30分（木曜は〜21時15分）㊡月曜				MAP P10C1
レユニオン・デ・ミュゼ・ナショノー				P103

カラーバリエー
ションが豊富！
見ているだけで
ワクワクする

モン・サン・ミッシェル ボーダーグッズ ノルマンディ地方の漁師が着ていたボーダーシャツ。今ではファッションの定番に。⏱9時30分〜18時30分（7・8月は10〜19時）㊡1月				MAP P210B2
レ・リュタン				P211

エリア名 店・スポット名	評価	ジャンル名	ひと言コメント	MAP 掲載ページ
オペラ〜ルーヴル ロジェ・エ・ガレ	定番	フレグランス	香り付きのハンドメイドソープで有名な国民的ブランド。香水やハンドクリームなど全商品扱う。⊙11〜19時 ㊡月曜	MAP P6C3 / P172
サン・ジェルマン・デ・プレ ロダン美術館 ブティック		ミュージアムショップ	カラフルでデザイン性も優れたロダングッズが揃う。⊙10時〜18時30分 ㊡月曜	MAP P10B3 / P163
マレ オペラ・バスティーユ ㋐		劇場	1989年に完成したモダンなデザインのオペラ劇場。劇場内はガイドツアーのみで見学可能。⊙演目により異なる	MAP P9E3 / P193
モンマルトル オ・ラパン・アジル		シャンソニエ	かつてはモンマルトルに住む画家の溜まり場だった。現在はシャンソニエとして毎夜歌が披露される。⊙21時〜翌1時 ㊡月・水・日曜	MAP P14B1 / P195
カルチェ・ラタン カヴォー・ドゥ・ラ・ユシェット ㋕	オススメ!	ジャズクラブ	ジャズの殿堂。著名演奏家が出演。⊙21時〜翌2時30分（金・土曜、祝前日は〜翌4時）。演奏は22時〜（日によって異なる）㊡なし	MAP P12A1 / P194
シャンゼリゼ大通り クレイジー・ホース		レヴュー	妖艶なトップレスダンスを披露。合間にマジックなどもある。⊙20時〜、22時30分〜（土曜は19時〜、23時45分〜。日によって異なる）㊡なし	MAP P5E3 / P191
シャンゼリゼ大通り シャンゼリゼ劇場 ㋒		コンサート	モンテーニュ通り新時代の劇場として1913年に建てられたアール・ヌーヴォー様式の劇場。⊙演目により異なる	MAP P5E3 / P195
カルチェ・ラタン パラディ・ラタン ㋩		レヴュー	リヴ・ゴーシュ（左岸）の老舗キャバレー。臨場感たっぷりのショーが楽しめる。⊙12時〜、13時30分〜、19時30分〜、21時〜 ㊡なし	MAP P12B2 / P191
シャンゼリゼ大通り ビュストロノム		グルメバス	食事を楽しみながらバスで観光できる。⊙ランチ12時15分〜／ディナー19時45分〜、20時45分〜（曜日により異なる）㊡なし	MAP P4C2 / P196
パリ郊外 フィルハーモニー・ドゥ・パリ		コンサート	クラシックを中心に幅広いジャンルのコンサートを開催。3つのホールからなり、最大3600人を収容可能。⊙演目により異なる ㊡なし	MAP P3F1 / P195
サン・ジェルマン・デ・プレ ブルボン宮		名所	コンコルド橋の先にあるギリシャ神殿のような造りの国会議事堂。特別な日のみ一般公開される。⊙㊡内部は見学不可	MAP P10B1 / P189
モンマルトル ムーラン・ルージュ ㋮	定番	レヴュー	赤い風車が目印の伝説のキャバレー。ディナーやドリンク付き。⊙19時〜、21時〜、23時〜 ㊡なし	MAP P14A2 / P190
シャンゼリゼ大通り リド・ドゥー・パリ ㋵	オススメ!	ミュージカル	老舗レヴューが2023年12月からミュージカルや演劇場へと変わった。チケットは€35〜130程度。⊙20時30分〜 ㊡月曜	MAP P5D2 / P191
カルチェ・ラタン ル・プティ・ジュルナル		ジャズクラブ	名門のジャズクラブ。伝統的なフレンチを味わいながらジャズに酔いしれよう。⊙19時30分〜翌2時。演奏は20時30分〜 ㊡日曜（無休の月もあり）	MAP P12A3 / P194
シャンゼリゼ大通り アカシア・エトワール ㋐		好立地ホテル	凱旋門近くの3つ星ホテル。客室は3タイプで、コーヒーメーカーなど設備も充実。㊨⑤€109〜Ⓓ€124〜（料金は目安）客室数36	MAP P4B2 / P203
マレ エミール		好立地ホテル	超コンパクトなシングルルームからダブルやツイン、スイートまで7タイプ。㊨⑤€100〜Ⓓ€136〜（料金は目安）客室数29	MAP P8C3 / P202
オペラ〜ルーヴル ザ・オクストン・パリ ㋒		デザインホテル	18世紀の建物を利用したモダンなホテル。客室は4つのカテゴリーに分かれている。㊨⑤ⓈⒹ€149〜（料金は目安）客室数172	MAP P7E1 / P200

☆ 夜あそび

ホテル

2階建てのバスは眺望抜群。フレンチのコースを堪能

ホテル

プレステージルームはホテルで最も広い客室

各部屋に設置されたグルメバーがうれしい！

サン・マルタン運河沿いのスタイリッシュなホテル

シグネチャー・サン・ジェルマン・デ・プレ
サン・ジェルマン・デ・プレ ／ デザインホテル
シングルルームのコジィから4人まで泊まれるファミリールームまで用意。アメニティはロクシタン。⑩⑤⑩€230〜（料金は目安）客室数26
MAP P11D3 ／ P201

シタディーヌ・オペラ・パリ
オペラ〜ルーヴル ／ コスパのいいホテル
客室は20〜35㎡の3タイプ。モダンな雰囲気で、上質なアパートメントステイができる。⑩⑤⑩€180〜（料金は目安）客室数72
MAP P7D1 ／ P203

シタディーヌ・レ・アール・パリ
オペラ〜ルーヴル ／ コスパのいいホテル
客室の広さは25〜40㎡。レセプションは24時間、セルフサービスのランドリーやビジネスコーナーも。⑩⑤⑩€175〜（料金は目安）客室数189
MAP P7F3 ／ P203

シャヴァネル
オペラ〜ルーヴル ／ デザインホテル
モダンでリュクスなプチホテル。客室はスタンダードからスイートまで4タイプ。⑩⑤€240〜（料金は目安）客室数27
MAP P6B2 ／ P200

ジョーク・アストテル
モンマルトル ／ デザインホテル
シングルからファミリールームまで客室は7タイプ。朝食ビュッフェ€14も評判。⑩⑤€90〜／⑩€100〜（料金は目安）客室数44
MAP P14A3 ／ P201

た デュ・ルーヴル
オペラ〜ルーヴル ／ ラグジュアリーホテル
ルーヴル美術館の目の前に立つ好立地の5つ星ホテル。⑩⑤①①€440〜（料金は目安）客室数164
MAP P7D3 ／ P199

トロワ・プッサン
モンマルトル ／ コスパのいいホテル
おすすめは テラス付きの客室 Paris Panorama や Toits de Paris。サクレ・クール寺院が見える部屋もある。⑩⑤①①€96〜（料金は目安）客室数40
MAP P14B4 ／ P203

な ネル
サン・ジェルマン・デ・プレ ／ コスパのいいホテル
セーヌ河に近いサン・ジェルマン・デ・プレの閑静な通りにある。壁のアートやファブリックが個性的。⑩⑤⑩€85〜（料金は目安）客室数18
MAP P11E1 ／ P203

は バスティーユ・ドゥ・ローネー
マレ ／ 好立地ホテル
最寄り駅が4つもあり、徒歩2〜6分。北マレ散策には特におすすめの立地。⑩⑤€128〜／⑩€153〜（料金は目安）客室数35
MAP P9D2 ／ P203

ファブリック
マレ ／ デザインホテル
ファブリック（=織物の工場）をリノベーション。フィットネスルームやハマムを完備するほか、マッサージルームも。⑩⑤①①€190〜（料金は目安）客室数33
MAP P9D1 ／ P201

フォション ロテル パリ
オペラ〜ルーヴル ／ ラグジュアリーホテル
美食界のトップメゾン、フォションのホテル。客室はシャンブルとスイーツの8タイプで26〜60㎡。⑩⑤①①€440〜（料金は目安）客室数54
MAP P6B2 ／ P198

プルマン・パリ・トゥール・エッフェル
エッフェル塔周辺 ／ ラグジュアリーホテル
エッフェル塔ビューステイが叶う、スタイリッシュな4つ星の大型ホテル。最新設備が整う。⑩⑤①①€229〜（料金は目安）客室数430
MAP P15C3 ／ P199

ら ラ・タミス
オペラ〜ルーヴル ／ 好立地ホテル
洗練された4つ星ホテル。客室には湯沸かしポットとマリアージュ・フレールの紅茶の用意も。⑩⑤⑩€219〜（料金は目安）客室数19
MAP P6C3 ／ P202

ラ・ベル・ジュリエット
サン・ジェルマン・デ・プレ ／ デザインホテル
アンティークモダンなプチホテル。併設のスパではボディ・トリートメント30分€70〜などが受けられる。⑩⑤⑩€160〜（料金は目安）客室数45
MAP P11D4 ／ P200

ル・ヴニョン
オペラ〜ルーヴル ／ 好立地ホテル
客室は3タイプで15〜25㎡の広さ。朝食のアメリカンビュッフェ€20はボリューム満点。⑩⑤⑩€280〜（料金は目安）客室数28
MAP P6B2 ／ P202

ル・シチズン
サン・マルタン運河 ／ デザインホテル
機能性抜群のスタイリッシュなデザインホテル。客室は少ないので予約は早めに。⑩⑤⑩€150〜（料金は目安）客室数12
MAP P16B3 ／ P201

ルテシア
サン・ジェルマン・デ・プレ ／ ラグジュアリーホテル
館内のサロンやラウンジ、バーもハイエンドな雰囲気。⑩⑤①①€1280〜（料金は目安）客室数184
MAP P11D3 ／ P199

ひと足のばして

エリア名 店・スポット名	評価	ジャンル名	ひと言コメント		MAP 掲載ページ

| サン・ジェルマン・デ・プレ
ルレ・クリスティーヌ | | **ラグジュアリーホテル** 左岸の隠れ家的ラグジュアリーホテル。併設のスパは名門香水メゾンのゲランが手がける。㊶⑤D€420〜（料金は目安）客室数48 | | MAP
P11F1
P199 |

あ | ヴェルサイユ
ヴェルサイユ宮殿 | | **宮殿** 王室礼拝堂をはじめ、鏡の回廊など12のみどころに注目。🕘9時〜18時30分（11〜3月は〜17時30分）㊡月曜、公式行事開催日 | | MAP
P2A4
P212 |

か | ヴェルサイユ
グラン・トリアノン | | **離宮** ラングドック地方産の大理石を付けた柱も美しい。🕘12時〜18時30分ごろ（11〜3月は〜17時30分）㊡月曜、公式行事開催日 | | MAP
P2A4
P213
P217 |

| ジヴェルニー
クロード・モネの邸宅と庭園 | | **邸宅** モネが集めた膨大な浮世絵コレクションの一部はダイニングルームで見られる。🕘9時30分〜18時 ㊡11/2〜3/31 | | MAP
P2A4
P218 |

さ | ジヴェルニー
ジヴェルニー印象派美術館 | | **美術館** 印象派の軌跡をたどる企画展が魅力の美術館。ミュージアムショップもある。🕘10〜18時 ㊡企画展により異なる | | MAP
P2A4
P218 |

| ロワール
シャンボール城 | | **城** 16世紀フランス・ルネサンス期を代表する国王、フランソワ1世が命じて造られた巨大な城館。🕘9〜18時（冬季は〜17時）㊡なし | | MAP
P2A4
P218 |

た | ヴェルサイユ
大運河 | | **運河** 運河のそばには売店やレストランが備わり、憩いの場となっている。🕘8時〜20時30分ごろ（11〜3月は8〜18時ごろ）㊡なし | | MAP
P213
P216 |

| ヴェルサイユ宮殿
庭園 | | **庭園** 左右対称の散歩道を設け、宮殿から水平方向に視線を誘う眺望が広がる。🕘8時〜20時30分ごろ（11〜3月は8〜18時ごろ）㊡なし | | MAP
P213
P216 |

ま | ヴェルサイユ
マリー・アントワネットの離宮 | | **離宮** 館内には当時の調度品を展示。王妃の館も完全修復。🕘12時〜18時30分ごろ（11〜3月は〜17時30分）㊡月曜、公式行事開催日 | | MAP
P213
P217 |

| モン・サン・ミッシェル
モン・サン・ミッシェル修道院 | | **修道院** 海に浮かぶ世界遺産の修道院。各時代のスタイルが混在する建築芸術がすばらしい。🕘9時30分〜18時（5〜8月は9〜19時）㊡なし | | MAP
P2A4
P208 |

時間があれば庭
園をゆっくり散
歩したい

シーン別！ 旅の フランス語

観光シーン

店の開店、閉店時間が知りたいとき
営業時間(開館時間)は何時から何時までですか？

Quels sont les horaires d'ouverture ?
ケル ソン レ ゾレール ドゥーヴェルチュール

日本語案内がほしいとき
日本語のパンフレットはありますか？

Avez-vous une brochure en japonais ?
アヴェ ヴ ユヌ プロシュール アン ジャポネ

撮影の許可がほしいとき
ここで写真を撮ってもいいですか？

Puis-je prendre des photos ici ?
ピュイ ジュ プランドル デ フォト イスィ

入場・入館料金が知りたいとき
入場(入館)料金はいくらですか？

Combien coûte l'entrée ?
コンビヤン クートゥ ラントレ

移動シーン

切符売り場の場所を知りたいとき
メトロの切符売り場はどこですか？

Où est le guichet du métro ?
ウ エル ギシェ デュ メトロ

メトロで出口がどこか聞きたいとき
○○への出口はどれですか？

Quelle est la sortie pour •• ?
ケ レ ラ ソルティ プール ●●

タクシーでメモを見せながら、行き先を伝えるとき
この住所へ行ってください。

Je voudrais aller à cette adresse.
ジュ ヴドゥレ アレ ア セタドレス

タクシーで降りたいとき
ここで降りてもいいですか？

Puis-je descendre ici ?
ピュイ ジュ デサンドル イスィ

ホテルシーン

Wi-Fiを使いたいとき
Wi-Fiのパスワードを教えてください。

Puis-je avoir le mot de passe pour le Wi-Fi, s'il vous plaît ?
ピュイ ジュ アヴォワール ル モ ドゥ パス プール ル ウィッフィー、スィルヴ プレ

チェックインしたいとき
予約した○○です。

J'ai réservé une chambre pour ce soir au nom de ○○.
ジェ レゼルヴェ ユヌ シャンブル プール ス ソワー オ ノン ドゥ ○○

荷物を預けたいとき
荷物を預かってもらえますか？

Est-ce que vous pouvez garder mes bagages, s'il vous plaît ?
エス ク ヴ プヴェ ギャルデ メ バガージュ、スィルヴ プレ

トラブルシーン

どうしても手伝いが必要なとき
助けてください！

Au secours !
オ スクール

盗難に遭ったとき
財布を盗まれました。

On m'a volé mon portefeuille.
オン マ ヴォレ モン ポルトゥフイユ

パスポートを失くしたとき
パスポートを失くしました。

J'ai perdu mon passeport.
ジェ ペルデュ モン パスポー

予約をするとき
2名で予約をお願いします。

Je voudrais réserver une table pour 2 personnes.
ジュ ヴードレ レゼルヴェ ユヌ ターブル プール ドゥー ペルソンヌ

窓側の席に座りたいとき
窓側の席をお願いします。

Je voudrais une table près de la fenêtre.
ジュ ヴードレ ユヌ ターブル プレ ドゥ ラ フネートル

メニューをもらいたいとき
メニューを見せてください。

La carte, s'il vous plaît.
ラ カルトゥ スィルヴ プレ

おすすめの料理を知りたいとき
おすすめの料理はどれですか？

Que me recommandez-vous ?
ク ム ルコマンデヴ
もしくは
Quelle est votre spécialité du restaurant ?
ケ レ ヴォートル スペシャリテ デュ レストホン

ほかの客が食べている料理を注文したいとき
あれと同じ料理をください。

Apportez-moi la même chose que ce plat.
アポルテ モワ ラ メーム ショーズ ク ス プラ

違う料理がきたとき
これは頼んだ料理ではありません。

Ce n'est pas le plat que j'ai commandé.
ス ネ パ ル プラ ク ジェ コマンデ

お会計をしたいとき
お勘定をお願いします。

L'addition, s'il vous plaît.
ラディスィオン スィルヴ プレ

感謝の言葉を伝えたいとき
おいしかったです。

C'était très bon.
セテ トレ ボン

駅の場所をたずねる

店員に何か探しているか聞かれたとき
見ているだけです。ありがとう。

Je regarde seulement, merci.
ジュ ル ギャルドゥ スルマン, メルスィ

商品を探しているとき
○○はありますか？

Avez-vous ○○ ?
アヴェ ヴ ○○

試着したいとき
試着してもいいですか？

Puis-je l'essayer?
ピュイ ジュ レセイエ

ほしいものを買いたいとき
これをください。

Je vais prendre ça.
ジュ ヴェ ポンドル サ

値段がわからないとき
いくらですか？

Je vous dois combien?
ジュ ヴ ドワ コンビヤン

基本フレーズリスト

日本語	フランス語	読み方
おはよう／こんにちは	Bonjour	ボンジュール
こんばんは	Bonsoir	ボンソワール
さようなら	Au revoir	オ ヴォワ
ありがとう	Merci	メルスィ
はい、いいえ	Oui / Non	ウィ ／ ノン
すみません（呼びかけ）	Excusez-moi	エクスキュゼ モワ

	日本語	フランス語	読み方
1		un	アン
2		deux	ドゥー
3		trois	トロワ
4		quatre	キャトル
5		cinq	サンク
6		six	シス
7		sept	セット
8		huit	ユイット
9		neuf	ヌフ
10		dix	ディス

せかたび

パリ

Sekatabi Paris

初版印刷　2024年4月15日
初版発行　2024年5月1日

編集人　福本由美香
発行人　盛崎宏行
発行所　JTBパブリッシング
　　　　〒135-8165
　　　　東京都江東区豊洲5-6-36
　　　　豊洲プライムスクエア11階

企画・編集　　　　情報メディア編集部
デスク　　　　　　矢崎歩
担当　　　　　　　鷲巣真穂
取材・執筆　　　　editorial team Flone（木村秋子／山田裕子／河部紀子）
　　　　　　　　　田中敦子／谷素子／佐々木恵
アートディレクション　中嶋デザイン事務所
表紙デザイン　　　中嶋デザイン事務所
デザイン　　　　　中嶋デザイン事務所／扇ípop正昭／山﨑デザイン室（山﨑剛）
　　　　　　　　　橋本有希子／BUXUS（佐々木恵里）／office鐵／BEAM／滝澤明子
袋とじデザイン　　池内綾乃
表紙イラスト　　　MASAMI
本文イラスト　　　MASAMI／テライ アリサ
撮影・写真協力　　菊田真奈／高村佳園／yoko／井上実香／斉藤純平
　　　　　　　　　123RF／gettyimages
地図　　　　　　　アトリエプラン
印刷所　　　　　　TOPPAN

編集内容や、乱丁、落丁のお問合せはこちら
JTBパブリッシング お問合せ🔍
https://jtbpublishing.co.jp/contact/service/

●本誌掲載の記事やデータは、特記のない限り2024年1月現在のものです。その後の移転、閉店、料金改定、商品の取り扱い中止や価格変更などにより、記載の内容が変更になることや、臨時休業等で利用できない場合があります。●各種データを含めた掲載内容の正確性には万全を期しておりますが、お出かけの際には電話などで事前に確認・予約されることをおすすめいたします。また、各種料金には別途サービス税などが加算される場合があります。●本書に掲載された内容による損害等は、弊社では補償致しかねますので、あらかじめご了承くださいますようお願いいたします。